Sept Jours

Du même auteur

Le Duc de Richelieu, un sentimental en politique, 1766-1822, Paris, Perrin, 1990 (rééd. 2009). Grand Prix Gobert de l'Académie française.

Brèves Machineries du silence, Paris, Éditions du Cherche-Midi, 1995.

Talleyrand. Le prince immobile, Paris, Fayard, 2003, rééd. 2006 ; Paris, Tallandier, coll. « Texto », 2015. Prix de la Fondation Napoléon ; prix Thiers de l'Académie française ; sélectionné parmi les dix meilleurs livres de l'année 2003 par *Le Point*.

Lettres d'un lion. Correspondance inédite du général Mouton, comte de Lobau 1812-1815, Paris, Nouveau Monde éditions, coll. « La bibliothèque Napoléon », 2005.

L'Histoire à rebrousse-poil, Paris, Fayard, 2005 ; Paris, Tallandier, coll. « Texto », 2014.

Mémoires de la France. Deux siècles de trésors inédits et secrets de l'Assemblée nationale, Paris, L'Iconoclaste, 2006.

Un groupe d'hommes considérables. Les pairs de France et la Chambre des pairs héréditaire de la Restauration, 1814-1831, Paris, Fayard, 2006.

Mémoires et correspondances du prince de Talleyrand, Paris, Robert Laffont, coll. « Bouquins », 2007.

Cent Jours ; la tentation de l'impossible, mars-juillet 1815, Paris, Fayard, 2008 ; Paris, Tallandier, coll. « Texto », 2014. Grand Prix Chateaubriand de la Vallée-aux-Loups ; prix des Écrivains combattants.

Félicie de Fauveau. Portrait d'une artiste romantique, Paris, Robert Laffont, 2010 ; coll. « Documento », 2013.

Talleyrand, dernières nouvelles du Diable, Paris, CNRS éditions, 2011. Prix Du Guesclin ; prix des Ambassadeurs.

Entre deux rives, dix écrivains devant la mort, Paris, L'Iconoclaste, 2012.

Fouché, les silences de la pieuvre, Paris, Tallandier/Fayard, 2014 ; Paris, Tallandier, coll. « Texto », 2018. Prix spécial du Prix de la biographie politique ; prix de la meilleure biographie LIRE ; prix du Nouveau Cercle de l'Union ; prix André Castelot ; prix Essai France Télévisions ; prix du Mémorial d'Ajaccio.

(Suite à la page 479)

Emmanuel de Waresquiel

Sept Jours

17-23 juin 1789
La France entre en révolution

Tallandier

Cet ouvrage est publié sous la direction de Denis Maraval.

48, rue du Faubourg-Montmartre – 75009 Paris
www.tallandier.com

À ma fille Gabrielle
À mes neveux de cœur, Harold, Olric, Sixte et Edmond

« La Révolution était achevée lorsqu'elle éclata : c'est une erreur de croire qu'elle a renversé la monarchie ; elle n'a fait qu'en disperser les ruines. »

CHATEAUBRIAND, *De la Vendée*, 1819.

« Le cœur se serre à la séparation des songes tant il y a peu de réalité dans l'homme. »

CHATEAUBRIAND, *Vie de Rancé*, 1844.

Avant-propos

Toute révolution a sa part lumineuse, son lot de promesses, ses enthousiasmes et ses fulgurances. La nôtre n'échappe pas à la règle. Elle occupe une place à part dans nos imaginaires. En ouvrant son histoire de la Révolution comme on le ferait d'une symphonie fantastique, Michelet a fait de ses débuts « l'ère véritable de la naissance du peuple ». Un « tremblement de terre[1] ». Et en effet, l'utopie de 1789, les droits de l'homme, l'égalité et la liberté nous ont marqués si durablement qu'ils nous constituent encore aujourd'hui, bien au-delà de nos différences. Nous sommes si fiers de nos conquêtes que pendant deux siècles nous avons voulu en convaincre le monde entier. Les mythes tiennent leur force et leur puissance de leur souplesse. Plus on magnifie leur origine, plus on met d'espoir dans leur accomplissement. « En amour, remarque le prince de Ligne, il n'y a que les commencements qui soient charmants. » Ce sont ces moments-là de notre révolution que je voudrais raconter – les incertitudes et les aléas de leur naissance, la fabrique de leur sacralité.

Rien n'est plus évident qu'un événement lorsqu'il est advenu. Qu'en a-t-il été de 1789 ? On n'ouvre jamais la porte d'un monde nouveau sans que celle-ci ne grince un peu. Les beaux horizons tiennent leur perfection de ce qu'ils s'éloignent toujours. Parfois, on redoute de les regarder de près.

Il m'a fallu un certain temps pour trouver le sujet exact de ce livre, tout comme ses limites chronologiques. Les premiers mois de la Révolution sont ceux d'une extraordinaire accélération de l'histoire. Les événements s'y bousculent littéralement dans un luxe d'acteurs, d'envolées, de confusion et de coups de théâtre qui donne un peu le tournis. Lequel choisir ? Lequel rend le mieux compte de ce qu'a vraiment été la Révolution, de ce que sont ses héritages ? Personne depuis un siècle n'avait écrit sur le serment du Jeu de paume, le 20 juin 1789[2]. De nombreuses archives inédites sur cette journée versaillaise restée profondément ancrée dans nos mémoires m'attendaient dans différents fonds publics et privés. Mais les grands obstinés ont parfois tort. On s'engage sabre au clair dans une recherche et l'on s'aperçoit en cours de route, à la lumière des sources, qu'on s'est en partie trompé. Ce qui s'est passé le 20 juin dans la salle du Jeu de paume de Versailles – la nation, l'unité et le serment – n'est intelligible et ne peut être compris que si l'on restitue l'événement dans une séquence plus longue. J'aurais pu prendre comme point de départ l'ouverture des états généraux, le 5 mai 1789. Je pouvais le refermer sur l'insurrection parisienne et la prise de la Bastille, le 14 juillet.

Entre ces deux dates, trois événements, liés entre eux et par lesquels tout advient, n'avaient jamais été racontés en tant que tels. Ils sont enchâssés dans les débuts de la Révolution comme une perle précieuse le serait dans le chaton d'une bague. Le mercredi 17 juin, les députés du tiers état se constituent en Assemblée nationale. Le samedi 20, ils jurent de ne jamais se séparer avant d'avoir donné une constitution à la

France. Le mardi 23, ils envoient promener le roi, sa Cour et ses soldats : « Nous sommes ici par la volonté du peuple et nous n'en sortirons que par la force des baïonnettes. » Et le roi cède.

La Révolution s'est jouée et accomplie en sept jours et cinq décrets. Il n'a fallu que ce « quart d'heure », comme dirait Victor Hugo des Cent jours, pour que la souveraineté passe tout entière du roi à la nation et que les vieilles structures sociales héritées de la féodalité s'effondrent. Les jours les plus longs sont ceux des révolutions. Le 23 juin, il n'y a plus de roi absolu en France. On l'a séparé de la nation. Ces sept jours-là m'obligeaient à me poser des questions essentielles. Comment devient-on révolutionnaire ? Qui étaient ceux qui l'ont faite ? En quoi notre révolution a-t-elle été marquée à jamais de traits distinctifs qui, deux siècles plus tard, nous hantent encore ? Elle n'est pas exceptionnelle pourtant, elle s'inscrit dans un cycle plus long qui touche à la fois les colonies anglaises d'Amérique, Genève et la Hollande, avec leurs couleurs propres et leurs influences réciproques. Mais elle est « idéale », dans ce sens où elle a été en France comme nulle part ailleurs à la fois politique et sociale, égalitaire, amnésique, ombrageuse, exclusive et totalisante.

Les idéaux ont leurs forces, leurs drames et leurs failles. L'utopie ne s'inscrit pas impunément dans les choses. Forcément, le terrain résiste. Pour le comprendre, on ne peut se contenter d'un seul point de vue. Ce livre est un récit historique conduit en partie double ; d'un côté, et en allant un peu vite, ceux qui ont fait la Révolution : la bourgeoisie des Lumières, le « peuple » parisien et celui des provinces ; de l'autre, ceux qui lui ont résisté : la Cour, les parlements, les gros bataillons de la noblesse et du haut clergé, le roi et la plupart de ses ministres. L'administration et l'armée ont été dans ce jeu-là les figures d'attente d'un rapport de force dessiné en trompe-l'œil. Plus les premiers tendent à l'unité, plus les seconds se divisent. Et sans doute le royaume lui-même était-il plus divers et contrasté qu'on a bien voulu le dire. Les soulèvements antijacobins de 1793 le prouvent assez. On ne touche à la complexité d'un événement que lorsqu'on en fait le tour complet. Ce sont ces affrontements-là que j'ai voulu raconter, en forme d'ouverture à ce qu'a été toute cette période : une guerre civile.

L'unanimité dont on a voulu faire le berceau trop douillet de 1789 n'a jamais existé. Les « bontés » de Louis XVI non plus. Au contraire, et c'est un autre fil souterrain de ce livre, la fiction de l'alliance du roi et du tiers état, sans cesse réinventée parce qu'elle était politiquement utile et parfois souhaitée, n'a été qu'une équivoque tragique et n'a fait que précipiter la Révolution dans la violence. La fuite à Varennes en a été la démonstration la plus visible, mais ce quiproquo existait déjà en juin. La séance royale du 23 juin par laquelle le roi tente de se ressaisir de son pouvoir et défend les vieilles structures sociales de la monarchie le montre assez. Louis XVI n'est pas un roi à l'anglaise. Il ne l'a été que dans les rêves des libéraux, de Germaine de Staël et de son principal ministre Necker. Son éducation, ses actes, ses discours sont tous d'un roi absolutiste, héritier attentif, jaloux et sourcilleux de sa dynastie, de sa dignité et de ses droits. Même son frère cadet le comte de Provence, qui monte sur le trône en 1814 sous le nom de Louis XVIII et dont l'intelligence politique était pourtant autrement plus vive, a mis des années avant d'admettre, à la fin d'un long exil d'un quart de siècle, les principes constitutifs de la Révolution tout comme ses intérêts nouveaux. On ne balaie pas d'un revers de manche mille ans de monarchie.

Ces sept jours me font un peu penser au jeu d'emboîtage des poupées russes. On s'aperçoit vite à quel point les derniers jours de la Révolution sont contenus dans les premiers. Tout est en place le 23 juin : les rêves et l'utopie, la fin des ordres et des privilèges, l'égalité, une certaine métaphysique de la liberté, la représentation, la nation, la raison et les droits de l'homme. Tout est en place dans les mots autant que dans les têtes. « Les solstices sont favorables aux révolutions », remarque encore Victor Hugo à propos de celle de 1848. Bien sûr, en juin 1789, le climat, si l'on peut parler de climat, est un peu celui de l'Arcadie : les enthousiasmes, la sincérité, le désintéressement, l'espoir et les promesses de bonheur. Mais on y respire aussi un air moins printanier : le choc des ambitions, la jalousie et les soupçons, l'intolérance, les vengeances et les haines. Cela ressemble déjà à 1793 – les massacres en moins. Là où il y a de l'homme, il y a de l'hommerie, me disait ma mère. Il faut toujours compter, en révolution, avec ceux qui la font. Les vanités, les peurs, les fantasmes sont des forces immenses auxquelles on ne prête jamais assez attention. La Révolution est advenue parce qu'elle était désirée beaucoup plus qu'elle n'a été préméditée. Inutile de chercher ailleurs sa force et son tumulte.

En sept jours, elle trouve logiquement les raisons de sa dynamique et les risques de sa radicalité. Le combustible est détonant : l'unanimité et l'indivisibilité de la nation, sa sacralité, l'obsession du traître et du complot et jusqu'aux moyens légitimes de poursuivre les ennemis de la nation. L'encre de la Déclaration des droits de l'homme n'était pas encore sèche qu'on l'avait déjà en partie reniée. La présomption d'innocence, la liberté d'opinion, la séparation des pouvoirs n'ont jamais vraiment existé que sur le papier. À chaque fois qu'ils ont peur, les Français renoncent à leurs libertés avec une facilité déconcertante. On se gargarise de libertés constitutionnelles et on s'arrange très bien des lois liberticides. Quant à l'égalité, elle n'est bien sûr que civile. Ce sont des propriétaires qui, en juin 1789, font la révolution. L'égalité citoyenne viendra plus tard. L'égalité sociale et le bonheur du peuple sont encore à écrire !

« Sire, mon siège est fait ! », disait l'abbé de Vertot à Louis XV en lui signifiant triomphalement qu'il venait d'achever son *Histoire des chevaliers de Malte* sur laquelle il travaillait depuis des années. D'une certaine manière, le siège de la monarchie est fait le 23 juin 1789.

On m'objectera que le peuple n'est pas encore monté sur la scène. À Paris, il ne s'insurge véritablement que le 12 juillet à la nouvelle du renvoi du principal ministre du roi, le banquier suisse Jacques Necker. La Bastille est « prise » le 14. De même, la « Grande Peur » qui submerge tout le royaume et arme jusqu'au plus petit village ne commence que quelques jours plus tard. Les historiens de la « Grande Peur » de juillet et d'août 1789, à commencer par Georges Lefebvre[3], tout comme ceux de la « prise » de la Bastille ne se sont intéressés qu'à la marge aux révoltes populaires, qui en mars et en avril, puis à nouveau en juin, secouent presque tout le royaume. Il existe sur ces émeutes de la faim et tout autant fiscales, attisées par la promesse des états généraux et facilitées par le désordre des élections qui les précèdent, de très abondantes archives qui jusqu'à présent n'ont été qu'à demi exploitées. Dans le Midi, dans l'Est, en Bretagne, dans le Nord, en Île-de-France, le royaume est déjà en ébullition. La peur de l'étranger, la haine des seigneurs et des riches attisent toutes les colères. On crie vengeance. À Paris surtout, les conditions du passage de l'émeute à l'insurrection sont en place. De même ses chances de réussite. Dès le mois de juin, on ne peut que constater l'insignifiance de la riposte des autorités royales pourtant gravement malmenées. Le roi n'a jamais dissous les états généraux. Le gouvernement, l'administration, l'armée n'ont plus que l'apparence de leur puissance. Les caisses de l'État sont vides. Les officiers ne veulent plus faire tirer sur le peuple. Les soldats désertent. La forteresse est à prendre, elle paraît redoutable, mais c'est une forteresse vide.

La révolution de juin n'est donc pas seulement juridique, elle est également physique. Dans cette histoire, le peuple ressemble au mistigri du jeu de cartes. Il est un atout que l'on tient du bout des doigts et qui vous les brûle un peu. Avec lui, la partie est risquée, mais elle est gagnante. En juin, on l'évoque déjà sans cesse, on fait le lien entre son désir de vengeance et les menaces du monarque absolu, et en même temps on le craint quand on ne le méprise pas. Voyez le jeune Henri Beyle *alias* Stendhal, fils d'un avocat au parlement de Grenoble, la tête tournée des idéaux révolutionnaires et pourtant consterné de ce qu'il voit et entend à une séance de la société des Jacobins de la ville : « Je trouvais horriblement vulgaires ces gens que j'aurais voulu aimer[4]. » Et puis de quel peuple parle-t-on ? La Révolution, sa dynamique, sa violence, est déjà tout entière en germe dans ces ambiguïtés-là, dans cette distance un peu vertigineuse qui sépare la rue de la tribune, l'émeute de la représentation.

Et pourtant, ce n'est pas la prise de la Bastille qui a fait la Révolution. La prison royale est tombée d'elle-même. Sa chute n'a été qu'un symbole, un symbole élevé à la hauteur d'une immense victoire, mais un symbole tout de même. Les historiens, Jacques Godechot en tête, ont tout dit de cette victoire-là[5]. Ce qui se passe avant et que personne n'a encore raconté est autrement plus passionnant.

On l'aura compris, il y a dans ce livre plusieurs scènes. Je ne reste pas à Paris et à Versailles, j'y entre par la porte et j'en sors par la fenêtre. Je ne me cantonne pas non plus aux sept « premiers » jours de la Révolution. Je regarde en arrière et parfois en avant. Je me promène à travers la France : celle des émeutes parlementaires de juillet 1787, des élections de mars et d'avril 1789, celle des sociétés de pensée, des journaux, des pamphlets et de l'opinion – ce que Jürgen Habermas appelle « l'espace public du politique », qui à cette époque arrive à maturité.

Si la scène peinte de ces journées était celle d'un meurtre, l'opinion en serait la toile de fond, et ce serait un paysage d'orage. « Ce sang était-il donc si pur qu'on n'osât le répandre ? », demande le député Antoine Barnave à la tribune de l'Assemblée, le 23 juillet, à l'annonce du massacre de deux des principaux conseillers du roi. La violence de 1789 n'est pas seulement verbale. On n'en est pas encore aux « fournées » de 1794, mais il y eut des morts. On ne s'y est pas encore habitué, mais cela viendra. Comment naît-elle ? Nombre de révolutionnaires, tout comme leurs adversaires, du moins les survivants, ont plaidé par la suite la légitime défense. Ils n'ont pas été les derniers à le faire. Ils auront des héritiers. Les complots ourdis dans l'ombre, le « coup de poignard dans le dos » qu'évoqueront encore les Allemands en 1918 ont joué leur rôle. Dans cette guerre civile qui commence, il y a quelque chose de la réponse silencieuse de Katharina Blum – dans le roman d'Heinrich Böll – au journaliste qui l'a détruite par ses articles et qu'elle est sur le point de tuer : « Je te rends responsable de ce que tu m'as fait[6]. »

Les débuts de la Révolution ressemblent à un règlement de comptes trop longtemps différé.

Ces sept jours de juin ne sont pas seulement des jours de violence. Ce qui me frappe le plus, c'est leur irréalité. On y rêve si bien qu'on se trompe d'ennemi. Les députés du tiers état sont persuadés que le roi leur abandonnera sa souveraineté sans broncher et leurs adversaires du clergé et de la noblesse pensent que tout finira par quelques arrestations. Tout le monde se grise de mots et en oublie la résistance des intérêts, des choses et du passé. Il n'y a pas de révolution plus littéraire. Le « réel d'imaginaire », pour emprunter l'expression à Adolphe Thiers, a tout emporté. Quand la politique passe du côté des rêves, en général, tôt ou tard, le sang coule. Et cependant, cette révolution de juin 1789 est une révolution sans écrivains. Henri Beyle avait sept ans. Chateaubriand est à peine là. Le prince de Ligne, écœuré, s'est réfugié à Bruxelles. Restif de la Bretonne et Louis Sébastien Mercier ne suffisent pas. Sade est à l'hospice, Laclos trop occupé de politique et Beaumarchais trop pris par ses affaires.

Les Cent Jours ont eu Alexandre Dumas. Le *Comte de Monte-Cristo* commence en mars 1815 au moment du retour de Napoléon de l'île d'Elbe et toute l'intrigue du roman est profondément liée aux jeux politiques et au chassé-croisé de l'Empire et de la Restauration. Plus tard, ils auront Aragon et son extraordinaire *Semaine sainte*. Avec ses *Misérables*, Victor Hugo a fait des combattants de 1832 les hérauts de la liberté et de la barricade de la rue de la Chanvrerie un mythe. Dans *L'Éducation sentimentale*, Frédéric Moreau voit le « désastre » de 1848 et assiste au pillage des Tuileries. « Ces galériens [...] se roulaient dans la couche des princesses par consolation de ne pouvoir les violer. » Flaubert y raconte le pire, mais aussi le meilleur. Enjolras (dans *Les Misérables*), Dussardier (dans

L'Éducation) incarnent chacun à leur manière une république idéale. Ils ont le visage de l'utopie et de l'avenir.

Hugo encore *(1793)* puis Anatole France *(Les Dieux ont soif)* et même Balzac nous font traverser la Terreur, mais il n'est pas un romancier qui nous tienne la main en juin 1789. Seul Ange Pitou, le héros du roman éponyme de Dumas, participe à la prise de la Bastille, et encore c'est en 1850 ! Comme si l'histoire avait été plus forte que la littérature. On ne trouve guère que des « idéologues » parmi les députés de 1789, même s'ils s'appellent Volney ou Destutt de Tracy. Cela a été à peine noté, mais presque tous les membres du Comité de salut public de la Convention nationale sont des écrivains ratés. Billaud-Varenne a écrit des opéras sans gloire *(Morgan* et *Polycrate).* Carnot a chanté *Bacchus et Pomone* aux Rosati d'Arras, Prieur était un poète élégiaque sans lecteurs, Collot a fait du théâtre en saltimbanque, Bertrand Barère a publié un *Éloge de Louis XII* qui eut les honneurs éphémères des Jeux floraux de Toulouse et à 17 ans Saint-Just a fait *Organt*, un poème satirique de mille vers bourré d'allusions à l'affaire du Collier de la reine, que personne n'a lu, pas même Rivarol[7]. Et tous se rêvent en Rousseau qu'ils ne seront jamais. Plutarque, les modèles romains, le civisme et la vertu laïque ne sont pas loin non plus. Décidément, sous la Révolution, la littérature le cède à la politique. Ce qui ne lui enlève rien de ses mythes et de ses sortilèges. Au contraire. Avec eux, les cadavres finissent toujours par se cacher dans un placard. On a parfois du mal à les retrouver.

Des événements aussi tendus, brusques et violents que ceux dont je vais parler ne se suffisent pas à eux-mêmes. Leur histoire est aussi celle de leurs déformations, de leurs transformations successives dans le temps. L'histoire est à la mémoire ce que l'impact net et précis d'une pierre jetée à la surface de l'eau est aux ondes concentriques qui s'y dessinent, de plus en plus floues au fur et à mesure qu'elles s'éloignent de leur centre. Si la mémoire des journées de juin 1789 est mal servie par la littérature, elle l'est par l'image et par la peinture. La mémoire ne s'encombre jamais de ses moyens. Tout lui est bon pourvu qu'elle serve les vainqueurs. Le serment du Jeu de paume, la séance royale du 23 juin et l'apostrophe de Mirabeau à Dreux-Brézé ont eu leurs heures de gloire, leurs peintres et leurs tableaux, et non des moindres, de David à Delacroix. Eux aussi sont présents dans ce livre. Un événement, tout comme un individu, ne se réduit pas à sa chronologie. Je pense au beau livre d'Esteban Buch sur le destin politique et sensible de la 9e symphonie de Beethoven à travers l'espace et le temps[8].

Le destin du serment du Jeu de paume du 20 juin 1789 est si étrange et facétieux qu'à la fin on a du mal à s'y retrouver. Il a pris des proportions qui n'ont rien à voir avec la perception qu'en avaient ses acteurs. Parfois la mémoire sort l'histoire de ses silences. Il faut courir après ses sources pour tomber sur quelques rares commentaires qui donnent à chaud des détails sur ce qui s'est passé ce jour-là. Sur le moment, le serment du Jeu de paume existe à peine. C'est presque un non-événement. On l'a prêté comme si l'on avait voulu se prémunir des foudres du roi. Il ressemble à une conjuration. Il faut attendre et prendre patience avant qu'il ne devienne le geste des origines, l'acte fondateur de la nation et plus tard celui de sa réconciliation. « La promesse de 1789 », pour emprunter l'expression à François Furet, est sortie de là[9]. Ce qui compte, ce n'est pas la promesse elle-même, mais son extraordinaire invention. Toute l'histoire des débuts de la Révolution est à cette aune. Elle s'est trouvée des origines si parfaites qu'elle en est encore à chercher sa fin. Les chemins qui conduisent à la liberté et au bonheur dont beaucoup ont rêvé ont été semés d'embûches. Le temps et la mémoire en ont fait des routes droites et belles. À l'historien de traverser le miroir et de rendre les événements à eux-mêmes. La Révolution n'est pas terminée, ni dans ses principes après lesquels nous courons toujours, ni dans ses antagonismes « psychologiques » dont nous sommes les héritiers.

Il faut donc revenir aux sources. Je ne suis pas le premier et ne serai certainement pas le dernier à traiter de cette période. Mes prédécesseurs sont même si nombreux et divers qu'il serait trop long d'en dresser la liste[10]. Certains auront certainement beaucoup à dire sur la manière de ce livre, où l'observation – le choix des sources essentiellement « subjectives » (correspondances, journaux, Mémoires) – l'emporte sur l'analyse et la théorie. J'aime bien les oiseaux de proie, et pourtant je trouve à la taupe des vertus salutaires. Je raconte les événements « de l'intérieur » du point de vue de ceux qui les ont vécus. Les « personnages » sont sur la scène. Parfois je reste avec eux, parfois j'en descends. J'écoute leurs silences, je vois leurs petits arrangements. L'historien a quelque chose de l'officier de police judiciaire. Il cherche le flagrant délit. Pour cela, il lui faut suivre ses témoins « à la trace », les identifier, les reconnaître. Nombre de récits – en particulier les journaux « intimes » – censés avoir été rédigés « à chaud » ont parfois été réécrits par la suite et laissent une assez large place aux postures. Et je ne parle même pas des Mémoires écrits encore plus tardivement. On se recompose mieux par rapport aux événements lorsqu'on en connaît la fin.

Ce qui change ici, c'est le choix des dates, le questionnement, l'angle de tir et la figure du temps. « La Révolution est un bloc », disait Clemenceau, et Clemenceau avait raison. Je ne suis évidemment pas le premier à le dire et pourtant, je n'en étais pas persuadé au début de mes recherches. La diversité des circonstances, la complexité des enjeux ne suffisent pas à faire de la Terreur un simple « dérapage ». Les mots de 1789 sont les mêmes que ceux de 1793. Je n'ai pas le culte fétichiste de l'archive inédite. Il suffit bien souvent de relire des textes déjà publiés et commentés pour en tirer d'autres analyses et d'autres conclusions. Je pensais d'ailleurs ne rien trouver de nouveau sur mon sujet. Ce n'était pas au départ ma préoccupation première. La chance a voulu que mon ami Vincent Haegele m'ouvre les portes de la bibliothèque municipale de Versailles dont il venait de prendre la direction. Nous avons un peu découvert ensemble des fonds perdus dans les travées des réserves et ceux-ci m'ont été essentiels.

La bibliothèque de Versailles est installée dans ce qui était sous la monarchie le ministère des Affaires étrangères, à deux pas du château et des principaux lieux que j'allais décrire. Certains ont disparu, d'autres ont été pieusement restaurés. À chaque fois que je m'y rendais, je devais traverser la place d'Armes. J'avais sous les yeux la cour de Marbre et son balcon sur lequel donnent les trois portes-fenêtres de la chambre du roi. Il était un peu pour moi, à chaque fois que j'y passais, comme la figure allégorique du livre que j'étais en train d'écrire. Pendant plus d'un siècle, le pouvoir monarchique s'est incarné dans ce lieu. Il en a figuré la gloire. Il en a personnifié la déchéance. On y proclamait la mort des rois et l'avènement de leurs successeurs : « Le roi est mort. Vive le roi ! » On viendra bientôt y chercher « le boulanger, la boulangère et le petit mitron ». C'est par lui que s'achève ce livre. La famille royale, le roi, la reine n'ont pas attendu le 6 octobre 1789 pour s'y montrer sous la menace à la foule agglutinée dans la cour de Marbre. Elle était déjà là le 23 juin et elle n'était pas bienveillante.

J'écris cette introduction cloîtré à la campagne, pour des raisons d'épidémie que vous aurez peut-être déjà oubliées quand vous la lirez. Je me suis réfugié dans l'ancien bureau de mon père, entouré de ses livres. Des fantômes y passent en tapinois comme passaient ceux de Versailles et du balcon de la cour de Marbre lorsque je m'y rendais. Là, j'ai presque vu mes « personnages » avant que je ne les couche sur le papier. Il faut avoir été sur les lieux du crime – ou sur ceux du désir – lorsqu'ils existent encore, avant de les raconter.

J'adore les bibliothèques. Celle de Versailles est un peu comme le cabinet de l'antiquaire des quais de Seine que visite Raphaël de Valentin dans *La Peau de chagrin*. En y entrant on y fait forcément un pacte à l'image de celui du héros de Balzac. On y réalise un vœu, on y découvre un secret ou on croit le découvrir. Pendant plusieurs semaines, accompagné de mon guide, je suis passé de manuscrit en manuscrit. Il existe à Versailles des fonds anciens hérités de vieux érudits du XIXe siècle – le fonds Fromageot, le fonds Vatel – propices aux découvertes. Il s'y trouve aussi des journaux contemporains de la convocation des états généraux que personne n'avait lu, celui du député de Nantes Joseph Michel Pellerin, celui de Gabriel François Brueys baron d'Aigalliers, député de la noblesse d'Uzès, si plein de détails, et bien d'autres choses encore.

D'autres fonds d'archives m'attendaient, des fonds privés et familiaux comme ceux des descendants de Dreux-Brézé ou du baron de Breteuil qui dans cette histoire joue auprès du roi le rôle de l'homme providentiel ; des fonds publics à commencer par ceux des Archives nationales, du Service historique de la Défense à Vincennes, et puis les manuscrits de la Bibliothèque nationale, ceux de l'Arsenal, ceux de la Bibliothèque historique de la Ville de Paris. Rien n'aurait été possible aussi sans les archives parlementaires, les journaux, les brochures, ce que François Furet appelle « la littérature politique », et le très précieux *Recueil de documents relatifs aux états généraux* publié en 1953 et 1962 par Georges Lefebvre et Anne Terroine[11]. Nombre de Mémoires inédits ont été récemment publiés ou réédités qui n'étaient jusqu'alors pas accessibles aux historiens.

Même s'ils sont parfois un peu répétitifs et convenus, les écrits journaliers des députés envoyés aux états généraux, destinés à leurs familles ou à leurs électeurs, ne manquent pas d'intérêt[12]. Par leur champ de vision, leur subjectivité même, leurs partis pris, ils valent mieux que d'être de simples « magasin[s] à citations », pour reprendre l'expression récente d'un historien[13]. J'ai été particulièrement attentif aux journaux et aux Mémoires écrits par des observateurs venus d'autres pays, les Allemands Goltz, Wolzogen et Salmour, les diplomates italiens Virieu et Antonio Capello, le pasteur suisse Étienne Dumont, l'Américain Gouverneur Morris, le jardinier du duc d'Orléans Thomas Blaikie et bien sûr l'agronome anglais Arthur Young. On ne comprend jamais mieux un événement qu'à travers le regard des autres. Munro Price, un historien britannique, est d'ailleurs presque le seul à avoir récemment abordé cette période du point de vue du roi et de la Cour[14]. Les Anglais aussi ont eu leur révolution, dans les années 1640, et pourtant, ils sont suffisamment pragmatiques et lucides pour regretter que, la plupart du temps, les révolutions ne fassent que remplacer des abus par d'autres, différents ou contraires, quand ce ne sont pas les mêmes, au prix de désastres regrettables. Je ne suis pas loin de partager leur avis.

Plus je travaille, plus j'essaie de comprendre cette période, et plus j'ai le sentiment que l'histoire échappe aux hommes. Ils ne font le plus souvent que lui courir après. Certes, les révolutions dans leurs commencements produisent un redoublement de vie. Le genre humain en vacances se promène dans la rue, débarrassé de ses maîtres. Mais au bout du compte, c'est le grand jeu qui l'emporte, pas ceux qui le font. Les acteurs de ce mois de juin 1789, quelles que soient leurs positions, quels que soient leurs talents – je pense à Mirabeau et à Sieyès –, ont presque tous été en dessous de l'événement. Un peu comme ce que dit Tocqueville du général Bedeau face aux émeutiers de 1848 : « Son seul malheur est d'avoir été mêlé à des événements plus grands que lui[15]. »

Je relis souvent le petit livre de l'écrivain Léon Werth, l'ami de Saint-Exupéry, qui, en juin 1940, mit *33 jours* – c'est le titre de son récit – à fuir Paris pour la Loire, les Allemands au cul et les cauchemars qu'on imagine. Werth avait juré en partant de ne jamais parler à un soldat allemand, pour l'honneur, par dégoût, par fierté, et voilà qu'il se surprend à leur donner de l'eau dans la cour d'une ferme du côté d'Ouzouer-sur-Loire. Au milieu du chaos de l'exode, dans l'inextricable fouillis des mots, des gestes, des peurs et des instincts, il note ceci dont nous devrions nous souvenir : « Ce que nous nommons l'histoire ne serait-il pas la plus vaine illusion des hommes ? [...] Nous faisons de l'histoire comme un malade fait une maladie. Nous sommes responsables de l'histoire comme les fous sont responsables de la création des asiles. [...] L'histoire est l'échiquier de Dieu. »

Première partie

Le roi ou la nation ?

1

Une salle de bal

Il est des endroits, des lieux dont l'aspect général et le style ne correspondent pas à l'importance des événements qui vont s'y dérouler. Des endroits éphémères où se prennent des décisions dont les conséquences vont traverser les siècles. Des lieux anachroniques où la scène ne correspond pas aux acteurs, où le nom de la pièce n'a rien à voir avec le drame qu'on va bientôt jouer.

Au premier coup d'œil, la salle des Menus-Plaisirs de Versailles, conçue comme une grande machine provisoire de plâtre et de bois par l'architecte Pierre-Adrien Pâris pour la tenue des états généraux du royaume ouverts par le roi le 5 mai 1789, ressemble plus à une salle de bal qu'à une enceinte parlementaire. Comme si Versailles, la monarchie et la Cour prêtaient une dernière fois leur décor à des hommes qui bientôt allaient tout balayer. Le seul mot de Menus-Plaisirs, qui désigne le département de la Cour chargé des fêtes et des spectacles, fait sourire quand on sait ce qui va se passer là. C'est qu'à la Cour l'intendant du roi Denis-Pierre Papillon de La Ferté, que la Révolution finira par guillotiner en juillet 1794, avait eu beaucoup de mal à trouver un lieu susceptible d'accueillir les quelque 1 200 députés désignés par voie d'élection pour porter conseil et assistance au roi et représenter les trois ordres du royaume (le clergé, la noblesse et le tiers état) à des états généraux dont personne ne pouvait alors prévoir les conséquences et la durée.

On s'était d'abord posé la question de savoir dans quelle ville on les réunirait. Le « principal ministre » du roi, l'ancien banquier suisse Jacques Necker dont il va être beaucoup question dans cette histoire, avait suggéré Paris, mais on avait jugé la ville trop dangereuse. Le roi répugnait à changer ses habitudes, à commencer par celles de la chasse, et ce fut finalement Versailles, le lieu de sa résidence habituelle, qui fut choisie. La ville disposait de tous les services et on pouvait sans grand inconvénient y loger chez l'habitant les nombreux députés venus des provinces. Plus tard, certains des ministres du roi, comme le comte de Saint-Priest, regretteront ce choix et se reprocheront de n'avoir pas assez mesuré la proximité de Versailles d'avec Paris. On se sentait encore en sécurité. Les plus prudents avaient timidement suggéré de convoquer les états à Compiègne, à Blois ou même à Soissons où l'on avait récemment exilé le Parlement, mais personne n'avait songé à les réunir dans une place de guerre comme Metz ou dans une ville plus éloignée de la capitale ainsi qu'on voudra le faire plus tard[1]. Personne n'avait mesuré non plus la part flottante, turbulente et incontrôlable de la population de cette ville d'environ 70 000 habitants : les ouvriers, détaillants et autres gros bataillons de la « valetaille » du château, tous ces gagistes et gagne-petit entassés sous les toits et logés dans des conditions déplorables quand ils ne s'enivrent pas dans les quelque 250 cabarets que compte la résidence des rois.

C'est Versailles qui l'emporte. Les services de la Cour pouvaient disposer en ville d'une salle déjà presque prête, dans le périmètre de l'hôtel des Menus-Plaisirs du roi, à deux pas du château, avenue de Paris. On y entreposait habituellement les décors de l'Opéra. Elle avait déjà servi récemment à réunir les quelque 150 notables et grands dignitaires du royaume convoqués à deux reprises, en février 1787 et novembre 1788. Une première fois pour donner leur avis sur les réformes administratives et fiscales envisagées par le gouvernement, une deuxième fois pour se prononcer sur les modalités de convocation des futurs états généraux.

Il suffisait d'agrandir la salle. En vérité, elle avait été en partie démontée, mais on pouvait en réutiliser les éléments. Les travaux commencèrent dans l'arrière-cour de l'hôtel des Menus qui donne sur la rue des Chantiers. Comme par prémonition, cette salle, qui allait être pour le roi celle de tous les dangers, fut sur le point de lui être fatale avant même qu'elle n'eût été achevée. D'après le *Courrier de l'Escaut*, « Sa Majesté, qui se plaît parmi les ouvriers » et s'en était allée, le 4 avril, visiter le chantier, se serait fracassé la tête du haut d'un échafaudage qui avait cédé sous son poids si un ouvrier ne l'avait opportunément rattrapé par le bras[2]. Personne n'a retenu le nom de ce charpentier. C'est dommage ! Si Louis XVI était mort le 4 avril 1789, l'histoire en aurait sans doute été changée. Son frère cadet le comte de Provence, plus populaire et plus politique que lui, aurait immanquablement assuré la régence. Que se serait-il passé alors ? « Sa Majesté, lit-on encore dans le *Courrier*, a gardé le plus grand sang-froid au milieu de ce péril. » C'est avec le même sang-froid que « Sa Majesté » montera sur l'échafaud quatre ans plus tard. Entre-temps, le monde avait changé et ce n'était plus le sien. Le roi de l'une des toutes premières puissances du globe, Louis XVI, devenu Louis Capet, pouvait-il seulement l'imaginer et pouvait-il imaginer que cette fois plus personne ne tenterait de le sauver ?

2

On n'y voit rien, on n'entend rien

Pierre-Adrien Pâris, l'architecte des Menus, a bien fait les choses sous la direction de Papillon de La Ferté qui en assure le contrôle général. À première vue, la salle des états généraux, tout juste achevée au moment de leur ouverture le 5 mai 1789, a belle allure. Elle est immense : 56 mètres de long par 20 mètres de large. Un plafond haut à voussures et caissons y laisse passer une lumière douce par une large ouverture ovale garnie de grands voiles de taffetas blanc. Deux étages de tribunes disposées de part et d'autre dans la longueur, soutenues par des colonnes cannelées peintes en faux marbre, ont été aménagés pour y recevoir la Cour, le corps diplomatique et les personnes spécialement priées en présence du roi. Comme on le verra, elles serviront à beaucoup plus que cela. À l'intérieur, tout est blanc, gris et or. « C'est une grande et belle salle », note le rédacteur du *Mercure de France*. On y entre par un vestibule décoré d'une grande statue allégorique qui, ironie du sort, représente la Concorde. Quatre figures ailées ornent le fond de la salle, du côté de l'avenue de Paris, de part et d'autre d'un immense soleil. Les niches qui ponctuent les travées des tribunes portent les statues de tous les rois qui ont régné sur la France depuis le légendaire Pharamond dont on pensait encore à l'époque qu'il était le premier de la lignée. Toute la symbolique de la salle conduit au monarque et à son pouvoir[1].

C'est là que commence notre histoire, le 17 juin 1789. Rien n'y a changé depuis le jour de la cérémonie d'ouverture du 5 mai. On s'est contenté de démonter l'estrade et le dais fleurdelisé surmonté d'un globe et d'une couronne dorée qui avaient servi ce jour-là au roi et à sa famille. Depuis, l'intendant des Menus a fait installer, légèrement en avant, une grande table pour le président de séance et ses secrétaires. La disposition des banquettes recouvertes de velours vert, à l'usage des députés, est restée la même. Sur les côtés, celles réservées à ceux du clergé et de la noblesse sont vides. Seules les banquettes centrales, placées à l'origine face au trône pour les députés du tiers état, sont occupées.

On avait d'abord pensé attribuer la grande salle aux seules cérémonies royales et aménager trois chambres particulières à la disposition des députés des trois ordres dans les bâtiments des Menus qui bordent les deux cours du quadrilatère, entre l'avenue de Paris et la rue des Chantiers, mais on n'en eut pas le temps. Seules les deux salles du clergé et de la noblesse, ornées de tapisseries, étaient prêtes le 5 mai. On avait, faute de mieux, cédé la salle commune aux séances des députés du troisième ordre, plus nombreux et qui à eux seuls représentaient la moitié des présents. Dès avant le 17 juin, certains à la Cour avaient crié au complot et accusé le principal ministre du roi et directeur des Finances Jacques Necker d'avoir volontairement attribué la grande salle aux députés du tiers pour faciliter leurs manœuvres. C'est là et là seulement, en effet, que tous les députés pouvaient se réunir. Le tiers avait par ce dispositif un atout non négligeable : l'avantage du terrain.

Mais le terrain est incommode. Telle qu'elle est, la grande salle des états généraux n'est manifestement pas adaptée aux débats. Ses dispositions sont singulièrement favorables à l'inattention et au désordre. On n'y entend rien, on n'y voit rien, sinon depuis les tribunes. L'acoustique est exécrable, les banquettes dépourvues de dossier pour des raisons d'étiquette – le roi seul a droit au fauteuil lorsqu'il paraît – sont disposées sur un même plan. « La salle est majestueuse, mais fort mal disposée », note le député de Clermont-Ferrand Jean-François Gaultier de Biauzat[2]. Dès le 6 mai, le comte de Mirabeau, le seul représentant de la noblesse à avoir été élu par le tiers état et qui va bientôt jouer un rôle de premier plan, suggérait dans son *Courrier de Provence* que l'on réaménage la salle en amphithéâtre. Il faudra attendre la fin du mois de juin pour cela. D'ici là, il y avait de quoi se plaindre. « Vos bancs sont de niveau. Personne n'est vu, ni ne voit. » Et puis on ne dispose d'aucune tribune et chacun parle de sa place. « Il n'y a que des voix de stentor qui puissent se faire entendre[3]. » On dit qu'il n'y a pas de bons élèves sans bons instruments de travail. Il n'y a pas plus de bons débats sans des dispositions qui les favorisent. Cela paraît futile, mais la confusion et le brouhaha sont souvent propices aux changements d'opinions. On en verra plus loin les conséquences.

3

Suivez le déficit, vous avez les états généraux

Les quelque 590 députés du tiers état qui, le 17 juin à 9 heures du matin, entrent dans la grande salle des états généraux par le vestibule de la rue des Chantiers ne sont évidemment pas là par hasard.

Tout a commencé trois ans auparavant, un certain 20 août 1786, lorsque le comte de Calonne, alors à la tête des finances de l'État, était entré, à bout de ressources, dans le cabinet du roi pour lui avouer la gravité de la situation. Les caisses étaient vides. Certes, la monarchie avait déjà, depuis des décennies, la fâcheuse manie de dépenser plus qu'elle ne gagnait, au point d'avoir pris le risque d'une banqueroute partielle en 1770. Le surcroît de dépenses occasionné par la guerre d'Indépendance américaine dans laquelle le roi s'était engagé contre l'Angleterre entre 1778 et 1783 n'avait rien arrangé. Calonne évaluait le manque à gagner de l'année en cours à 115 millions de livres. Au final, les comptes étaient sans appel : 475 millions de recettes, 589 millions de dépenses, un déficit proprement gigantesque, proche du quart des revenus ordinaires de l'Espagne et des deux tiers du budget de l'Autriche, un empire presque aussi peuplé que la France[1]. On vivait jusqu'alors à crédit, dans les illusions et tout cela était tenu secret. La monarchie ne disait rien de ses comptes. Lorsque le déficit sera rendu public, un an plus tard, ce sera le choc, au moins parmi les élites. Le pasteur protestant Rabaut Saint-Étienne, futur député de Nîmes aux états généraux, le dira en quelques mots : « On ne peut dépeindre la surprise de la nation [...] ni son indignation, lorsqu'elle apprit l'énormité du déficit. Les maux de la France étaient sentis, mais ils n'avaient pas été calculés[2]. »

Pour couronner le tout, à l'insuffisance des recettes relativement aux dépenses s'ajoutait le grave problème de ce qu'on appelait alors les anticipations, c'est-à-dire des avances gagées sur les recettes fiscales à venir, prêtées au Trésor par les receveurs généraux des impôts et autres financiers. De 1783 à 1786, celles-ci étaient passées de 150 à 260 millions, soit une année entière des revenus nets de la monarchie, c'est-à-dire ce dont elle pouvait disposer après s'être acquittée de ses frais de fonctionnement. « La France, note un diplomate prussien dans un rapport à son souverain, est comme un jeune homme qu'on ne peut libérer de ses dettes, car plus il a de l'argent, plus il a de crédits, plus il en mange[3]. »

D'emprunts supplémentaires en plans de réformes abandonnés, le roi s'était trouvé, à contrecœur, dans l'obligation de convoquer les états généraux comme si ceux-ci avaient été pour lui la dernière solution à la longue crise budgétaire et financière dont aucun de ses ministres n'était parvenu à sortir. Je reviendrai longuement sur lui plus loin, mais c'est tout de même le roi qu'on trouve au commencement de cette histoire.

En 1789, Louis XVI a 35 ans. Il n'en avait que 20 lorsqu'il avait succédé à son grand-père Louis XV le 10 mai 1774, avant d'être sacré à Reims l'année suivante. Voilà plus de quinze ans qu'il règne. Pas moins de treize ministres se sont succédé sous ses ordres au contrôle général des Finances. Tétanisé par les questions d'argent et comme prisonnier des déséquilibres financiers de son royaume, il n'a pas assez mesuré les évolutions d'idées, d'esprit, de mœurs et je dirais presque de climat qui travaillent la société depuis des décennies. Il est depuis le début de son règne comme assis à cheval sur deux politiques : une solution monarchique, traditionnelle et absolutiste, portée par ses prédécesseurs et une autre, libérale et rationnelle sans doute plus conforme à son temps, mais qui n'était envisageable qu'en dépit de tout ce qu'il était censé incarner. Il a essayé tour à tour de l'une et de l'autre, puis il n'a plus rien voulu décider ou n'en a plus eu le temps, ni la volonté, ni le conseil. Il n'a pas mesuré non plus à quel point la construction d'un État moderne, administré et centralisé à laquelle la monarchie œuvrait depuis des siècles pouvait se heurter, jusqu'à disparaître, aux formes inégalitaires, aristocratiques et différenciées d'une société d'ordres, de coutumes, de castes, de privilèges et d'exemptions dont il était pourtant l'émanation et le gardien légitime. La question financière n'était que le signe d'une situation en forme d'impasse. L'arbre a caché la forêt. Dans son esprit, les états devaient, préalablement à toute autre décision, s'assurer que la monarchie disposerait enfin des moyens dont elle avait besoin pour couvrir le déficit de son budget et éviter la banqueroute. Il n'a pas voulu ou su aller plus loin.

Ce n'est pas précisément ce que les députés du tiers état avaient en tête en entrant dans la grande salle des Menus-Plaisirs le 17 juin. Depuis l'ouverture des états généraux, ils s'étaient peu occupés de la question financière et guère plus de celle de la disette dont on va parler plus loin. Ils ont d'abord voulu faire de la politique et se sont posé deux questions : qui sommes-nous ? Que représentons-nous ?

Le 17 juin, ils sont persuadés d'incarner la nation. Il existe de nombreuses raisons à cela qui tiennent autant à leur mode de convocation, à leur état d'esprit qu'à la situation générale du royaume. Il faut en parler un peu si l'on veut comprendre ce qu'ils sont en effet, comme les décisions spectaculaires qu'ils vont bientôt prendre. Car ce sont eux, principalement, qui vont faire la Révolution.

4

Élections, piège à cons

En un sens et pour commencer, c'est le pouvoir royal lui-même qui les a rendus légitimes. En les convoquant, celui-ci a pris le risque inouï d'accepter qu'ils soient élus et non pas nommés ou cooptés, ce qui constitue une véritable rupture par rapport au mode traditionnel de désignation des représentants des états généraux. Ensuite, c'est sur la base de l'ancien découpage du royaume en bailliages et sénéchaussées, vieilles entités judiciaires plus ou moins tombées en déshérence, qu'ont été établies les circonscriptions électorales. La logique aurait voulu que le pouvoir royal se serve plutôt des assemblées provinciales qui étaient alors les expressions vivantes des trois ordres de la société, le clergé, la noblesse et le tiers état, représentés dans les provinces. Enfin, par le *Résultat du Conseil tenu à Versailles du 27 décembre 1788*, publié le 1er janvier suivant, le roi avait accordé au tiers état le doublement de sa représentation, de façon à ce que le nombre de ses députés soit équivalent à celui de ceux des deux autres ordres du clergé et de la noblesse pris ensemble. Tout cela fait de ces élections une nouveauté absolue, une occasion inespérée et un risque immense.

Le troisième ordre ou tiers état avait logiquement beaucoup à demander. Le mettre en position de force c'était affaiblir d'autant ce que certains contemporains ont appelé « l'esprit de conservation[1] » auquel les deux autres ordres étaient naturellement plus sensibles. Le roi avait également promis des élections équitables et s'était porté garant d'une juste proportionnalité entre le nombre des habitants de chaque bailliage et le nombre de ses députés. Il ne demandait rien en échange. En effet, il n'avait aucunement cherché à intervenir dans l'élection, comptant un peu naïvement sur l'« intégrité » et le « bon esprit » des futurs candidats. Mieux encore, non seulement le roi donnait aux électeurs toute liberté de choisir leurs députés, mais c'est à eux qu'il avait demandé de rédiger des cahiers censés contenir leurs doléances et leurs suggestions contre les « abus » dont ils auraient eu à souffrir, notamment en matière fiscale[2]. Il ne proposait aucun programme en dehors des questions financières.

Une lettre royale du 24 janvier 1789 fixe plus précisément le règlement général de l'élection. Dans les assemblées primaires du tiers, le vote par acclamation ou à main levée est préféré au vote individuel. L'indépendance de chacun y est comme sacrifiée aux mouvements de foule et aux risques d'intimidation. À cela s'ajoute un mode très filtrant d'élection par degrés – trois ou quatre selon les cas, des assemblées primaires de paroisses ou de corporations dans les villes, jusqu'aux assemblées générales des bailliages – et l'obligation imposée aux assemblées intermédiaires de se « réduire » des trois quarts avant de procéder à la désignation des grands électeurs, ce qui autorise toutes les manipulations et autres « cabales[3] ». Enfin le corps électoral est fixé aussi largement que possible. Tous les hommes de plus de 25 ans inscrits au rôle des contributions, soit l'équivalent de trois journées de travail, sont en droit de voter. Le taux d'imposition exigé est plus élevé dans les villes que dans les campagnes, mais celles-ci sont de loin les plus peuplées, environ 23 à 24 millions d'habitants pour 2 millions d'urbains.

Tout se passe comme si le roi avait fait de ses sujets, d'un coup de baguette magique, des citoyens adultes, libres et responsables, uniformément aguerris à la politique comme à la science du droit. En négligeant les cadres traditionnels de son royaume, en s'interdisant d'intervenir directement dans l'élection, en minorant le poids des influences personnelles, le roi jette littéralement les Français dans le vide et l'inconnu. Aujourd'hui, aucun gouvernement ne s'engagerait avec une telle innocence dans une opération aux conséquences aussi improbables. Nombre de contemporains ont vécu ces élections comme un véritable suicide. En Anjou, le comte de La Galissonière, futur député de la noblesse, reproche aux ministres et surtout au principal d'entre eux, le directeur des Finances Jacques Necker qui a succédé à Calonne, de n'avoir pas limité le nombre des électeurs du tiers état aux seuls propriétaires terriens, de ne pas avoir favorisé l'élection de candidats liés à l'administration, « une véritable perfidie », note-t-il dans son journal. Bref, de n'avoir tout simplement pas eu de candidats. « On avait pour ainsi dire écrit sur toutes les places publiques : De par le roi, la Révolution[4]. »

Même des esprits aussi sages et modérés que le très libéral évêque d'Autun, le futur prince de Talleyrand, regretteront par la suite que le roi n'ait pas plus restreint le droit d'élire comme le droit d'être élu, ou qu'il n'ait pas cherché à diminuer la puissance des futurs députés du tiers en réunissant ceux des deux premiers ordres du royaume en une seule chambre composée des représentants de l'épiscopat et des chefs de familles nobles[5]. On retrouvera ces arguments plus tard, à l'origine de l'idée de chambre haute et des premières tentatives malheureuses de bicaméralisme à la française.

5

Fais ce qu'il te plaît !

Il est vrai que les élections des députés aux états généraux sont très vite allées de travers. Le Genevois Étienne Dumont, proche de Mirabeau, qui assiste aux assemblées primaires du bailliage de Montreuil-sur-Mer, en est effaré : « Ils ne savent pas s'y prendre pour s'organiser et faire une élection. On avait déjà perdu deux ou trois jours en parlerie et en cohue. Un président, un secrétaire, des billets de suffrage, un scrutin, tout cela leur était inconnu. » Et d'accuser le gouvernement de légèreté, sinon d'ignorance pour n'avoir pas mieux exercé son contrôle dans une affaire aussi grave et « insolite » qu'une élection populaire[1]. Pourquoi, se demande encore Dumont, le gouvernement n'a-t-il pas eu l'idée d'édicter un règlement précis et rigoureux ?

Des règlements existent pourtant et ont été publiés pour chaque province particulière, mais beaucoup les jugent « vicieux » sur bien des points et surtout personne ne les respecte. Adrien Duquesnoy, futur député de Bar-le-Duc, s'en plaint et va jusqu'à dire qu'on s'en moquait[2]. On oublie les ordres du roi et on n'en fait qu'à sa tête. Le 9 mars, un arrêt du Conseil annule et casse les réunions particulières organisées en dehors des assemblées de communautés et de bailliages prévues au règlement, ce qui prouve assez que ces dernières existaient en nombre. Une fois les électeurs réunis, les présidents nommés par le roi sont récusés, les lieux des délibérations envahis par des agents extérieurs, les nobles écartés. À Paris par exemple, le lieutenant civil du roi au Châtelet, Angran d'Alleray, qui devait présider l'assemblée générale des 300 grands électeurs du tiers à l'archevêché, est démis de ses fonctions et remplacé par un avocat au Parlement, Jean-Baptiste Target, qui comptera bientôt parmi les députés les plus radicaux des états généraux. Les assemblées intermédiaires de district ne se passent pas beaucoup mieux. Un touriste allemand qui assiste à celle du couvent des Petits-Augustins, rive gauche, n'en revient pas de voir tous ces artisans, aubergistes et autres boutiquiers, qui pour l'occasion ont revêtu leurs plus beaux habits, se battre et monter en chaire « quatre ou cinq à la fois, pour faire prévaloir leurs vues ». Il en conclut, un peu désabusé, que décidément les Français sont « impertinents et bavards[3] ». Ce qu'il n'a pas compris, c'est que le roi, en leur permettant de voter à leur guise, les a rappelés à leur dignité. Il leur a surtout donné le sentiment irrépressible et quasi furieux de leur liberté. Cette conscience-là n'est pas prête de s'éteindre.

Les rapports de force et d'influence n'en prennent que plus d'importance. L'écrivain Jean-François Marmontel, l'un des grands électeurs parisiens, évoque l'évidente mainmise de quelques-uns, parmi les plus remuants et les plus bruyants. « L'orgueil fait mouvoir bien des têtes et mille personnes intriguent pour être députés », note encore un nouvelliste[4]. Un autre parle même de « cabales indignes[5] ». Ces influences-là sont d'autant plus prégnantes qu'en ville, aux chefs-lieux de bailliage, les électeurs des assemblées primaires se réunissent en moins grand nombre qu'à la campagne et, pour des raisons qui s'expliquent facilement par la peur du tumulte, la nouveauté de la chose ou le manque d'habitude, s'abstiennent. À Rouen, on doit faire sonner les cloches de l'Hôtel de Ville pour rassembler les électeurs. À Paris, certaines assemblées sont à demi vides. Seuls quelque 12 000 électeurs, parmi les 10 à 12 % des 660 000 habitants de la capitale en droit de voter, s'y rendent, ce qui représente un taux d'abstention de plus de 80 %[6]. Certains contemporains, comme l'abbé Sieyès, élu député à Paris et qui va jouer un rôle central en juin, estiment même à 80 000 – sur une population de 26 millions d'habitants – le nombre des électeurs des assemblées du tiers sur l'ensemble du royaume[7]. Ce qui ne fait pas beaucoup.

Il faut faire la part du désintérêt. Le royaume n'était pas aussi politisé à la veille de la Révolution qu'on a bien voulu le dire. L'agronome Arthur Young n'en revient pas de l'ignorance ambiante. Les hobereaux des campagnes passent leur vie à chasser sur leurs terres. Les bourgeois ne valent pas mieux. Un marchand de Bédarieux lui demande un jour s'il ne serait pas originaire de la Chine, un autre s'étonne qu'il puisse exister des forêts en Angleterre. « Avez-vous des rivières ? – Oh ! Pas du tout ! – Ah, ma foi, c'est bien triste[8]. » Les gros bataillons de la paysannerie ne sont évidemment pas mieux lotis. On vit dans le cercle étroit de sa communauté, à l'abri des routines. L'information ne circule guère que le dimanche au sermon du curé et les jours de marché où l'on se rend dans le bourg le plus proche. Young n'a d'ailleurs pas tort lorsqu'il suggère que la Révolution s'est nourrie de cette « effroyable ignorance » paysanne, à coups de rumeurs, de peurs et de fausses nouvelles. Je ne doute pas que le mouvement d'idées impulsé par les élections ait contribué à la diffusion d'un début de culture politique dans les campagnes. On le verra, les cahiers de doléances des paroisses rurales disent souvent beaucoup, et avec précision, de la condition paysanne, mais nombre d'entre eux ont tout de même été en partie inspirés par la bourgeoisie des villes ou élaborés par les seules élites locales : notaires royaux, officiers de tous ordres, juges, syndics, chefs de fabrique. Il est aussi des communautés qui n'en ont tout simplement rédigé aucun[9]. Tout le royaume ne vote donc pas en 1789, on est même très loin du compte, sans doute 20 à 30 % de la population masculine en droit de voter, mais certains parmi les plus politisés ont parfaitement su saisir l'occasion qui leur est offerte.

6

Des sociétés de pensée

À la fin du XIXe siècle, l'historien Augustin Cochin, repris par François Furet dans les années 1970, avait insisté sur le rôle déterminant de ce qu'il appelait « les sociétés de pensée » – loges maçonniques, chambres littéraires, académies, salons, clubs, sociétés patriotiques – dans la conduite des élections[1]. Elles représentent le plus haut niveau de politisation du pays. Elles ne sont pas fréquentées par la seule bourgeoisie. C'est enfoncer une porte ouverte que de le dire, mais on y trouve aussi en nombre des membres du clergé et de la noblesse, des officiers de robe, des militaires. On y célèbre « le règne de l'homme », pour emprunter l'expression à Rémy Brague. La Renaissance est passée par là, les diverses fondations d'un nouveau christianisme, de Luther et Calvin à Jansenius, aussi. Le mouvement des Lumières, des économistes aux philosophes, y joue dans toute sa diversité un rôle de premier plan, et tout autant l'histoire récente. La Révolution, note l'historienne Annie Jourdan, n'a pas éclaté dans un monde paisible et harmonieux[2]. On a sous la main l'exemple de la guerre d'indépendance menée par les colons américains contre la tutelle britannique – à laquelle, on le sait, la France a largement participé –, celui de la révolution genevoise de

1782, celui aussi de la révolte des patriotes hollandais contre les princes d'Orange. Et, en toile de fond, l'horizon de la liberté, des constitutions écrites arrachées aux anciens pouvoirs et les droits naturels de l'homme.

On est même persuadé que l'on peut faire mieux, que le « génie français », dont la monarchie s'est faite la propagandiste zélée, emportera tout. Les victoires sur l'Angleterre à l'occasion de la guerre d'Indépendance américaine ont ouvert les esprits à toutes les promesses et à tous les espoirs. On veut reprendre les territoires des Indes et du Canada perdus par Louis XV. On veut éduquer l'Europe des rois à coups de canon. Mais rien ne vient. Pis encore, le roi renonce en 1787 à intervenir contre la Prusse et l'Angleterre pour défendre son alliée hollandaise. On rêve, comme l'écrit le jeune officier Étienne de Jouy dans ses souvenirs, d'envoyer partout « des Voltaire [...] en armes » et on déplore que le gouvernement ne fasse rien[3]. L'Anglais Arthur Young, qui voyage en France entre 1787 et 1789, n'en revient pas de la trouver si belliqueuse et guerrière. Les habitants applaudissent aux parades militaires. Dans les villages, les enfants jouent au soldat et s'amusent à battre du tambour[4]. La hantise du déclassement, les frustrations de gloire et de domination du monde habitent les élites françaises des dernières années de la monarchie. On les met en concours. On en fait des sujets d'études. La Révolution est sans doute un peu la fille de ces ambitions déçues. On ne pourrait comprendre sans cela sa dimension guerrière et conquérante, les frontières naturelles et le quart de siècle de batailles conduites par la République et l'Empire contre l'Europe entière.

C'est au sein de ces sociétés de pensée que s'élaborent de nouveaux modèles d'organisation sociale débarrassés des anciennes fidélités féodales et des vieilles sacralités monarchiques. C'est là qu'est mise au point ce que François Furet appelle l'idéologie de la « table rase ». On veut adapter aux sciences de l'homme les méthodes et les progrès des sciences exactes. On oppose la nature et le droit à l'histoire, la raison aux usages. On doute que le roi dispose d'une constitution et on prétend lui en donner une. Un État moderne, pense-t-on, ne peut se contenter du fouillis des ordonnances royales. Il faut absolument un bout de papier, un texte écrit, des sections, des articles bien rangés. Peu importe d'ailleurs que les Anglais n'en aient jamais eu alors même que leur régime est le plus libéral et le plus parlementaire d'Europe. Le royaume ne peut se contenter de ses vieilles institutions et de ses « erreurs antiques », comme dit l'abbé Sieyès[5]. Il mérite une constitution toute neuve, même si l'on n'en conçoit pas encore pleinement la radicalité. Montesquieu, Locke, Voltaire, Rousseau et son bonheur sont passés par là. La République romaine aussi. Le pasteur et futur député du tiers originaire de Nîmes Rabaut Saint-Étienne le dit très bien : « On s'appuie sur l'histoire ; mais l'histoire n'est pas notre code. Nous devons nous défier de la manie de prouver ce qui doit se faire par ce qui s'est fait[6]. »

L'invention même de la notion d'Ancien Régime, qui très vite désignera le système monarchique, dit assez le mépris qu'on a pour le passé. D'ailleurs, on avait déjà un peu oublié la monarchie avant même que celle-ci ne disparaisse. Chose extraordinaire, au sein des élites enseignantes, bien avant la Révolution, on tenait les rois pour quantité négligeable. Le jeune Antoine Chamans, fils d'un gros limonadier parisien, futur comte de Lavalette et futur aide de camp de Napoléon, entré au collège d'Harcourt à Paris en 1780, raconte qu'il en était sorti huit ans plus tard « la tête remplie de maximes républicaines » sans avoir entendu une seule fois prononcer le nom d'Henri IV. « J'ignorais encore à 17 ans, à quelle époque et comment s'était établie la maison de Bourbon sur le trône[7]. » Encore quelques années et, au nom de l'homme régénéré, on devra tout oublier. À l'exemple des Romains, on finira par vouer les rois, les nobles et la religion à la *damnatio memoriae.*

« On aurait cru voir le monde au lendemain de la création », s'amuse le suisse Étienne Dumont à la vue de l'extraordinaire « dérèglement des imaginations » qui travaille alors les élites. Comme si, ajoute-t-il, une peuplade primitive sans mémoire et sans passé avait tout à coup décidé de prendre son avenir en main[8]. Puisqu'il n'y a rien, on va faire des principes et de la raison spéculative la parole des commencements, et lorsque cette parole rencontrera « l'élan chaleureux de la passion » – l'expression est du philosophe Starobinski[9] –, autrement dit le peuple, alors tout s'enflammera. Ces sociétés de petits Solons ou qui se croyaient tels ont été plus que des relais ou des lieux de transmission, elles ont été de véritables laboratoires auxquels se sont nourries les idées nouvelles. On les retrouve logiquement au cœur du dispositif politique de préparation des états généraux.

Sans doute et faute d'avoir mené son étude de façon exhaustive, Augustin Cochin a-t-il été trop systématique dans ses conclusions, mais il n'est pas douteux que ces « sociétés de pensée », sur lesquelles il a travaillé dans les années 1900, particulièrement en Bourgogne et en Bretagne, ont joué un rôle dans le contexte des élections de 1789, même si celui-ci a varié selon les régions. Sans nul doute leurs divers adhérents, affiliés et correspondants ont-ils « fait campagne » au risque de l'anachronisme du mot. Il en est question ici et là dans les souvenirs du temps, comme du « parti des avocats », le plus égalitaire et le plus avancé de toutes les forces en présence à la veille des états généraux.

On peut s'interroger en effet sur l'étonnante unanimité et l'étonnante concomitance des demandes adressées par vagues au pouvoir royal par le tiers état. Les mêmes démarches, les mêmes pétitions partent au même moment de provinces que tout sépare : mœurs, intérêts, régime juridique, dialectes, etc. En novembre 1788, « toute la France » demande le doublement du tiers aux états généraux puis, en janvier 1789, le vote « par tête », c'est-à-dire le vote individuel, les trois ordres réunis, et non au sein de chaque ordre, ce qui, une fois le doublement des députés du tiers obtenu assure la majorité à ce dernier. Un nouvelliste bien informé estime à plus de 800 le nombre de réclamations pour le doublement du tiers adressées à Versailles par les provinces, les villes, communautés et corporations, « sans compter celles qui arrivent journellement de tous les côtés[10] ». En mars enfin, toute la France envoie des doléances si semblables qu'on les croirait rédigées dans la même officine : rédaction d'une constitution et consentement à l'impôt, périodicité des états et vote par tête, réformes des impôts et des justices, égalité d'admission aux emplois, libertés civiles, liberté de la presse et parfois rachat ou abolition des redevances et droits seigneuriaux. Au passage, nombre de revendications des communautés rurales sur la dureté des temps et l'emprise de la grande propriété ont été « oubliées » par la bourgeoisie des villes lorsqu'il a fallu fusionner les cahiers du tiers au sein des assemblées de bailliage. Beaucoup s'en plaindront, et en écriront directement aux ministres du roi[11]. « La volonté générale est libre, remarque Cochin, comme le serait une locomotive sur ses rails[12]. »

7

Paris n'est pas le royaume

Pendant longtemps on a pensé que l'impulsion de la Révolution avait été donnée presque uniquement par Paris. On connaissait l'existence de certains comités organisateurs comme la Société des trente qui se réunit trois fois par semaine, rue du Grand-Chantier, chez un conseiller au Parlement, Adrien Duport, et dont les membres, parmi lesquels nombre d'aristocrates libéraux de haute volée tels l'évêque d'Autun Charles-Maurice de Talleyrand, Biron, le marquis de La Fayette, les frères Lameth ou le duc de La Rochefoucauld, sont issus des loges du Grand Orient de France, en particulier celle des Neuf Sœurs dans laquelle Voltaire avait été reçu en 1778. Mirabeau, qui en fait partie, l'appelle « une conspiration d'honnêtes gens ». On savait aussi le rôle joué par certains clubs ou par les officines du Palais-Royal à la solde du duc d'Orléans, le cousin du roi, grand maître du Grand Orient depuis 1771, dont certains modèles de cahiers conseillés par Sieyès et rédigés par Choderlos de Laclos, l'homme des *Liaisons dangereuses*, sont expédiés dans nombre de bailliages[1]. Ce qu'écrit à ce propos l'avocat Jacques-Pierre Brissot au marquis du Crest, chancelier du duc, en dit long sur la méthode utilisée : « Il faut donner [...]

un mot de ralliement. Constitution française doit être le mot de ce nouveau parti. Il faut dire et répéter partout que la base de cette constitution est le droit de ne pas payer d'impôt sans y consentir[2]. » Brissot, futur Conventionnel, est de ceux qui travaillent le plus activement aux élections des députés de 89 dans les apanages du prince et au-delà. L'un de ses nombreux émissaires, le jeune Stanislas de Girardin, un futur préfet de Napoléon, envoyé à Vitry-le-François, le raconte très bien dans ses *Souvenirs* : « Vous y porterez mes cahiers, vous en propagerez les principes et vous aurez un billet à la loterie qu'on y tirera[3]. » Tout est là. Des idées et de l'argent. Il y eut évidemment d'autres modèles de cahiers, en Bretagne et ailleurs, comme on le verra. Mais Paris tient une place à part.

C'est à Paris, au Palais-Royal, qui appartient au duc d'Orléans et que ce dernier a transformé en un vaste complexe de galeries marchandes et de salles de spectacle, que circulent les idées les plus avancées. Les librairies y sont nombreuses, comme celle de Victor Desenne réputée pour ses ouvrages séditieux, et ne désemplissent pas. Les cabinets de lecture et les clubs aussi. Le plus sophistiqué est le club de Valois, fondé par l'abbé Sieyès sous la protection du duc d'Orléans en février 1789, et qui réunit, passage de Valois, quelque 120 membres dont la plupart de ceux de la Société des trente[4]. L'un des plus actifs et des plus virulents, le Club des enragés – également dans la mouvance d'Orléans –, a son siège tout à côté, chez le restaurateur Masse. On en compte bien d'autres : la Société olympique, le Salon des arts, le Club polonais, ceux des étrangers, celui des colons… Ce sont presque toujours des « sociétés choisies », comme on disait à l'époque. On y est coopté par ses pairs et on y paie une contribution qui varie de 70 à 90 livres par an. On se réunit dans des salons le plus souvent aménagés au premier étage des bâtiments qui entourent les jardins du palais. Sous les arcades, les cafés, plus populaires, sont tout autant des lieux de réunions politiques, de jeu et de prostitution : Véry, le café de Foy, le café de Valois, le Caveau, les Mille Colonnes, la Régence. Brissot, qui habite tout près, rue du Faubourg-Saint-Honoré, abrite chez lui un comité permanent chargé de mettre la main aux cahiers de doléances parisiens, où se retrouvent Mirabeau et plusieurs de ses proches, anciens démocrates genevois, Étienne Clavière, le pasteur Dumont qui collaborera bientôt aux journaux de son patron. L'atmosphère, dit ce dernier, y était « électrique ». Avant de devenir le cœur battant de l'agitation parisienne, le palais d'Orléans, protégé par son statut juridique et ses immunités de police, a d'abord été un très efficace centre de propagande. C'est là, comme le dit Rabaut Saint-Étienne, que se prépare « la simultanéité des idées, des volontés et des forces[5] ».

8

Qui t'a fait député ?

Mais tout cela ne se limite pourtant pas à Paris. L'historien Augustin Cochin, dont il a déjà été question, est sans doute le premier à avoir mis au jour, au sein d'une certaine bourgeoisie libérale – le « parti national » –, l'existence de groupes de pression très discrets mais très efficaces dans toutes les provinces du royaume. Il prend entre autres l'exemple de Dijon et de la Bourgogne pour en décrire le fonctionnement. Au terme de quelques recherches supplémentaires, on a une idée assez précise de ce qui s'y est passé. Un premier groupe de bourgeois issus des professions libérales ou détenteurs d'offices de second rang – médecins, notaires, procureurs, avocats – se réunit à Dijon début décembre. Un certain Alexandre Eugène Volfius, fils d'un procureur au parlement de Dijon et qui comptera par la suite parmi les « enragés » des états généraux, s'y distingue[1]. On décide d'envoyer une requête au roi sur le doublement du tiers. On opère de façon à ce que celle-ci soit agréée par les corps constitués de la ville puis de toute la province, à commencer par la corporation des avocats. Le 10 décembre, treize corps (avocats, médecins, apothicaires, notaires, etc.) de Dijon ont adhéré à la requête, ce qui est peu dans une ville qui en compte une cinquantaine, mais suffit à faire de cette dernière « le vœu librement émis du tiers de la ville de Dijon ». Toutes les villes de la province suivent. À chaque fois, la requête est validée par des assemblées informelles (et non autorisées) censées réunir les députés des différentes corporations de la ville, préparées à l'avance par quelques-uns (en général des avocats), peu nombreuses et ouvertes à qui veut. On y met au point les arguments du combat à venir au nom de la nation, de l'égalité fiscale et de la liberté des délibérations. On procède de la même façon dans les campagnes, et en janvier on demande le vote par tête, après avoir obtenu le doublement du tiers. Versailles est pourtant prévenu. Un membre du parlement de Bourgogne, le président de Saint-Seine, en écrit par exemple au ministre le 4 février et lui signale qu'il se tient des assemblées dans « beaucoup de très gros villages de la province où un notaire ou un autre personnage en crédit propose de signer une délibération que la plupart de ces villageois ne comprend pas[2] ». Un mois plus tard, la rédaction des cahiers et l'organisation des élections aux états sont préparés par ce même comité de Dijon mentionné plus haut. Tous ceux qui touchent de trop près à l'administration du roi ou aux intérêts de la noblesse sont écartés et pourtant le tiers est loin d'être unanime dans ses projets égalitaires. Il suffit de lire les délibérations des municipaux de la ville de Nuits en Bourgogne pour s'en convaincre, qui disent respecter les privilèges de la noblesse et ne doutent pas de pouvoir un jour en être par « le mérite, le courage et la fortune[3] ». Ceux-là ne sont pas les bienvenus. Il y a, du côté du « parti des avocats », quelque chose d'absolument révolutionnaire qui tient, au-delà des mots d'ordre et de combat, à l'étonnante aptitude manifestée par quelques-uns au maniement des techniques modernes de propagande et d'assemblée.

9

Des émeutes de la faim

Ce n'est pas tout. Les élections ont également été servies, dans beaucoup de provinces, par l'émeute. Celle-ci est récurrente dans tout le royaume depuis 1788. Ce sont d'abord des émeutes de la faim. Aux intempéries – un terrible orage de grêle le 13 juillet – et aux très mauvaises récoltes de cette année-là succèdent un hiver particulièrement froid et un printemps tardif qui retardent d'autant les récoltes suivantes. « Les blés ont péri et gelé en terre[1]. » La température descend jusqu'à 20 °C au-dessous de zéro. Tout le pays est sous la neige. Les rivières sont prises par la glace et les moulins ne peuvent plus moudre. Même le cidre, lit-on dans certaines chroniques, gelait dans les caves. Les provinces qui ne sont pas autosuffisantes en céréales sont particulièrement touchées, mais la crise est quasi générale et sans doute l'une des plus graves de tout le siècle. Certains historiens du climat y ont vu les conséquences de l'énorme explosion du Laki, un volcan islandais, en juin 1783[2]. L'année suivante, ses cendres recouvraient les deux tiers du royaume et une sorte de petit âge glaciaire s'en est suivi. Ce volcan-là ne sera pas le dernier à se manifester au point de jouer, par ricochet, un rôle politique. En 1815, l'explosion du Tambora en Indonésie aura des conséquences tout aussi graves et par certains côtés inattendues. La Révolution est sortie du Laki, le Tambora nous léguera le personnage inquiétant de Frankenstein, né en 1816, par un sombre été suisse, dans la tête de la romancière anglaise Mary Shelley[3]. Et puis il pleuvait déjà à Waterloo, le 18 juin 1815.

Au-delà des caprices du climat, beaucoup d'autres choses expliquent cette famine du tournant des années 1788 et 1789. Depuis le début du siècle, la population augmente plus vite (de 19 à 25-26 millions d'habitants, soit 30 %) que les surfaces et les rendements agricoles. Il y a en 1789 beaucoup plus de bouches à nourrir qu'au commencement du règne de Louis XV. Et puis la terre est chère. Sous l'influence des agronomes, les gros propriétaires arrondissent leurs fermes, empiètent sur les pâtures et les bois communaux qu'ils font enclore au détriment des paysans sans terre dont c'était pour certains l'unique moyen de subsistance. Il faut faire la part aussi des politiques libérales conduites par les ministres du roi, à commencer par celle du contrôleur général Turgot en 1774 puis par Calonne. L'ouverture des frontières au commerce anglais en 1786, la libéralisation de celui des grains par un édit royal de juin 1787 ne vont faire qu'aggraver la situation.

Le prix du pain, qui a déjà augmenté de moitié depuis le milieu du siècle, ne cesse de monter en conséquence. Il coûte 4 sols ½ la livre (300 à 600 g) à Paris en juillet 1789, parfois jusqu'à 6 sols dans certaines provinces. À Paris un ouvrier qualifié du bâtiment (maçon, charpentier) touche entre 38 et 42 sols par jour, un journalier ou un manouvrier, à peine 20. Dans les campagnes, ce sont les journaliers, les brassiers sans terre, les ouvriers agricoles à 12 sols par jour et les petits métayers qui sont touchés en premier. D'autant plus que, dans certaines régions, ceux-ci ne peuvent plus compter sur les commandes des marchands de toile pour lesquels ils travaillent à la morte saison. Nombre de métiers à tisser sont à l'arrêt. L'inquiétude politique et la concurrence anglaise aidant, le marasme touche aussi le commerce. Pour ceux qui n'ont rien, la hausse du prix du pain constitue une variable d'ajustement mortifère qui peut faire basculer les plus précaires dans la mendicité et la misère. D'après la grande enquête qui sera menée l'année suivante par le Comité de mendicité de l'Assemblée nationale, plus d'un dixième de la population française est dans l'indigence, soit près de 2,5 millions d'individus.

Tous ceux-là ne peuvent vivre sans assistance. On paie la « dîme du pauvre », mais on n'en a pas moins peur. Nombreux sont ceux qui, à la veille de la Révolution, mendient dans les campagnes, quêtant de ferme en ferme un morceau de pain ou quelques deniers. Ou qui courent les routes par bandes en quête d'ouvrage. Ou se réfugient en masse dans les villes. « Les pauvres sont bien à plaindre », note en décembre 1788 un étranger résidant à Paris. La charité et le pain distribué en abondance par les autorités ne les sauvent pas tous[4]. L'administration les emploie comme elle peut : à la digue du port de Cherbourg, aux canaux de Bourgogne et de Dieppe. À Paris, en avril, les commis de l'octroi signalent l'arrivée en nombre « effrayant » d'individus sans travail. Le corps de ville fait ouvrir un mois plus tard plusieurs ateliers de charité à Montmartre ; 12 000 pauvres y sont employés d'emblée à la construction d'une route[5]. On ne manquait pas de mots à l'époque pour nommer les indigents : « gens sans aveu », « errants », « vagabonds » qui participent de l'instabilité et de la fragilité du corps social à la veille de la Révolution. Si l'on veut comprendre les journées révolutionnaires de juin et juillet 1789 à Versailles et à Paris comme la « Grande Peur » qui, au mois d'août, touchera presque tout le pays, il faut se souvenir de cette immense part flottante des campagnes et des villes françaises[6].

10

Vive le roi sans la gabelle !

Cette crise alimentaire des années 1788 et 1789 est aussi fiscale. Logiquement, le pain cher rend d'autant moins supportables les taxes nombreuses qui pèsent sur les plus défavorisés. Le manouvrier propriétaire d'une chaumière et d'un lopin de terre cède entre 5 et 10 % de son revenu à l'impôt du roi (la taille). D'autres impôts (les vingtièmes) s'y sont plus récemment ajoutés, au point que le tout aurait augmenté de près de 30 % depuis l'avènement de Louis XVI dans certaines des provinces les moins imposées du royaume – comme le Cambrésis ou les Flandres. À cela s'ajoute une cascade de taxes indirectes ou de servitudes sur l'entrée des denrées dans les villes (l'octroi), sur leur transport et leur vente, en particulier les boissons et le sel (la gabelle), sur l'entretien des routes (la corvée), sur le service de la milice, etc. Et le roi n'est pas seul à prélever. Le clergé (la dîme), le seigneur (les champarts), le rentier prennent leur part. Selon l'historien de l'Ancien Régime Pierre Goubert, la totalité de l'impôt représente dans ces années-là entre 30 % et 50 % du revenu du travail paysan. Et bien sûr l'impôt ignore les mauvaises années[1].

L'émeute frumentaire, plus ou moins violente selon les provinces, tourne le plus souvent à l'émeute fiscale. Au cours du printemps et de l'été 1788 à l'occasion des troubles parlementaires sur lesquels on reviendra, puis à nouveau dans les premiers mois de 1789, ce ne sont pas seulement les marchés qui sont pris d'assaut et envahis par des foules en colère, mais les services de la Ferme générale à qui le gouvernement délègue la perception de certaines taxes indirectes sur le sel ou les boissons, ceux des receveurs et des subdélégués chargés sous les ordres des intendants d'administrer les provinces pour le roi. Un peu partout, des commis sont chassés, les registres de perception déchirés, les balances qui servent à peser les denrées brisées.

On s'attaque à la fiscalité du roi mais on s'en prend aussi aux droits du clergé et à ceux du seigneur (c'est souvent le même), de son receveur ou de son notaire, dont les innombrables redevances sur les personnes et sur la terre, et autres banalités (ou monopoles des droits de moulins et de fours), sont le lot quotidien du paysan. Non pas que l'impôt seigneurial ait particulièrement augmenté à la fin du siècle comme on l'a trop souvent dit, mais il pèse plus lourdement en période de haute fiscalité, d'enchérissement des baux et de cherté du pain, entre 4 et 10 % du revenu net de la terre selon les régions. Comme l'écrit en 1789 un noble de Tahure en Champagne : « L'animosité des gens de campagne contre leurs seigneurs est extrême partout. » Cela résonne, dans presque tous les cahiers de doléances paysans, comme une longue plainte aux mille variantes. Celui de Fosses, en Île-de-France, en est un témoignage poignant parmi des milliers d'autres : « Mais pourquoi nous autres paysans, qui n'avons pas assez de bien pour avoir des colombiers, faut-il qu'à cause de cela nous fournissions à la nourriture des pigeons des seigneurs et des grands propriétaires[2] ? »

Presque tout le royaume est touché. En mars et avril, il n'est pas une ville qui n'ait son émeute : des foules furieuses par centaines, des faux, des haches et des bâtons, des cortèges conduits au son des tambours, des marchés et des magasins de blés pillés, des maisons dévastées, les autorités menacées ou molestées.

11

Le cas provençal

L'exemple de la Provence, largement documenté par des fonds conservés aux Archives nationales et à celles de la Défense (SHD) à Vincennes, illustre assez bien le propos. Les lettres inédites échangées entre l'intendant de Provence et premier président du parlement d'Aix, Jean-Baptiste des Gallois de La Tour, et le secrétaire d'État à la Maison du roi, Pierre-Charles Laurent de Villedeuil, celles aussi du lieutenant-général comte de Caraman au secrétaire d'État à la Guerre le comte de Puységur en disent long sur la situation chaotique du royaume en mars et avril 1789[1]. À Marseille, fin mars, les ouvriers du port, portefaix, manouvriers et des paysans venus au marché prennent d'assaut la maison du maire, celles de ses assesseurs, du directeur des fermes et même l'hôtel de l'intendance. Ils font le siège de l'Hôtel de Ville et obligent les échevins à fixer le prix du pain en dessous de son cours ordinaire, à 2 sols ½. « Le tumulte, écrit à ce propos le délégué de la cour des comptes de Marseille, était terrible dans les rues. » Il est tel que le lieutenant de police et le maire lui-même prennent la fuite et quittent la ville en catastrophe. À Toulon, l'émeute dure deux jours. Les ouvriers de l'arsenal, des journaliers, de nombreuses femmes de charge envahissent l'Hôtel de Ville, saccagent les maisons des consuls, laissent l'un d'entre eux « presque mourant » et mettent l'évêché à sac. Le mode opératoire est toujours le même, au risque d'être fastidieux. À Aix aussi, comme à Arles, le peuple pille les greniers publics, force les consuls à baisser le prix du pain et de l'huile. L'Hôtel de Ville est assiégé et les édiles se sauvent par les fenêtres ou par les toits. L'impopulaire premier consul, le marquis de La Fare, empêché de revenir, devra se réfugier à Nice.

À Marseille surtout la situation est quasi insurrectionnelle. Le 23 mars, un conseil de délégués se substitue à la municipalité. La « jeunesse citoyenne » de la ville se constitue en milice bourgeoise armée, fixe le tarif des denrées, s'empare des octrois, des « piquets » dévolus en Provence à la taxe des farines, des postes de garde, fait libérer les prisonniers pour dettes et obtient du lieutenant criminel une amnistie générale. Elle tiendra le pavé pendant plus d'un mois. Le comte de Caraman, commandant militaire de la Provence pour le roi, aura bien du mal à entrer en ville avec des troupes en mai.

Tout cela se répète un peu partout dans le royaume. Les vieux pouvoirs municipaux sont mis à mal. On ne veut plus d'officiers héréditaires par achat de charge, ni de maires désignés par l'intendant du roi[2]. En mars, des milices bourgeoises se constituent dans de nombreuses villes, à Troyes, Étampes, Caen, Orléans, etc., non sans rappeler ce qui se passera à Paris trois mois plus tard, en juillet. Dans le Midi, la « sédition » populaire – pour reprendre l'expression des autorités – se répand comme une traînée de poudre dans toute la province et prend très vite des allures de guerre sociale. À Manosque, on attaque et on lapide la voiture de l'évêque de Sisteron venu visiter un couvent de femmes sur un air de revanche promis à une longue postérité : « Vous êtes riche, nous sommes pauvres et nous voulons tout votre bien. » Les autorités locales parlent à propos des émeutiers « de la classe la plus pauvre du peuple » ou du « bas peuple » : des hommes mais aussi des femmes qui sont souvent les meneuses. Un peu partout, à Aups, Senez, Brignoles, Saint-Maximin, La Seyne, Hyères, Pertuis, Aubagne, au Puget, des paysans attaquent les moulins seigneuriaux, pillent les châteaux, brûlent les terriers, c'est-à-dire les documents qui établissent les droits du seigneur, obligent les juges ou les consuls à leur restituer d'anciennes amendes ou à renoncer à leurs procès. Quelques nobles se font tuer ici et là. À Aups, le 26 mars, le seigneur de Montferrat est massacré parce qu'il cherchait à se défendre.

La guerre aux privilèges est décidément déclarée. Le 1er avril, sur les marchés, les informateurs de l'intendant entendent le même cri : « Il faut tuer tous ces gens-là ! » Plus de droits de chasse et de colombier, de champart, de lods et ventes, de banalités, plus de justice seigneuriale. Un peu partout, on commence à chasser en bande et on dévaste les bois des nobles. Un curé le dit à sa manière dans l'un de ses prêches d'avril : « Il y a du poison pour les rats, du poison pour les souris, est-ce donc que nous ne pourrons pas trouver du poison pour les seigneurs[3] ? »

L'émeute profite des circonstances politiques du moment, de la préparation des élections aux états généraux, de la relative liberté de publier ses opinions accordées par le roi et de l'échauffement des esprits qui en résulte. Les élections, du fait de leur complexité, traînent en longueur, ce qui n'arrange rien. Les paysans sont persuadés que la convocation des états généraux annonce une diminution des impôts royaux, de la dîme et même la suppression des droits seigneuriaux. Bref, qu'elle leur ouvre les portes d'un pays de cocagne où tout le monde sera traité sur le même pied. Caraman en fait à plusieurs reprises la remarque dans ses lettres d'avril : « Le peuple est égaré de ses devoirs par des conseils et des imprimés tendant tous aux principes que voici : que le meilleur des rois veut que tout soit égal, que chacun soit libre possesseur de son bien, qu'il n'y ait plus de titres, ni de distinctions, plus de droits de chasse et de pêche. » Des tracts anonymes circulent dans ce sens qui font parler le roi et promettent la fin des taxes. À Brignoles, les habitants pillent la caisse du receveur des droits sur les cuirs au cri de « Vive le roi[4] ! ». Autrefois, on criait déjà : « Vive le roi sans la gabelle ! »

Non seulement les pauvres sont persuadés qu'ils ne paieront plus, mais que les riches rendront gorge. Là encore, Caraman est convaincu que le peuple a été mené « par des gens qui savent le diriger ». Il constate aussi qu'il s'est soulevé quasiment le même jour, entre le 23 et le 25 mars, d'un bout à l'autre de la province. « La partie est liée, conclut-il. Les mêmes erreurs sont répandues dans tous les esprits[5]. » Il voit « un principe secret » caché derrière tout cela. Il est persuadé enfin que la cherté du pain a été le prétexte beaucoup plus que la cause de l'émeute. En Languedoc, la province voisine, les autorités ne cessent de répéter que les marchés sont approvisionnés mais que les émeutes n'en ont pas moins lieu. Dans une autre lettre au directeur des Finances Jacques Necker, Eymar, un futur député de la noblesse de Forcalquier, fait le même constat : « Ce qui est plus étrange encore que le désordre même, c'en est la cause, ou du moins l'occasion. » Et de dénoncer plus loin « l'ambition trop peu délicate et trop active de quelques particuliers » tout en reprochant aux autorités leur inertie, sinon leur indulgence face à l'émeute. L'intendant de

La Tour évoque de son côté la présence d'« émissaires envoyés pour porter le peuple à la révolte ». À l'autre bout du royaume, l'intendant de Lille se pose les mêmes questions, doute de la spontanéité de l'émeute et parle carrément de « conjuration ».

12

Violences électorales

On peut concevoir en effet que l'émeute ait pu servir cette bourgeoisie déjà révolutionnaire, ces sociétés de pensée ou ces groupes de pression dont il a été question plus haut. L'émeute est mauvaise conseillère et suscite la peur. C'est un peu à cause d'elle que la noblesse promet, dans nombre de ses réunions particulières consacrées à l'élection de ses députés, d'abandonner ses privilèges fiscaux. C'est peut-être grâce à elle que les électeurs les plus entreprenants du tiers état vont parvenir à orienter leurs propres assemblées dans un sens qui leur est favorable.

Ce qui domine les élections, c'est la violence. Et La Tour, l'intendant du roi en Provence, d'évoquer en mars les « troupes de furieux » qui se présentent à main armée aux portes des assemblées d'Aix pour en forcer les délibérations. À Toulon, les opérations électorales sont perturbées par certains membres élus de la municipalité qui dénient aux consuls (municipaux) nommés par le roi le droit de les présider. Là aussi, au même moment, les assemblées sont envahies par des troupes de femmes. Et les autorités d'évoquer ces réunions électorales « qui n'excitent que trop l'attention du peuple », surtout quand on y demande à grands cris l'allègement des droits sur les denrées[1]. Les émeutes du pain servent manifestement les buts politiques de certains électeurs du tiers. À Marseille, on invite par voie d'affiche les ouvriers exclus du vote à protester : « Si vous avez du cœur, vous le ferez voir. »

Cela n'est pas propre à la Provence. On l'a vu, le Languedoc aussi est touché. Les mêmes scènes se reproduisent aux quatre coins du royaume, de la Franche-Comté au Dauphiné, à l'Artois, la Picardie, les Flandres, à l'Alsace et à la Bretagne, le Limousin, le Poitou et l'Auvergne. Les désordres atteignent Besançon et Amiens fin avril. Dans l'Orléanais, les troubles des 24 et 25 avril sont particulièrement violents. De plus, les émeutes de la faim ne se calment pas avec l'ouverture des états, début mai. Le prix du pain continue de monter jusqu'en juillet.

Malgré les mesures d'approvisionnement prises par le gouvernement, la suspension des exportations, la multiplication des achats de blés à l'étranger, malgré les mesures de recensement et de réquisitions des blés autorisées en avril (ou peut-être à cause d'elles), on crie aux accapareurs et on prend les marchés d'assaut. L'obligation faite de n'acheter, sous peine d'amende, qu'aux halles et dans les marchés, les interdictions de circulation des blés d'une généralité à l'autre encouragées par les intendants n'ont fait qu'alimenter les peurs[2]. Sous le coup de la crise, toutes les libertés commerciales mises en place par le ministre Turgot au début du règne de Louis XVI tombent les unes après les autres. On se méfie à Versailles des agissements des marchands toujours soupçonnés de profiter de la hausse des prix. Le spectre du « pacte de famine » et des gros spéculateurs hante les esprits, comme à l'époque de la « guerre des Farines » au début des années 1770. L'un d'entre eux, l'agent de change François-Louis Pinet, qui a investi près de 60 millions de livres dans l'achat de blés pour le compte de ses clients – dont plusieurs appartenaient à la Cour –, s'y ruine et est retrouvé mort chez lui[3]. L'affaire fait grand bruit.

Les accapareurs et les spéculateurs ont peut-être existé ponctuellement, mais jamais autant que dans la tête du peuple. La crise des blés du printemps de 1789 s'explique en grande partie par les structures encore trop étroites et cloisonnées du marché français et, en conséquence, par la disette des réserves disponibles à l'époque toujours délicate de la « soudure » du printemps, entre deux récoltes[4]. Les réglementations contraignantes de l'administration royale, la crainte de manquer et l'instabilité ambiante ont sans doute fait le reste. Les cultivateurs n'osent plus transporter leurs grains aux boulangers. Un peu partout, les convois sont pillés. Le 1er mai, un informateur parisien note que les « émeutes populaires pour les grains » se multiplient tout autour de Paris, à Rambouillet, Houdan, Neauphle, Bray-sur-Seine, Choisy[5]. On pille les bois de l'abbaye de Saint-Denis. Des bandes de brigands rançonnent et dévastent des fermes isolées autour d'Étampes. Et cela, on l'a vu, n'est pas propre à l'Île-de-France.

13

Le tournant égalitaire

Les élections des quelque 600 députés du tiers que l'on va bientôt retrouver ne sont donc pas seulement marquées par la manipulation, l'émeute ou le désordre général, elles procèdent aussi d'un état d'esprit déjà révolutionnaire.

C'est le roi, en quelque sorte, qui donne le coup d'envoi en permettant à ses sujets, par un arrêt du Conseil du 5 juillet 1788, de faire connaître leur avis sur l'organisation des futurs états généraux. C'était quasiment mettre la constitution du royaume en concours. Voilà donc plus d'un an que beaucoup écrivent et publient. Les libraires arrêtés pour vente d'écrits séditieux ont été remis en liberté. Les clubs et autres « repaires politiques » qui avaient été fermés par l'autorité en octobre de l'année précédente rouvrent en novembre[1]. On crée de nouvelles imprimeries. On sait par ailleurs que le réseau des librairies échappe en partie et depuis longtemps à la loi. La censure royale s'exerce à coups d'oublis volontaires et de permissions tacites. Selon l'historien américain Robert Darnton, à la veille de la Révolution, seuls 1 000 marchands-libraires – sur les 3 000 que compte le royaume – sont répertoriés dans l'*Almanach de la librairie*[2]. Les derniers ouvrages condamnés par arrêt des parlements le sont en mai 1789, puis tout s'effondre. La presse est quasiment libre, même si elle ne l'est pas par la loi. Chacun veut donner son avis. Les brochures politiques se multiplient par centaines. Un véritable « déluge », dit La Galissonière en Anjou.

C'est à cette occasion qu'est pris le grand tournant qui va marquer toute la Révolution. La diminution de la puissance royale avait été la passion des années 1780, alors même, note Talleyrand dans ses Mémoires, que l'on n'avait jamais moins gouverné qu'à cette époque[3]. Comme en un jeu de poupées russes, la bataille libérale contre l'absolutisme royal le cède, dans les premiers mois de 1789, à une autre exigence, la revendication égalitaire qui va dominer à jamais les événements à venir. On l'a vu, les émeutes de mars et d'avril en témoignent. « Le débat public a changé de face, note le publiciste Mallet du Pan en janvier. C'est d'une guerre entre le tiers état et les deux autres ordres » dont il s'agit maintenant[4]. Celle du mérite contre les privilèges de la naissance.

On se souvient de la réponse vengeresse du jeune François-Marie Arouet, *alias* Voltaire, au chevalier de Rohan. Elle remonte à 1726, mais elle pourrait servir de *motto* à toute cette histoire. Alors qu'un jour ce fils de grande famille l'avait fait bastonner par ses gens pour le punir de son impertinence, il eut droit à cette réplique sans appel : « Je suis le premier de mon nom et vous le dernier du vôtre. » À la fin des années 1780, l'exaspération bourgeoise contre un ordre social fait de rangs et de castes différenciés en droit prend des allures de rancœur sourde et presque de haine. Non pas que cette société soit bloquée. La machine à anoblir, par l'achat de charges et même de plus en plus par le mérite, n'a jamais mieux tourné qu'à la fin du XVIIIe siècle. D'après un « État des anoblis » conservé aux Archives nationales, on compte, entre 1772 et 1786, 2 310 nouveaux nobles ou jouissant des privilèges de la noblesse par charges, lettres ou brevets, ce qui est considérable[5]. Mais cela ne suffit plus. Le nombre des familles nobles a fait l'objet de vifs débats à la veille de la Révolution. Le sujet était sensible et très politique. Les adversaires de la noblesse – comme l'abbé Sieyès dont on va parler plus loin – avaient intérêt à en diminuer la proportion pour la réduire à presque rien. Le seul chiffre fiable est sans doute donné par le généalogiste Chérin en 1788[6]. Il compte 17 000 familles lignagères appartenant à la noblesse ancienne ou récente. Les meilleurs historiens démographes de l'Ancien Régime y appliquent un coefficient 20 par famille, ce qui donne 340 000 individus sur 25 à 26 millions de Français. Cette noblesse, plus nombreuse qu'on ne le pense, est, pour une partie d'entre elle, loin d'être riche. Je pense entre autres à la noblesse bretonne étudiée par Jean Meyer dans les années 1960[7]. Beaucoup vivent en dessous de leur condition et n'ont plus pour eux que leurs privilèges honorifiques et leurs droits féodaux. C'est d'ailleurs pour protéger les plus pauvres que les carrières militaires sont interdites à la bourgeoisie. Depuis 1781, par l'édit de Ségur, l'accès aux sous-lieutenances est réservé à ceux qui peuvent justifier de quatre quartiers de noblesse paternelle. Les non-nobles ont certainement dû vivre cela comme une humiliation. Et puis l'anoblissement ne fait pas toujours la noblesse et l'agrégation à cette dernière prend du temps. Il y a loin de l'anoblissement à l'ennoblissement. On aurait tort de sous-estimer la persistance de ce qu'on pourrait appeler un « complexe de supériorité » nobiliaire, surtout parmi les gros bataillons des hobereaux de province. Leur « honneur » n'est pas facile à prendre.

Ces lenteurs-là s'accordent mal avec le sentiment qu'avait alors la bourgeoisie de sa puissance. La poussée urbaine à l'œuvre au XVIIIe siècle lui a été favorable. Toutes les études locales tendent à prouver à quel point elle se renforce au cours de cette période, qu'il s'agisse de la bourgeoisie marchande ou de ses catégories officières et robines. À Lyon, le nombre des marchands double presque au cours du siècle. On pourrait multiplier les exemples. Par ses alliances et les voies de l'ascension sociale, par la rente ou par les affaires, cette bourgeoisie est plus homogène qu'on ne le pense. Ses élites aussi se renforcent. La seconde moitié du XVIIIe siècle a été celle de l'accroissement considérable des grandes fortunes industrielles, banquières, commerciales et coloniales. À Rouen par exemple, ils sont une dizaine, au début de la Révolution, à dépasser le million de livres de fortune[8]. Les niveaux sont encore inférieurs à ceux des très grandes familles de cour, mais ils s'en rapprochent. On en retrouve les traces aujourd'hui dans l'architecture et le faste des hôtels particuliers de cette époque : le quartier des Chartrons à Bordeaux, la place Bellecour à Lyon, l'île Feydeau à Nantes. Étienne-Denis Pasquier, le futur ministre de la Restauration, commence ses Mémoires en insistant sur l'incroyable splendeur du Paris des années 1780, que le XIXe siècle n'égalera pas : les nouveaux hôtels du Marais et de l'île Saint-Louis, les théâtres, les fêtes, le luxe des équipages. Il ne se pose pas la question du décalage qui pouvait exister alors entre cette prospérité et la position sociale des gros bataillons de la bourgeoisie, mais il a cette réflexion empruntée à Rivarol qui dit presque tout du malaise ambiant : « La maladie du bonheur les gagne[9]. »

L'honneur et la dignité de la bourgeoisie – ou du moins d'une partie d'entre elle –, qui, forte de ses talents, n'accepte plus, au nom du droit naturel, l'existence même d'un système inégalitaire et discriminant, passent par la destruction de ce dernier. C'est presque d'un racisme de la naissance dont il s'agit ici. Certains contemporains ont parlé des différences de rangs de la vieille société monarchique comme d'une « cascade de mépris[10] ». Il ne s'agit pas là seulement des rapports entre le noble de fraîche date et le noble de vieille roche, ou entre le noble et le bourgeois. La subordination des rangs était aussi stricte au sein de la bourgeoisie, surtout dans la robe. Voyez ce que dit Henri Beyle de son père avocat au parlement de Grenoble et de l'orgueil qu'il tirait de sa position, ou Augustin Cournot du sien, notaire à Gray en Franche-Comté. Un conseiller juge de bailliage, lieutenant civil ou lieutenant criminel, et même un avocat salue de haut le procureur ou le notaire de sa juridiction. L'huissier est encore en dessous. La femme du conseiller est appelée « Madame », celle du procureur « Mademoiselle[11] ». Il faut toujours faire la part de l'homme en révolution. L'exigence de droits nouveaux est une chose, l'insatisfaction générale en est une autre et celle-ci trouve à s'employer dans des sentiments qui sont vieux comme le monde : l'envie, la jalousie, la vanité.

Les frustrations les plus invisibles ont souvent été à l'origine des grandes crises. Certains se sont demandé à l'époque si le désir d'égalité n'était pas tout simplement une chimère ou un leurre servi par l'ambition. Dans ses Mémoires, Talleyrand parle très justement, à propos de l'élite du tiers état, de son désir inassouvi de prééminence et fait de l'égalité le moyen le plus sûr de le satisfaire[12]. À la veille des états, la bourgeoisie ne manque pas une occasion de montrer ce qu'elle est, comme si elle portait son orgueil en bandoulière. Le diable est dans les détails et les petites choses de la vie en disent souvent plus long que tous les discours du monde. Aux élections du bailliage d'Angers, l'un des candidats du tiers et futur député, Louis-Marie La Révellière-Lépeaux, met un point d'honneur à appeler le duc de Praslin « Monsieur » et refuse obstinément de lui donner son titre[13]. Ailleurs, on chasse carrément les nobles qu'on ne veut pas souffrir dans les assemblées du tiers. Il faut voir aussi ce que dit le jeune Antoine-Claire Thibaudeau, le fils d'un procureur de Poitiers et futur député, des châteaux de la noblesse des environs : « En voyant ces vastes demeures [...] les parcs, les champs, les prés, les forêts et toutes leurs dépendances, j'éprouvai un vague sentiment d'envie. » Et il l'éprouve, dit-il, au nom de « toute ma classe roturière[14] ».

Si l'abbé Sieyès, alors vicaire général de l'évêque de Chartres, est devenu célèbre avant même de se faire élire à Paris, c'est qu'il a eu le génie de théoriser tous ces mécontentements dans un premier *Essai sur les privilèges* puis, en janvier 1789, dans son fameux pamphlet qui prend la forme d'une question à laquelle chacun voudra répondre : *Qu'est-ce que le tiers état ?* On connaît l'argument : « Le plan de cet écrit est assez simple. Nous avons trois questions à nous faire. 1° Qu'est-ce que le tiers état ? Tout ; 2° Qu'a-t-il été jusqu'à présent dans l'ordre politique ? Rien ; 3° Que demande-t-il ? À y devenir quelque chose. » Aux yeux de Sieyès, le tiers n'est pas un ordre, il est la nation. Son tour de force est de faire croire qu'il n'existe de privilèges qu'au sein de la noblesse, comme si la bourgeoisie ne disposait pas elle aussi d'offices et d'exemptions des charges publiques : celui-ci de la milice, un autre de la corvée, ce dernier de la taille. Et de contester à la noblesse son ancienne domination fondée sur la conquête franque ; et d'appeler le tiers, au nom de ses ancêtres gaulois, à refonder une nation « épurée » de ses anciens conquérants.

« Pourquoi ne renverrait-il pas dans les forêts de Franconie toutes ces familles qui conservent la folle prétention d'être issues de la race des conquérants et d'avoir succédé à leurs droits[15] ? » Autrement dit, qu'on mette la bourgeoisie à la place de la noblesse. Et qu'elle se donne de nouveaux droits.

14

Nous ne sommes pas contents !

« En 1789, tout le monde à peu près en France désirait un changement à son état[1] », note l'un des futurs députés de la noblesse d'Uzès aux états généraux, Gabriel-François Brueys d'Aigalliers. Comme si le pays tout entier ne vivait plus que dans les projets, dans l'espoir et dans l'attente. À Paris, le marquis de Bombelles, proche de la Cour, dit presque la même chose dans son *Journal* à la date du 15 février 1789 : « Tout le monde s'agite, la loi du mouvement est la seule suivie, le cri d'innovation est le seul qui se fasse écouter. » Tout le monde s'agite et, comme par les raisons d'une logique qui tient aux passions beaucoup plus qu'à la raison, « tout le monde se plaint ». « Changer, annuler, voilà ce qu'on demande, poursuit Bombelles, et le plan d'un meilleur édifice n'est pas encore sorti des mains de tous ces messieurs qui veulent faire tant de belles choses[2]. » L'évêque Talleyrand, qui est alors sur le point de se faire nommer député du clergé dans son diocèse d'Autun, est sans doute celui qui porte le jugement le plus pertinent sur cette extraordinaire effervescence. Pour lui, ce ne sont pas les prétendus blocages d'une société figée qui en sont la cause, mais au contraire la porosité d'idées, de mœurs et de sentiments qui touche depuis des années une bonne partie de la société, et en particulier ses élites, bien au-delà des ordres et des rangs. « Tous les étages de la littérature se répandirent dans la société. Chacun se déplaça, la confusion se mit dans les rangs, les prétentions devinrent hardies et le sanctuaire fut violé. Alors l'esprit général de la société subit des modifications de tout genre. On voulait tout connaître, tout approfondir, tout juger. Les sentiments furent remplacés par des idées philosophiques ; les passions par l'analyse du cœur humain ; l'envie de plaire, par des opinions ; les amusements, par des plans, des projets. Tout se dénatura[3]. » Un demi-siècle plus tard, Tocqueville ne dira pas autre chose dans son *Ancien Régime et la Révolution* lorsqu'il fera des élites françaises de la fin de la monarchie la société la plus égalitaire et la plus démocratique d'Europe[4].

Les habitudes, la monotonie n'ont jamais fait que le bonheur des peuples prudents. En France, on est à la fois inquiet, raisonneur et léger. On déteste l'ennui. On est prêt à tout pour acheter de la gloire et du mouvement. De l'autre côté de la frontière, à Bruxelles, le prince de Ligne, proche de la Cour et de Marie-Antoinette, le dit à sa façon. Pourquoi, se demande-t-il, les Français se prennent-ils tout à coup au sérieux alors que ce qui domine chez eux est la légèreté ? « Si les Français cessent d'être enfants, je n'en réponds plus. S'ils ne sont plus chantants et dansants, et galants, les Français deviendront des fous furieux[5]. » Après des décennies d'obéissance aux règles de l'absolutisme louis-quatorzien et de soumission au vieux système seigneurial comme à celui des offices et des charges, les Français se seraient-ils révoltés par excès de gravité ? Seraient-ils devenus révolutionnaires en voulant être sérieux ?

15

Un roi aux pieds d'argile

On va leur donner l'occasion de l'être. L'annonce même de la convocation des états généraux puis celle de l'élection des députés qui seront appelés à y siéger créent un immense appel d'air qui affaiblit d'autant le prestige des pouvoirs du roi. On le verra, celui-ci gouverne à vue depuis des années. Sa cour est divisée. Ses parlements le frondent. Son Trésor est vide. Au sein de son administration, nombre de ses intendants, eux-mêmes touchés par le courant réformiste et libéral des élites, répugnent à appliquer ses règlements. « Le roi a perdu entièrement son autorité », note le député Duquesnoy en avril. Elle était si faible, dit encore un autre en se moquant, qu'il était tout juste bon à être mis « à la liste civile », c'est-à-dire appointé sur les revenus de sa propre cour[1].

L'un de ses familiers, vétéran de la guerre de Sept Ans et maréchal de camp de ses armées, le vieux vicomte Louis de Talleyrand, l'oncle de l'évêque, lui en écrit, affolé, comme on appellerait quelqu'un au secours. On est à la fin du mois de juin, mais ce qu'il dit reflète bien la situation du royaume peu avant l'ouverture des états généraux : « Quelle est la nation, quel est le pays civilisé où la constitution, la législation, la justice, la police, aient été, dans le même moment et de concert pour ainsi dire, sans force, sans action, sans volonté, où, en un mot, toutes les lois, toutes les autorités, tous les pouvoirs se soient trouvés tout à la fois dans l'inertie la plus absolue. Il n'en a jamais existé, Sire[2]. » Il n'est pas étonnant dans ces conditions qu'en mai l'ambassadeur d'Autriche à Paris se désespère et trouve le cabinet de Versailles « craintif, sans nerf et sans action[3] ». La Bastille n'est pas encore prise et le roi est déjà presque nu.

Son armée surtout est suspecte. Le comportement des troupes aux prises avec les émeutes du printemps a de quoi inquiéter. Il y a plusieurs raisons à cela. Ce sont d'abord les officiers qui sont peu sûrs. Beaucoup participent à l'esprit des Lumières et sont membres de sociétés de pensée comme de loges maçonniques. Il ne faut pas non plus sous-estimer l'influence des idées de liberté rapportées d'Amérique au début des années 1780 par quelques-uns de ceux (un millier) envoyés par le roi soutenir les insurgents contre la tutelle coloniale anglaise. « Les officiers étaient beaucoup plus mal disposés que leurs soldats, dit le marquis de La Galissonière, chargé, à l'état-major du maréchal de Vaux, de la répression des troubles de Grenoble en juin 1788. La plupart se trouvaient démocrates sans plus y réfléchir[4]. »

Le mécontentement est également alimenté par l'inégalité qui pèse sur l'avancement. Au sein même de la noblesse, la naissance et l'argent l'emportent largement sur le mérite malgré quelques corrections apportées en 1788. Les jeunes seigneurs de la Cour, ceux que l'on appelle par dérision « les beaux messieurs gallonés », accèdent trop facilement et trop rapidement par la voie dite des sous-lieutenances de remplacement, sans service effectif, au grade de colonel aux dépens de la petite noblesse de province qui stagne dans les grades d'officiers subalternes. « On prodiguait des grades, note le capitaine Charrier-Moissard, qu'on n'aurait dû accorder qu'à des actions d'éclat ou à de longs services[5]. » La paix qui règne en France depuis la guerre de Sept Ans et le traité de Paris de 1763 n'arrangent rien. On comprend d'autant plus, dans ces conditions, la déception des officiers subalternes lorsque, en 1787, le roi refuse pour des raisons d'économie de venir au secours de son alliée, la Hollande, envahie par l'armée prussienne à la faveur de ce qu'on a appelé la « révolution des patriotes ». Le mécontentement monte encore un peu plus lorsqu'on touche à la catégorie des « officiers de fortune », c'est-à-dire les lieutenants (environ 10 % d'entre eux) d'origine roturière ou qui appartiennent à la noblesse pauvre, venus du rang par chance ou par mérite, et encore plus à celle des « bas-officiers » qui ne peuvent devenir officiers alors même que le niveau de leur instruction s'est considérablement amélioré.

Il faut savoir lire et écrire pour être sergent. Ceux-là sont les plus perméables aux idées nouvelles. C'est là aussi qu'on trouve dans les gibernes les bâtons des maréchaux de demain. Celui de Michel Ney, brigadier fourrier au régiment de hussards, « colonel-général » à Metz, celui de Bernadotte, le sergent « belle-jambe » du régiment Royal-la-Marine cantonné à Grenoble, celui de Lefebvre, premier sergent aux gardes-françaises à Paris. Et que seraient devenus le lieutenant Buonaparte ou le sous-lieutenant Desaix du Bretagne-Infanterie basé à Thionville, tous les deux issus de la toute petite noblesse pauvre, sans la Révolution ? Ou le lieutenant d'infanterie Moncey ?

16

Sire, combien de divisions ?

Pour couronner le tout, en pleine crise financière, le roi, pourtant attaché à son armée, doit se résoudre à contrecœur à y faire des économies. On crée pour cela, en octobre 1787, un Conseil de la guerre présidé par un réformateur, le comte de Guibert. Dans les premiers mois de 1788, on supprime nombre d'officiers généraux (brigadiers, lieutenants généraux), on regroupe les régiments en 17 divisions (6 par division) et on rend l'habillement, l'approvisionnement et le service des vivres, jusqu'alors assurés par des traitants, à l'armée elle-même, ce dont elle s'acquitte mal à ses débuts. Les économies de temps de paix ne sont pas favorables aux militaires. En 1789, les effectifs des armées du roi n'ont jamais été aussi maigres : quelque 180 000 soldats et officiers dont 20 % sont d'origine étrangère, environ 100 régiments d'infanterie, 60 de cavalerie et 11 d'artillerie. Tous ces bouleversements sont profonds, drastiques et récents. D'une certaine façon, la Révolution surprend l'armée en pleine réorganisation et par voie de conséquence en plein mécontentement. Les suppressions d'offices, les changements d'affectation se multiplient. On crée de nouveaux uniformes pour la cavalerie. On réforme les études des écoles militaires. On maintient le principe des carrières à deux vitesses[1]. Un diplomate italien raconte qu'à Versailles, à l'époque de la publication des ordonnances militaires, les bureaux du secrétariat d'État à la Guerre étaient envahis d'officiers furieux. Quand ces derniers ne protestent pas, ils pétitionnent, et le roi s'inquiète[2]. On ne compte pas les cahiers de doléance de régiment dans lesquels les officiers demandent que l'avancement soit établi sur un pied d'égalité à l'ancienneté et pour tous. C'est vouloir enlever au monarque l'une de ses prérogatives essentielle de nomination au grade. Mais les mêmes n'envisagent l'égalité qu'au sein de la noblesse militaire comprise comme une caste. À l'épreuve de la révolution, la plupart vont vite déchanter. Bref, à la veille de l'ouverture des états généraux, nombreux sont ceux qui pensent déjà que Louis XVI n'a plus vraiment d'armée.

Les soldats, recrutés parmi les couches les plus pauvres de la population et engagés pour des périodes d'au moins six ans, font pourtant leur devoir lorsqu'ils sont commandés. Ils l'ont prouvé lors des troubles parlementaires, provinciaux et parisiens de novembre 1787 puis de juin et d'août 1788, et encore en avril 1789 à l'occasion de l'affaire Réveillon à Paris, sur laquelle on reviendra. « Les troupes, dans les premiers moments, n'hésitèrent pas à obéir, note Alexandre de Lameth, colonel au Royal-Lorraine, dont le témoignage est ici précieux, même lorsqu'elles reçurent l'ordre de tirer sur le peuple[3]. » En 1788, il y eut en effet des morts. Plusieurs centaines. Mais les officiers sont souvent absents ou répugnent à faire tirer, par humanité, par manque de conviction, par indiscipline ou mauvaise humeur vis-à-vis de leurs supérieurs quand ce ne sont pas ces derniers qui conseillent la modération.

Les choses changent dans les premiers mois de 1789. Malgré l'augmentation de sa solde de 2 sols par jour, et bien qu'il bénéficie après son service d'une pension de retraite – ce qui n'existe presque nulle part ailleurs –, le fantassin ou le grenadier de base va vite se montrer sensible aux séductions venues de l'extérieur comme au climat général de désordre. Les unités appelées à réprimer les émeutes sont les premières touchées par les mutineries. Les déplacements sont continuels. Les marches longues et harassantes. L'intendance ne suit pas toujours. De plus, la discipline à la prussienne – la sanction à coups de plat de sabre par exemple – introduite dans les années 1770 par le comte de Saint-Germain est mal vécue[4]. À Paris, le régiment des gardes-françaises, cantonné par compagnies dans les faubourgs, en contact permanent avec la population, mal commandé par le duc du Châtelet qui vient d'être nommé à sa tête, mais qui est pourtant essentiel au maintien de l'ordre, est l'un des premiers à donner des signes de faiblesse.

Dans les provinces, on commence aussi à se plaindre de l'efficacité répressive de la troupe. Les commandants militaires agissent avec la plus extrême modération. À Lille, fin avril, la troupe a ordre de ne pas empêcher l'enlèvement des grains par le peuple sur les marchés. « On a pillé une boulangerie à vingt pas de l'hôtel du commandant, note un habitant. La garde a aidé à passer le pain. » Et d'ajouter : « Personne n'entend rien au genre de tolérance employée par la surveillance publique[5]. » On a vu ce qu'il en était des émeutes en Provence, fin mars. À Aix où il a pourtant été sérieusement bousculé et culbuté à coups de pierre devant l'Hôtel de Ville, Caraman aurait longtemps rechigné à faire tirer sur la foule. « Une grande décharge de mousqueterie, dira-t-il ensuite pour se justifier, n'aurait fait qu'augmenter le mal général[6]. » À Toulon, au même moment, le gouverneur militaire de la ville, Jean-Baptiste de Coincy, donne l'ordre à ses officiers « de faire peur et de ne blesser personne[7] ». À Auxonne, un peu plus tard, en juillet, un jeune officier du régiment de La Fère chargé de réprimer une émeute du pain aux portes de la ville se plaindra dans une lettre à son frère d'avoir reçu de ses supérieurs des consignes de trop grande prudence. « On ne voulait pas tirer, ni faire trop de mal. » Ce lieutenant d'artillerie porte un nom qui deviendra célèbre, Napoléon Bonaparte[8]. Dans nombre de lettres qui remontent aux bureaux de la Guerre ou de la Maison du roi à Versailles, on signale « des désordres journaliers » dans certains régiments, le relâchement de la discipline, l'augmentation inquiétante du nombre des déserteurs.

D'autant que la multiplication des émeutes du pain ou des émeutes fiscales dans tout le royaume oblige le commandement militaire à scinder les régiments en détachements isolés et que les effectifs de la maréchaussée – environ 5 000 cavaliers – à la disposition des prévôts se révèlent très vite insuffisants. « Mes brigades, écrit le prévôt général comte de Sainte-Suzanne, en rendant compte des désordres et des pillages survenus à Étampes fin avril, sont insuffisantes en nombre et en force, surtout pour préserver l'entrée dans la capitale de nombreux bandits. Elles ne peuvent être partout en même temps[9]. » On arrête bien ici et là, au hasard, quelques émeutiers. On les pend ou on les envoie aux galères, mais sans véritable efficacité. On finira même par amnistier, en août, les émeutiers d'Aix et de Marseille. Nombreux sont ceux qui crient à « l'impunité[10] ». Les parlements répugnent à instruire, les justices prévôtales sont débordées et la troupe vacille. Un signe ne trompe pas : début juin, le roi fait distribuer des suppléments d'appointements aux officiers des détachements de l'armée régulière chargés de réprimer les émeutes – 60 livres pour un major, 30 livres pour les lieutenants et sous-lieutenants[11]. Quand on augmente les gages, c'est rarement par générosité, c'est qu'on n'est pas sûr des gagistes.

17

Un groupe d'hommes considérables

Les quelque 590 députés du tiers qui se présentent le 17 juin au matin à la porte de la salle commune de l'hôtel des Menus à Versailles sont un peu les enfants de tous ces désordres. Ils ont été adoubés deux fois en quelque sorte, par l'opinion et par le suffrage. Leur élection les a fait entrer dans une ère nouvelle de liberté. Elle leur a surtout donné une véritable légitimité et ce n'est pas une petite affaire. Ils se vivent comme les élus de la nation.

On l'a vu, dans leur esprit, la nation n'est pas le peuple. Le futur député de Grenoble Antoine Barnave le dit expressément en préambule de l'un de ses écrits. Il prévient ceux de ses lecteurs qui pourraient s'épouvanter de l'emploi fréquent du mot « peuple » qu'il entend par là « la nation tout entière », c'est-à-dire ceux qui pensent, votent, lisent et écrivent[1]. On sait qu'en 1789 seuls 47 % des hommes et 27 % des femmes signent leurs contrats de mariage, avec de fortes disparités entre les villes et les campagnes, le Nord et le Sud. En Artois par exemple, les taux d'alphabétisation urbaine dépassent les 60 % pour la période 1786-1790[2]. C'est une exception. Comme l'écrit la femme du lieutenant au bailliage de Caen au député Armand Gaston Camus, « le peuple ignorant et séduit n'est pas la nation[3] ». Mais si le peuple a été en partie écarté du suffrage, il s'est manifesté indirectement en faveur des candidats du troisième ordre. Le cri de « Vive le tiers état ! » qui domine et résonne d'une manifestation à l'autre depuis le printemps a pris des allures de slogan et de programme. Ce peuple à la signification trouble est pour les députés du tiers comme l'hydre à deux têtes. La grande majorité d'entre eux parlent en son nom, mais en excluent tous ceux qui ne possèdent pas. Ce qu'ils représentent, ce sont les propriétaires et ceux qui paient l'impôt.

En même temps, tous savent parfaitement, pour avoir vécu leur élection et les troubles qui l'ont accompagnée comme une expérience fondatrice, que le peuple, celui que certains appellent déjà « le quatrième ordre » et que les historiens nommeront plus tard le « quart-peuple », joue et jouera de plus en plus un rôle essentiel. Leurs efforts pour maîtriser, capter, canaliser – quand certains ne l'ont pas suscitée – l'effervescence de ceux qu'un avocat et écrivain lyonnais appelle « la foule des hommes ordinaires » et qu'il sépare des « esprits éclairés » est au cœur de leurs préoccupations comme de leurs craintes[4]. La dynamique qui les porte et, si j'ose dire, leur nature révolutionnaire sont tout entières contenues dans cet écart, sinon dans cette ambiguïté, entre l'idée qu'ils se font de la « nation » et la conscience qu'ils ont des exigences du « peuple », comme de la façon dont ils se serviront de lui ainsi que d'un mal plus ou moins nécessaire. Personne ne peut douter un instant des divergences d'intérêts qui séparent les bourgeois propriétaires de la petite paysannerie, de sa soif de terre et du statut de cette dernière. Il n'y a guère que le roi qui ait noté, à propos des décrets du 4 août sur l'abolition des privilèges et des dîmes, que ces derniers risquaient de profiter exclusivement aux gros propriétaires ruraux aux dépens des petits, sans même parler des sans-terre[5].

Compte tenu des circonstances de leur élection comme du mode opératoire de cette dernière, nos députés bourgeois se ressemblent assez[6]. Les portraits de groupe sont toujours réducteurs, mais on peut essayer de dégager chez eux certains traits communs, une physionomie générale.

La grande majorité d'entre eux, plus de 400, appartient à des professions liées à l'exercice de la justice et du droit. Ils ne représentent pas la bourgeoisie telle qu'on l'entend aujourd'hui, au sens capitaliste du terme, mais un groupe social profondément lié aux structures traditionnelles de la monarchie[7]. Ils ont en commun une culture, des habitudes mentales, un tour d'esprit juridique inhérents à leur métier. Nombre d'historiens ont tenté d'expliquer leur goût pour la pensée théorique et leur aptitude presque naturelle à produire des catégories abstraites en regardant du côté des Lumières et de la philosophie. Ils ne les ont pas assez observés du côté du prétoire et des mémoires à consulter. Là on ne cherche pas tant à comprendre le monde qu'à le nommer. On n'a pas vocation à rendre compte d'une réalité, mais on s'impose à elle. On ne propose pas une explication de la société telle qu'elle est, on y superpose à toute force le droit, quitte à ce que ce dernier ne la reconnaisse pas dans ses différences, ses nuances et ses écarts. La future Déclaration des droits de l'homme va naître de cet esprit-là tout autant et peut-être plus que du *Contrat social* de Jean-Jacques Rousseau.

Nos juristes du tiers sont eux-mêmes très divers. Ce sont d'abord et en majorité – environ 230 – des magistrats qui exercent pour la plupart au sein des cours intermédiaires dans les bailliages et les sénéchaussées. Leurs adversaires vont vite en faire des envieux, jaloux de tous ceux qui, au sein des cours souveraines du royaume, détiennent les plus hautes charges de ce qu'on appelait alors « la robe ». Ils ont été élus presque naturellement pour avoir eux-mêmes présidé les assemblées électorales comme lieutenants du roi ou comme procureurs auprès de tel ou tel tribunal.

L'autre groupe le plus important – plus de 180 députés – est celui des avocats. Tous n'exercent pas et se contentent d'en porter le titre pour des raisons de prestige, mais certains, déjà célèbres au moins dans leur juridiction, se sont fait connaître à l'occasion de procès retentissants et disposent d'une clientèle nombreuse. Quelques-uns compteront rapidement parmi les ténors de leur ordre aux états généraux : Target, député de Paris, considéré comme « l'avocat le plus recherché de France », Dominique Garat, avocat au parlement de Bordeaux, Thouret à celui de Rouen, Barnave à Grenoble, Barère à Toulouse, Merlin à Douai, Reubell à Colmar, Gaultier de Biauzat à Clermont-Ferrand, Pétion de Villeneuve à Chartres et même Robespierre à Arras. Jean-Denis Lanjuinais par exemple, avocat conseil aux états de Bretagne, s'est rendu célèbre pour avoir plaidé avec succès contre le droit de colombier revendiqué par la noblesse sur simple titre. Les mémoires de Robespierre en faveur des « innocents » et des « malheureux », ses combats contre les « préjugés », notamment à l'occasion d'un procès retentissant sur l'usage du paratonnerre (1783), l'ont fait un peu connaître au sein du conseil d'Artois[8]. D'autres, comme Armand Gaston Camus ou Durand de Maillane, sont des spécialistes internationalement reconnus du droit canon.

Et derrière eux, la piétaille des plaideurs. « Une foule de gens de petite robe, dit Adrien Duquesnoy, lui-même avocat à Nancy, qui, ayant joui d'une petite réputation dans le petit barreau de leurs petites villes, [croient] qu'ils vont jouer un rôle considérable et se faire remarquer[9]. » Tous ceux-là ont des fortunes modestes, sinon précaires. Un député noble de Strasbourg évoque avec mépris dans l'une de ses lettres « ces avocats [...] qui n'ont d'autres propriétés que leur talent à parler[10] ». Beaucoup ont pour tout revenu leurs seuls honoraires – 1 500 à 1 800 livres par an. Ce sont eux ou quelques-uns d'entre eux qui se montreront parmi les plus intransigeants – les « enragés » dira-t-on bientôt – et que l'on retrouvera plus tard à la Convention nationale et dans les Comités de 1793 : les Robespierre, Buzot, Prieur (de la Marne) ou encore Jérôme Pétion, futur maire de la commune insurrectionnelle de Paris du 10 août 1792. Ils ont mieux que les autres la force de l'éloquence et pour les plus connus l'estime et la confiance publiques. Ils ont l'expérience et le goût de plaider, l'âme batailleuse, une aversion viscérale pour les injustices. Beaucoup ont déjà brillé par leurs écrits ou dans les assemblées électorales en s'imposant comme les défenseurs presque autorisés des droits de la nation.

À côté des gros bataillons de la chicane et du droit, les représentants du négoce et de la banque, qui pourtant personnifient les forces vives de la bourgeoisie, sont relativement peu nombreux, une soixantaine, mais de loin les plus riches : le manufacturier Defontenay ou le banquier Le Couteulx à Rouen par exemple. On compte encore quelques médecins parmi lesquels Guillotin appelé à devenir célèbre pour avoir inventé la machine du même nom, quelques académiciens comme l'astronome parisien Bailly, quelques professeurs d'université et écrivains. Ceux qui appartiennent à ce qu'on appelait alors la « république des lettres » ne sont qu'une petite poignée.

Le vrai paradoxe de ce groupe, c'est qu'il ne compte que très peu de gros agriculteurs et de ruraux alors que l'immense majorité de la population française vit de la terre. Non seulement les députés du tiers n'ont été élus que par une petite partie des électeurs en droit de voter, mais ils ne représentent absolument pas la réalité sociale du troisième ordre.

On a vu à quel point les élections des députés par degrés et cascades d'assemblées successives étaient filtrantes. La plupart des représentants élus par les assemblées primaires des paroisses rurales ne sont pas parvenus à se faire nommer par les assemblées des villes, n'y ayant aucune influence. Seuls quelques-uns sont envoyés aux états généraux comme le fermier Le Poutre, député de Lille, ou Michel Gérard, d'une famille de cultivateurs bretons des environs d'Hennebont, très vite rebaptisé le « bonhomme Gérard », ce qui en dit long sur le mépris de la bourgeoisie citadine cultivée et lettrée à l'égard des ruraux. À peine arrivé à Versailles, Gérard paraît tellement insolite avec ses longs cheveux blancs flottants sur ses épaules, sa taille ramassée, sa veste en gros drap brun de pinchina et ses bas de laine attachés par des jarretières qu'il en devient presque une figure. De tous les députés du tiers présentés à la Cour à la veille de l'ouverture des états le 2 mai, le roi le remarque et le rebaptise le « père pinchina ». Gérard ne montera qu'une seule fois à la tribune sous les rires de l'assistance pour dire qu'il commençait à trouver le temps long : « Messieurs, je propose à l'assemblée de décréter que si je n'ons pas fini d'ici [bientôt], je cessions d'être payés[11]. » Il rentrera chez lui très content de pouvoir enfin tirer les lapins et les pigeons de son seigneur qui mangeaient ses blés. Gérard, qui a largement passé la cinquantaine, ne fait pas seulement figure d'exception par ses origines rurales, mais aussi par son âge.

Nombre de députés du tiers ont à peine la trentaine au point qu'un des leurs, Adrien Duquesnoy, parle de « jeunes gens presque encore imberbes ». En réalité la moyenne d'âge du groupe tourne autour de la quarantaine bien accomplie, mais on a voulu voir en eux les représentants d'une génération nouvelle en guerre contre la précédente. La jeunesse de la Révolution a fait en partie la jeunesse de ceux qui l'ont faite. Ce qui frappe surtout à propos de nos députés, c'est que si certains jouissent de situations confortables comme de fortunes honorables, même si celles-ci restent bien inférieures en moyenne à celles des représentants de la noblesse – environ 8 000 à 10 000 livres de revenus par an –, presque tous sont si j'ose dire assis entre deux chaises et occupent des positions intermédiaires dans l'échelle des rangs et des préséances sociales.

Quand quelques-uns – une quarantaine – ont été récemment anoblis, et quand d'autres ont déjà acheté des seigneuries, beaucoup marchent vers une noblesse qu'ils sont encore loin d'avoir atteinte, par le droit de leurs fonctions ou de leurs charges. Plus encore, ils savent très bien que rien ne sert d'être noble, ou de l'être presque, ni de vivre noblement si l'on n'est pas reconnu comme tel. Charles-François Lebrun, le futur deuxième consul, riche député de Dourdan et longtemps protégé de l'un des principaux ministres de Louis XV (Maupeou), pourtant anobli en 1768, le dit très bien dans l'un de ses écrits : « Je n'appartiens plus au tiers état, mais je ne suis pas encore avoué de la noblesse[12]. » Et en effet, aux états de Bretagne, la haute noblesse n'accepte pas les anoblis de fraîche date, à ceux de Provence, on refuse ceux qui ne possèdent pas de fiefs. Ce faux pas-là, cet écart de représentation va jouer un très grand rôle dans ce qui va suivre. Les situations bancales, dans la distance de ce qu'on croit être et de ce que les autres pensent de vous, sont souvent les plus dangereuses.

Quand nos députés n'ont pas été formés dans les prétoires, ils l'ont été, on l'a vu, dans les académies de province ou dans les loges maçonniques auxquelles un gros tiers d'entre eux sont affiliés. Ils ont pour beaucoup pris leurs distances avec les manifestations les plus visibles du catholicisme, prônent un scepticisme mesuré et méprisent le clergé : les évêques pour leur richesse excessive, les curés – les « corbeaux », les « calotins », la « prétaille » – pour leur ignorance. On s'oppose dans les premiers jours à l'installation d'un crucifix dans la salle commune des Menus, on siège par défi le jour de la Pentecôte (31 mai), on insiste pour que les débats aient lieu le dimanche. Ils n'ont pas inventé l'anticléricalisme, mais ils en ont comme recueilli la tradition qui en France vient de loin, du jansénisme du siècle de Louis XIV aux philosophes de celui des Lumières.

18

Tout est pour le mieux dans le meilleur des mondes

Au fond, l'entre-deux juridique et social dans lequel se trouvent les députés du tiers état, entre les classes les plus défavorisées de la société et ses élites nobiliaires, a presque déteint sur les jugements plus que contrastés qu'on a portés sur eux. Les uns, comme Germaine de Staël, la fille du directeur des Finances Necker, ont vu dans leur réunion « la plus grande masse de lumières » qui ait jamais existé dans aucune assemblée, quand d'autres y ont trouvé, pour une grande partie d'entre eux, des gens ignorants et incapables. Alors qu'on avait présenté la liste des députés du tiers à un ancien ministre et familier de la reine, le baron de Breteuil, celui-ci se serait écrié : « Qu'aurait-on dit des ministres du roi s'ils eussent fait de pareils choix[1] ? » Et en effet, celui-ci avait dû s'étonner de n'y trouver presque aucun de ceux qui exerçaient alors des responsabilités de premier plan dans l'administration du royaume. Les conditions de l'élection, telles que nous les avons vues, une méfiance généralisée à l'égard des pouvoirs constitués les en ont écartés. On mesure par exemple la force du mépris pour ce qu'on appelait à l'époque le « despotisme ministériel » – en fait le gouvernement et son administration dans les provinces – quand on sait qu'un député du tiers comme Pierre Victor Malouet s'était cru obligé de démissionner de son poste d'intendant de la marine à Toulon avant de se présenter comme candidat à l'élection du bailliage de Riom. Tout cela augure mal des pouvoirs du roi au sein des états.

En arrivant à Versailles dans la seconde quinzaine d'avril et les premiers jours de mai, nos députés du tiers venus des quatre coins du royaume n'imaginent pas une seconde ce que leur réservent les jours à venir. « Pas un, note le très libéral Théodore de Lameth, un ami de La Fayette, n'a conçu la révolution, n'a fait de calcul sur sa marche, n'a accordé la moindre pensée aux obstacles qu'elle aurait à surmonter[2]. » Et ceux-ci ne manquent pas : l'esprit de cour, les ordres privilégiés, les grands corps de l'État, les vieilles coutumes, les intérêts particuliers des provinces, des communes, des corporations, des métiers jurés. Le ministre Turgot avait tenté d'abolir ces derniers et ils avaient été rétablis six mois plus tard. « Tous ces corps, disait l'avocat général Séguier au roi en février 1776, [...] sont comme les anneaux d'une grande chaîne dont le premier est dans les mains de Votre Majesté. » Il leur aurait suffi de relire leurs cahiers pour comprendre cela. Car si on y attaque les droits des autres, ceux des intendants ou du seigneur, on y défend les siens propres. « Chacun ici crie contre les abus, note, amusé, un diplomate étranger, mais ne veut pas qu'on touche à ceux qui le font vivre, lui et ses amis ; moyen en quoi, ils subsistent tous[3]. » Et de parler d'une nation de « 25 millions d'égoïstes ». Bref, on n'est pas prêt de renoncer à tous ces « immunités, privilèges et capitulations » grâce auxquels chacun trouve un peu de sa liberté. Loin, très loin d'un quelconque droit commun ou de la notion la plus élémentaire d'égalité civile.

Qu'à cela ne tienne, la plupart des députés pensent que les états ne dureront pas six mois. Ils savent qu'ils sont une puissance et ils ont bien l'intention de tirer profit de leur toute récente expérience électorale. Ils sont pleins d'espérance et pensent que tout s'arrangera. Ils sont habités d'un vague esprit égalitaire, parlent de constitution en se contentant du mot, se méfient des nobles et d'une partie du clergé et déclarent presque tous avoir une confiance absolue dans ce qu'ils appellent « les bontés du roi ». Le roi, dit le député de Rennes Jean-Denis Lanjuinais, est « le chef de famille sans lequel elle serait dispersée[4] ». Autant leurs cahiers sont très précis sur les réformes civiles qu'ils veulent conduire, en particulier l'accès de tous aux emplois, autant ils sont beaucoup moins clairs en matière de réformes politiques. Par les « lois solides » qu'ils réclament, ils veulent surtout en finir avec l'arbitraire ministériel. À quelques rares exceptions près comme Sieyès, ils n'ont pas été jusqu'à penser les principes d'une nouvelle conception de la souveraineté distincte de celle du roi[5].

Bref, du côté de nos députés, c'est l'optimisme et l'enthousiasme qui l'emportent. Celui de Rennes, Jacques Defermon, raconte qu'il était parti pour Versailles comme on se serait rendu à une fête de famille, accompagné de sa femme et de ses enfants[6]. Beaucoup pensent que les états régleront tout d'un coup de baguette magique. Dans les journaux, on les compare à d'habiles médecins venus guérir le mal obscur dont souffre la monarchie. Je suis convaincu qu'ils se vivaient comme tels. « Le trait dominant du caractère français, c'est l'amour-propre[7] », note le Suisse Étienne Dumont toujours perspicace. Il est vrai qu'à lire leurs lettres et leurs discours, nos députés pèchent souvent par présomption. Ils vont vite se prendre pour de grands législateurs. Ils pensent être la nation alors qu'ils n'en représentent qu'une infime partie. Ils se croient capables de tout et sont persuadés d'avoir été appelés à Versailles par le roi pour réparer les fautes du passé et assurer le bonheur de leurs concitoyens. Ce sont les mêmes qui mettront bientôt la figure du génie ailé gravant la constitution sur les pièces de monnaie du royaume[8]. J'aurais aimé que nos députés soient un peu plus modestes, plus accessibles au doute et à la contradiction. Une sorte d'esprit d'infaillibilité les habite. On sait comment cela se termine, parfois.

19

Des froissements de susceptibilités

Personne n'avait imaginé non plus à quel point le contact de ces bourgeois de province tout imprégnés de leurs usages, de leurs mœurs, de leurs habitudes avec la Cour et le monde de Versailles que nombre d'entre eux découvrent pour la première fois pouvait être dangereux et provoquer ce qu'on pourrait appeler des froissements de susceptibilités. Les députés du tiers ont eu le temps de humer cet air-là. Les états généraux avaient été initialement convoqués pour le 27 avril. Le roi, dont le Conseil ne s'entendait déjà pas sur la façon dont ces derniers devaient se vérifier, les repousse finalement au 4 mai. Nombre d'entre eux – à l'exception de ceux de Paris élus plus tardivement – sont arrivés un peu après la mi-avril. Leurs premiers jours versaillais sont des jours de désœuvrement, d'impatience et d'étonnement.

Loin d'être éblouis par les fastes et le décor de la résidence des rois, ils vont très vite manifester une certaine humeur et se plaindre de la façon dont ils sont traités.

On a fait des efforts cependant. Ils ont été présentés au roi, on leur a organisé des spectacles, distribué des billets de comédie. Certains sont même invités à la table des princes et des ministres, ce qui n'est pas sans les flatter. « Le dîner, écrit

Jacob Nicolas Moreau, le bibliothécaire de Marie-Antoinette, était le repas du tiers. » La reine leur a ouvert ses jardins de Trianon et le roi ses Grands Appartements, en particulier le dimanche, à l'heure de la messe. Il suffit, note Antoine Thibaudeau, le fils d'un député de Poitiers, d'avoir « un habit noir, des manchettes, la bourse et l'épée ». Mais cela comporte des risques. Le même Thibaudeau trouve les seigneurs de la Cour « souples, humbles et bas », tout juste bons à attendre un regard de leur maître[1]. Et quand ces derniers ne quémandent pas, ils ne savent qu'être arrogants. Comme si Versailles servait à vérifier tout ce qui traînait depuis des années dans les provinces de poncifs sur les dépenses excessives de la Cour, l'inutilité et l'oisiveté des courtisans.

On commence à crier dès le 4 mai, le jour de la procession royale du Saint-Sacrement qui précède l'ouverture des états. Ce matin-là, les députés du tiers défilent dans le costume de leur ordre, « en baillis de village », dit encore Thibaudeau ulcéré, l'habit noir, le petit manteau et le chapeau à trois cornes « sans ganse ni boutons[2] ». Ils ont beau en imposer à la foule par leur masse, cela ne leur plaît pas. Leur costume est ridicule, plaident-ils, et indigne de leur état. Il contraste trop avec ceux, rutilants et chamarrés, du clergé et de la noblesse. Cela donne immédiatement lieu à des disputes et à des altercations. « Je n'ai pas le costume d'Orgon, Tartuffe ! », lance un avocat angevin, comme par défi, à son voisin de la noblesse[3]. Orgon, on le sait, est le courtisan bigot, riche et bête à force d'obstination de la pièce de Molière.

Mirabeau, qui bien que noble s'est fait élire par le tiers à Aix et dont il va souvent être question dans ce récit, se saisit immédiatement de l'aubaine et en rajoute dans son déjà très sulfureux *Courrier de Provence*. Cet habit-là, écrit-il, est une « humiliation » pour les membres de la bourgeoisie. La preuve, c'est qu'on ne leur accorde « ni les plumes ni les dentelles » auxquelles la noblesse a droit. Les Français sont chatouilleux. Parfois, la vanité les étouffe au point de les faire se battre pour la couleur d'un habit. L'argument est aussi politique. Donner un costume différent aux députés du tiers, poursuit Mirabeau, c'est « renforcer cette malheureuse distinction d'ordres qu'on peut regarder comme le péché originel de notre nation et dont il faut absolument que nous soyons purifiés[4] ». À bon entendeur, salut. L'égalité commence par le costume. Personne ne sait encore où elle conduira.

Cela continue le lendemain, le jour de l'ouverture des états et du discours du roi dans la salle des Menus. Les députés du tiers se plaignent d'avoir eu à attendre dans la rue, d'être entrés par une porte séparée, puis s'offusquent des barrières qui ont été disposées par le grand maître des cérémonies, le marquis de Dreux-Brézé, entre les bancs des trois ordres. Ils sont mécontents de n'avoir droit qu'au « très sincère attachement » de ce dernier. Ils veulent qu'on leur donne du « respect » dans les messages qu'il leur adresse de la part de son maître[5]. Et puis ils entendent de loin les premiers sarcasmes de la Cour. Dans les salons « ultras », dans les antichambres des appartements du roi, il en est qui ne peuvent s'empêcher de faire des mots et trouvent tous ces bourgeois de province burlesques, exotiques et mal élevés. On se moque de leurs costumes, de leurs accents, de leur façon de parler et même de leurs noms : Lapoule, La Beste, Lanusse, etc.[6]. N'entrons pas dans les détails !

Dans les jours qui suivent, tout est matière à récriminations. On se rend aux cérémonies religieuses – qui sont nombreuses à Versailles après les fêtes de Pâques – tout en prenant des libertés avec l'étiquette. On se bouscule avec la noblesse pour avoir les meilleures places. On se plaint, lors de la procession de la Fête-Dieu à l'église Notre-Dame, d'avoir à se lever pour laisser passer le dais, alors que les représentants des deux autres ordres, placés de part et d'autre du chœur, restent assis. On s'abstient de porter le deuil de cour lorsque celui-ci est exigé. On ne veut pas plus de costume ordinaire aux séances. Lorsqu'il sera fait la proposition d'en arrêter un le 22 mai, celle-ci sera rejetée à l'unanimité aux cris de « Liberté ! Liberté ! ».

On est furieux aussi de ne pas être reçu dans l'instant par le roi, surtout quand celui-ci est à la chasse. Et Jean-Baptiste Salle, un médecin de Nancy et futur conventionnel, de s'étonner que la « nation » ait été éconduite pour « le plaisir de tuer un lièvre[7] ». Un autre jour, c'est l'état du Dauphin, le fils aîné du roi, gravement malade et sur le point de mourir, qui empêche ce dernier de recevoir le tiers. Là encore, on ne veut rien savoir et on s'indigne. Le fils du monarque, murmure-t-on, n'est pas plus malade que l'État[8] ! À défaut, on fait en masse le siège des appartements royaux. Puis, quand la délégation emmenée par le président de l'ordre, l'académicien Jean-Sylvain Bailly, est enfin reçue, ce dernier refuse de s'agenouiller devant le roi comme le veut l'étiquette, qu'il renvoie du même coup au magasin des vieilleries[9]. Sans étiquette, Louis XVI est nu. Dans la mesure même où la monarchie repose sur l'arbitraire de la naissance, tout, autour d'elle, doit être conventions, cérémonies, préséances, mystère et crainte. Le roi et la Cour forment un même corps. Les députés n'en ont sans doute pas conscience, mais refuser de se plier aux règles, c'est évidemment contester le pouvoir pour lequel elles ont été créées.

20

« Ordres », désordre, contrordres

Ce climat-là n'arrange rien et le reste ne va pas mieux. Louis XVI commence par se montrer maladroit et indécis dans son discours d'ouverture des états, le 5 mai. Après avoir longuement hésité à en confier le soin à son Conseil, il invite les députés à se vérifier eux-mêmes – c'est-à-dire s'assurer de la validité de leur élection, de la conformité de celle-ci au règlement, du nombre de votants, d'éventuelles réclamations qui pourraient les empêcher de siéger. Mais, il ne dit pas si cette vérification doit avoir lieu au sein de chaque ordre ou en assemblée générale des trois ordres, ce qui change tout. Dès lors, on ne voterait plus par ordre, mais par tête, individuellement, ce qui donnerait l'avantage à la masse des députés du tiers état. Son ministre Necker, qui prend la parole après lui, déconseille bien le vote par tête, sans rien interdire pour autant. De même suggère-t-il aux députés de s'occuper d'abord des finances de l'État avant de se préoccuper d'une quelconque réforme de l'organisation du royaume, mais, là encore, il n'ordonne rien et semble vouloir ménager tout le monde.

Le vote par tête ou le vote par ordre ? C'est bien là le point essentiel. De cette alternative dépend la question de savoir qui aura véritablement le pouvoir au sein des états généraux. « C'était une grande faute du gouvernement, note un observateur, d'avoir laissé cette question indécise[1]. » Cette ambiguïté de fond va très vite prendre des allures de brèche ouverte à tous les débordements.

Le tiers s'y engouffre et joue son jeu. Il a le temps pour lui et décide d'abord de ne rien faire. On ne se constitue pas. On attend. Le vote par tête en assemblée générale est bien ce qu'on voudrait atteindre, mais comment l'obtenir ? Dans les premiers jours, les députés du tiers répugnent dans leur grande majorité à exclure d'autorité ceux de la noblesse et du clergé et voudraient les convaincre de se joindre à eux. Jusqu'à preuve du contraire, mais cela ne durera pas, ils considèrent la réunion des trois ordres comme une chance à saisir, et non pas encore comme un droit. Il s'agit donc de se rapprocher.

En France, cela porte toujours le même nom, vide de sens : une commission de conciliation. Il y en aura deux, une première le 19 mai, une seconde le 29 sous les auspices du ministre garde des Sceaux et chancelier du roi Charles-Louis-François de Paule de Barentin. Il n'en sortira rien. Au contraire, les uns et les autres se cabrent et se divisent de plus en plus ouvertement. Tout y passe de part et d'autre, y compris les usages, l'histoire et les dispositions, à vrai dire peu claires, qui avaient été prises au sujet de la vérification des députés à l'occasion des états de 1614, les derniers en date avant ceux de 1789.

Aux traditions incertaines de la monarchie soutenues par les commissaires de la noblesse, ceux du tiers opposent un argument qui, par son abstraction même, coupe court à toute discussion : celui des nécessités de la raison.

Il faut être étranger à la nation, ou anglais comme l'agronome Arthur Young qui assiste à Versailles aux débuts des états généraux, pour ne pas comprendre cette « obstination ». Pour ce dernier, les députés, s'ils étaient vraiment « patriotes », devraient faire les concessions qu'ils ne veulent précisément pas faire[2]. C'est bien tout ce qui différencie depuis deux cents ans, de part et d'autre de la Manche, les deux cultures politiques et c'est à ce moment-là qu'à Versailles, en inventant la politique, les Français lui donnent sa dimension tragique en choisissant l'affrontement aux dépens du compromis. Et Arthur Young de s'étonner que tous ceux qu'il voit et avec qui il discute à ce sujet, dans les salons de Versailles et de Paris, trouvent cela parfaitement normal.

Il sera beaucoup question, par la suite, de l'indivisibilité de la nation. Ici c'est de l'indivisibilité de la monarchie dont il s'agit. Pour la première fois au cours de ces discussions de la fin du mois de mai, celle-ci est sérieusement mise à mal sous les yeux mêmes du roi à qui certains députés contestent, au nom de la liberté du tiers, jusqu'au droit d'arbitrer leur querelle[3].

Si la situation s'envenime, c'est qu'entre-temps il s'est produit deux événements de taille. Dès le 6 mai, les députés de la noblesse repoussent à une immense majorité l'idée même d'une vérification en commun. Le 11, ils se constituent et commencent à se vérifier. Le 28 enfin, ils font passer une résolution très défensive par laquelle ils déclarent que le principe du vote par ordre est inhérent à l'ancienne constitution du royaume et tout autant nécessaire au maintien de la monarchie. La noblesse, qui était prête à des concessions en matière d'égalité fiscale et ne s'opposait pas plus au principe du rachat d'une partie de ses droits seigneuriaux – nombre de ses cahiers vont dans ce sens –, sent d'instinct que son existence même est en jeu[4]. Conduite par quelques-uns de ses députés les plus conservateurs, habitée par une sorte de code de l'honneur qui lui est propre et lui interdit de plier, sensible aussi à ses intérêts, elle s'abrite derrière les pouvoirs du roi qu'elle a pourtant longtemps frondés par esprit d'indépendance et entre en résistance.

Comme le dit un député du tiers, elle a jeté le gant dans l'arène. Et d'ajouter : « Il faudra bien le ramasser[5]. » De leur côté, les députés du clergé, en majorité des curés plutôt favorables au tiers, comme on le verra plus loin, hésitent, et, faute d'être capables de se décider, proposent leur médiation.

21

L'appel de l'opinion

Les situations sans issue tournent en général en faveur de ceux qui passent pour en être les victimes. À ce compte-là, c'est le tiers état qui tire son épingle du jeu. En adoptant délibérément un système d'inaction provisoire, il donne le sentiment d'être empêché. Au fond, c'est déjà une première révolte qui n'en a pas l'air et ne dit pas son nom. « Le tiers, raconte Dumont, l'ami de Mirabeau, arrivé à Versailles le 10 mai, se tenait immobile, résistait à toutes les tentatives pour se mettre en action et donnait à la noblesse et au clergé un air d'opiniâtreté qui échaudait contre eux l'esprit de la multitude[1]. »

À la faveur de ce face-à-face entre la noblesse et le tiers, un nouvel acteur s'est invité dans l'arène. Dès l'ouverture des états, les députés de la bourgeoisie en appellent à ce qu'on nommait alors l'« opinion publique », et l'opinion leur répond favorablement. Cette opinion-là n'est pas celle de tout le royaume, elle se limite d'abord à la portée de voix des publicistes, des faiseurs de libelles comme des salons libéraux de Paris et de Versailles. Ce sont eux qui, au début, comptent le plus. On l'a vu, voilà près d'une année que les brochures inondent tout le royaume. Ce qui change avec l'ouverture des états généraux, c'est le renfort de la presse périodique. Le public veut lire les comptes rendus des séances. On ne compte pas le nombre de « journaux des états généraux » qui paraissent dès le mois de mai. Et la plupart sont favorables au tiers état[2]. Le gouvernement a bien fait quelques timides tentatives. Le 6 mai, un arrêt du Conseil d'État du roi interdit la publication de nouvelles feuilles périodiques sans « la permission de Sa Majesté ». Le lendemain, un autre arrêt supprime le journal de Mirabeau. Mais ce dernier, soutenu par l'assemblée des électeurs du tiers état de Paris, reprend très vite sa publication, lui donne un autre nom et tire à 6 000 exemplaires, ce qui est considérable pour l'époque[3].

Bref, les journaux se multiplient de façon anarchique sans la permission de personne, bien avant la prise de la Bastille et la Déclaration des droits de l'homme. Le gouvernement sent très bien le danger. Le journal de Mirabeau, lit-on dans l'arrêt du 7 mai, « porte avec lui, sous l'apparence de la liberté, tous les caractères de la licence ». C'est le directeur de la Librairie, Charles de Maissemy, ce sont ses services de police qui ne sont plus capables de rien arrêter. D'ailleurs, Maissemy, un ancien maître des requêtes au Conseil d'État, est lui-même favorable aux idées nouvelles[4]. Au début de l'année, on ne comptait qu'une trentaine de journaux dont deux seulement à contenu politique. À partir du mois du mai et dans les six mois qui suivent, il s'en crée près de 200, quasiment un par jour en juillet, pour les trois quarts à Paris. Certains titres ne tiennent que l'espace de quelques mois, d'autres sont plus pérennes. La soif de nouvelles est telle que nombre de ces entreprises se montrent rentables malgré des tirages limités à quelques milliers d'exemplaires[5].

La Révolution, c'est donc aussi celle de la presse. Une fois libre, rien ne peut plus l'arrêter. Elle est la boîte de Pandore du roi. Le ton et les précautions des anciennes gazettes sont vite dépassés. On publie à chaud, on ne vérifie pas grand-chose et on s'inquiète peu des fausses nouvelles. Le doute et le scepticisme passent pour contre-révolutionnaires. Si le propre de l'événement moderne tient à sa publicité – pour reprendre le propos de Pierre Nora –, alors nous y sommes, et cela dès le mois de juin[6]. Brissot aurait presque pu se dispenser de protester contre les arrêts « liberticides » du roi, les journaux naissent spontanément[7]. La presse va servir la Révolution et puis, un beau jour, elle finira par comprendre qu'il n'est pas de liberté sans ce que la Révolution autorise. Antoine Gorsas, qui crée le très sulfureux *Courrier de Versailles* le 5 juillet 1789, sera l'un des premiers à monter sur l'échafaud en octobre 1792[8].

Les journaux parisiens sont relayés dans les provinces par le réseau des libraires, par les feuilles locales et par les correspondances de plus en plus régulières et actives que nombre de députés entretiennent avec leurs électeurs qui pour beaucoup continuent de se réunir et de s'assembler, contrairement aux ordres du gouvernement. Ces lettres sont lues en public, circulent dans les provinces. Certaines sont publiées. Ce faisant, c'est tout le circuit d'affiliation des futurs clubs révolutionnaires qui commence déjà à se mettre en place.

À Versailles, il faut aussi compter avec la foule des spectateurs venus de Paris, qui, chaque jour, assistent aux séances des états. Les députés du troisième ordre ont très vite compris l'intérêt qu'ils pouvaient avoir à ouvrir leurs portes et à donner le plus de publicité possible à leurs délibérations. Contrairement à ce que prescrit le règlement scrupuleusement suivi par ceux du clergé et de la noblesse, qui tiennent leurs séances à huis clos dans des chambres séparées, celles du troisième ordre sont publiques. On tire parti des vastes dimensions de la salle principale de l'hôtel des Menus-Plaisirs comme des tribunes qui y ont été installées.

Dumont la décrit continuellement envahie de visiteurs et de curieux qui se promènent partout jusque dans l'enceinte même destinée aux députés. Il n'est pas rare d'en voir assis sans façons à côté d'eux. Les tribunes sont bondées. Ce n'est pas le peuple, mais le public habituel des salons de l'aristocratie libérale, la jeunesse étudiante et la basoche du Parlement, des publicistes, tout ce qui gribouille et discourt. Des femmes élégantes aussi, qui se montrent si assidues, dit Adrien Duquesnoy, qu'elles restent parfois jusqu'à 10 ou 11 heures du soir[9]. On assiste aux discussions du tiers comme on irait au spectacle. On vient de Paris et il faut, raconte le jeune Charles de Lacretelle, faire le plus souvent le voyage à pied car les voitures publiques sont loin de suffire au nombre des curieux[10]. L'avenue de Paris est continuellement encombrée d'attelages. On est là dès 6 heures du matin, on fait le siège de l'hôtel des Menus. Plusieurs témoins parlent de plus de 2 000 personnes régulièrement présentes aux débats.

Des tribunes, on commente, on s'agite, on applaudit, on siffle. On est sensible à la véhémence des discours des orateurs les plus radicaux. Nombre de Parisiens qui s'y trouvent, dit un député, en sortent « ivres de vengeance et de haine » contre la noblesse[11]. Le 28 mai, le député de Riom Malouet, un modéré proche du ministre Necker, sentant le danger, demande le huis clos, mais se fait sèchement remettre à sa place au nom de la transparence des débats. Les « secrets du roi » (pour reprendre les mots qui désignent la diplomatie de Louis XV) ne sont plus d'actualité. Désormais, tout doit être entendu et vu. « Nous voulons que le public soit instruit de nos intentions[12] », plaide un député. L'orientaliste Volney, l'homme du *Voyage en Égypte et en Syrie* (1787) puis des *Ruines*, l'infatigable propagandiste des idées les plus avancées, élu en Anjou, le dit autrement : « Il faut bien qu'ils assistent à nos délibérations, ce sont nos maîtres[13]. » Il ne croyait pas si bien dire. Emprisonné sous la Terreur, il quittera bientôt la France pour aller méditer en Amérique sur le règne de la liberté. Mais ce jour-là, c'est lui qui a le dernier mot. « Je ne puis estimer quiconque cherche à se dérober dans les ténèbres. Le grand jour est fait pour éclairer la vérité[14]. » Chaque époque, chaque événement a son style. La Révolution a déjà le sien. Plus elle va se radicaliser, plus ses porte-parole vont se laisser aller aux hyperboles et aux envolées sensibles sur le mode pastoral et naturaliste mis à la mode par Rousseau, Bernardin de Saint-Pierre et leurs suiveurs. On y a éternellement la larme à l'œil. On y respire trop le pathos des plaidoiries et des prétoires. Cela fatigue un peu, à la longue. La politique aura divisé les Français jusqu'à la syntaxe et jusqu'aux mots. À droite, on maintient une certaine tradition voltairienne du verbe rare, net et rapide. Je pense à des écrivains comme Rivarol, Suleau, Mallet du Pan ou même Joseph de Maistre. À gauche, on finira par réclamer des châtiments avec de grands sentiments, au nom de l'amour du prochain et presque avec compassion. Il n'y a guère que Saint-Just et ses discours taillés comme des diamants qui fassent exception à la règle.

En attendant, le « grand jour » réclamé par Volney est un peu bruyant ! Des cris on passe très vite aux menaces et aux injures. Les tribunes sont clairement favorables aux députés les plus radicaux. Tout cela commence à fleurer bon les techniques de pression parlementaire qui s'épanouiront bientôt. Personne ne désigne nommément ceux qui, par là, cherchent à influencer les débats comme à les contrôler, mais tout le monde est convaincu de leur existence[15].

Les premières séances du tiers sentent la pagaille. Les débats sont souvent « très orageux », note un observateur. Évidemment, la noblesse, de plus en plus hostile, en rajoute. Le marquis de Bombelles parle dans son *Journal* des « inconcevables folies des énergumènes du tiers[16] ». « J'assiste tous les jours aux assemblées du tiers, écrit un autre. Rien n'est quelquefois plus imposant que les séances de nos communes. Rien n'est souvent plus ridicule et plus désespérant[17]. » Ce qu'il décrit ressemble un peu à une scène d'un film de Buñuel. Les députés sont assis ou debout, se promènent, lisent, bâillent, entrent ou sortent, demandent la parole, lèvent la main en même temps, la prennent sans ordre et tous à la fois, debout sur les bancs ou sur la grande table du président qui occupe le milieu de la salle. À son bureau, ce dernier, qui est alors le doyen d'âge et n'est pas de la première fraîcheur, crie à l'ordre à en perdre la voix et agite frénétiquement sa sonnette dans l'indifférence générale. Certaines séances sont particulièrement tumultueuses, comme celle du 29 mai où il est question de savoir si l'on acceptera la médiation du roi dans la querelle de la vérification des députés, par ordre ou en commun. « Le doyen, à force de crier, a ramené le calme », note un observateur plutôt inquiet[18].

On passe des heures à se disputer sur de tout petits incidents. On s'injurie, on ne s'entend pas, on a la fureur de parler et l'envie de plaire. On crie oui, on crie non. On vote souvent comme son voisin sans savoir vraiment de quoi il est question. Bref, on est pris de cette démangeaison très française de n'écouter personne et d'interrompre ceux qui ont la parole. Dans son journal, Mirabeau, prophétique, s'en donne à cœur joie : « Vous avez commencé par le chaos, et le monde a-t-il commencé par autre chose[19] ? »

22

Apprentissages politiques

Tout commence donc par des bégaiements. Il n'existe encore ni ordre du jour ni règlement. Les députés ne se connaissent pas. Ce n'est que progressivement qu'ils se placeront par affinités et sauront reconnaître et distinguer les meneurs. Même les journaux se trompent sur les noms des orateurs et les donnent tronqués ou déformés. Le règlement, lui, ne viendra que plus tard. On se divisera d'abord par provinces et gouvernements puis, à partir du 7 juin, par bureaux de 30 membres chacun ; le 19 juin, on formera des comités pris dans chacun des 20 bureaux (rédaction, règlement, subsistances, vérification). Les bureaux préparent les sujets qui doivent être portés à la discussion en assemblée. À terme, ils vont contribuer à une meilleure discipline des délibérations[1].

Un peu plus tôt, le 3 juin, on a nommé un président, l'astronome parisien Jean-Sylvain Bailly, en remplacement du doyen d'âge. Le lendemain, il fait passer un premier semblant de règlement des séances. Chaque député sera appelé à son tour pour les votes importants. On prendra les voix par assis et levé pour les questions secondaires. Personne n'aura plus la parole sans s'être d'abord inscrit[2]. Mais il aura un mal fou à le faire respecter. En temps de crise, les assemblées ne sont que passions et volontés. On se fiche pas mal des règlements. Pour le dire simplement, le tumulte persiste.

Bailly lui-même est sans cesse interrompu et peu respecté, note Duquesnoy. Il n'en sera pas moins maintenu et nommé président de l'Assemblée nationale le 17 juin puis maire de Paris le 16 juillet suivant après avoir été le premier de tous les députés parisiens à s'être fait triomphalement élire en mai. C'est dire sa popularité.

Les révolutions ont des hommes pour chacune de leurs périodes. Elles les prennent et les jettent à mesure. Bailly ouvre le cortège funèbre. Le rôle central qu'il va jouer dans cette histoire mérite qu'on dise deux mots de lui. Du haut de ses 53 ans, avec sa longue figure triste de carême-prenant, ses allures froides et son maintien « plein de noblesse », dit encore Duquesnoy, il est convaincu de ses mérites comme de son prestige académique depuis qu'il a été successivement élu à celle des Sciences, à la française et à celle des Inscriptions. L'homme aime les honneurs et adore présider. S'il n'a jamais découvert une étoile, ni inventé, comme Herschel en Angleterre, le télescope moderne, il est l'auteur d'une laborieuse mais très populaire *Histoire de l'astronomie ancienne et moderne* et excelle dans le genre fleuri de l'éloge. Il s'était fait une réputation à Paris par la publication de deux rapports, l'un sur les hôpitaux de la ville, l'autre sur les abattoirs. Après avoir été très proche de la Cour et du gouvernement, il n'en présidera pas moins sans sourciller au renversement de la monarchie. Le baron de Breteuil, un ancien ministre de la Maison du roi, et le comte d'Angiviller, directeur des Bâtiments, l'ont longtemps protégé. En 1789, il collectionne les pensions et les charges de faveur, comme il l'a fait des fauteuils académiques. Il a hérité de son père celle de « garde des tableaux du roi ». Il vient de décrocher la place inutile mais lucrative de « secrétaire du cabinet de Madame, comtesse de Provence », la belle-sœur de Louis XVI qui par ailleurs le loge à ses frais au Louvre. Tout cela ne le dérange pas. Il avait été le premier à admettre, le jour de son élection à Paris, tenir « une grande partie de sa fortune des grâces et des pensions du gouvernement ».

Bailly est une figure. Il est digne et commode. On le loue pour sa modération. Il faut se méfier de ce genre de modérés. Ils se laissent conduire par la main et montrer comme des sages sans même s'apercevoir de l'imposture. Le contentement de soi et la vanité rendent rarement lucide. En 1785, l'un des informateurs du lieutenant de police Lenoir avait très bien saisi le personnage : « Il se plaint [...]. Il est pédant, ambitieux, intéressé[3]. » Un détail ne trompe pas. À la fin du mois de juin, après la constitution des députés du tiers état en Assemblée nationale, il n'hésite pas à voir Thierry de Ville-d'Avray, le premier valet de chambre de Louis XVI, pour lui demander de bien vouloir mettre à sa disposition le fauteuil de la reine où il aurait siégé à côté du roi dans le cas d'une visite de ce dernier à l'Assemblée. Seul un trône royal pouvait convenir à son président[4]. Tout cela finira mal. Bailly apprendra vite à ses dépens que l'étude savante du ciel ne se conjugue pas toujours avec l'exercice de la politique et qu'il y a loin de la révolution régulière des planètes aux embardées furieuses de la faveur populaire. Les révolutions ont des hommes pour toutes leurs périodes. Certains les commencent, d'autres les achèvent. En attendant l'échafaud, Bailly préside.

Si les députés du tiers sont d'accord sur quelque chose, ce n'est pas tant sur ce qu'ils veulent, mais sur ce qu'ils ne veulent pas. L'attitude de la noblesse – et dans une moindre mesure celle du clergé –, qui se réfugie derrière les anciens règlements et invoque à tout bout de champ « l'antique constitution du royaume » pour mieux refuser de se joindre à eux, a largement contribué à tendre la situation. Jour après jour, les esprits s'irritent et s'échauffent.

23

Haro sur les privilèges

Aux états généraux, les attaques contre la noblesse commencent dès les premiers jours de mai. Les deux premiers ordres du royaume ne sont bientôt plus désignés que comme les « ordres privilégiés ». Le roi s'en plaindra dans l'une de ses adresses au tiers, mais en vain. On parle de « contagion aristocratique » à propos des prétentions de la noblesse, qui est du même coup réduite à sa nullité, quelques familles sur les 26 millions d'habitants qui peuplent le pays. Elle est tout autant renvoyée à son passé féodal, « dans les forêts de Franconie », comme disait Sieyès, et à la monstruosité de ses privilèges. Des « parasites vivants des travaux du peuple », selon le Breton Lanjuinais, l'un des premiers à contester le principe même de son existence[1]. Bref, elle n'existe que pour humilier ceux qui n'en sont pas.

Le ton monte aussi tous les jours dans les lettres et les comptes rendus envoyés par les membres du tiers à leurs électeurs. Les résistances de la noblesse à la réunion des ordres libèrent un sentiment de colère et presque de haine nourrie par des années d'espoir et d'attente. Les uns dénoncent « la morgue et la fierté d'un corps qui ne veut pas céder une ligne de terrain[2] ». La noblesse est « une absurdité insoutenable », disent les autres. De ce point de vue, les lettres de nos députés, souvent destinées, comme on l'a vu, à être lues en public, ne manquent pas de fantaisie. On y croise des noms d'oiseaux et de coléoptères. Tout y passe. Un vrai défouloir. « Ces freluquets de petits comtes », « cette canaille à blasons », écrit un député du Poitou à sa femme[3]. Le jeune publiciste Charles de Lacretelle parle à ce propos de « sévérité chagrine[4] ». Il n'a pas tort. On trouve comme toujours, dans ces attaques soudain si véhémentes et nombreuses, un mélange de sincérité, de jalousie, d'aigreur et d'envie. Les intérêts ne sont pas loin, l'opportunisme aussi. C'est à ce moment-là que le mot « aristocrate », détourné de son sens premier (le gouvernement des meilleurs), se transforme en injure. On parle vite de « maladie aristocratique » ou de « monstres aristocrates ». Les caricaturistes se déchaînent et en font autant de personnages hybrides, ridicules, fourbes et terrifiants. « La puissance de ce mot devint magique », observe Dumont. Il suffira bientôt de l'être ou même de le paraître pour être suspect, injurié et poursuivi dans la rue.

Du côté de la noblesse, on se plaint bien sûr de la multitude des « écrits incendiaires » et des caricatures « obscènes » publiées, colportées, affichées et vendues publiquement contre elle[5]. Et on n'en pense pas moins. À Paris, note un observateur proche du gouvernement, « les deux partis du tiers et de la noblesse se font la guerre par écrit et verbalement avec une obstination qui tient de la fureur[6] ». Le nouvelliste à la main qui se cache sous le nom de Beaumont n'en revient pas des « nouveautés innombrables » qui s'arrachent, « tant en livres qu'en gravures ». Le 3 mai, il rend compte d'une caricature devenue célèbre par ses variantes et qui représente « l'enterrement du très haut et très puissant Mgr des Abus ». Le tiers état porte ce dernier en terre. Le convoi est précédé de tous les écrivains qui ont contribué à éclairer le peuple sur ses vexations. Sur le cercueil, on aperçoit une épée, un bonnet carré de parlementaire et une mitre d'évêque[7].

Les jeux sont déjà presque faits. Les députés du tiers ont gagné d'emblée la guerre de tribune, et tout autant la « guerre de presse » qui accompagne l'ouverture des états. Quand certains journaux – comme le *Journal de Paris* – ne leur sont pas assez favorables, on les accuse de répandre de fausses nouvelles. La tension est telle qu'on se bat en duel, à l'épée ou au pistolet, entre députés. Les nouvellistes à la main en signalent plusieurs en mai et en juin. Le plus célèbre d'entre eux aura lieu l'année suivante, au bois de Boulogne, entre le député de la noblesse du Quercy et fils d'un conseiller au parlement de Toulouse Jacques de Cazalès et Antoine Barnave, jeune avocat et député de Grenoble[8].

On ne supporte plus les privilèges de la noblesse, on lui pardonne encore moins d'être riche. Alors que l'archevêque d'Aix, Raymond de Boisgelin, s'était rendu début juin dans l'enceinte du tiers à la tête d'une délégation, un morceau de pain noir à la main, pour demander des mesures d'urgence en faveur des plus démunis, le tollé est général. Un jeune député se lève et lui assène une bordée de reproches sur un ton d'aigreur qui fera sa fortune : « Renvoyez les laquais orgueilleux qui vous escortent ; vendez ces équipages superbes et convertissez ce vil superflu en aliments pour les pauvres. » Dumont, qui assiste à la scène, se demande qui cela peut bien être. On lui souffle un nom à l'oreille. C'était Robespierre qui prononçait son premier discours[9]. Le jeune avocat de 30 ans commençait ce jour-là sa vertigineuse carrière. Le comte de Montlosier, député suppléant de la noblesse de Clermont-Ferrand qui l'avait rencontré à peu près au même moment à un dîner chez le ministre Necker, le décrit comme « un homme maigre à figure chafouine » – « Un chat qui boit du vinaigre », dira Mirabeau. Il trouva celle-ci singulière et le regarda longtemps. « Rien, ajoute-t-il, ne m'y fit présager sa future destinée[10]. » À tort, semble-t-il, car le premier combat de Robespierre a été celui du peuple et de la faim contre le privilège, et ce combat était à l'évidence celui de l'avenir. On a voulu faire de lui « le type vivant de l'envie », mais on ne l'a pas résumé pour autant[11]. Il faut le regarder en partie double. Personne n'a eu plus que lui, et tout à la fois, l'obsession de la vérité et le génie du soupçon. Cette contradiction-là est celle de toute la Révolution. C'est pour cela que Robespierre l'a si bien incarnée. S'il a été aussi loin, c'est bien parce qu'il a, dès les premiers jours et à la différence de beaucoup d'autres, froidement pensé tout ce qu'il a dit. Pour le pire, diront ses détracteurs. Cela durera cinq ans, jusqu'au Comité de salut public, jusqu'à la Terreur et à l'échafaud, en juillet 1794. On le voit, aux états généraux, ce sont déjà les plus radicaux qui mènent le combat des déshérités. Et Fréteau, un conseiller au parlement de Paris et député de la noblesse, de s'exclamer : « C'est ici la guerre des pauvres contre les riches[12]. »

24

On ne naît pas révolutionnaire, on le devient

Plus l'opposition des députés de la noblesse au troisième ordre s'envenime, plus celui-ci prend conscience de sa dignité et de sa puissance. Ce processus de radicalisation d'une grande majorité du tiers est extrêmement rapide – un peu plus d'un mois –, au point qu'il en a surpris plus d'un qui tout à coup se sont retrouvés révolutionnaires sans l'avoir vraiment voulu.

Beaucoup, au début, réclament le vote par tête dans la seule intention d'obtenir plus facilement l'égalité de l'impôt, l'abolition de certains privilèges nobiliaires, la prise en compte du mérite et la mise en œuvre d'une constitution plus rationnelle qui, tout en les faisant participer par leur vote à la décision fiscale, laisserait au roi la quasi-totalité de ses pouvoirs régaliens.

Ce qui est arrivé n'a rien à voir avec un tel programme somme toute modéré. On était réformiste, on a fini par renverser la table. Ce glissement insensible a d'abord été celui des mots. Ici les mots précèdent les choses et ressemblent à des armes de combat. On se dit d'abord « député des communes » en référence à la vieille dénomination qui avait servi à désigner le mouvement de révolte de la bourgeoisie citadine au Moyen Âge. Avec le mot « communes », il n'y a déjà plus de premier, de second ou de troisième ordre. Il n'y a plus de hiérarchie dans les ordres. Il n'y aura bientôt plus d'ordres du tout. Les ordres, c'est la division, ce sont trois puissances séparées au sein d'une nation qui n'aspire qu'à l'unité[1]. Logiquement, de « représentants des communes » on s'appelle bientôt « représentants de la nation », puis, très vite, on se retrouvera seul à l'incarner.

La noblesse est furieuse. Le seul mot de « communes » contribue à faire échouer les négociations de conciliation au début du mois de juin. Qui lance ces mots comme autant de cris de guerre ? On entre là dans les coulisses des états généraux.

Comme à l'époque des élections, si la majorité des députés change de bord et se radicalise, ce n'est pas seulement par entraînement ou parce que les esprits s'échauffent dans le huis clos survolté de Versailles, c'est aussi grâce à l'action concertée de quelques-uns. On trouve souvent cette opinion un peu désabusée dans les correspondances. Le tiers, essentiellement composé de députés pusillanimes et inexpérimentés, aurait été conduit par quelques dizaines de meneurs habiles, déterminés et audacieux. C'est aller un peu vite en besogne. D'autant que nombre des élus du tiers état ne sont pas sans expérience politique. Certains ont siégé au sein des assemblées provinciales ou d'états. Ils ont surtout beaucoup retenu des élections auxquelles ils se sont portés candidats. Ceux qui à l'époque ont cherché à expliquer le moment révolutionnaire des états généraux par des machineries cachées, des conspirations ourdies en secret et qui n'ont rien vu d'autre se sont trompés.

Il n'empêche que des groupes de pression ont existé sur le modèle de ce qui s'est passé à l'époque des élections. Mais ils n'ont pas créé l'irritation générale des esprits, ils l'ont conduite et servie, quitte à l'aggraver.

25

Le Club breton

Le plus puissant d'entre eux est sans conteste celui que l'on a très vite appelé le « Club breton ». À l'ouverture des états, les députés, qui ne se connaissaient pas, avaient pris l'habitude de se réunir par bailliage ou par province. Cela ne durera qu'un temps pour la plupart, à une exception toutefois, celle des Bretons. Les 48 députés du troisième ordre de cette province pour le moins agitée, arrivés ensemble de Rennes dans les derniers jours d'avril, décident, dès le 30, de se concerter et de se réunir régulièrement. Ils louent pour ce faire l'arrière-salle d'un pavillon, le café du père Amaury, près de l'avenue de Saint-Cloud, à deux pas de l'hôtel des Menus[1]. L'un des leurs, Delaville-Leroulx, député de Lorient, en écrit ce jour-là à ses électeurs : « J'ai assisté aujourd'hui à [notre] première assemblée, cette réunion est infiniment utile à la cause commune, toutes les questions pouvant être préliminairement discutées. » Bientôt d'autres députés parmi les plus radicaux – Volney, Rabaut, l'abbé Sieyès qui a été un temps le vicaire de l'évêque de Tréguier, et beaucoup d'autres – les rejoindront, tout comme les 22 curés élus du clergé breton, tout comme quelques députés de la noblesse libérale. On y reviendra. C'est ainsi qu'est né le « salon de

Bretagne » mieux connu sous le nom de Club breton destiné à devenir par la suite, à Paris, le club des Jacobins dont on sait le rôle immense sous la Révolution.

Au premier abord, ces Bretons ne sont pas très différents des autres. Des hommes de loi et détenteurs d'offices en majorité, une dizaine d'avocats, une douzaine de négociants, quelques cultivateurs. Significativement, huit d'entre eux seront plus tard élus à la Convention nationale. Ce qui les distingue des autres, c'est plutôt leur expérience politique personnelle et ce qu'ils ont vécu chez eux depuis deux ans.

La Bretagne a été plus qu'ailleurs le champ clos des rivalités entre la bourgeoisie urbaine et la noblesse souvent qualifiée d'« ennemie » dans les correspondances de l'époque. Comme dans le Poitou, la noblesse y est trois à quatre fois plus nombreuse qu'ailleurs et surtout, pour une grande partie, plus pauvre. Elle fait masse et tient à ses privilèges. Ces considérations-là expliquent en partie les tensions spécifiques à cette province. La lutte s'est focalisée l'année précédente à l'occasion de la convocation des états de Bretagne. En décembre 1788, le tiers réclame le doublement de ses représentants, l'égalité fiscale et le vote par tête, à la grande fureur de la noblesse. Il prend la liberté de se réunir à part à l'Hôtel de Ville, organise des assemblées corporatives dans toutes les paroisses de Rennes et diffuse dans l'ensemble de la province le résultat des délibérations qui y ont été prises[2]. On publie aussi un journal « incendiaire » rédigé par le futur député de l'Anjou Volney[3] évoqué plus haut. Contrairement à ce qui a été dit, les choses ne se sont pas passées si facilement que cela. Il y a eu des résistances au sein même du tiers état. Nombre des élus des 42 villes de Bretagne représentatives du tiers se sont opposés par exemple au principe du vote par tête. Il a fallu les forcer un peu pour l'emporter[4]. Mais, dans les premiers jours de janvier 1789, le tiers est décidément en ordre de bataille.

Dès l'ouverture des états de Bretagne au couvent des jacobins de Rennes, près du Parlement, les choses tournent mal. La noblesse, largement dominante, refuse tout à la fois l'entrée aux états des anoblis de fraîche date et l'augmentation du nombre des représentants du troisième ordre. Très vite, le petit peuple de la ville est pris en otage entre les deux partis. Le pain est cher et l'émeute couve. Le 26 janvier, le peuple soulevé par les nobles s'en prend aux bourgeois et les malmène. Le 27, la jeunesse des écoles de droit réplique et fait le siège des états où se sont retranchés les représentants du second ordre, qui finissent par en sortir l'épée à la main. Deux d'entre eux (Boishue et Saint-Riveul) sont tués. Du côté des étudiants, un jeune homme de 25 ans s'est frayé un chemin dans la cohue, entraînant tous les autres de son drapeau marqué d'une inscription destinée à devenir célèbre, « Vaincre ou mourir » – comme une première écriture du célèbre « Vivre libre ou mourir » de la Terreur. Ce jeune homme à la destinée singulière n'est autre qu'un certain Jean-Victor Moreau, le futur général vainqueur de Hohenlinden, le seul qui fera vraiment peur à Bonaparte.

Il y eut ce jour-là 4 morts et 30 blessés. On s'est battu aussi en duel un peu partout en ville. François-René de Chateaubriand, alors jeune capitaine au régiment de Navarre et membre des états, qui assiste à l'affrontement, parle à cette occasion des premières victimes « par qui commence la grande immolation ». La jeunesse bourgeoise de Rennes en appelle à celle de Nantes et d'Angers qui se met en route. Le comte de Thiard, qui commande pour le roi à Rennes, a beaucoup de mal à calmer les esprits. « J'ai depuis trois jours sous les yeux, écrit-il au ministre de la Guerre comte de Puységur le 29 janvier, toutes les horreurs de la guerre civile, les enfants égorgés sous les yeux de leurs pères, la fureur et le fanatisme animant toutes les têtes et les coups mal dirigés attaquant amis et ennemis. J'ai pensé plusieurs fois en être la victime[5]. » En réalité, il se passe à Rennes ce qui se passe un peu partout dans le royaume, comme on l'a vu plus haut. Mais la violence y est plus brutale, les positions plus tranchées et les haines sociales plus exacerbées. Le roi finit par proroger d'un mois l'ouverture des états de la province, puis accorde une augmentation du nombre des représentants du tiers comme il l'avait fait pour les états généraux. La noblesse, particulièrement nombreuse en Bretagne, proteste, s'assemble séparément avec le haut clergé à Saint-Brieuc et finit par refuser de se rendre à Versailles.

Comme d'autres, mais avec une qualité de ressentiment et un radicalisme propres à ce qu'ils viennent de vivre, plusieurs de nos députés bretons sont prêts à en découdre. Ainsi que l'écrit l'un des informateurs anonymes du gouvernement du roi, « ils ont une ancienne querelle à vider avec la noblesse[6] ». Ils refusent de faire des concessions tout en ayant l'avantage d'être parfaitement rompus aux techniques d'assemblée et de propagande.

Minoritaires au mois de mai, ils vont peu à peu prendre l'ascendant sur la majorité des députés du tiers à partir des premiers jours de juin. Parmi les plus en pointe, on trouve deux avocats au parlement de Rennes, Jacques-Joseph Defermon et Jacques Glezen, deux conseillers aux états de Bretagne, René-Guy Le Chapelier et Jean-Denis Lanjuinais. Ce sont eux qui rédigent et signent, dès le mois d'août 1788, de *Très humbles et très respectueuses représentations des avocats du parlement de Bretagne* et demandent au roi, parmi les tout premiers, le doublement du tiers. Ce sont encore eux qui signent les délibérations de l'ordre du tiers à l'Hôtel de Ville de Rennes en décembre. C'est Defermon qui, le 20 février suivant, publie un *Compte rendu* sur les événements de janvier en forme de déclaration de guerre contre les privilégiés, organise des réunions régulières chez lui à Rennes et participe avec Le Chapelier à l'élaboration des cahiers de doléances du troisième ordre breton. Glezen publie au même moment un autre brûlot, *Lettre d'un homme à 864 Bretons*, et se fait élire dans la foulée premier député du tiers de la sénéchaussée de Rennes. Seul Le Chapelier ne survivra pas à la Révolution et montera sur l'échafaud en avril 1794. Il avait eu la malheureuse idée de croire celle-ci terminée au bout de deux ans et, après avoir obtenu l'interdiction des réunions d'entraides ouvrières – d'où la loi célèbre qui porte son nom –, avait demandé la fermeture des clubs et des sociétés populaires, au grand mécontentement de Robespierre qui s'en souviendra sous la Terreur. Les autres s'en tireront de justesse. Après avoir été proscrits, Lanjuinais et Defermon y gagneront sur le tard des titres et des honneurs. Le premier deviendra sénateur de l'Empire, le second siégera parmi les « aigles du Conseil d'État », comme disait Stendhal, et présidera la section des finances. L'un des membres de cette dernière le jugeait à cette époque probe, bon, humain, mais injuste dans ses décisions vis-à-vis des anciens créanciers nobles ruinés par les événements[7]. Si les extrémistes de la veille sont souvent les conservateurs sourcilleux du lendemain, les vieilles rancunes subsistent.

Aux états généraux, ils seront de ceux qui sauront porter à la tribune les résolutions prises discrètement lors des réunions de leur club. C'est Le Chapelier qui, dès le 14 mai puis à nouveau à la fin du mois, s'oppose à toute forme de conciliation avec la noblesse et somme les députés des « classes privilégiées », comme il les appelle, l'un des premiers, de se réunir aux « représentants de la nation ». « Le tiers est la nation, explique-t-il, les classes privilégiées n'en sont que des fractions[8]. »

Les députés ne le suivront pas encore cette fois-ci, mais ce ne sera plus qu'une question de jours. C'est encore Glezen, un autre Breton, qui, le 4 juin, dénonce l'arbitrage du roi entre les ordres comme une atteinte à la liberté des communes et demande que l'on procède sans attendre à la vérification des pouvoirs des députés du tiers. Ce sont eux qui très vite rebaptisent la grande salle des Menus où ils siègent du nom de « salle nationale », ce qui en dit évidemment long sur leurs intentions[9]. Mais ils ne sont que la partie visible de la manœuvre et n'interviennent que d'après les décisions prises à huis clos la veille aux réunions de leur club qui jour après jour rassemble un nombre toujours plus grand de députés – une centaine à la fin mai. Les Bretons, dit l'un d'entre eux, l'avocat et élu de Lorient Jean-Pierre Boullé, en ont fait « le temple du patriotisme ».

Les mots d'ordre sont toujours les mêmes : vote par tête, égalité des droits, liberté des débats, constitution. Leur tactique l'est tout autant : préparer discrètement l'initiative, la prendre à l'improviste et la faire soutenir en séance par quelques députés avertis, unis et bruyants. Ils vont même jusqu'à se répartir par petits groupes dans la salle des séances pour avoir l'air de se donner la majorité. Ils disposent d'informations précieuses puisées dans les bureaux du directeur des Finances Jacques Necker chez qui certains, comme Sieyès, dînent régulièrement. Ils parviennent aussi à se faire élire en nombre au sein des commissions et des différentes délégations envoyées auprès du roi et des autres ordres. Ils y ont de l'influence et y donnent le ton. Le Club breton est à un parti, dit un observateur, ce que la taupe est à une pelouse, « il la laboure et la soulève[10] ». On parle ainsi de plus en plus des « têtes chaudes » du Club breton. Ou des « enragés ». « On n'a pas idée de la véhémence et de la passion des habitants de cette province, ajoute un député modéré du Maine. Quiconque n'adopte pas leurs idées est un être dégradé, faible, qui ne veut que l'esclavage[11]. »

Les députés du Club breton sont aussi parmi ceux qui ont le plus subtilement contribué à installer, au sein des états et plus largement dans les provinces, un climat général de peur. Ils disposent de relais et animent de véritables campagnes de presse contre leurs adversaires. On a là l'un des aspects de la guerre menée depuis des mois contre la noblesse. On l'accuse d'abord d'accaparer les grains et d'affamer le peuple, puis on la soupçonne de multiples complots. En attendant, les députés les plus radicaux ne proposent rien qui améliore les approvisionnements. Comme s'ils n'étaient pas fâchés, note un observateur sagace, du maintien des hauts prix du pain[12]. À défaut de nourrir le peuple, le pain cher a l'avantage d'attiser sa colère.

On aurait pourtant tort de croire que tout a dépendu d'une faction, d'un club, d'intentions machiavéliques ou d'un prétendu complot. Je suis même convaincu du contraire. Les hommes déterminés, les coups de pouce bien ajustés ont sans doute leur part, mais, dans ces périodes de grande tension ou de grande exaltation, c'est plutôt le désordre qui l'emporte et avec lui les fausses combinaisons, l'entrelacs des caractères faibles ou violents, les prétentions, les passions, les haines et le contretemps des résistances.

26

Ils ont franchi le Rubicon

Dans ce climat pour le moins délétère, les députés du tiers franchissent un pas décisif le 10 juin 1789. La résolution en a été prise la veille. Le 9 dans la soirée, sous la présidence du député de Rennes Lanjuinais, les « Bretons » tiennent une réunion extraordinaire. Il s'agit de sortir définitivement de l'impasse où l'on se trouve.

Tous les meilleurs citoyens de toutes les provinces sont là, raconte le député de Ploërmel Jean-Pierre Boullé[1]. « Alors, dit encore le futur jacobin et général de la République Dubois-Crancé qui venait de s'y inscrire, le Club breton devint celui de tous les députés reconnus pour être les défenseurs de la cause du peuple[2]. » Des émissaires – les députés Pétion de Villeneuve et Prieur de la Marne – sont envoyés dans certains bureaux du tiers pour appuyer le projet. Ce sont bien les plus déterminés qui sont à la manœuvre. Lanjuinais, Dubois-Crancé, Pétion, Prieur sont tous de futurs ténors de la Convention nationale. Tout comme l'abbé Sieyès, qui, le 10 juin, prend la parole en leur nom.

C'est lui qui a pris l'initiative, qui a rodé son discours la veille et l'a fait approuver. Les négociations conduites avec la noblesse, explique-t-il, ont échoué. « Il faut sortir enfin d'une trop longue inaction. » Les députés ne peuvent plus attendre. Il est temps de se former « en assemblée active » et donc de reconnaître au préalable ceux qui sont en droit de la composer. Face aux « intérêts particuliers », « l'intérêt national » doit triompher[3]. Cette fois, il est suivi. Sa motion passe à la grande majorité des voix. On invite donc pour la dernière fois les députés de la noblesse et du clergé à se réunir, et en leur absence on procède deux jours plus tard à l'appel des seuls députés présents, c'est-à-dire ceux du tiers dont on vérifie les pouvoirs, bailliage par bailliage, jusqu'au 15 juin. Ce sont eux seuls désormais qui représentent l'ensemble de la nation. Jusqu'à preuve du contraire, les autres ne sont plus rien.

On est, du côté du gouvernement du roi et de la noblesse, parfaitement conscient de la gravité de la motion proposée par Sieyès le 10 juin. On ne manque ni d'observateurs ni d'espions. Les uns parlent de « grand coup », les autres de « coup hardi[4] ». On s'inquiète, on s'agite, mais on ne fait rien.

Une fois qu'ils se sont vérifiés et qu'ils ont admis, par l'intermédiaire d'une commission, la validité de leur élection, les députés du tiers franchissent un nouveau pas et décident, toujours sur la proposition de Sieyès, de se constituer en assemblée active. Comment vont-ils s'appeler ? Tout est là. Il n'est plus question maintenant de troisième ordre ni même d'états généraux puisqu'ils viennent de faire voler en éclats par leur dernière initiative le principe même des ordres et de leur indépendance. Ce sont plus de cinq siècles d'architecture sociale héritée de la chrétienté médiévale qui sont sur le point d'être renversés : les inégalités fondées en droit, les libertés et les privilèges rattachés à chaque ordre, la hiérarchie des dignités, toute une mosaïque de communautés, enfin, réglées par des statuts différents.

Les députés vont mettre deux jours avant de s'accorder sur le nom qu'ils souhaitent se donner. Là encore, les mots précèdent les choses et les déterminent. Curieusement, il n'est d'abord pas question de l'expression « Assemblée nationale » qui était pourtant sur toutes les lèvres, mais ne désignait encore que les états généraux dans leur ensemble. Sans doute les députés dans leur majorité n'osent-ils pas franchir d'emblée un pas aussi décisif. On se rode d'abord et on tourne autour du gouffre pour en évaluer la profondeur. Les plus modérés, à l'instar du député du Dauphiné Jean-Joseph Mounier, jettent leurs derniers feux et tentent de sauver la situation sans blesser ni exclure personne. Ceux-là veulent éviter les risques d'une motion trop radicale que Malouet qualifie carrément d'« abus[5] ». Mounier propose donc aux députés de se constituer en une « assemblée formée de la plus grande partie de la nation », ce qui laisse supposer qu'il reste encore une petite place pour les autres, les représentants de la noblesse et du clergé.

Mounier, dépassé par les événements, finira par jeter l'éponge et par donner sa démission en octobre. Il représente en fait une voie réformiste aux attentes de la bourgeoisie, sur un modèle radicalement différent de celui des Bretons, qui finiront par l'emporter. Ce juge royal au parlement de Grenoble a été en mai l'un des rares députés du tiers état à jouir d'une certaine célébrité par ses écrits comme par le rôle qu'il a joué dans sa ville dans les derniers mois de 1788. Là aussi, le peuple était en colère contre les impôts et le prix du pain. Grenoble aussi eut sa « journée des Tuiles » (7 juin 1788) au cours de laquelle les troupes du roi furent malmenées par les habitants réfugiés sur les toits. Henri Beyle, qui était alors un enfant, se souviendra plus tard d'avoir vu depuis la fenêtre de la maison de son grand-père, place Grenette, un ouvrier chapelier se faire tuer d'un coup de baïonnette et entendu une pauvre femme furieuse crier à toute force : « Je me révorte ! Je me révorte[6] ! » Dans cette confusion, quelques jours plus tard, à l'Hôtel de Ville où se sont réunis les notables, Mounier demande et obtient, en même temps qu'une souscription en faveur du peuple, la convocation des états de la province et dans la foulée, d'accord avec la noblesse, le principe d'une égalité de représentation du tiers[7]. Certains ont vu là « l'une des clefs de la Révolution[8] ». En décembre 1788, à l'occasion de la réunion des états à Romans, il met au point une sorte de programme commun des trois ordres : égalité fiscale mais maintien des prérogatives de chaque ordre et garantie des droits seigneuriaux, consentement des futurs états généraux à l'impôt et partage de la puissance législative avec le roi, qui garde néanmoins le pouvoir éminent d'autoriser et de sanctionner la loi[9]. Ce qui caractérise ce modèle dauphinois, à la différence du modèle breton, c'est que la constitution future doit résulter d'un double pacte d'abord entre les différentes composantes de la société et ensuite avec le roi. La priorité est donnée aux revendications politiques, dans l'union des ordres, sur les revendications sociales.

Sieyès et les Bretons voient pour leur part dans la future constitution du royaume le résultat nécessaire d'un rapport de force et d'une guerre sociale au nom de l'égalité. Ils ne la conçoivent que dans la libre création d'une souveraineté jalouse, sans le roi et sans les ordres « privilégiés » ou au mieux avec leur assentiment tacite. Le sacrifice annoncé par la noblesse de ses exemptions fiscales ne leur suffit plus. Ils veulent maintenant en finir avec la vénalité des charges et avec le système seigneurial. La radicalité de leur projet constitutionnel s'accorde avec la radicalité de leur programme social. C'est ce modèle qui va l'emporter.

27

En France, les mots précèdent les choses

C'est bien de tout cela, réforme ou révolution, dont il est question, les 15 et 16 juin 1789, alors que les députés du tiers se disputent pour savoir quel nom ils se donneront. À la motion modérée de Mounier, appuyée par Malouet, s'opposent plusieurs autres qui sont nettement moins conciliantes. La discussion est très vive. On attaque tour à tour « l'aristocratie » qui n'est, dit le député de Lyon Nicolas Bergasse, que « le despotisme de l'anarchie », les ordres et leur système de votes séparés et de veto, tout le vieil édifice qui sert les « oppresseurs » contre les « opprimés ». On l'a vu, voilà des jours et des jours que les représentants de la noblesse sont traînés dans la boue. On leur reproche tour à tour leur « orgueil », leur « fierté dédaigneuse », leur « conduite arrogante[1] ».

On attaque aussi le roi dont le député de Paris Armand Gaston Camus conteste le pouvoir de sanction des décisions qui vont être prises. « Nous sommes les députés vérifiés de la nation. Le roi ne peut faire que nous ne le soyons pas. » Il n'a pas plus, ajoute Barnave, le pouvoir de nous dissoudre[2]. « Et depuis quand, messieurs, la constitution des nations dépend-elle de la volonté des rois ? » On propose différentes formules. Mirabeau sème la zizanie avec son « assemblée des représentants du peuple français », mais là encore, par le choix de ses mots, il cherche à éviter le pire. Le peuple n'est pas la nation, que le roi peut encore incarner. D'autres vont plus loin. Pison du Galland : « Assemblée légitime et active des représentants de la nation française. » Le Chapelier : « Assemblée des représentants de la nation française légalement vérifiés. » Et surtout Sieyès : « Assemblée des représentants connus et vérifiés de la nation. »

Pour des raisons tactiques et pour ne pas avoir l'air d'attaquer ses adversaires de front, il s'arrête là. Personne n'ose encore vider la querelle à fond. Ce n'est que tardivement, en fin de matinée, le 16 juin, qu'un obscur avocat, député de Bourges, Jérôme Le Grand, lâche la formule magique : « Assemblée nationale. » « Cette dénomination, note à chaud le député de Nantes Michel Pellerin, saisit l'assemblée, qui paraît lui donner la préférence[3]. » La motion est reprise le soir même, sous les applaudissements, par l'abbé Sieyès. Le Grand a peut-être servi d'homme de paille. C'est à cela que servent les lièvres : on les envoie galoper en première ligne. Leur insignifiance leur sert de caution et d'alibi.

Il faut tout de même relire son discours pour saisir ce qui fonde véritablement cette appellation, « Assemblée nationale », destinée à survivre à plus de deux siècles de chaos politique[4]. Les députés des deux premiers ordres, explique-t-il, n'ont désormais plus aucun droit, ils ne représentent rien sinon quelques centaines de milliers d'individus et sont rabaissés au rang de simples particuliers. On les écarte au nom d'un principe qui lui aussi est destiné à faire fortune, celui de « l'indivisibilité de la nation[5] ». La nation « une et indivisible » dont on se servira dans quelques années pour légitimer la république commence par où elle manquera à plusieurs reprises de périr, par le rejet de l'autre et par son exclusion. Ce n'est que bien plus tard qu'on passera, sans beaucoup plus de succès, de l'exclusion à l'assimilation, et puis on ne saura plus quoi faire.

Le « peuple » de Mirabeau avait au fond du bon, il laissait le champ libre à ceux qui ne pouvaient s'en réclamer mais existaient encore. La proposition ne fut pas retenue. On a vu ce qu'il en était du peuple et de son invocation. Encore une fois, tous ces magistrats, détenteurs d'offices et propriétaires semblent avoir eu un peu de mal à avaler ce mot-là. L'expression, note Bailly qui préside la séance, risque de « blesser la dignité » des députés. « Elle aurait pu désigner, poursuit-il, non le tiers état en entier, mais sa partie la moins éclairée[6]. »

La nation indivisible, c'est mieux, c'est plus noble, cela sonne comme du Jean-Jacques Rousseau, ça vous a un petit quelque chose de définitif qui claque et qui rassure. Il arrive malheureusement que les hommes et les femmes de chair et de sang soient très différents de ceux qui existent dans la tête des philosophes. Commentant Orwell, Simon Leys écrivait que le diable habite plus souvent le domaine des idées que celui des simples faits[7]. Il avait raison. Les systèmes empruntés aux livres ont cette particularité d'être parfois insolubles dans la vie. Tous les Anglais présents à la séance du 16 juin ont été effrayés de la facilité qu'avaient les principaux orateurs à manier des principes « purement idéaux et visionnaires[8] ». On ne s'en étonnera pas. Et Mirabeau de reprocher à Sieyès comme à ses partisans leurs « méditations de cabinet » et leurs « élucubrations métaphysiques ». Dans son *Ancien Régime et la Révolution*, Tocqueville met le doigt sur ce travers qui étonne encore aujourd'hui nos voisins européens. Décidément, nos députés du tiers état ont trop lu. « Quand on étudie l'histoire de notre Révolution, note-t-il, on voit qu'elle a été menée dans le même esprit qui a fait écrire tant de livres abstraits sur le gouvernement. Même attrait pour les théories générales [...] et l'exacte symétrie dans les lois ; même mépris des faits existants ; même confiance dans la théorie[9]. »

On a tout de même un peu le vertige à l'idée que la nation française est née au plus profond d'une nuit agitée, d'un idéal dont l'abstraction autorise toutes les doctrines d'interprétation. Les députés ont certainement pensé, ce jour-là, à la conception fusionnelle du pouvoir telle que l'avait imaginée Jean-Jacques Rousseau. Le Souverain du *Contrat social* est par nature indivisible, il ne résulte pas d'une volonté particulière. Il est un être collectif auquel la séparation et l'exclusion sont interdites. Comme si cela était possible. Ce 16 juin, l'indivisibilité des députés du tiers dépend beaucoup des conditions de sa naissance. Elle n'est évidemment pas le rameau de paix et d'unité rêvé par Rousseau. Elle ne pouvait pas l'être. Loin d'être une main tendue aux députés des deux autres ordres du royaume, elle est le bras armé d'une sécession. Et elle le restera longtemps. Au nom de l'indivisibilité, les adversaires d'hier deviendront bientôt les ennemis de demain et ceux-là devront mourir. Le songe de Rousseau, le rêve d'un homme abstrait et vertueux sorti tout droit du sein de la nature, ne pouvait, une fois confronté à l'histoire, que tourner au cauchemar !

Voilà des heures que l'on débat. Les députés sont fatigués et veulent en finir. Mirabeau note dans son journal que si, le matin, ces derniers étaient prêts à voter la proposition modérée de Mounier, le soir, ils y étaient moins favorables. Beaucoup avaient changé d'avis et s'étaient rangés derrière Sieyès et les radicaux[10]. Faute de pouvoir l'expliquer, le député de Laon Jacques de Visme parle à ce propos d'« une révolution prodigieuse dans les esprits ».

Il n'aura peut-être pas mesuré à quel point, par l'entraînement du moment, les idées révolutionnaires peuvent s'exercer sur les esprits les moins disposés à s'y livrer. C'est souvent par l'énergie des plus déterminés que le courage vient aux faibles et aux indécis. Le matin, l'avocat Thouret, député de Rouen, avait brillamment appuyé la proposition de Mounier. Il « a subjugué d'abord mon opinion, écrit de façon symptomatique le très modéré député de Bar Adrien Duquesnoy, mais, tout bien considéré, si nous ne sommes que la majeure partie, nous ne sommes rien ; la puissance réside dans le tout[11] ».

À partir de 10 heures du soir, la séance devient de plus en plus houleuse. Elle avait « quelque chose de sombre et d'effrayant », écrit un observateur. Des tribunes on hurle contre ceux qui s'opposent à Sieyès. Une tempête d'injures. « Ce ne furent pas des cris, constate Dumont, qui était présent aux côtés du duc de Dorset, l'ambassadeur d'Angleterre, mais des convulsions de rage[12]. » Il fallait dans ces conditions un véritable courage pour résister et s'exprimer jusqu'au bout, en étant d'opinion contraire. Un député, raconte Malouet, est même physiquement malmené par deux spectateurs des tribunes.

À bout d'arguments, on est prêt à voter, mais de guerre lasse un des députés favorables à la motion de Sieyès – ou peut-être Sieyès lui-même – propose, un peu après minuit, l'ajournement du vote au lendemain. « Nous allons nous constituer. Un acte aussi solennel et aussi important doit être fait en plein jour[13]. » Encore le jour. Le plein jour d'une ère nouvelle ne laisse plus au passé que le choix de la nuit. Cette opposition de lumière entre la clarté de la connaissance et l'ignorance des ténèbres traverse toute la Révolution et tout le XIXe siècle jusque dans les images et les caricatures.

En 1815, peu avant le retour de Napoléon, les rédacteurs du journal satirique *Le Nain jaune* inventeront l'ordre fictif des sombres « chevaliers de l'éteignoir » pour mieux se moquer des royalistes héritiers de ceux de 1789. Son grand maître « Misophane » n'est autre que le propre frère du roi, le très réactionnaire comte d'Artois dont il sera question plus loin. On y déteste la Révolution et on y chante sans cesse le même refrain drolatique : « Éteignons ! Éteignons les Lumières[14] ! » Et cela continue. Souvenons-nous de l'envolée de Jack Lang le 10 mai 1981, le jour de l'élection de François Mitterrand à la présidence de la République : « Les Français ont franchi la frontière qui sépare la nuit de la lumière. » Décidément, les images ont la vie dure.

Que l'on vote de jour ou de nuit, Malouet a vu dans la proposition de Sieyès, une manœuvre. Il raconte qu'alors les opinions étaient encore balancées. Deux groupes de députés s'affrontaient de part et d'autre du bureau du président. Il n'en sera plus de même le lendemain. Il y eut sans doute des tractations et des pressions pendant la nuit. On s'est joué de la peur des uns. On a fait courir des bruits de dissolution. Et Mounier de constater, non sans amertume, que dans l'intervalle nombre de ses amis avaient changé d'avis[15].

28

Le jour de l'abbé Sieyès

En entrant dans la grande salle des Menus le 17 juin à 9 heures du matin, les 591 députés de ce qui n'est déjà plus le troisième ordre du royaume et la vingtaine de curés qui les ont ralliés savent tous que quelque chose de très important va se jouer ce jour-là. Autour du bâtiment, dans les cours, les couloirs, les antichambres, la foule est immense – 4 000 personnes diront certains. Les tribunes sont plus bondées que jamais. Le temps est à l'orage. Un député parle de l'« excessive chaleur » qui régnait à l'intérieur de la salle alors que celle-ci ne disposait d'aucun système d'aération.

Bailly préside la séance et commence par lire les différentes motions proposées la veille. C'est sans doute lui qui prend l'initiative de privilégier celle de Sieyès et de commencer l'appel des députés par elle. Si cette dernière obtient la majorité, on pourra laisser tomber les autres.

Le vicaire général de Chartres est bien la vedette du jour. À son arrivée, nombre de députés se sont levés et l'ont applaudi. Il revient pourtant de loin. Il est le seul membre du clergé à avoir été admis parmi les députés du tiers et il a été élu de justesse à Paris dans les premiers jours de mai. Sorti de nulle part, il est devenu célèbre en quelques mois par ses écrits.

On l'a vu, son *Qu'est-ce que le tiers état ?* publié en janvier a été à la fois le catalyseur et le révélateur des aspirations les plus avancées de la bourgeoisie. Né à Fréjus d'une famille de notaires et de receveurs de droits royaux, il a fait toute sa carrière sous la protection d'un évêque pieux et tolérant, Mgr de Lubersac, dont il a d'abord été le secrétaire à Tréguier puis le grand vicaire à Chartres. Il était, note Benjamin Constant, prêtre par caractère autant que par état[1].

Il vivait jusqu'alors en reclus, entouré de ses livres, de ses économistes et de ses chers philosophes, Spinoza, Leibniz, Locke, Hume[2]. Il n'en était sorti qu'en 1788 pour aller siéger avec son évêque à l'assemblée provinciale d'Orléans. Il a un peu plus de 40 ans en 1789. Il est grand, porte l'habit noir et le petit collet de son état. Sa frisure ecclésiastique et poudrée cache des cheveux roux que l'on voit dans le portrait que David fera de lui plus tard en exil à Bruxelles. Son visage est comme tiré tout en longueur, ses lèvres minces, ses yeux pénétrants. On peut presque y voir, comme on lirait dans un livre, ses certitudes et ses passions.

Sieyès nourrit depuis son enfance une sorte de haine irraisonnée contre la noblesse et les privilèges. « Des étrangers au milieu de nous », « une caste ». Constant l'entendra souvent plus tard prononcer cette même phrase : « Quand on n'est pas de mon espèce, on n'est pas mon semblable. » Il est froid, abstrait, méprisant, peu familier, peu liant, assenant ses vérités comme des oracles et refusant toujours la discussion. Ses silences habités deviendront proverbiaux. Germaine de Staël le décrit comme « l'oracle mystérieux des événements qui se préparaient[3] ». Il peut facilement prendre de l'humeur contre les autres, contre la société, et nourrit une sorte de hantise des pouvoirs du roi qu'il s'exagère toujours et où il ne voit que privilèges, vénalité et argent. La haine et la peur, voilà bien ses deux passions dominantes. Des idées, mais peu d'expérience de la pratique des affaires. Il veut sincèrement le bonheur du peuple. Il n'y a qu'un système possible dans son esprit, celui de la souveraineté sans concessions de la nation et de l'égalité des droits. Il est de ceux qui ont le mieux pensé les risques induits d'un gouvernement populaire en théorisant la notion de représentation décalquée dans son esprit de l'idée de division du travail avancée par le philosophe anglais Adam Smith[4]. Il voit la société comme une sorte d'« établissement public » fait de métiers divers et conçoit son gouvernement en vertu d'une « procuration » donnée à des mandataires pour le vote de la loi comme pour son exécution[5]. La mixité anglaise, le principe même d'une chambre haute qui contrebalancerait les décisions d'une assemblée populaire lui sont odieux. Il ne doute de rien et surtout pas de lui-même. Dumont, l'ami de Mirabeau qui alors le détestait tout en le ménageant, l'aurait entendu dire sans sourciller lors d'une promenade aux Tuileries où l'on discutait de la meilleure constitution possible pour la France : « La politique est une science que je crois avoir achevée. » Et Dumont d'ajouter : « La présomption est le signe le plus sûr de l'ignorance[6]. »

Sieyès résume au fond à lui seul toute la Révolution en trois formules. En 1789 : « Qu'est-ce que le tiers état ? » Sous la Terreur : « J'ai vécu. » Et en 1799, peu avant l'avènement de Bonaparte au pouvoir : « Je cherche une épée. » Bonaparte se servira de lui pour faire son coup d'État et sa constitution puis le remisera bien vite dans la retraite dorée du Sénat dont il lui donnera la présidence. C'est cet homme-là que les députés du tiers vont suivre dans leur très grande majorité le 17 juin. Il est leur lumière et leur guide. « Il était le député le plus estimé et le plus influent dans l'Assemblée et en France », note le jeune Thibaudeau, qui ne manque aucune de ses interventions. Et Adrien Duquesnoy parle de « l'or pur de l'abbé Sieyès » à propos de l'un de ses grands discours[7].

Dans la grande salle des Menus, l'ambiance est grave et solennelle, très différente de celle de la veille. On ne vote pas par bailliage, chaque bailliage comptant pour une voix, comme le voudrait le règlement des états, mais individuellement et de vive voix, à l'appel de son nom. Ceux-ci sont ensuite inscrits sur des listes par des secrétaires. Jean-Sylvain Bailly, qui traînera sa candeur et son inexpérience politique jusqu'aux marches de l'échafaud, s'est opposé d'emblée à ce que les députés signent le procès-verbal des votes pour mieux préserver le mythe d'une assemblée unanime, au nom de l'union et de l'unité de la nation. C'était ne rien comprendre au jeu des minorités et des majorités propre à toute assemblée. Mais le pouvait-il ? C'était aussi vouloir empêcher la publicité donnée au vote. En vain. Il ne faudra que quelques heures avant que les députés « réfractaires » ne soient livrés à toutes les pressions possibles. Des listes d'opposants circuleront immédiatement dans Paris et ces derniers seront vite jetés en pâture à la vindicte publique. Un représentant de la minorité, l'avocat et député de Cahors Jean-Félix Faydel, évoque à ce propos de véritables « listes de proscription » et qualifie les débats de « délibération subversive[8] ». Bref, ceux qui ont mal voté sont des « traîtres ». La fiction de l'unanimité, artificiellement maintenue pour des raisons de principe autant que politiques, ne fera que nourrir les haines. Dès le 16 juin, un député (Creuzé-Latouche) a été jusqu'à traiter les représentants de la minorité de « parti de mauvais citoyens » et même de « perturbateurs de l'assemblée[9] ». Robespierre ne fait qu'une bouchée de Malouet qu'il tient pour le valet des aristocrates et dont il fustige « l'âme servile[10] ». « C'est ce jour-là, commente Mounier, que commencèrent les plus funestes mesures contre la liberté des suffrages[11]. » C'est ce jour-là aussi que sont nés les « suspects ». Les conditions extraordinaires qui accompagnent la proclamation de l'Assemblée nationale conduisent tout droit à la loi du même nom, qui, le 17 septembre 1793, inaugurera la Terreur.

29

Une assemblée nationale

À l'assemblée, ce matin du 17 juin, l'heure n'est pourtant plus aux invectives. Après être entrés dans la grande salle des Menus, les députés s'apprêtent à voter. « L'appel s'est fait au milieu du plus profond silence, note le député de Châtellerault Jacques-Antoine Creuzé-Latouche. Et pendant plus d'une heure et demie qu'a duré cette opération, on n'a pas entendu d'autre bruit que celui que faisaient plusieurs personnes ayant la liste à la main en retournant les feuilles[1]. » On décompte les voix. Les jeux sont faits : 491 députés votent en faveur de la motion de Sieyès et 90 contre. Quelques voix se perdent dans l'émotion[2] ! Il appartient désormais à l'Assemblée nationale d'« interpréter et de représenter la volonté générale ». Elle seule travaillera « à l'œuvre commune de restauration nationale ». Au nom de son unité et de son indivisibilité, rien ne saurait exister entre elle et le trône, ni veto ni pouvoir négatif, aucun autre député n'a désormais le droit d'exercer ses fonctions en dehors d'elle. On espère toutefois que les quelque 600 représentants de la noblesse et du clergé se réuniront un jour à elle. En attendant ils sont « absents » ou « présumés », ils n'existent pas.

Le bruit de ce qui s'est passé dans la chambre du tiers se répand comme une traînée de poudre dans Versailles. « Il s'est passé une chose inouïe au tiers état », note le marquis de Sillery, un député de la minorité libérale de la noblesse proche du duc d'Orléans, le soir même dans son journal[3]. « Ce décret passa, commente Mme de Staël ; et ce décret était la révolution même[4]. » Les députés ont parfaitement conscience de ce qu'ils viennent de faire. Le lendemain, le député de Nancy Jean-Baptiste Salle en écrit à l'un de ses amis : « Vous voyez que nous avons fait un pas de géant. Hier matin, nous n'étions rien, et nous sommes tout aujourd'hui[5]. » Et Sieyès triomphe : « Monsieur ! Cette journée du 17 nous a fait cheminer en avant de deux siècles[6]. » Dans son enthousiasme, le jeune Thibaudeau va plus loin. C'est « un coup d'État national ». Il aurait pu dire : un coup d'État littéraire.

Deux mots, « Assemblée nationale », ont fait la Révolution. Tocqueville, encore lui, l'a noté en passant, dans ses *Souvenirs*, à propos de celle de juin 1848 qu'il a vécue de près. Pris en masse, les Français se comportent très souvent en politique comme « un homme de lettres[7] ». Ils en ont le même tempérament et les mêmes humeurs. Rien n'a jamais mieux servi leur imaginaire, leurs projets, leurs désirs que les mots. Le pragmatisme n'est pas le fort des Français. Sur le moment, un député de la noblesse libérale du Dauphiné, François de Virieu, en est absolument estomaqué. « Est-ce donc les mots qui font les choses ? Me devrait-on des respects et de l'encens si je me constituais pape un beau matin ? Cela est fou, enragé, et ne peut changer la nature des choses[8]. » Et en effet, jusqu'à présent, les députés du tiers état ne se sont saisis du pouvoir que par des mots. Le roi est encore loin d'avoir ratifié leur décret. Sa souveraineté ne s'effacera que progressivement comme s'éteindra un peu dans le désordre la publication des ordonnances royales, des lettres patentes, lettres de grâce et autres lettres de cachet. Toute l'histoire de la Révolution tient dans cette magie incantatoire des mots. Celui qui sait faire passer les mots pour des vérités détient le pouvoir. D'une assemblée à l'autre, les luttes révolutionnaires ont été des luttes de tribune pour la parole et pour les mots. Aux sections parisiennes sans-culottes de dire si ces mots leur conviennent. Ce qu'on a appelé sous la Terreur les « journées révolutionnaires » en ont été l'expression violente et parfois décisive. Quand on fait de la politique avec la matière de ses rêves, en général, tôt ou tard, le sang coule.

Curzio Malaparte et sa *Technique du coup d'État* peuvent se rhabiller. Le 17 juin, la Révolution tient dans un seul et simple décret. Aucun des lieux névralgiques du pouvoir royal n'est occupé ou pris d'assaut : le quartier général du gouvernement militaire de Paris, l'hôtel de la police, l'hôtel des postes, les presses gouvernementales, le Trésor ou l'hôtel parisien du Contrôle général. Cela viendra plus tard, en juillet, sous la pression des événements. Nul besoin de couper l'arbre, tout cela s'effondrera de l'intérieur comme tomberait un fruit trop mûr. Même la Bastille n'aura pas besoin d'être prise de vive force. Elle se rendra.

Il n'est pourtant question, dans le texte de la motion de Sieyès, que de « restauration ». Le mot révolution n'est pas prononcé. En réalité, c'en est une et elle est double : politique par l'invention d'une nouvelle souveraineté incarnée par l'Assemblée nationale qui désormais exerce seule les deux puissances législative et bientôt exécutive du roi ; sociale par le renversement des structures de la monarchie sur lesquelles reposent ses pouvoirs, au nom des nouveaux principes d'unité, de liberté et d'égalité qu'elle est censée représenter. On a là déjà les trois premiers articles de la Déclaration des droits de l'homme et du citoyen votée deux mois plus tard, le 26 août 1789, comme si l'on était passé en un seul jour du vieux système de Ptolémée qui mettait la Terre au centre de tout à celui de Copernic qui la fait tourner autour du Soleil. De ce point de vue, la Déclaration des droits de l'homme aux allures presque républicaines est d'abord une déclaration de guerre contre la monarchie et le roi dont elle ne dit rien et ne prononce pas même le mot. D'ailleurs, on ne voudra même pas que Louis XVI la sanctionne.

La nation ne réside plus « tout entière dans la personne du roi ». Désormais, « le principe de toute souveraineté réside essentiellement dans la nation » (art. 3) tout comme « la loi est l'expression de la volonté générale ». De même, il n'y a plus d'ordres, ni de corps d'État, ni de statuts particuliers. « Les hommes naissent libres et égaux en droits » (art. 1er)[9]. Des principes absolument réfractaires au vieil ordre monarchique. L'égalité n'y pouvait exister. Quant à la liberté, personne n'avait encore mesuré la profondeur du gouffre qui séparait « les » libertés civiles peu à peu admises sous les rois, par nécessité sociale, comme autant de principes de droit, de « la » liberté devenue subitement politique, idéale et abstraite, et dont nul n'avait encore fait l'expérience. On sait ce qu'il adviendra d'elle sous la Révolution et encore aujourd'hui. Quant à l'égalité, c'est bien en son nom que les députés du tiers se sont emparés de la souveraineté le 17 juin. « L'égalité semble avoir été le but de toutes les opérations de l'assemblée », note, désabusé, le député de la noblesse Brueys d'Aigalliers. Sa permanence et sa formation en une seule chambre vont y contribuer pour beaucoup. Un détail ne trompe pas. Les évêques et les nobles, une fois ralliés, à contrecœur et à la demande expresse du roi, à l'Assemblée nationale se croiront obligés d'abandonner leurs croix, leurs plaques du Saint-Esprit et toutes les couleurs de leurs cordons. La révolution égalitaire commence par des signes. Le reste suivra vite, en forme d'autodafé, sur le bûcher des vanités : les privilèges le 4 août, l'hérédité nobiliaire, les titres et les armoiries un an plus tard, le 19 juin 1790. Plus de « très hauts et très puissants seigneurs », mais de simples « ci-devant ». Et d'Aigalliers d'ajouter : « Un Le Chapelier marcha à l'égal du cardinal de La Rochefoucauld ! » Cet héritage-là restera. Depuis deux siècles, les Français se sont toujours montrés plus sensibles à l'égalité qu'à la liberté, au point d'accepter de se passer parfois de l'une pourvu qu'on leur conserve l'autre.

Pour toutes ces raisons, le roi n'est plus, selon la formule de Mirabeau, que le « législateur provisoire » de la nation. « Je n'étais que le dépositaire, lui fera-t-on dire dans une chanson qui courait dans Versailles. Je n'ai plus rien, mais mon cœur est content[10] ! » Il n'incarne plus la nation. On l'en a séparé. Mais en même temps, par l'ancienne concentration de ses pouvoirs, par leur unicité, le roi reste un modèle. Ce que les députés inventent le 17 juin, c'est, par confiscation, un nouvel absolutisme décalqué du sien au profit de la nation. Un absolutisme infiniment plus efficace que le précédent, débarrassé des privilèges, exemptions et autres innombrables libertés du royaume qui en contrariaient l'exercice. C'est en cela aussi que les tentatives étatiques et centralistes de mainmise administrative sur la société, conduites par les rois avec les difficultés que l'on sait, finiront par triompher sous la république. Ici le principe de continuité l'emporte au-delà de la rupture de 1789. Tocqueville a raison sur ce point[11].

Si la souveraineté change de principe, elle ne change pas de caractère, au contraire. Dès le mois d'octobre, les députés décident de se passer de la sanction du roi et s'emparent de son pouvoir exécutif. Dans leur esprit qui est aussi celui de Sieyès, la constitution à laquelle ils travaillent n'est pas contractuelle. Elle ne peut aucunement résulter d'un quelconque accord passé avec le monarque. Elle n'a de limites que celles du droit naturel. Il n'y a plus rien avant la nation et surtout pas de roi. L'Assemblée le réinvente à sa façon jusqu'à en faire logiquement son « premier fonctionnaire ». Il n'y a pas d'autres explications au fait que, vingt-cinq ans plus tard, Louis XVIII, le frère de Louis XVI, fera en sorte d'« octroyer » sa propre constitution aux Français. Cette fois, le roi préexiste à nouveau à la nation. Pas pour longtemps.

Les députés voudront même très vite s'arroger les pouvoirs de police et judiciaires du monarque. Cela viendra six jours plus tard, le 23 juin. On est loin de l'article 16 de la Déclaration des droits de l'homme qui établit en théorie le principe de la séparation des pouvoirs. Mirabeau le constate lui-même quelques mois plus tard. Toute-puissante, l'Assemblée prend vite l'habitude « d'agir, comme le peuple qu'elle représente, par des mouvements toujours brusques, toujours passionnés, toujours précipités[12] ». Ce n'est qu'un début.

30

Le serment oublié du 17 juin

Mais revenons à notre matinée du 17 juin. À l'annonce du résultat, vers midi, l'enthousiasme est à son comble. Tout le monde se lève et crie « Vive le roi ! » ou, selon d'autres, « Vive le roi et la nation ! », sans doute pour se rassurer, peut-être pour le convaincre. On veut encore croire en la « bonté » d'un roi « paternel ». D'ailleurs, son absence de réaction franche aux décisions prises par le tiers les jours précédents le laisse espérer. « C'est une preuve, écrit dans son Journal le député de Nantes Joseph-Michel Pellerin, que S.M. n'en est pas mécontente et qu'elle veut [nous] laisser toute liberté de [nous] constituer[1]. » Les députés avaient pourtant quelques raisons de douter de la bonne volonté du roi. Duquesnoy assure qu'en recevant – le 6 juin – une délégation du tiers état conduite par Bailly, il aurait montré de l'impatience à la prononciation du mot « aristocratie[2] ». Dans sa réponse du 16 juin, il blâme encore « l'usage répété de l'expression "classes privilégiées" » qu'il considère comme un germe de division. Son chancelier Barentin s'était montré encore plus menaçant alors qu'il arbitrait les conférences de conciliation entre les ordres : « C'est au roi qu'appartient la décision finale. » Les rumeurs de dissolution des états généraux, encore sourdes à la fin du mois de mai, deviennent persistantes en juin. Elles ont certainement joué leur rôle dans les décisions prises le 17 juin. Face au danger réel ou supposé de dissolution, les députés n'auraient pas eu d'autres choix que celui de l'audace.

Dans l'entourage proche de Louis XVI, en tout cas, on ne croit plus depuis longtemps aux manifestations d'allégeance du tiers état. Tout cela n'est que parade et hypocrisie. Le « Vive le roi ! » du 17 juin, note le jour même le marquis de Bombelles à qui l'on vient de rapporter la scène, n'a plus rien de la vieille marque de fidélité d'autrefois. Il « n'a été aujourd'hui que l'horrible annonce d'un acte qui ébranle le trône dans toutes ses bases et qui substitue l'anarchie au règne des lois[3] ». Ce cri-là ressemble singulièrement aux litanies des saints. Les oraisons funèbres ont toujours été encombrées de trop de louanges. Tous les débuts de la Révolution se feront au cri très politique de « Vive le roi ! » et à chaque fois on le dépossédera un peu plus de ses pouvoirs. C'est qu'il fallait maintenir à tout prix, dans une France encore largement royaliste, la fiction d'un roi bienveillant et complice des décisions de l'Assemblée. Lorsqu'on s'apercevra de la supercherie le 23 juin, et à nouveau le jour de la fuite de la famille royale à Varennes en 1791, la Révolution n'en deviendra que plus violente.

Puis le président de l'Assemblée jure et promet de remplir ses fonctions « avec zèle et fidélité » avant d'inviter les députés à en faire de même. On s'est bien disputé un peu sur les termes du serment. On a d'abord proposé d'y mettre Dieu, puis la patrie, puis le roi, puis les trois à la fois, mais personne n'est arrivé à s'entendre sur un quelconque ordre trinitaire : la patrie avant le roi, ou le contraire. On finit par jurer d'être fidèle à l'Assemblée et donc à la nation, puisque c'est elle seule maintenant qui la représente. Dieu et le roi ont disparu[4]. Alors, tous les députés se lèvent et jurent « debout et la main levée[5] ». Décidément, un nouveau monde commence. À Reims, au cours de leur sacre, les rois prêtaient le serment de défendre l'Église et de combattre les hérétiques, la main posée sur un évangéliaire. On se souvient aussi des mains jointes et du baiser de paix du vieux serment d'allégeance féodale.

Ici tout change. On oublie les rois, on exècre la féodalité et on emprunte à l'Antiquité les formes de l'ancienne *fides* romaine évoquée par Tite-Live. Personne ne savait très bien comment les soldats des armées prêtaient serment à l'empereur à leur entrée en campagne, mais on avait sous la main les tableaux de David, et son *Serment des Horaces* exposé en 1784. Sans doute s'en est-on servi de modèle. Les trois frères lèvent la main droite et jurent sur les armes que leur tend leur père de sauver Rome contre ses ennemis. David donne là, par le salut de ses Horaces, un exemple vivant de cette nouvelle citoyenneté fraternelle à laquelle les députés aspirent.

L'Antiquité était à la mode bien avant la Révolution. Celle de Rome, pas celle d'Athènes. Tout ce qui avait été popularisé depuis des décennies du culte de la vertu, de l'engagement moral et de la loyauté romaine s'incarne ce jour-là. Dieu n'est plus là, mais le serment du 17 juin et ceux qui suivront sont déjà tout imprégnés d'une nouvelle sacralité laïque appelée à un long avenir.

Le célèbre serment prêté trois jours plus tard au Jeu de paume – et dont il sera bientôt question – n'est donc pas le premier. C'est celui, peu connu et un peu oublié, du 17 juin qui inaugure la longue série des serments civiques de la Révolution. Il est fondateur et donne aux députés un peu de leur nouvelle légitimité après laquelle ils vont longtemps courir. Il ne cessera d'évoluer au fur et à mesure des tensions. Le serment de service et de fidélité à la nation prêté le 17 juin deviendra deux ans plus tard un serment de défense de la liberté et de l'égalité puis, sous la Terreur, un serment de haine à la royauté, selon la définition que lui donnera la Convention nationale le 24 septembre 1795, enfin, sous le Directoire, un serment de haine à la royauté et à l'anarchie. On commence par adhérer et puis on finit par exclure.

Au bout du compte, on prêtera tant de serments qu'on n'y croira plus qu'à moitié. Talleyrand, alors évêque d'Autun et député du clergé aux états généraux, s'en fait vite l'écho dans une lettre du 8 novembre 1790, à propos du serment à la Constitution civile du clergé : « Je suis fatigué de toutes les tracasseries relatives au serment exigé par l'Assemblée [...]. Après tous les serments que nous avons faits et rompus, après avoir tant de fois juré fidélité à une constitution, à la nation, à la loi, au roi, toutes choses qui n'existent que de nom, qu'est-ce qu'un nouveau serment signifie[6] ? »

Il n'en reste pas moins que, par le serment du 17 juin, la souveraineté se déplace d'un bloc du château de Versailles aux Menus-Plaisirs, du roi à la nation et avec elle l'onction divine, la mystique monarchique de Reims, la sacralité de la fonction et son intangibilité. Laïcisée par la nation, cette nouvelle dimension sacrée de la souveraineté n'en est qu'à ses débuts. On cherchera longtemps à lui donner de la force et à en convaincre les esprits. Dans la rhétorique des débuts de la Révolution, le serment civique est toujours « auguste », « solennel » ou « pur ». Le serment est et restera longtemps désormais « la liturgie d'une nouvelle religion, celle de la nation[7] ».

31

L'impôt, le pouvoir et la souveraineté

Le 17 juin, les députés du tiers ne se sont pas contentés de s'emparer formellement de la souveraineté du roi, ils lui ont logiquement confisqué ce qui en faisait la raison d'être, et avec elle l'essentiel des pouvoirs régaliens qui lui étaient associés. Le premier de ces pouvoirs est celui de lever l'impôt. Dans l'après-midi, deux députés se saisissent de la question.

On connaît le premier qui n'est autre que le Breton Le Chapelier. Le second s'est déjà fait une place au sein de l'Assemblée dont il est un peu « l'athlète ». Ses plaidoiries retentissantes, notamment lorsqu'il avait défendu le cardinal de Rohan lors du procès du collier de la reine en 1786, le rôle essentiel qu'il venait de jouer à l'occasion des élections parisiennes ont déjà fait de lui un personnage. L'écrivain Jean-François Marmontel, qui s'était lui-même présenté sans succès à la députation, dit qu'il ne les présidait pas mais qu'il les dictait[1]. C'est l'avocat au parlement de Paris Jean-Baptiste Target.

Duquesnoy n'a besoin que de quelques mots pour le définir : « Incendiaire, dévoré d'ambition et d'orgueil, décidé à jouer un rôle à tout prix. » Bref, « un homme dangereux[2] ». On s'apercevra vite que, sans véritables idées, il ne faisait que reprendre celles de ses amis. Mais il a le sens de la formule. Il est à la manœuvre à chacune des initiatives de son ordre. C'est lui qui lance le mot de « communes » et magnifie la bataille du tiers dont il fait sans rougir une « sainte conjuration ». Il a de l'audace, l'élocution facile et l'une des voix les plus sonores de l'Assemblée. La travée des banquettes où il s'assied ordinairement sera vite rebaptisée « la rue du grand hurleur[3] ». Comme beaucoup d'autres, le succès l'abandonnera. On se lassera bientôt de ses grands avis boursouflés. Target s'est noyé dans son talent. Il finira par se taire, refusera de défendre le roi à son procès en décembre 1792 et mourra oublié, sous l'Empire.

Dans la soirée, Target et Le Chapelier, après s'être concertés, font prendre à l'Assemblée trois décrets qui résonnent comme autant de coups de tonnerre dans un ciel déjà noir. Des « arrêtés inouïs », dit l'un des députés du clergé pourtant favorables au tiers, le chanoine Coster. Par le premier, toutes les contributions royales sont frappées d'illégalité. Elles continueront « provisoirement » d'être levées et devront à l'avenir être consenties par la nation. Non seulement l'Assemblée s'arroge le pouvoir régalien de lever les taxes, mais elle menace le roi d'une grève de l'impôt au cas où ce dernier tenterait de la dissoudre. Les députés ne seront pas renvoyés, mais les taxes n'en rentreront pas moins de plus en plus mal. Beaucoup croiront ou voudront croire que par leur décret, les députés les avaient purement et simplement dispensés de payer. Une profonde désorganisation fiscale s'ensuivra qui gênera d'autant plus le roi dans sa lutte contre la Révolution. Et bien sûr, on oublie en cours de route de lui accorder quelque nouvel emprunt que ce soit.

Par le deuxième, elle va plus loin encore et met les créanciers de l'État et donc la dette publique sous la protection de la nation. Par le troisième, le moins important, elle crée un comité chargé de régler les questions d'approvisionnement et de disette.

C'est mettre le doigt sur la plaie. Une plaie vive et purulente qui, on l'a vu, s'était ouverte par une première banqueroute partielle en 1770, dans les dernières années du règne de Louis XV. Depuis, la guerre contre l'Angleterre avait encore aggravé la situation. Les dépenses engagées avaient été énormes, entre 1 000 et 1 200 millions de livres. Les budgets combinés de la Guerre et de la Marine avaient presque triplé et le déficit n'avait fait que s'accroître au point qu'en août 1788 l'État, à court de trésorerie, avait été sur le point de suspendre une partie de ses remboursements. C'est cette crise-là qui explique le retour au pouvoir de l'ancien banquier suisse Jacques Necker dont le rôle est central auprès du roi.

En mai 1789, d'après le tableau pourtant très arrangé que ce dernier communique aux états généraux le jour de leur ouverture, la dette publique s'élève à la somme extravagante de 4 milliards 467 millions de livres alors que les recettes de l'État ne dépassent pas les 470 millions de livres et que les dépenses leur sont encore supérieures malgré les coupes budgétaires significatives consenties depuis deux ans[4]. C'est elle et son énormité, autant que le déficit persistant des comptes publics, qui ont conduit tout droit à la convocation des états généraux. La dette n'a pas fait que fragiliser la monarchie. La question de sa consolidation est très vite devenue politique. Elle a mis en exergue deux problèmes.

Le premier, bien réel, concerne le mode de perception de l'impôt et l'inégale répartition de ce dernier. On l'a vu, les terres nobles sont exemptes de taille. De même la capitation, cette taxe personnelle instaurée sous le règne de Louis XIV et qui devait concerner tous les sujets du royaume selon leurs moyens, les touche finalement très inégalement : 1/11 du revenu des taillables et 1/90 seulement de celui des privilégiés. L'État monarchique n'a eu de cesse pendant tout le XVIIIe siècle de réduire ces disparités longtemps défendues par la noblesse comme le dernier bastion de ses anciennes libertés et tout autant au nom des droits de la propriété, contre l'inquisition fiscale du gouvernement du roi. Si la noblesse finit par céder en 1789 – 90 % de ses cahiers de doléances admettent, parfois avec des réserves, le principe de l'égalité fiscale –, c'est parce qu'elle compte bien exercer son rôle de contrôle de l'impôt à la faveur des états généraux[5]. Sans parler de la pression de l'opinion. Rien n'est donc encore joué.

Le second problème, tout aussi explosif mais en grande partie fantasmé, tient au poids des dépenses de la Cour jugées excessives et à leur nécessaire réduction. Elles ont été le cheval de Troie de la monarchie, ce par quoi les attaques ont été les plus vives. Il n'est pas une brochure qui ne les dénonce. À Paris, le libraire et franc-maçon Nicolas Ruault, pourtant bien informé, s'en fait l'écho dans son journal. Il évalue l'entretien de la Cour à plus du quart des dépenses de l'État et passe son temps à s'en plaindre. Trop de luxe, trop de gaspillages, trop de somptuosité, trop de maîtres et de valets, trop de princes et de princesses[6].

On sait aujourd'hui que ces dépenses n'ont joué qu'un rôle secondaire dans l'aggravation du déficit public. En 1789, elles représentent 33 millions de livres, soit un peu plus de 6 % des dépenses de l'État. En pleine paix, le département de la Guerre en absorbe pour sa part 99 millions et la Marine 40,5. C'est le service de la dette qui plombe les comptes de l'État et oblige ce dernier à verser près de 200 millions de livres à ses créanciers, anticipations comprises, soit 38 % de l'ensemble des dépenses de l'année. Mais le spectacle grandiose de la Cour, ses scandales publics – surtout l'affaire du somptueux collier de diamants des frères Boehmer dont tout le monde pensait que la reine l'avait effectivement acheté –, la gabegie, les « voleries », les charges inutiles, les pensions excessives, le favoritisme, en particulier parmi les proches de Marie-Antoinette, ont été l'arbre qui a caché la forêt. Tout le reste – les orgies dispendieuses de Marly et de Trianon, les tombereaux d'or envoyés à Vienne… – n'a été qu'un ramassis de fantasmes.

Malheureusement, à la fin des années 1780, ceux-ci avaient déjà tourné à l'obsession délirante. Dans les débuts des états généraux, les députés du tiers, persuadés que la reine avait fait aménager chez elle au Petit Trianon un cabinet entièrement tapissé de diamants, de saphirs et de rubis, demanderont obstinément à le voir… et ne le trouveront pas[7]. En France, l'imaginaire l'a toujours emporté sur la froide réalité des chiffres. Les efforts tardifs de réduction des dépenses de cour consentis par le roi et la reine en août 1787, évalués par Necker à quelque 4,5 millions de livres, n'auront pas suffi à faire taire la colère. Et puis certaines réformes sont maladroites. En 1775, le ministre de la Guerre comte de Saint-Germain avait déjà dissous deux compagnies de mousquetaires essentielles à la police de Paris. Cette fois, on supprime ce qui reste de la Maison militaire du roi : gardes de la porte, gendarmes et chevau-légers de la garde, on réduit aussi les effectifs des quatre compagnies des gardes-françaises cantonnées à Saint-Germain-en-Laye et on affaiblit d'autant la sécurité rapprochée du monarque.

À peine arrivé à Versailles, les députés du tiers se scandalisent du luxe et des spectacles de la Cour, pourtant organisés à leur intention, et en demandent la suppression. Des chiffres fantaisistes circulent bientôt sur le budget du département des Menus-Plaisirs qui oblige le premier gentilhomme de la chambre du roi à en publier le compte exact. On s'apercevra que ce que l'on prenait pour la dépense d'une année – soit 14 millions de livres – correspondait en fait aux dix dernières années d'exercice du département[8]. Et tout à l'avenant.

32

La banqueroute, talon d'Achille du roi

Il n'en reste pas moins qu'à la veille de la convocation des états généraux la charge de la dette était à l'État ce que son talon avait été à Achille, un risque mortel. La publication, en 1781, par le directeur des Finances Necker de son *Compte rendu au roi* avait révélé pour la première fois au public les comptes de la monarchie jusqu'alors mystérieux et secrets. En partie falsifié et arrangé, il devait rassurer les investisseurs, il ne fit que les alarmer. À la fin des années 1780, les emprunts ne sont qu'à demi couverts et surtout ils sont de plus en plus chers, jusqu'à 11,5 % d'intérêt en août 1788. La monarchie ne dispose pas d'une véritable banque mais d'une simple Caisse d'escompte devenue fragile et très dépendante du gouvernement. Or l'on sait que le crédit de l'État passe par l'amortissement d'une partie de la dette publique.

Les créanciers s'inquiètent et ne font plus confiance au gouvernement. Comme le raconte Talleyrand qui s'y connaissait en finances : « Le papier des receveurs généraux, celui des trésoriers, des régisseurs, qui servait à faire des anticipations, ne circulaient plus qu'avec une perte effrayante[1]. »

La fragilité de la monarchie ne tient pas seulement à la sclérose de son administration et aux anachronismes de son organisation fiscale, elle s'explique aussi par l'état de dépendance financière dans lequel elle se trouve depuis des années. L'intérêt de la dette représentait en 1789 10 % de l'ensemble des revenus agricoles du royaume et, comme on l'a déjà vu, plus du tiers des recettes annuelles du gouvernement. Et qui sont les créanciers de l'État[2] ? Pas des fonds de pension ou de grands organismes financiers comme aujourd'hui, mais la bourgeoisie rentière des villes, essentiellement concentrée à Paris. Il est difficile d'évaluer, même approximativement, le nombre des porteurs de titres publics à la veille de la Révolution, mais ils devaient être nombreux – peut-être 150 000 à 200 000[3] – et représenter une véritable force sociale, active et puissante. Ce sont en partie eux qui ont envoyé les députés du troisième ordre aux états généraux. Ils dominent déjà financièrement le gouvernement du roi avant même de le dominer politiquement. Et quelle est la pire des angoisses d'un rentier ? C'est la banqueroute.

On comprend dans ces conditions pourquoi la toute nouvelle Assemblée nationale commence par mettre les créanciers de l'État « sous la garde de l'honneur et de la loyauté de la nation française ». Mirabeau l'avait déjà dit autrement en un admirable paradoxe : « Le déficit est le trésor de la nation[4]. » On n'a plus confiance dans le roi, on lui préfère l'Assemblée nationale. Elle seule saura restaurer les finances du royaume. La Bourse de l'époque c'était à Paris la « rue Vivienne » où l'on échangeait ses titres dans une galerie de bois. Et voilà des mois que la rue Vivienne est prise de tremblements. Les difficultés financières du gouvernement, le mouvement croissant des spéculations et de ce qu'on appelait alors « l'agiotage », l'inflation des taux d'intérêt de l'emprunt et de l'escompte, quelques faillites retentissantes dans le milieu des grands commis de l'État comme celle de Claude Baudard de Sainte-

James, trésorier général de la marine en février 1787, en ont effrayé plus d'un. Entre 1788 et 1789, plus de la moitié des receveurs généraux du royaume déposent leur bilan. Il faut lire, pour comprendre cela, certains passages du journal de Nicolas Ruault qui pour être libraire n'en est pas moins électeur et rentier : « Tout est agio, finance, banque, escompte, emprunt, usure, paris, virements, etc. Toutes les têtes sont tournées vers l'argent[5]. » Les spéculateurs, haussiers, baissiers, sans parler des escrocs – le plus célèbre d'entre eux est un certain abbé d'Espagnac –, s'en donnent à cœur joie.

Une bonne partie de la petite noblesse provinciale, militaire, terrienne et seigneuriale n'est pas concernée par tout cela. C'est elle qui la première, par l'intermédiaire de ses représentants aux états généraux, va se lever contre la rue Vivienne, ses rentiers, ses gens de finance et autres spéculateurs, tous ces « vampires des états ». Pourquoi sont-ils exonérés de toutes taxes sur les intérêts de leurs capitaux, alors que la noblesse terrienne en paie et qu'il est question d'alourdir encore ses charges par l'égalité de l'impôt ? Il y a là quelque chose qui plus tard s'ancrera profondément au sein d'une certaine droite française, une tradition de méfiance vis-à-vis de la banque et de la finance encore vivace aujourd'hui. Antoine de Rivarol, l'un des polémistes royalistes les plus incisifs des débuts de la Révolution, le dit très bien dans ses Mémoires. Ce sont les rentiers qui ont fait la révolution dans une France pourtant essentiellement agricole et commerçante. « Le gouvernement, toujours pressé de jouir, toujours dans la détresse, aliéna ses droits, vendit ses revenus, mangea son avenir et, par une foule d'anticipations et d'opérations forcées, jeta dans son propre sein les fondements d'une puissance ennemie qui le dévore[6]. »

Certains observateurs font aujourd'hui un lien entre la crise de nos modernes démocraties et la crise du capitalisme. Il ne fait pas de doute que dans les années 1780, les crises financières qui secouent le royaume, en 1783 puis à nouveau de mars 1787 à août 1788, constituent l'un des aspects et non des moindres de la crise de la monarchie elle-même. Certains historiens iront même jusqu'à dire que cette dernière serait morte de la trop grande prospérité agricole et commerciale qu'avait connue le royaume dans la seconde moitié du XVIIIe siècle. La prospérité crée en elle-même les conditions de l'instabilité financière et aggrave ce qu'on appelait à l'époque les « disettes d'argent ». La monarchie se serait abîmée dans le gouffre que séparent d'une part son incapacité à gérer ses finances et de l'autre l'accroissement du marché du crédit et la demande sans cesse croissante d'argent. L'insolvabilité chronique du gouvernement de la plus riche nation d'Europe, en créant les conditions de l'une des plus graves crises de confiance financière qu'avait connues le royaume depuis des décennies, a conduit tout droit à la Révolution[7].

Les menaces de banqueroute propagées par les députés les plus intransigeants de la noblesse – comme par la Cour – sont donc loin d'être infondées. Au diable les bourgeois ! Paris et la rue Vivienne sont révolutionnaires, accusent-ils, pas les provinces. C'est à Paris et parmi les députés du troisième ordre que l'on commence dès le mois de juin à suggérer de vendre des biens du clergé pour éviter la banqueroute. D'autant que depuis l'ouverture des états généraux les effets publics sont à la baisse. Les billets se remboursent mal.

« La peur de la banqueroute a été le tocsin de ralliement dont se sont servis les philosophes pour exécuter leur révolution, note dans son journal le comte de La Galissonière, député de la noblesse d'Anjou. Les créanciers tremblants n'ont pas voulu voir le gouffre où le gage de leurs créances allait disparaître. » Ce sont les financiers, dit encore un autre député de la noblesse, Brueys d'Aigalliers, qui ont encouragé et provoqué la Révolution pour sauver les créances qu'ils avaient sur l'État dans les emprunts émis par le gouvernement pendant la guerre d'Indépendance américaine. Pourquoi alors ne pas sacrifier ces derniers pour sauver l'État[8] ? « La banqueroute aurait enrichi les provinces, car une grande partie des impôts affectés au paiement annuel des rentes aurait cessé[9]. » Elle ne pouvait que bénéficier au peuple. Jean-François Foulon de Doué, intendant des finances et conseiller d'État, très hostile à Necker, l'avait proposé au roi. Comme par hasard, remarque La Galissonière, il se fera massacrer à Paris le 22 juillet 1789 et sera l'une des premières victimes de la Révolution.

Le 17 juin, la question de la garantie de la dette, comme celle de sa résolution, est bien au cœur du conflit qui oppose l'Assemblée nationale au roi et tout autant la bourgeoisie à la noblesse. Mais la confiance ne se décrète pas. On votera bientôt des emprunts – 30 puis 80 millions – dont personne ne voudra[10]. On croira avoir trouvé la solution le 4 août en décrétant l'abolition des dîmes et des droits féodaux et en rétablissant d'autant le crédit public par la libération de la propriété, puis, un peu plus tard, en nationalisant les biens du clergé, et encore en confisquant les biens d'émigrés. Peine perdue. Tout cela se terminera lamentablement sous le Directoire, en septembre 1797, par la consolidation forcée du tiers de la dette publique et par voie de conséquence par l'abandon des deux autres tiers aux larmes des rentiers. Ce sont eux, finalement, qui auront le plus à souffrir de la Révolution. La nation leur aura donné huit années de « loyauté », pas une de plus. Mirabeau ne s'y est pas trompé : « Les députés ont joué le royaume au trente et quarante. » Le « trente et quarante » est l'ancêtre du blackjack, le plus improbable et le plus dangereux des jeux d'argent et de hasard. Beaucoup s'y sont ruinés[11].

33

Interlude

Mais reprenons le fil de notre récit. Comme si les députés, tout juste remis de leur extraordinaire audace, éprouvaient le besoin de souffler, la séance sensationnelle du 17 juin s'achève, un peu en queue de poisson, par des questions pratiques.

On nomme des commissaires chargés de rédiger une adresse au roi. On envoie Armand Gaston Camus, le secrétaire de l'Assemblée qui en deviendra bientôt l'archiviste, à Paris s'assurer des services d'un imprimeur – ce sera François-Jean Baudouin, l'un des députés suppléants du tiers état de Paris, rue du Foin-Saint-Jacques. Le premier imprimeur du roi, Philippe-Denis Pierres, qui à Versailles avait obtenu le privilège de publier les comptes rendus des états généraux, commençait à trouver les députés du tiers un peu trop révolutionnaires et rechignait à imprimer leurs décrets[1]. Baudouin saute le pas et accepte, évidemment sans permission royale, de publier « les deux actes importants par lesquels l'Assemblée nationale établit ses droits et en commence l'exercice[2] ». Il existe toutes sortes de petites révolutions cachées dans la grande. Celle-ci en est une. Décidément, le pouvoir royal ne contrôle plus rien.

Comme l'histoire est facétieuse, les députés, après avoir créé la nation, achèvent leur journée en pensant à eux. La salle commune des Menus dans laquelle ils siègent est par trop inconfortable et décidément peu pratique. On n'y a prévu ni ouvertures ni fenêtres. Il y règne, dit l'un d'entre eux, « un air pesant et pestilentiel ». L'un des futurs secrétaires de l'Assemblée, le député de Metz Claude Emmery, avait déjà tenté d'obtenir des services de la Cour une distribution gratuite de glaces, mais on lui avait répondu que les glacières du roi n'y suffiraient pas[3].

Il fait trop chaud. Qu'à cela ne tienne, on charge Joseph Guillotin, l'un des députés de Paris, d'y remédier. Guillotin est médecin et saura s'en débrouiller. Avant de proposer sa merveilleuse machine qui égalise la mort et ne fait sentir au patient qu'une « légère fraîcheur » sur la nuque, le bon docteur va donc commencer par s'occuper des vivants. Il fera aérer la salle, mettre des dossiers aux banquettes et changer leur disposition. Plus tard, on la fera encore évoluer et on rangera les banquettes en amphithéâtre, mais on ne s'entendra pas beaucoup mieux pour autant.

Deuxième partie

Nous le jurons !

1

Le roi de l'octave

On ne comprendrait rien à la profondeur du drame qui se joue à Versailles en cette semaine de juin si on ne le regardait que d'un côté. Il faut en faire le tour complet. Les parties décisives se jouent toujours à deux, sinon à plusieurs. Il n'y a jamais une seule scène au théâtre des événements. On n'en a le sens que si l'on sait passer de l'une à l'autre, entrer par la porte de la première et sortir par la fenêtre de la seconde.

À quelques encablures de l'hôtel des Menus-Plaisirs, le château semble comme engourdi dans la monotonie immuable de son étiquette et des pompes de la Cour. Comme si rien ne pouvait atteindre la résidence des rois. Louis XVI n'a rien noté dans son journal le 17 juin. La date n'y figure même pas. Je sais bien que c'est un journal de vénerie, mais il faut tout de même y jeter un coup d'œil pour prendre la mesure du poids de ses habitudes. Malgré les événements, il chasse à dix reprises le cerf ou le chevreuil, à Orsay, à Gif, à Marcoussis, entre le mois de mai et le mois de juin[1]. Vu de l'extérieur, certains n'en reviennent pas de ce qu'ils appellent la « nonchalance » et la « stupidité » de la Cour. Tandis qu'on se pose la question de savoir s'il sera un doge de Venise ou un roi de France, Louis XVI chasse, note, éberlué, l'Anglais Arthur Young dans son journal[2] !

Les rites de Cour et ceux de l'Église n'ont que faire de la politique[3]. Apparemment, le roi aussi. La veille, il a reçu, comme chaque semaine, ses tantes à dîner, les filles de Louis XV, Mesdames Adélaïde et Victoire, vieilles demoiselles gâtées, confites en dévotion et exclusivement occupées de leurs intrigues de boudoir, que les lois de la Révolution feront bientôt émigrer en Italie. Le lendemain 18 juin, il assiste, comme prévu, à la procession de l'octave de la Fête-Dieu, qui suit celle du 11 juin, à l'église Notre-Dame de Versailles. La cérémonie achève le long cycle des fêtes qui suivent celle de Pâques, du dimanche de Quasimodo à l'Ascension, à la Pentecôte et à la Trinité. L'archevêque de Paris, Mgr de Juigné, suivi de son clergé et de celui des paroisses de la ville, porte sous un dais d'or l'ostensoir du corps du Christ. Les rues sont couvertes de fleurs, les façades des maisons ornées de tapisseries. Des prêtres bénissent la foule qui se presse, nombreuse, le long du cortège. Le ciel est couvert, ce jour-là, et il pleut par intermittence. Le roi, la reine et les princes sont arrivés à l'église en carrosses attelés de chevaux blancs entourés de leurs Suisses, de leurs gardes du corps et de leurs suites. Les pages de la Cour portent de grands cierges de cire blanche. Une délégation de 24 députés du tiers état et d'autant de députés du clergé et de la noblesse les précède, conduite par leurs présidents que le roi salue à son entrée. Bailly en a été si content qu'il l'a noté dans ses *Mémoires*.

La scène est tout de même inouïe lorsque l'on sait ce qui s'est passé la veille. Les anachronismes de temps et d'événements sont sans doute la chose la plus singulière de l'histoire. Tout se passe ici comme si rien n'avait changé depuis le

5 mai. Quelques détails pourtant altèrent un peu la scène. Un député de la noblesse note que le roi et la reine semblaient soucieux et inquiets lors de la procession. Un autre observe qu'à la sortie des princes la foule criait : « Vive le roi et l'Assemblée nationale ! » Le roi se serait alors tourné vers son frère, et tous les deux se seraient mis à rire[4]. Comprenaient-ils le sens de ce qu'on leur disait ? S'en moquaient-ils ?

On a très peu de détails sur les réactions de Louis XVI à la journée du 17 juin. Son chancelier Barentin, informé par Bailly des décrets pris ce jour-là par les députés du tiers, l'en aurait avisé dans la soirée. Tout cela, insiste Barentin, s'était fait sans son ordre. Louis XVI aurait alors, et pour la première fois, mesuré « la profondeur de l'abyme au bord duquel [on] l'avait placé[5] ». Au président de l'ordre de la noblesse, le duc de Montmorency-Luxembourg, venu l'avertir le même jour des dangers qu'il courait, il aurait répondu en colère tout en lui prenant le bras : « Vous les avez voulus, vous les avez demandés ces états généraux. Eh bien, les voilà[6] ! » On n'en sait pas plus. Ce 17 juin, plus encore qu'un autre jour, Louis XVI est un mystère, un peu comme la carte manquante d'un jeu de tarot. Il mettra sept jours, jusqu'à la séance royale du 23 juin, à réagir aux décrets du 17 juin, ce qui est inouï. Pour les députés du tiers et leurs soutiens, ce sont les sept jours de la création d'un nouveau monde. Une éternité pour le roi et la vieille monarchie.

2

Rien ne va plus !
La crise parlementaire

Quand Louis-Auguste de Bourbon, duc de Berry puis Dauphin de France, monte sur le trône en 1774 à la mort de son grand-père, il a 20 ans. Il a régné pendant des années un peu comme son ancêtre Louis XIII, dans les limites d'un système particulier que l'on qualifie faute de mieux de « ministériat », en donnant sa confiance et en s'appuyant constamment sur un homme fort capable de s'imposer au sein de ses Conseils. Ce sera d'abord le vieux comte de Maurepas jusqu'à la mort de ce dernier en 1781, puis le comte de Vergennes, son secrétaire d'État aux Affaires étrangères, qui l'engage dans la guerre d'Indépendance américaine aux côtés des treize colonies insurgées contre l'Angleterre, puis son contrôleur général des Finances, le comte de Calonne, jusqu'à la mort du premier et au renvoi du second, la même année, en 1787. Dès lors personne ne s'impose plus à ses côtés et tout le monde se contredit. Les ministres se suivent en rang serré : le baron de Breteuil puis Laurent de Villedeuil à la Maison du roi, Lamoignon puis Barentin aux Sceaux. Sous la direction de Loménie de Brienne puis de Necker qui président l'un après l'autre le Conseil des finances, trois contrôleurs généraux se succèdent en deux ans : Bouvard de Fourqueux, Laurent de Villedeuil puis Lambert, et avec eux les avis divergents, les politiques changeantes de résistance ou de concession à la nation. Cette instabilité ministérielle correspond au pire moment de la crise du royaume. Le Trésor est vide, comme on l'a vu, et les tentatives de réformes fiscales et judiciaires successivement lancées par les ministres du roi se heurtent toutes à la résistance des parlements, à commencer par celui de Paris.

Le Parlement, tout droit sorti de l'ancienne *Curia regis* des Capétiens, était traditionnellement associé à l'exercice de la puissance législative du souverain. Il avait le pouvoir de vérifier les lois, de les enregistrer, mais aussi celui d'émettre des réserves – le droit de remontrances – sur leur contenu. Cette opposition parlementaire au pouvoir souverain du roi n'est certes pas nouvelle. Louis XIV les avait malmenés. Pour s'en débarrasser, Louis XV et son garde des Sceaux Maupeou avaient fini par les dissoudre en 1771. Louis XVI les avait rétablis trois ans plus tard, ce dont beaucoup lui feront le reproche. Le jeune roi, pensait-on, avait acheté sa popularité à mauvais compte. En restaurant les parlements et les charges héréditaires abolies par son grand-père, il courait le risque de compromettre l'avenir des réformes du royaume en échange d'une paix sociale sans lendemain. Et en effet, dès le milieu des années 1770, la guerre de chicanes recommence.

Elle prend au tournant des années 1787 et 1788 un tour violent et quasi tragique. Le bruit de fond est toujours le même : la haine du « despotisme ministériel » et la critique des réformes administratives, fiscales et judiciaires du gouvernement sous le prétexte de leur arbitraire, de leurs prétentions à l'uniformité, au mépris des vieilles traditions du royaume. La crainte aussi que ces dernières ne remettent en cause les immunités fiscales. Les parlementaires sont aussi de riches propriétaires fonciers. À l'honneur d'appartenir à un corps de noblesse qui selon eux n'aurait plus d'existence ni de raison d'être sans ses privilèges et ses droits, il ne faut jamais oublier les intérêts, rarement évoqués et pourtant bien réels. Comme l'écrit l'un des conseillers du parlement de Nancy, Millet de Chevers : « La licence et la prétention à l'égalité sont le fléau de tout gouvernement[1]. »

Dans ce contexte, les parlements – celui de Paris qui, au-delà de son rôle politique, contrôle le plus vaste ressort judiciaire du royaume, mais aussi les 14 autres cours souveraines, et derrière elles une partie du clergé et de la noblesse – jouent une partie dangereuse, d'aucuns diront anachronique, contre la puissance souveraine du roi. On a parlé à cet égard de réaction aristocratique. On est plutôt là au dernier chapitre d'une vieille histoire qui, des grands feudataires du Moyen Âge en passant par la Ligue et par la Fronde, illustre ce que Mme de Boufflers, l'égérie du prince de Conti, appelait dans une lettre au roi Gustave III de Suède « le choc de l'aristocratie avec la monarchie[2] ».

Cette fois, l'aristocratie a la partie belle et en apparence presque gagnée. La monarchie est à bout de souffle. Ses velléités modernistes et réformatrices ne pèsent pas grand-chose face au poids des puissants corps intermédiaires que sont les parlements et les cours souveraines. De plus, on l'a vu, à partir de 1786, elle est en permanence confrontée au risque d'une banqueroute qui la menace comme l'épée sur la tête de Damoclès. Tous ces magistrats et nobles de grande robe assis sur leurs privilèges, sûrs de leur indépendance, forts de leurs charges héréditaires et de leur esprit de corps, sont persuadés d'être les derniers à porter et à défendre les libertés du royaume. Ils sont encouragés d'autant par l'opinion publique et par tous ceux qui se réclament déjà du « parti national », sans mesurer la profondeur du fossé qui les sépare de ces derniers. Le quiproquo est tragique. Jusqu'alors ce sont eux qui influençaient l'opinion, désormais c'est l'opinion qui les conduit[3]. En 1787 et 1788, au plus fort de la crise qui les oppose au gouvernement du roi, ils vont s'offrir au public comme des alliés de circonstance et servir de prête-nom utile à tous ceux qui avaient de bonnes raisons de vouloir un changement autrement plus radical du gouvernement et de la société. En croyant parler pour la nation tout en défendant leurs propres intérêts, ils vont être un peu comme les Troyens de la guerre du même nom ouvrant grandes les portes du royaume au cheval que l'on sait, accueilli comme une idole et pourtant bourré de soldats ennemis prêts à leur porter le fer.

La guerre commence dès les premiers mois de 1787. Crise financière oblige, le roi a convoqué au début de l'année une assemblée des très grands « notables » (princes du sang, ducs et pairs, prélats, maréchaux, parlementaires, maires de certaines grandes villes) afin de leur soumettre un train de réformes administratives et fiscales – en particulier un impôt territorial qui s'appliquerait au prorata de la propriété quelle que soit sa nature juridique et mettrait fin aux privilèges. Le roi, qui l'a déjà prouvé au début de son règne en faisant entrer le ministre physiocrate Turgot dans son gouvernement, a l'intelligence des réformes à condition que ces dernières ne remettent pas en cause les fondements de sa souveraineté, mais il n'en a pas le tempérament.

Son contrôleur général des Finances Calonne, à l'origine du projet, ne survit pas aux réserves émises par l'assemblée des notables, et l'archevêque de Toulouse, Loménie de Brienne, proche de la reine, lui succède tout en reprenant l'essentiel de son projet. Il s'agit maintenant de faire enregistrer les ordonnances royales qui en découlent par les parlements, et c'est là que les difficultés commencent.

Pendant plus d'un an, le roi et ses parlements vont se mener sans discontinuer une incroyable bataille de tranchées qui finira, en septembre 1788, par la défaite en rase campagne du premier et par la disqualification involontaire des seconds.

On ne dira jamais assez que la monarchie avait déjà pris le tournant égalitaire dont la Révolution allait bientôt s'emparer[4]. Parmi les mesures initiées par le gouvernement du roi, il en existait beaucoup de franchement libérales, qui étaient autant d'avancées sociales, administratives et fiscales : la création d'assemblées provinciales élues chargées par abonnement de la répartition de l'impôt, le doublement au sein de ces assemblées de la représentation du tiers état qui annonce déjà ce qui se passera aux états généraux, l'abolition et le rachat de la corvée qui n'était qu'une réquisition gratuite des sujets du roi à l'entretien de ses routes, une meilleure répartition de l'impôt, l'accès des protestants à l'état civil, la fin programmée des justices seigneuriales et des justices d'exception, des procédures criminelles moins rigoureuses, la torture abolie, des droits nouveaux donnés aux justiciables comme l'obligation inscrite dans la loi de les dédommager au cas où ils seraient déclarés innocents.

Certaines de ces mesures ont été enregistrées par les parlements. Ce sont les mesures fiscales – l'augmentation de l'impôt du timbre, le nouvel impôt égalitaire sur les propriétés, y compris les propriétés seigneuriales, les emprunts et surtout les mesures judiciaires portées par le garde des Sceaux Lamoignon en mai 1788 – qui ne passent pas. Ces dernières ont des allures de coup de force contre les parlements rebelles. Sous le couvert d'une réforme judiciaire, on les prive de leur pouvoir politique d'enregistrement des lois et on attribue celui-ci à une cour plénière étroitement dépendante du gouvernement. On crée par ailleurs 47 grands bailliages auxquels on donne l'essentiel des attributions de justice civile et criminelle jusqu'alors réservées aux cours souveraines.

À Paris, le Parlement de l'île de la Cité est un monde, avec ses élites – les présidents à mortier, du nom de la toque de velours noir brodée d'or qu'ils portent lorsqu'ils siègent, les conseillers de grand'chambre, les présidents et les conseillers des enquêtes et des requêtes – et sa plèbe : la foule des avocats, des procureurs, des huissiers, l'armée des secrétaires et des clercs qui vivotent dans leur ombre. Plusieurs milliers de personnes en tout.

Les conseillers des enquêtes et des requêtes sont les plus turbulents et les plus perméables à la révolte. Ils sont jeunes, de noblesse récente et n'ont rien à perdre. C'est de leurs rangs qu'émergent les chefs de l'opposition parlementaire, en particulier Jean-Jacques Duval d'Éprémesnil, d'une famille enrichie dans le commerce de la Compagnie des Indes, particulièrement redouté pour ses harangues longues et soudaines, sa voix forte et sa présence d'esprit, mais aussi le conseiller des enquêtes Adrien Duport dont il a déjà été question, et d'autres encore : Fréteau de Saint-Just, Huguet de Sémonville, l'abbé Sabatier. Le plus étonnant, c'est qu'au pic de cette lutte contre les ministres, même les ducs et pairs du royaume, qui siègent au Parlement réuni en cour des pairs lors des séances solennelles d'enregistrement, vont entrer dans la danse.

La force du mécontentement est telle qu'eux aussi l'osent. Le groupe des pairs factieux compte les plus beaux noms du royaume : Praslin, Aumont, Montmorency, Béthune-Charost, La Rochefoucauld et bien sûr le duc d'Orléans, qui à cette occasion va faire preuve du seul acte de courage qu'on lui connaisse. C'est lui qui, chose inouïe, apostrophe son cousin en pleine grand'chambre du Parlement lors de la séance royale du 19 novembre 1787 : « Je regarde cet enregistrement comme illégal. » Et le roi, tellement troublé d'un pareil scandale, de balbutier en guise de réponse : « Cela m'est égal… Vous êtes bien le maître… si… c'est légal parce que je le veux[5]. » On est loin du cinglant : « L'État, c'est moi » prêté au jeune Louis XIV en bottes et cravache de chasse à son Parlement, le 16 avril 1665 !

3

Un cousin bien encombrant

C'est à cette occasion que le duc d'Orléans, le descendant direct du frère cadet de Louis XIV, entre en politique. Son rôle est suffisamment important pour que l'on s'arrête un peu sur lui.

À 40 ans, Louis-Philippe d'Orléans, le futur « Philippe Égalité », celui qui, à la Convention nationale, finira par voter la mort de Louis XVI, compte moins par ses idées propres que par son nom, son prestige et son immense fortune qui servent de couverture et de moyens aux partisans du changement. Quelques rares amis l'ont sincèrement aimé. Ce n'est pas assez pour oublier ce qu'il a été. Velléitaire, indolent et jouisseur, sans projet politique et sans véritable volonté, il nourrit depuis des années une rancune tenace contre Louis XVI et surtout contre la reine Marie-Antoinette qui le tient à distance et l'a obligé, en 1784, à lui céder l'un des plus beaux fleurons de sa famille, le château de Saint-Cloud. Cet arrière-petit-fils du Régent recueille à la veille de la Révolution tout l'héritage de la branche cadette des Bourbons, fait de décennies de jalousie et d'humiliation vis-à-vis de la branche aînée[1].

De tous les sentiments qui le dirigent, c'est bien celui de la vengeance qui domine. L'ambition est venue ensuite à la faveur des événements. Chateaubriand ramasse cela d'un trait : « La débauche l'avait livré épuisé à l'ambition[2]. » « Un cadavre moral », dit encore le marquis de Ferrières. Les secours qu'il verse en abondance pendant le terrible hiver de 1788, les nombreuses sociétés philanthropiques qu'il fait établir à Paris et dans ses apanages l'ont rendu populaire. Il n'est pas seulement aimé pour son bois, son vin et le travail qu'il procure aux nécessiteux, il l'est pour lui-même. Même ceux qui le haïssent conviennent de son aménité et de la « simplicité de ses manières[3] ». Son argent fait le reste. Dès lors, il lui suffira de se montrer pour être proclamé « chef des mécontents » dans un temps où tout le monde l'était ou, comme le dit finement Talleyrand, affectait de l'être. Cela a d'abord été un mécontentement de mode. L'anglomanie des années 1780 – les bottes, les courses, les équipages – dont il s'est fait le patron et le modèle a certainement été l'un des tout premiers signes de la contestation. On a voulu confondre les usages de nos voisins insulaires avec leur système parlementaire que l'on ne comprenait d'ailleurs pas. Certains l'ont noté un peu vite dans leurs Mémoires. « Ce sont les culottes longues et les gilets courts qui ont fait la révolution[4] ! » Après avoir été l'idole des jeunes gens à la mode, Orléans est, à la veille de la Révolution, une solution et un recours.

Cependant, on ne pourrait comprendre le rôle qu'il va jouer sans son entourage. Cette tentaculaire « faction d'Orléans », aussi redoutable que détestée, servira bientôt à expliquer tous les complots. On y trouve d'abord son ambitieux chancelier, le marquis du Crest, Brissot, le secrétaire général de la chancellerie, Geoffroy de Limon, son surintendant des finances, mais aussi son secrétaire particulier, Choderlos de Laclos, l'homme des *Liaisons dangereuses*, le marquis de Sillery dont la femme, Félicité de Genlis, était la gouvernante de ses enfants et sans doute sa maîtresse, et nombre de publicistes stipendiés, dont le jeune avocat de 29 ans et bientôt célèbre Camille Desmoulins.

Orléans dispose aussi d'un parti puissant au sein du Parlement emmené par un conseiller-clerc de réputation douteuse, l'abbé Sabatier de Cabre. Sieyès et Mirabeau arriveront plus tard.

Ce sont ceux-là qui le poussent dans les voies de la dissidence. « Il aimait assez, dit Brissot, les conspirations qui ne duraient que vingt-quatre heures. Passé ce terme, il était effrayé[5]. » Presque tous ceux qui se sont servis de lui l'ont méprisé. Même sa femme, Marie-Adélaïde de Bourbon, dont il était séparé et à qui il préférait sa maîtresse en titre, la comtesse de Buffon. Ses véritables amis, à commencer par le beau duc de Biron qui plus tard servira les armées de la République et lui restera fidèle jusqu'à la mort, se comptent sur les doigts d'une main. On va le retrouver bientôt aux états généraux où il saura se faire élire dans l'un de ses innombrables apanages, la sénéchaussée de Crépy-en-Valois. Le malheur voudra qu'il ait été très vite dépassé par sa réputation. Avec lui, il n'y a jamais loin du Capitole à la roche Tarpéienne. Les partisans du roi en feront leur coupable idéal. Il servira à expliquer leur chute avant que les Jacobins ne l'abandonnent de leur mépris au pied de l'échafaud. Les hommes de paille ne disent pas tout des grands événements. Ils n'en ont pas moins leur place. Ils en sont le reflet.

Il n'en reste pas moins que, ce 19 novembre 1787, l'intervention du duc d'Orléans n'a pas d'équivalent. « L'histoire entière de la monarchie n'avait jamais rien offert de semblable », note Talleyrand. Des princes du sang s'étaient bien battus autrefois par les armes contre leur souverain, mais aucun n'avait encore essayé de poser des bornes constitutionnelles à son autorité avant de le fronder ouvertement au sein des états généraux. Cela lui vaudra d'être exilé une première fois dans son domaine de Villers-Cotterêts avant qu'il ne soit à nouveau contraint de se retirer à Londres, en octobre 1789, après le départ forcé de la famille royale pour Paris – qu'on lui impute sans doute à tort.

Toute la séquence de mai 1787 à août 1788 est du même tonneau. En juillet 1787 puis à nouveau en novembre, le parlement de Paris refuse bec et ongles, à coups de représentations et d'itératives représentations, d'enregistrer ce que l'on appelait les « édits bursaux » du roi. En réponse, ce dernier convoque son Parlement à Versailles, procède en lit de justice à l'enregistrement forcé de ses édits et, à bout d'arguments, finit en août par l'exiler à Troyes tandis que celui de Bordeaux est envoyé en pénitence à Libourne. On trouve un compromis fragile et tout recommence, comme on l'a vu, en novembre : séance royale, protestations, lit de justice, enregistrement forcé.

En mai de l'année suivante, à l'occasion des édits de réforme judiciaire initiés par Lamoignon, l'opposition parlementaire prend carrément des allures de guerre civile. Deux conseillers parisiens, d'Éprémesnil et Goislard de Montsabert, sont arrêtés le 6 mai en pleine grand'chambre et envoyés respectivement au fort de l'île Sainte-Marguerite et au château de Pierre-Scize à Lyon. Le 8, le roi tient à nouveau à Versailles un lit de justice. Ses commissaires en font autant les jours suivants, dans toutes les cours souveraines du royaume. Seule la cour de Douai se soumet. Tous les autres parlements émettent des arrêtés de protestation contre la cour plénière et les cours bailliagères qui les dépossèdent d'une grande partie de leur pouvoir judiciaire. Ceux de Rennes et de Pau continuent même de siéger, tandis que le peuple se soulève un peu partout, comme à Grenoble, le 7 juin. Les ordres privilégiés suivent d'une même voix. Le clergé, qui s'est réuni le 5 mai en assemblée générale à Paris, refuse d'accorder au roi les huit millions que ce dernier lui demande, ne lui en cède qu'à peine deux et s'accroche à ses immunités. La noblesse aussi s'assemble un peu partout, particulièrement en Bretagne et dans le Béarn, émet des protestations, défend ses privilèges et affiche son soutien aux anciens parlements.

4

Point de salut sans les états !

Les états généraux sont nés tout autant de la crise financière que de cette séquence orageuse qui oppose le souverain aux deux premiers ordres de son royaume. À l'origine, ce n'est pas la bourgeoisie qui les a demandés, c'est la noblesse parlementaire.

Dès le 26 juillet 1787, après avoir refusé d'enregistrer l'impôt du timbre, celui de Paris, réuni en cour des pairs, en appelle solennellement à la « nation assemblée », seule capable de résoudre les « désordres » du royaume. Les parlementaires n'ont pas réalisé que loin de se faire les porte-parole de l'opinion, ils viennent de lui céder. Cet abandon théâtral à la « nation » de l'une des plus éminentes prérogatives de la noblesse de robe – vérifier et conserver les lois – est d'autant plus grave qu'il va très vite devenir irréversible et pour le roi et pour les parlements eux-mêmes, pris dans la nasse de leurs contradictions.

Lors de la tragique séance royale du 19 novembre 1787, la cour des pairs demande à nouveau les états généraux, par la voix de Duval d'Éprémesnil qui cette fois en propose la réunion avant deux ans. Le 3 mai 1788, dans un arrêté célèbre, la cour récidive et donne à la nation « le droit d'accorder librement les subsides par l'organe des états généraux régulièrement convoqués et composés ». Le garde des Sceaux du roi, Chrétien-François de Lamoignon, lui-même ancien président au parlement de Paris, a beau fulminer contre ce qu'il appelle « une aristocratie de magistrats », il finit par céder, comme à reculons. Il commence par promettre les états pour 1792, puis, par un arrêt du Conseil du 8 août 1788, en pleine crise financière, le roi lui-même les annonce pour le mois de mai de l'année suivante.

Les menaces de banqueroute emportent tout, d'abord ses ministres, Loménie de Brienne en août, Lamoignon en septembre, ensuite toute la réforme judiciaire et politique de mai 1788 à laquelle le souverain renonce, par une simple déclaration, le 23 septembre. C'est une véritable débâcle. Signe des temps, Lamoignon se suicide peu de temps après dans le parc de son château de Bâville, près de Paris. On parlera d'un accident de chasse, mais personne n'est dupe. Avec lui ce sont les dernières velléités réformistes de la vieille monarchie qui s'éteignent à jamais.

Quelques jours plus tard, c'est au tour du parlement de Paris lui-même de se décrédibiliser. Dans un arrêté du 25 septembre, il émet le vœu que les futurs états généraux soient convoqués selon les formes anciennes, conformément à ceux de 1614. Il n'est donc pas question d'accorder au tiers état le doublement de sa représentation. Comme si les parlementaires avaient tout à coup pris conscience, mais un peu tard, des risques immenses qu'allaient représenter pour le roi et pour eux-mêmes des états qu'ils avaient pourtant réclamés à cor et à cri. Ils auront beau, le 5 décembre suivant, demander leur périodicité, leur accorder le droit de voter l'impôt et de juger les ministres, cela n'y changera rien. L'ombre du roi Pyrrhus plane désormais sur leurs anciens triomphes. Ils étaient populaires, ils vont être à partir de ce moment-là la cible de toutes les attaques de l'opinion « patriote » et du « parti national », avant de sombrer corps et âme dès les commencements de la Révolution. On les mettra d'abord en vacances puis on les supprimera sans autre forme de procès en septembre 1790.

5

Qui est Louis XVI ?

La légende noire de Louis XVI date de cette époque-là, de la ronde soudaine de ses ministres, de ses valses-hésitations, de ses abandons en cascade. On trouve peu de traces des critiques parfois virulentes qui lui sont portées à la veille de la Révolution avant le tournant du milieu des années 1780.

Jusqu'alors ses contemporains le voyaient plutôt comme un roi sage et résolu, lent à accorder sa confiance, mais solide et fidèle aux conseillers qu'il s'était choisis. S'il a été surpris de son accession au trône, il y était préparé. Il n'est pas le roi en friche qu'on a voulu faire de lui. Il a beaucoup lu, il sait son *Télémaque*, son histoire et son droit. Il parle plusieurs langues. Il est même le premier de sa lignée à maîtriser l'anglais. Peu avant qu'il ne règne, son gouverneur, le très dévot duc de La Vauguyon, lui avait demandé d'écrire un plan d'action qui ne laisse aucun doute sur ses résolutions : « Je dois être inébranlable dans mes principes, persévérant dans mes occupations, fidèle à mes promesses et je me propose de ne rien oublier pour contracter, dès à présent, l'heureuse habitude de vouloir et d'agir par moi-même[1]. »

À peine sur le trône, il commence par renvoyer les ministres qu'il a hérités de son grand-père, choisit le comte de Maurepas, un vieux sage en disgrâce depuis des années, dernier descendant des grandes lignées ministérielles du règne de Louis XIV, rappelle dans un esprit de réconciliation les parlements exilés par le ministre Maupeou en 1771 et s'engage à aider secrètement les insurgés américains contre l'Angleterre. On peut discuter de la pertinence politique et financière des premières grandes mesures de son règne, mais on ne peut en contester l'esprit de décision, ni le panache et la gloire.

En quelques années il a rétabli sa marine, acquis de nouvelles colonies, fait la guerre aux Anglais, effacé le traité humiliant que son grand-père avait dû signer avec ces derniers en 1763. Louis XVI, roi de guerre, a aussi été un grand roi législateur dans la continuité d'une évolution à l'œuvre depuis les débuts de l'époque moderne qui tend à faire du roi la source unique du droit. À regarder le seul *Recueil général des anciennes lois françaises [...]*, publié par François-André Isambert après la Révolution, on constate que 10 % d'entre elles sont contemporaines de son règne, ce qui fait beaucoup[2]. Jusque dans les années 1780, Louis XVI est un roi « populaire » qui ne fait qu'un avec ses sujets.

S'il n'a jamais triomphé de ses succès, c'est qu'il a hérité d'un sentiment de défiance et d'une forme de pessimisme presque janséniste né de cette certitude inculquée dans sa jeunesse que le pouvoir des rois ne s'exerce qu'en dépit du mauvais vouloir des autres et des manœuvres de ses ennemis. Il faut le regarder de près pour le voir content, peut-être à l'occasion de son voyage à Cherbourg en juin 1786 où le peuple lui fait un triomphe. Son ministre de la Marine Castries note qu'à cette occasion il était ému de se sentir aimé[3].

Sa position de second jusqu'à la mort de son frère aîné (le duc de Bourgogne) en 1761, un évident complexe physique qu'il manifeste très tôt par une espèce de brusquerie jalouse, son manque d'expérience des affaires expliquent sans doute le caractère naturellement « timide et sauvage » qu'on lui trouvait alors. Un nez proéminent, très Bourbon, de l'embonpoint précoce, les jambes courtes, la démarche dandinante et jusqu'à son « gros rire » assez peu aimable ne font pas de lui le plus beau de tous les hommes, comme le dit en riant le prince de Ligne. Il est persuadé de ne pas être apprécié. Il n'avait rien, note l'un de ses ministres, le comte de Saint-Priest, « d'expansif, ni de sympathique[4] ». D'aucuns l'ont même trouvé égoïste.

Il n'était pas non plus spécialement bon. Lorsque certains de ses proches et même sa femme lui reprochent son excessive « bonté », ils ne parlent pas de son cœur, mais de sa politique qui ne leur convient pas. Ses biographes ont souvent confondu les deux, par méconnaissance du sens des mots et de leur contexte. Il aura hérité, à l'évidence, de la dureté et de la maladresse de ceux qui ne sont pas à l'aise en société. Ses accès de mauvaise humeur vis-à-vis de ses ministres rapportés par les uns et les autres en attestent assez.

On comprend mieux alors sa passion pour la chasse, la dépense physique, les échappées belles et les occasions de solitude qu'elle lui offre. Séguret, le premier commis de ses petits appartements de Versailles qui le voyait de près, le dit très bien : « L'isolement qu'elle lui procurait, la solitude des bois, tout dans cet exercice se trouvait en harmonie avec ses idées et l'état de son âme[5]. » Courir le cerf le détend et le rend gai. S'il a jamais été bavard, c'est de raconter ces journées-là. *Les Cartes des chasses* commandées par son grand-père, auxquelles il met lui-même la main, le *Traité de vénerie* qu'il rédige en 1788 avec Jacques Le Fournier d'Yauville étaient sa fierté. Et puis la chasse est le plaisir des rois.

S'il est timide, dissimulé et secret, il n'aime pas non plus partager son pouvoir, sinon avec son ministre favori. La reine elle-même, que l'on a si souvent accusée d'avoir voulu régner à sa place, le dit très bien dans l'une de ses lettres à Mercy-Argenteau, l'ambassadeur d'Autriche à Versailles : « Je ne suis jamais qu'en second et [le roi] me le fait sentir souvent[6]. » Elle parle encore ailleurs de sa « méfiance naturelle » comme de sa répugnance instinctive à s'exprimer. « Il est de son naturel peu parlant. » Il n'en est pas moins convaincu de sa dignité de souverain. Il a et gardera toujours une très haute idée de la gloire de sa dynastie et de l'infaillibilité des lois de la Providence qui ont fait de lui l'oint du Seigneur et son représentant sur la terre.

Il est de ce point de vue un modèle de prince chrétien, de ceux à qui l'on a appris à régner avec justice et fermeté. C'était, dans les années 1760, tout le programme de son gouverneur, le duc de La Vauguyon. Bref, le roi sait agir, mais en s'appuyant sur un ministre de confiance, dans le secret de ses Conseils et à condition qu'on lui en laisse le temps. Il consulte beaucoup, lit tout ce qu'il reçoit, annote tout. Barentin, son dernier chancelier, le décrit comme un roi studieux.

À la veille de la convocation des états, il demande à ce dernier de lui apporter tous les actes anciens qui se rapportent à la question, s'enferme dans sa bibliothèque et les compile tous[7]. C'est un homme qui a de la mémoire, le goût de l'exactitude et de la précision. Son intérêt pour la marine, les mathématiques, les cartes, la géographie et les voyages, jusqu'à celui de La Pérouse en 1785, le montre assez. Il existe aux Archives nationales une série d'observations écrites de sa main sur le tracé des forêts royales d'Île-de-France par

Jean-Dominique Cassini dont les cartes sont restées célèbres. À les lire, on est frappé du sens de l'observation et du détail, de la méticulosité presque maniaque de leur auteur. Cette note par exemple sur certains massifs de la forêt de Rambouillet : « Le bois de Montbardon est mal marqué sur la carte de M. Cassiny [*sic*]. Il est plus long et moins carré. La pointe de la Divette s'approche beaucoup plus près de la Villeneuve qu'elle n'est marquée[8] », etc. Le roi, dit encore Séguret, est « l'un des premiers géographes de son royaume[9] ». Le goût des sciences exactes est le propre des hommes sincères, consciencieux, réfléchis, obstinés et prudents. Les grandes crises ne leur conviennent pas.

6

Un roi de légende noire

Tout cela ne fait pas de lui un homme irrésolu ou indécis. Il faut attendre la mort de Vergennes, son ministre des Affaires étrangères, la chute de Calonne, son grand argentier, la division qui peu à peu va s'installer au sein de ses Conseils, l'imminence de la crise financière et la montée en puissance des mécontentements pour que cette musique-là commence à se faire entendre. D'autant que le roi, pourtant économe dans son intérieur, connaissait mal les questions d'argent et a pensé pendant longtemps, comme ses prédécesseurs, que les recettes pouvaient se régler sur les dépenses.

Tout s'est passé comme si le processus habituel de consultation du monarque s'était grippé, alors même que des décisions devaient être prises dans l'urgence, de plus en plus rapidement. Ce « centre commun auquel toutes les parties correspondent » qu'il appelait encore de ses vœux en nommant Loménie de Brienne son premier ministre d'État en août 1787 n'existe plus[1]. Le roi, hanté par les menaces de banqueroute et le risque d'une guerre civile, est progressivement sorti de son terrain habituel et en un sens ne s'est plus reconnu. Il faut faire la part aussi du sentiment de culpabilité qui a dû le gagner progressivement. S'il a été élevé dans le respect des vertus morales et chrétiennes héritées de ses ancêtres, on lui a très tôt appris à chercher les raisons de la décadence des dynasties dans les fautes personnelles des princes[2]. Cela n'a rien arrangé. Il a certainement vécu ses échecs successifs de 1787 et 1788 comme une épreuve cruelle.

Du côté d'une partie de son entourage et de l'opinion, on n'a voulu retenir que son incapacité chronique à gouverner et c'est précisément à ce moment-là qu'on a fait de lui un roi faible. De ce point de vue, les critiques ne manquent pas. Que son physique et sa très forte corpulence l'aient desservi, je veux bien. Les gros rois n'ont jamais passé pour être des rois guerriers. Qu'on l'ait trouvé sans éclat et sans grâce, passe encore. Chacun connaît à cet égard le mot de la reine, un jour qu'il s'était montré un peu plus affable que d'habitude avec ses dames de compagnie : « Convenez, Mesdames, que pour un enfant mal élevé, le roi vient de vous saluer avec de très bonnes manières[3]. » Mais on lui a vite refusé toute espèce de fermeté.

On a même nié qu'il ait jamais régné. On l'a fait agir contre sa persuasion et sa conscience, on l'a comparé à Charles Ier, le roi décapité de la révolution d'Angleterre dont il avait le portrait dans son cabinet. S'il a tout souffert de la Révolution, pense même Tocqueville, c'est parce que Charles était mort (en 1649) de n'avoir rien voulu accepter des propositions du « Long Parlement[4] ». On lui a laissé pour seul courage le courage des martyrs et on lui a fait dire des choses qu'il n'a probablement jamais dites : « Je finirai comme les rois faibles, je serai assassiné[5]. » On a fait de lui un homme sans opinions, ne sachant que dormir dans ses Conseils, toujours dominé par le dernier venu. Un jouet ballotté par le clapot des événements, sans force et sans consistance.

Et puis que peut-on attendre d'un homme qui dans une situation si critique mange, boit et dort bien ? Ce portrait brossé en noir a été colporté tardivement par tous ceux que sa politique – et plus tard sa chute – avait contrariés, par certains de ses ministres qui avaient besoin de se justifier de leur propre incompétence ou par ses généraux incapables de faire face aux événements. Mais cela se disait déjà à la veille de la Révolution. Dès le mois de juillet 1787, notre libraire parisien Nicolas Ruault le trouve « trop faible et trop mou » face aux parlements[6]. La rumeur s'infiltre partout, même dans les milieux les mieux informés et les plus cultivés. Gouverneur Morris, le futur ambassadeur des États-Unis, le juge si faible qu'il s'étonne qu'on veuille encore le défendre. Son journal des débuts de la Révolution fourmille de remarques de ce genre : « Le roi est incapable de prendre de grandes décisions » ; « le roi est absolument bon à rien[7] ».

Il faut bien trouver une explication à la crise du régime, et cette explication c'est Louis XVI. Cela finit le plus souvent en pitié compatissante et en regrets. « Il est vraiment à plaindre ! » « Le pauvre homme ! » On lui dénie tout sens politique et on ne lui accorde aucune des qualités de pouvoir qui en imposent aux autres. Du côté de la noblesse bientôt furieuse de la tournure que vont prendre les événements, ce roi-là n'est plus qu'un « imbécile[8] ». Quand certains lui concèdent encore des « vertus privées », d'autres les lui refusent et ne lui laissent plus rien. J'ai longtemps pensé que le travestissement du souverain en gros cochon malpropre était le seul fait des libellistes de bas étage et des caricaturistes soudoyés, mais ces légendes-là étaient colportées avant même la Révolution jusque dans les milieux les plus huppés de la capitale. Le roi s'adonne à la boisson, il bat sa femme. Il prend même plaisir à embrocher et à faire rôtir des chats[9]. Bref, son inconsistance n'a d'égale que sa nature basse et cruelle.

7

Louis XVI et la Révolution

Il faut piocher tout ce fumier nauséeux aux relents d'égouts et de fosse d'aisance si l'on veut y comprendre quelque chose et cerner au mieux la nature de cet homme. Par éducation et par tempérament, Louis XVI est très classiquement un roi absolutiste, dans la droite ligne de ses prédécesseurs. Qu'on ne s'y trompe pas, l'absolutisme monarchique d'Ancien Régime a peu à voir avec certains régimes despotiques ou tyranniques d'autrefois, encore moins avec les régimes totalitaires du XXe siècle. Par absolutisme, il faut entendre que le pouvoir émane d'un lieu unique et que la souveraineté tout entière appartient à un seul homme. Mais, on l'a vu, l'exercice de cette souveraineté et l'application des mesures qui sont prises empruntent bien des conseils, s'adaptent à toutes sortes d'exceptions et passent à travers une cascade d'ordres et de corps intermédiaires. L'arbitraire du régime est comme dilué dans une mosaïque étrangement complexe de juridictions, de libertés et de coutumes de toutes natures. Cet arbitraire est tout autant tempéré par ce que l'historiographe Jacob Nicolas Moreau appelle « le règne des loix [*sic*] », autrement dit tous les actes royaux – édits, ordonnances, déclarations – qui forment les « lois fondamentales du royaume » et son « antique constitution ». Grâce à elles, ajoute ce dernier, « la puissance de nos rois et la liberté de nos peuples marchent toujours d'un pas égal[1] ». Je ne cite pas ici Moreau par hasard. Il n'a pas seulement été dans les années 1760 l'un des plus grands théoriciens de l'absolutisme royal. Avec ses *Leçons de morale* et ses *Discours sur l'histoire des rois de France* composés tout exprès, il s'est imposé, sous les ordres de La Vauguyon, comme l'un des précepteurs les plus influents du jeune Dauphin.

Il existait donc à la fin du XVIIIe siècle une sorte de « douceur » de l'absolutisme et bien des contemporains finiront par l'admettre après la Révolution. Il n'en reste pas moins que le roi est le seul détenteur du pouvoir et que ce pouvoir, comme les lois qui le fondent et par lesquelles il s'exerce, est d'origine divine. Louis XVI en était convaincu. Il faisait plus qu'y tenir, tout cela était pour lui une évidence. Il suffit de le lire. Nombre de ses notes, rédigées de sa propre main, vont dans ce sens.

Voici par exemple ce qu'il écrit aux magistrats de Besançon qui viennent d'émettre des remontrances contre l'une de ses mesures fiscales (le 3e vingtième), en janvier 1783 : « Je vous ai mandé afin que vous n'affectiez plus d'ignorer que tout ce qui se fait en mon nom se fait par mes ordres. J'ai fait biffer vos arrêts pour ne plus laisser aucune trace d'actes contraires à la soumission dont vous devez donner l'exemple à mes sujets dans votre ressort. » Ce qu'il dit ensuite de son pouvoir est sans appel : « Mon peuple ne fait qu'un avec moi, ses droits et ses intérêts sont les miens. C'est dans ma main seule qu'ils reposent et j'en suis le gardien suprême. Si cette maxime qui doit être gravée dans le cœur de tout sujet fidèle venait à s'effacer, je compte que les officiers de mes parlements la rappelleraient à mes peuples[2]. »

Son aïeul Louis XIV n'aurait pas répondu autrement. On est loin du prince d'idylle et de conte moral que certains historiens ont fait de lui. Son chancelier Lamoignon, qui s'exprime en son nom lors du lit de justice de Versailles le 6 août 1787, le dit encore plus clairement. Le roi est le « seul administrateur de son royaume ». On ne descend pas impunément d'Henri IV. Mme Roland, la femme de l'un des principaux ministres girondins du roi, le dira plus tard à sa façon : « Je n'ai jamais pu croire à la vocation constitutionnelle d'un roi né sous le despotisme, élevé pour lui et habitué à l'exercer[3]. » Elle confond, comme tout le monde, le despotisme et l'absolutisme, mais peu importe, on en était là en 1792.

Mille petits détails attestent d'un certain état d'esprit qui prouve assez que Louis XVI n'était pas préparé à ce qui allait lui arriver. Il renvoie par exemple le comte de Guibert de son Conseil de la guerre parce que ce dernier avait soutenu à l'assemblée de l'ordre de la noblesse du Berry que les futurs états généraux auraient vocation à faire des lois. « Je ne veux point de ce Guibert. Qu'on me chasse ce bougre-là[4] ! » Il était, dit encore Barentin, son dernier chancelier, « naturellement ennemi d'un nouvel ordre (des choses)[5] ». Le principe de l'unicité des pouvoirs d'État – l'exécutif, le législatif et le judiciaire –, leur concentration dans sa seule personne, les anciennes structures sociales, tout cela n'est pas négociable. Il ne voit pas non plus en quoi cela l'empêcherait de mener des réformes libérales et rationnelles. Le roi est en fait à la croisée des chemins, sans avoir jamais réalisé que la constitution même de la monarchie traditionnelle pouvait être un obstacle à sa modernisation.

On comprend dans ces conditions qu'il n'ait pas admis le principe de la convocation des états généraux de gaieté de cœur. Il s'en est toujours méfié. Il a déjà cette remarque, dans une note à un premier projet d'assemblées provinciales initié par son ministre Turgot, au début de son règne : « L'idée de former des états généraux perpétuels est subversive de la monarchie qui n'est absolue que parce que l'autorité n'est point partagée[6]. »

Pour lui, la séparation de la nation représentée par une assemblée indépendante du roi conduirait tout droit à une confrontation violente et ne laisserait plus au monarque que son armée pour se défendre. Ce petit texte est essentiel. Il prouve qu'il a compris depuis longtemps qu'en lui résident tout à la fois l'État et la nation et que leur séparation ou leur partition risqueraient de mener la monarchie à sa perte. Jusqu'au bout, il va lutter pied à pied contre les états généraux réclamés par ses parlements. En août 1787, en pleine crise, il fait encore répondre à sa Cour des aides : « Ce n'est point à mes cours de justice à demander les états généraux, c'est à moi à juger si les circonstances les exigent : j'ai jugé qu'elles ne les exigeaient pas[7]. »

La quasi-banqueroute de l'État, en août de l'année suivante, aura finalement raison de lui. On doit se poser la question de cette abdication. Les deux années de crise et de lutte obstinée qu'il vient de vivre l'ont probablement épuisé. Il n'aime pas la contradiction. Elle lui fait perdre pied. Lorsqu'ils sont unanimes, ses Conseils le rassurent. Depuis la mort de Vergennes et la chute de Calonne en qui il avait mis toute sa confiance, il ne sait plus à quel saint se vouer. Il eut, le jour du départ de ce dernier, tant d'humeur et de chagrin, dit un observateur, qu'il ne voulut point souper et fut se coucher à 9 heures. Loménie de Brienne et Lamoignon, qu'il soutiendra pourtant, ne sont que des pis-aller.

Certains historiens ont pu penser qu'il était tombé à ce moment-là dans une sorte de dépression qui l'avait rendu inapte à se battre et à vouloir. À ce sujet, la lettre déjà citée de la reine à l'ambassadeur d'Autriche, dans laquelle elle se pose la question de savoir qui remplacera Loménie de Brienne, est assez troublante. Le roi, dit-elle, « n'est pas en état ». Le propos reste énigmatique, mais les raisons d'un éventuel découragement ne manquent pas. Voilà deux ans qu'il est attaqué de toute part. On se moque de lui, on conteste son pouvoir. Les placards injurieux se multiplient. La police rapporte même des rumeurs d'assassinat. L'opposition parlementaire l'a mis dans une impasse. On a oublié aussi qu'à la faveur des troubles de la Hollande, l'Angleterre se préparait à la guerre. Du moins le pensait-on à la Cour. Sur un autre plan, le roi a de quoi s'affliger de sa propre famille. Son cousin d'Orléans le fronde ouvertement. Son frère cadet, Monsieur, comte de Provence, joue un jeu trouble et ne le soutient que du bout des lèvres. Et les mauvaises nouvelles se succèdent. Il vient de perdre sa dernière-née, la princesse Sophie, morte à un an. Son fils aîné, le Dauphin, Louis-Joseph, est malade et s'éteint peu à peu de consomption.

8

Le fou du roi

Le choix désespéré que Louis XVI va faire, en août 1788, de son ancien directeur des Finances Jacques Necker pour succéder à Loménie de Brienne s'explique mieux dans ce contexte. Necker est pire qu'un pis-aller. Le moins que l'on puisse dire, c'est que Louis XVI ne l'aime pas.

Son ancien ministre de la Marine, Castries, parle de haine. Son chancelier Barentin, plus prudent et sans doute plus juste, d'« extrême répugnance ». Il l'avait déjà écarté une première fois de ses Conseils en 1781. Il avait peu goûté le *Compte rendu* que son ancien directeur général des Finances avait ensuite publié sur ses opérations, et encore moins ce qu'il y avait dit du consentement à l'impôt, au mépris de l'une des lois fondamentales du royaume : le roi seul décide de ses taxes. Il l'avait même exilé hors de Paris pour avoir publié un mémoire justificatif hostile à son contrôleur général Calonne. Il l'avait à nouveau refusé lorsqu'il avait été question de le reprendre en mai 1787. « De grâce, monsieur l'archevêque, aurait-il dit à Loménie, n'exigez ni M. Necker ni les états généraux ! » Et d'ajouter consterné : « Vous nous croyez donc perdus[1] ? » Dans l'intimité, il ricane et traite les amis et les soutiens de l'ancien banquier suisse de « neckraille ».

Mais les caisses sont vides et la reine elle-même, qui ne l'aime pas plus que son mari, le soutient. Avec lui, on espère rétablir la confiance des milieux d'affaires et redorer l'image de la monarchie. Cette fois, Louis XVI ne va pas seulement contre ses goûts, mais il cède à l'opinion. Du côté des rentiers et des créanciers de l'État, on l'attendait comme le Messie. Necker jouit de la confiance publique et d'un crédit très étendu. Il est apprécié pour la qualité et la solidité de ses emprunts. On achète en toute confiance « des emprunts de M. Necker » comme on achètera de l'emprunt Pinay dans les années 1960. Il a su se rendre populaire par les actions philanthropiques et charitables de sa femme – notamment la fondation à Paris de l'hospice qui porte encore son nom –, et par ses écrits qui pour beaucoup sont d'un esprit sage et réfléchi.

Ses partisans sont nombreux. Il a derrière lui tout l'ancien parti du duc de Choiseul, l'ancien secrétaire d'État aux Affaires étrangères disgracié par Louis XV en 1770, les idéologues de l'Académie, de puissants relais dans la presse et des journaux à sa botte comme la *Gazette de France* dirigée par l'un de ses amis, l'académicien Jean-Baptiste Suard. Ce sont eux qui ont mené une campagne virulente contre Calonne puis contre Loménie. Tout ce petit monde se retrouve chez lui à Paris, dans son luxueux hôtel de la rue de la Chaussée-d'Antin qui tient lieu à la fois de salon littéraire, de club politique et d'agence de propagande[2].

Jacques Necker est né à Genève. Sa famille, d'origine prussienne, appartient aux élites de la ville. Son père y enseigne le droit et siège au Conseil des Deux Cents. Il est donc suisse et protestant, ce qui en France le met un peu à part dans les milieux du pouvoir. Il s'est installé à Paris en 1748 et s'est associé au puissant banquier d'affaires Isaac Thellusson avec lequel il a rapidement fait fortune en gérant les comptes de dépôt de très gros clients étrangers, en spéculant sur les grains et sur les fonds anglais, en dirigeant aussi la Compagnie française des Indes orientales. Au début des années 1770, il prête avec intérêt de très gros fonds au Trésor public déjà aux abois.

Il a cette particularité d'être sur le plan politique un partisan – à l'anglaise et non sans certains préjugés élitistes – des idées libérales, tout en ayant une conception très dirigiste, interventionniste et monopolistique du rôle de l'État en matière de commerce, de finances et d'économie. Au fond, ce curieux mélange qui allie un certain progressisme social à des habitudes très étatistes de gouvernement est assez caractéristique d'une certaine social-démocratie à la française. La tradition en est tenace et les suiveurs de Necker sont nombreux. Ce n'est pas un hasard si son premier commis Joseph François Coster, le fils d'un banquier nancéien, publie en 1773 un *Éloge de Colbert*. Son hostilité à la liberté de commerce des grains, au libre-échange, à la baisse des tarifs douaniers en fait un adversaire naturel de Turgot et de Calonne, l'homme du traité de commerce avec l'Angleterre. Il avait été de 1776 à 1781 un assez habile directeur général du Trésor. On lui doit d'avoir su moderniser et simplifier son administration en supprimant nombre de charges vénales et d'offices : intendants des finances, trésoriers, et avec eux toutes sortes de caisses intermédiaires, du marc d'or, des revenus casuels, etc.

Il revient au pouvoir en 1788, après l'avoir longtemps désiré, avec le titre beaucoup plus prestigieux de ministre d'État, ce qui en dit long sur sa popularité. Il a 56 ans. C'est un homme mûr, expérimenté, qui a déjà une longue vie d'affaires et de pouvoir derrière lui. Paris illumine, le 30 août et les jours suivants, pour fêter son retour, et, de fureur, on brûle son prédécesseur en effigie. Par une sorte d'étrange fatalité, son nouveau règne commence par des émeutes. Plusieurs postes du guet chargé de la sécurité de la capitale sont pris d'assaut au Pont-Neuf et le long de la Seine. Les gardes-françaises tirent sur la foule. Il y a plusieurs dizaines de morts place de Grève parmi les ouvriers des faubourgs Saint-Antoine et Saint-Marcel, et à nouveau rue Meslée le 15 septembre à la nouvelle du renvoi de Lamoignon. Le bailli de Virieu, ministre de Parme à Paris et fin observateur, ne s'y trompe pas : « M. Necker est plus que jamais l'idole de la nation. Il brille de sa propre gloire ; il brille encore par l'effet des contrastes[3]. »

Il est le « roi des Halles », dit encore le libraire Ruault en pensant au duc de Beaufort qui avait été baptisé de ce nom à l'époque de la Fronde contre Anne d'Autriche et le jeune Louis XIV[4]. Il est aussi le roi d'une certaine bourgeoisie économe et bien-pensante. Six mois plus tard, à la veille des états généraux, nombre de députés des provinces ne jurent encore que par lui. Il est celui par qui les changements se font et se feront, le « ministre chéri de la nation ». Ainsi, le notaire poitevin Goupilleau, qui, à peine arrivé à Versailles doit lui être présenté, dans une lettre à un cousin : « Il me tarde de voir ce grand homme dont le nom seul inspire la reconnaissance et le respect[5]. »

9

Un banquier en politique

L'ancien associé de la banque Thellusson va jouer un rôle suffisamment important auprès du roi pour qu'on s'arrête un peu sur lui. Le moins qu'on puisse dire, c'est que les jugements de ses contemporains sont assez contrastés. Personne ne nie son honnêteté et ses vertus domestiques. Il est bon mari et bon père de famille. Sa femme, Suzanne Curchod, la fille d'un pasteur du pays de Vaud qu'il a épousée en 1763, une grande maigre très bas-bleu et entichée d'hommes de lettres, lui voue un véritable culte. Il vient de marier sa fille Germaine avec le baron Erik Magnus de Staël, l'ambassadeur du roi Gustave III de Suède en France, et s'émerveille de ses premiers succès littéraires, en particulier des *Lettres sur Jean-Jacques Rousseau* qu'elle publie l'année même de son retour au pouvoir.

Il n'a rien du courtisan roué de Versailles, comme l'avait été Calonne. Il veut être loyal et sincère à l'égard du roi qu'il croit servir en se servant lui-même. Il n'est toutefois pas dépourvu d'obséquiosité un peu démonstrative. Ses lettres sont encombrées de respect, de dévouement et de serments, comme celle-ci, alors qu'il se défend des attaques dont il est la cible : « Je laisserai dire les méchants et je ne serai malheureux que par l'impression que pourrait faire sur le roi ces indignes calomnies. Je ne suis pas heureux, mais mon courage n'est pas abattu[1]. » Le dolorisme vertueux a cela d'irritant qu'il cache souvent une certaine dose de complaisance.

On a là l'autre face du personnage, un homme jaloux de sa popularité, ambitieux et sûr de lui. Il ne doute pas une seconde de pouvoir tout à la fois gouverner la France, la réformer et l'éclairer par ses écrits. « Il croyait, dit le comte de Saint-Priest qui lui était pourtant favorable, que rien ne pouvait manquer au bonheur et à la gloire d'un pays gouverné par M. Necker[2]. » Ses détracteurs le décrivent à son arrivée au contrôle général des Finances rempli d'ivresse et d'orgueil, entouré d'adulateurs, parlant sans cesse de lui, de ses vertus, de sa probité, de ses lumières. Et tout autant un homme rompu aux intrigues, souple et adroit[3]. La noblesse, de son côté, ne supporte tout simplement pas qu'un ministre plébéien, protestant de surcroît, puisse prendre l'ascendant sur le roi.

L'Américain Gouverneur Morris, qui dîne chez lui à ce moment-là et à qui l'on a chanté ses louanges, le décrit sans ménagement : « M. Necker entre un peu avant le dîner. Il a une tournure et des manières de comptoir qui contrastent fortement avec ses vêtements de velours brodé. Son salut, sa manière de parler, [tout son maintien] disent : "C'est moi, l'homme[4] !" » La plupart de ceux qui l'ont fréquenté le trouvent compassé, l'air froid, distant et solennel. Somme toute, assez peu français. « Il y avait, dit encore un autre, de la morgue et de l'emphase dans sa façon de s'exprimer[5]. »

Je sais bien que quelques-uns de ces jugements sont tardifs et parfois postérieurs à la Révolution. On ne ménage pas les vaincus. Il n'en reste pas moins qu'on ne peut s'empêcher de penser que, pour être entré aux affaires au milieu d'une crise sans précédent, le nouvel homme fort des Conseils du roi a peut-être péché par excès de confiance, d'autres diront de vanité, ou, pis, par naïveté. Comme souvent, c'est Talleyrand qui le juge le mieux : « Il y avait en M. Necker quelque chose qui l'empêchait de pressentir les conséquences de ses propres mesures, et de les redouter[6]. » Le doute est le corollaire de l'intelligence. Jacques Necker n'a jamais douté de rien. Mirabeau ramasse cela d'une phrase : « M. Necker voit tout en M. Necker. » Il n'a peut-être pas non plus pris la mesure des risques de la situation, de la volatilité et des excès des passions françaises. Il pense pouvoir tout contrôler à sa guise et gouverner comme on gérerait un comptoir de banque. Gaston de Lévis, le favori du comte de Provence, l'a très bien noté : « Les hommes ne se manient pas aussi aisément que les écus[7]. » Son drame, d'autres diront son mérite et son honneur, est d'avoir su administrer la France en réaliste tout en la gouvernant en rêveur. Il n'aura pas saisi que souvent la politique l'emporte sur la gestion, les intuitions et le flair sur les bilans comptables. C'est en politique qu'il faut être visionnaire.

10

M. Necker a un plan

Avec l'arrivée de Necker au pouvoir, ce sont les états généraux et le tiers état qui entrent par la grande porte. Il n'est plus question de faire traîner en longueur l'époque de leur convocation. Tout est désormais reporté à leur prochaine réunion.

En attendant, il est urgent de ne rien faire. Tout l'édifice réformiste des deux dernières années, les mesures administratives et judiciaires, les assemblées provinciales, la cour plénière, les grands bailliages, est renvoyé au magasin des accessoires. Nombre de ses adversaires parlent à ce propos de « reculade honteuse[1] ». C'est dire en filigrane que le roi ne peut et ne veut plus agir. Un véritable aveu d'impuissance. Necker est convaincu que seuls les états généraux sauront résoudre la crise du régime. Il se fait fort aussi de les conduire et de les diriger. Il n'a pas senti le piège qu'ils représentent pour le roi. A-t-il lu le lumineux mémoire que l'ancien ministre Malesherbes, physiocrate dans l'âme et proche des milieux philosophiques, met sous les yeux du monarque en juillet 1788 ?

Malesherbes est le seul à ma connaissance à prédire la guerre que risquent de se livrer les trois ordres du royaume, comme « trois factions d'un même peuple ». Les états convoqués dans leur forme traditionnelle, prévient-il, ont toutes les chances de se transformer en un véritable « champ de bataille ». Et de proposer de réunir à la place une assemblée élue sur la base de la propriété et non sur celle de la vieille partition du royaume en corps de société distincts[2]. Calonne avait déjà eu cette idée, mais Calonne n'est plus là et Malesherbes, retiré des affaires, n'a plus aucun poids. Il ne réapparaîtra que trois ans plus tard pour prendre courageusement la défense du monarque déchu à son procès, devant la Convention, en décembre 1792, avant de monter lui-même sur l'échafaud l'année suivante.

Necker, pour sa part, ne va pas aussi loin. Lui aussi veut faire évoluer les vieilles structures d'ordres, mais dans le cadre traditionnel des états généraux. Il n'a pas vu qu'il y avait là une véritable contradiction et que celle-ci risquait de trouver sa résolution dans le renversement de la monarchie. Ces évolutions, l'ancien banquier les prépare cependant avec constance. En décembre 1788, il parvient à convaincre le roi de la nécessité de doubler le nombre des représentants du tiers état. On avait pourtant convoqué une seconde assemblée des notables (divisée en six bureaux) et celle-ci s'était prononcée contre le doublement, à l'exception toutefois du bureau présidé par le comte de Provence, le frère cadet du roi, qui le regrettera par la suite.

Louis XVI craignait sans doute qu'en passant outre l'avis des notables, son clergé et sa noblesse ne le frondent et s'abstiennent carrément de participer aux états – ce que fit par exemple la noblesse bretonne. Il est très difficile de comprendre ce qui au bout du compte l'a fait céder. Il en a été sans doute de son amour-propre et du plaisir de prendre sa revanche sur ses parlements viscéralement hostiles au doublement. Barentin, très opposé à Necker, prétend qu'à l'issue des deux Conseils où la question avait été longuement discutée, ce dernier aurait pris le roi à part « pour mieux l'ébranler[3] ». Il n'en reste pas moins qu'une majorité s'était dessinée en faveur du doublement. Le 27 décembre, six ministres sur huit votent dans ce sens. Necker, épaulé par le nouveau secrétaire d'État aux Affaires étrangères, le comte de Montmorin, et par le comte de Saint-Priest, un autre diplomate alors ministre sans portefeuille, a su trouver les bons arguments.

Le doublement, plaide-t-il, est un « acte de justice rigoureuse ». En aucun cas il ne remettra en question le principe du vote par ordres. Il s'inscrit dans la continuité d'une vieille politique royale qui avait souvent servi, autrefois, à contenir les prétentions des deux premiers ordres du royaume, celle de « l'antique alliance du trône et du tiers état ». Au même moment, nombre de brochures initiées par le gouvernement vont dans ce sens. Mais, on ne l'a pas assez noté, le simple fait que le roi ait fait publier la mesure – qu'il n'a par ailleurs jamais commentée – comme un simple *Résultat du conseil tenu à Versailles le 27 décembre 1788*, et non sous la forme d'un édit ou d'une déclaration, montre assez qu'il n'était qu'à demi convaincu.

On peut être sûr qu'à ce moment-là son principal ministre comptait fermement s'appuyer sur les futurs députés du tiers état pour réformer le royaume, sans pour autant exclure ceux du clergé et de la noblesse. Il sait par expérience combien il est nécessaire en France de savoir ménager « les distinctions d'état » et les « idées de supériorité[4] ». C'est là que commence le temps des illusions. Car Necker a un plan. S'il lui paraît essentiel que le roi conserve la totalité de sa puissance exécutive, il envisage de lui faire céder une part de sa souveraineté législative. Il obtient d'abord de Louis XVI non seulement l'égalité fiscale qui était déjà acquise, mais la promesse constitutionnelle que celui-ci ne lèverait plus l'impôt sans le consentement des états. Ce qui était déjà un pas immense, avoué par le monarque lui-même dans son discours du 5 mai, à l'ouverture des états généraux. Même si ce dernier n'abandonne pas pour autant et le pouvoir d'empêcher (le veto), et celui de sanctionner la loi.

Dans un grand mémoire, son ministre lui propose ensuite de régler la question des ordres en les dépassant par la formation de deux chambres, une chambre haute qui réunirait les représentants de la noblesse et du haut clergé et une chambre basse du tiers état, sur le modèle du bicaméralisme anglais. Ces deux chambres partageraient avec le roi la puissance législative en une sorte de balance des pouvoirs propre à éviter les errances d'une chambre unique. « Sire, daignez vous résigner à la constitution anglaise, vous n'éprouverez aucune contrainte par le règne des lois ; car jamais elles ne vous imposeront autant de barrières que vos propres scrupules. » Si l'on en croit sa fille Germaine de Staël, le mémoire était accompagné d'un projet de déclaration qui aurait dû être lu fin mai, bien avant les événements de juin. « En allant au-devant des désirs de votre nation, vous accorderez encore aujourd'hui ce que peut-être elle exigera demain[5]. » Personne n'a jamais retrouvé le texte de cette proposition et il est difficile de ne pas y voir des analogies troublantes avec les dispositions de la Charte constitutionnelle accordée aux Français par le frère cadet du roi, Louis XVIII, en juin 1814, alors même que la fille de Necker rédige ses souvenirs à peu près à la même époque. Dans l'esprit de cette dernière, si le roi l'avait suivi, son père aurait alors évité au pays un quart de siècle de troubles, de déchirements, de guerre civile et de guerres extérieures. C'est presque trop beau.

Un plan de ce genre a quand même dû exister. On en trouve l'ébauche, et cela a été peu remarqué, dans les propositions communiquées par le ministre le 4 juin au soir à l'issue des ultimes conférences de conciliation sur la question de la vérification des pouvoirs des députés, tenues en sa présence par des commissaires nommés à cet effet par les trois ordres. Il s'agissait dans son esprit de sortir les états généraux de l'impasse où ils étaient en faisant accepter aux commissaires le principe d'un arbitrage à la pluralité de leurs voix. Ce qui l'inquiétait le plus n'était pas tant la question du vote par tête ou par ordres, mais celle du veto laissé à la disposition de chaque ordre, qui risquait d'entraver à jamais la marche de l'assemblée. En votant à la majorité simple, les commissaires des trois ordres – seize pour les deux premiers ordres, seize pour le tiers état – préfigurent dans son esprit le bicaméralisme qu'il appelle de ses vœux.

Des représentants des trois ordres ont soutenu ce plan en mai et début juin. Il a même eu pendant quelques jours des chances de succès. Malouet et d'autres, très vite qualifiés d'« anglomanes » puis de « monarchiens », y étaient favorables au sein du tiers état. Le 11 mai, un membre du clergé, La Luzerne, évêque de Langres, fait circuler une brochure qui va dans ce sens[6]. Le marquis de Montesquiou, qui par la suite se ralliera à la Révolution et se battra même pour elle, fait une motion semblable aux députés de la noblesse et leur propose, dans les premiers jours de juin, de se constituer en chambre haute avec certains membres du clergé. Une forte minorité libérale de la noblesse, le député de Paris Lally-Tollendal en tête, dont on parlera plus loin, s'est ralliée à ce principe. Mais Necker subit un premier échec le 7 juin face aux « réserves » d'une imposante majorité de la noblesse.

Le beau rêve des deux chambres est définitivement balayé par l'Assemblée nationale à l'occasion des débats constitutionnels de septembre. Le roi lui-même devait certainement y être défavorable. Je ne l'imagine pas une seconde accepter de s'abaisser au niveau de son voisin le roi d'Angleterre dont il se pensait supérieur par la grandeur et la puissance. George III était pourtant fin manœuvrier et savait très bien s'arranger de son Parlement pour se débarrasser des ministres qu'il n'aimait pas, à l'instar de Charles-James Fox en 1783.

Une majorité des députés de la noblesse voyait dans cette chambre haute la fin de leur existence au profit d'une nouvelle élite mise à la discrétion du roi et fondée sur le mérite et la richesse. On sait enfin ce qu'il en a été du soutien des députés du tiers. Necker misait un peu trop naïvement sur leur insignifiance et pensait pouvoir disposer d'eux à sa guise. « Laissons-les venir, aurait-il dit à Saint-Priest en avril ; une fois ici, nous en ferons ce que nous voudrons[7]. » Il tombera de son haut.

La nation indivisible emportera tout. Beaucoup pensaient aussi que l'aristocratie aurait pu se survivre par la seule existence d'une chambre séparée et supérieure. Et on ne voulait plus d'aristocratie. Il faudra attendre l'Empire et surtout la Restauration pour que le principe du bicaméralisme parlementaire s'impose en France avec la Charte octroyée en juin 1814 par Louis XVIII. La Chambre des pairs s'est ensuite transformée en Sénat. Nous vivons encore aujourd'hui, peu ou prou, sous ce régime.

11

Mes amis du tiers état

L'ancien banquier n'a pourtant pas ménagé ses efforts pour séduire les députés du tiers. Dès avant l'ouverture des états généraux, il tient pour eux table ouverte à l'hôtel du Contrôle général, tout proche du château. Trente couverts tous les soirs et « une procession continuelle après le dîner ». Sieyès, Target, Volney sont des habitués. D'obscurs députés se flattent dans leurs journaux d'y dîner en compagnie de ducs et de princes « à cordons rouges ou bleus ». « M. Necker nous a fait placer à côté de lui et a eu beaucoup d'attentions pour nous pendant le repas[1]. » Joseph-François Coster, son premier commis, qui a ses appartements dans une aile de l'hôtel, joue les rabatteurs. Coster est l'homme de l'ombre du directeur des Finances. Il l'a servi lors de son premier ministère jusqu'en 1781. Rappelé par son patron en 1788, c'est lui qui a été chargé de tout le travail de préparation des états généraux. Il espérait s'y faire élire à Nancy, mais c'est son beau-frère Pierre-Joseph Prugnon, un avocat au Parlement et substitut du procureur général, qui le remplace, lui sert de relais au sein du tiers état et reçoit lui-même à Paris nombre de députés dans son hôtel de la rue Neuve-Saint-Augustin[2]. Le refrain est toujours le même : « Messieurs, tenez bon. Vous serez soutenu[3]. » Peine perdue.

On mesure le degré de surdité qui a pu exister entre les intentions du ministre et celles des députés à l'échec des tentatives de rapprochement entre ce dernier et Mirabeau, dans les premiers jours de juin. D'après Malouet, proche de Necker et qui joua les intermédiaires, c'est Mirabeau lui-même qui aurait demandé une entrevue afin de sonder les intentions du directeur général des Finances à la veille des grandes décisions qu'allait prendre le tiers état. Le rendez-vous va consommer la rupture entre les deux hommes. L'ancien banquier n'a pas pris la mesure du député d'Aix, ni de son ambition ni de l'ascendant qu'il était en train de prendre sur l'opinion et les députés. Il s'est montré hautain, inattentif, froid et sûr de lui. Malouet croit même qu'il aurait tenté de l'acheter. Mirabeau cherchait pourtant à sauver ce qui pouvait encore l'être. Ses deux discours des 15 et 16 juin en témoignent. En proposant, comme on l'a vu, de faire des députés du tiers des « représentants du peuple français », il ménageait le roi et laissait la voie libre à ceux de la noblesse et du clergé[4]. De toute façon, Mirabeau n'a pas été suivi. Son second discours est même accueilli par des huées. On ne sait pas grand-chose de l'entrevue de Necker et de Mirabeau, sinon que ce dernier en serait sorti furieux. « Votre homme est un sot, il aura de mes nouvelles[5]. »

Dans une lettre écrite à chaud, il décrit un ministre sans talent, sans intentions perverses, sans habileté et sans caractère, ce qui fait beaucoup pour un seul homme. « Une horloge qui retarde. » Sinon, ajoute-t-il, il nous aurait dissous ou il aurait choisi de marcher avec nous pour sauver son maître[6]. L'amour-propre l'a emporté sur le reste. Necker, décidément, aura manqué de coup d'œil. Et de sens politique.

En juin et jusqu'en juillet, on le ménage encore et on s'abrite derrière lui pour éviter les colères de la Cour et du roi. Il est, sans s'en douter, le jouet de la minorité la plus radicale du tiers. Il fait figure de paratonnerre avant qu'il ne serve de fusible. Il faut attendre les décrets du 17 juin et la constitution des députés du tiers en Assemblée nationale pour qu'il commence à y voir un peu clair. « Je trouvai M. Necker (et le comte de Montmorin) furieux d'avoir été trompé », note Malouet qui le voit ce jour-là. Et le ministre de s'emporter : « Vous avez abusé du pouvoir législatif en vous l'attribuant exclusivement par une disposition qui n'est fondée sur aucun titre ; c'est maintenant au roi à reprendre l'exercice de ce pouvoir et à vous remettre tous à votre place[7]. » Les députés auront encore besoin de lui après la prise de la Bastille puis on le laissera se consumer à petit feu en lui confisquant l'essentiel de ses attributions.

À partir de septembre, c'est le comité des finances de l'Assemblée nationale qui est à la manœuvre. Necker finira par démissionner et par quitter la France sur la pointe des pieds en septembre 1790 pour son château de Coppet, sur les bords du lac de Genève, où il passera le reste de sa vie à se justifier. « Une chaise qui tombe dans les Tuileries » aurait fait plus de bruit que le départ de cet homme autrefois adulé, commente l'un de ses amis en forme d'adieu[8]. Même Bonaparte, qu'il admirait, finira par le mépriser. Chateaubriand le compare dans ses Mémoires aux anciens personnages d'avant-scène des théâtres de foire qui disparaissent au lever de la toile après avoir expliqué la pièce au public[9]. Et puis le répertoire avait changé. *Vox populi, vox Dei.* Mais revenons à nos journées de juin.

12

Une cabale

Necker est pris au piège. Malgré tous ses efforts, il n'a pas de véritable parti au sein des états généraux. Le tiers, sur lequel il comptait, l'a gagné de vitesse, et, dans l'entourage du roi, ses ennemis se montrent de plus en plus violents. Ce sont d'ailleurs eux qui dès le début l'ont conduit à prendre des dispositions favorables au troisième ordre comme on le ferait en passant une alliance de revers. Les situations de grande fragilité ne sont jamais propices à la résolution des crises politiques. Si le premier ministre des Finances du roi occupe une position dominante au sein de ses Conseils, il n'en est pas moins assis sur un siège éjectable.

Les attaques ont commencé bien avant l'ouverture des états généraux. Dès le mois de décembre de l'année précédente, le prince de Condé, 50 ans, le plus prestigieux des cousins du roi, lieutenant général de ses armées, grand maître de France, gouverneur de la Bourgogne, le fastueux propriétaire de Chantilly et le seul prince à s'être distingué à la tête des armées pendant la guerre de Sept Ans, rédige un mémoire alarmiste signé de tous les autres princes du sang : son fils le duc de Bourbon, son petit-fils le duc d'Enghien, le prince de Conti, mais aussi le propre frère du roi, le comte d'Artois.

Son autre frère, Provence, toujours prudent, ne l'a pas signé, mais l'a lu et approuvé. On sortait alors de la seconde assemblée des notables qui s'était prononcée contre le doublement du tiers état. Les princes mettent le roi en garde contre une probable « révolution [...] dans les principes du gouvernement » et lui demandent de résister aux attaques du tiers état – un « système d'insubordination », disent-ils, qui risque de mettre en péril « les droits des deux premiers ordres du royaume » et avec eux la monarchie tout entière. Necker n'est pas directement visé, mais il a dû sentir passer le vent du boulet. Ce n'était qu'un commencement.

À la veille de l'ouverture des états généraux, on parle déjà de son renvoi imminent. La rumeur enfle. Le comte de Salmour, ministre de Saxe auprès du roi, proche de la Cour, s'en fait l'écho en avril dans ses dépêches : « Jamais la cabale contre lui n'a été si forte qu'à présent. Il s'est formé une ligue terrible pour le renverser[1]. » Autour du monarque et des princes, au sein de la noblesse, les royalistes purs se sont certainement exagérés son pouvoir de nuisance. Ils vont faire de lui le grand coupable, le ministre perfide, le traître par excellence. Bref, « le destructeur de la monarchie », comme l'écrit le baron Des Cars dans ses *Mémoires*[2].

Il arrive souvent que nous jugions d'anciens amis devenus des adversaires plus coupables que nos véritables ennemis. La proximité que nous avions eue avec eux, des affinités de sentiments ou de milieu nous les ont rendus d'autant plus odieux. Cela vaut aussi en politique. En 1791, Marie-Antoinette se méfiera infiniment plus de La Fayette devenu entre-temps, avec la chute de la Bastille, commandant en chef des gardes nationales parisiennes que des Jacobins, parce que La Fayette était noble et avait été lié par sa famille à la Cour.

Necker est dans le même cas. Il doit sa fortune aux bontés du roi. Il l'a servi avant la catastrophe. Par une étrange déformation d'optique, il en devient plus dangereux que certains meneurs du tiers état, au point que ses adversaires se montreront incapables de voir en lui la victime de leurs jeux de dupes et de manipulations. Aussi, dès avant les états généraux, mobilise-t-on contre lui les meilleurs publicistes. De son exil londonien, l'ancien contrôleur général des Finances Calonne ne ménage pas sa peine et l'accuse de vouloir livrer le roi « aux prétentions du peuple[3] ». En avril, on multiplie les libelles – « des épigrammes atroces » – dont un informateur assure qu'ils sortaient des ateliers d'un certain marquis de Saint-Aulaire, proche de Calonne et qui servira sous l'émigration d'agent de renseignements des princes à l'instar de nombreux autres royalistes arrivés en politique par la haine des états généraux[4].

13

Les croisades du comte d'Artois

Le dernier des deux frères du roi, Artois, prend naturellement la tête de la croisade.

Son autre frère, Provence, le futur Louis XVIII, reste en retrait. Celui-là est pourtant ambitieux et a du goût pour le pouvoir. L'ambassadeur d'Autriche Mercy-Argenteau s'inquiétait déjà en 1774 de son « caractère un peu suspect » et de « sa façon d'agir, recherchée et méthodique ». Provence est gourmé, froid, secret, intelligent, bel esprit, de loin le prince le plus cultivé de la famille. « Il sait, dit en riant son confesseur l'abbé Marie, son Horace comme son Pater[1]. » En réalité, il enrage depuis des années de « l'inutilité » dans laquelle on le tient[2]. La Révolution lui ouvre quelques espoirs. Il va bientôt jouer un rôle complexe, sinon trouble, en cherchant, avec l'aide de Mirabeau, à se ressaisir d'une partie du pouvoir perdu par son frère aîné. L'un de ses proches, le marquis de Favras, qui jouait sans doute les intermédiaires, en mourra sans avoir parlé. Il finira par quitter discrètement la France pour Bruxelles. Le même jour, son frère se faisait arrêter à Varennes ! Quant à Artois, il était déjà parti depuis longtemps. Vingt-cinq ans plus tard, des trois frères, c'est Provence qui ramasse la mise et monte sur le trône sous le nom de

Louis XVIII après avoir hérité des droits de son neveu, le petit Louis XVII mort à la tour du Temple en 1795. Mais nous n'en sommes pas là. Au début de la Révolution, toujours prudent et peu porté sur les coups d'éclat, l'aîné des deux frères de Louis XVI laisse son cadet jouer les premiers rôles.

Tout le monde le dit, le comte d'Artois est charmant. Dans son entourage, on l'appelle « Galaor », du nom du beau prince héros du célèbre roman espagnol *Amadis de Gaule*. À 32 ans, il a l'air encore jeune, grand, svelte, gracieux, excellent cavalier, tout le contraire de ses deux aînés. Un vrai chevalier français, franc, loyal, plein d'ardeur et fidèle en amitié, dit le baron de Besenval, qui bénéficie de ses grâces et lui doit peut-être d'avoir été nommé en juin commandant militaire de l'Île-de-France et de la garnison de Paris[3]. On l'a très vite comparé à Henri IV, mais le Béarnais avait d'autres qualités. Artois est gai, mais dépensier, tête brûlée et peu réfléchi. Il a fait les beaux jours du cercle de la reine, sa belle-sœur, et des fêtes du Petit Trianon. Le prince de Ligne raconte dans ses souvenirs qu'adolescent il ne passait jamais devant le buste de Louis XIV dans les jardins de Versailles sans le saluer d'un « Bonsoir, grand-papa ! » qui l'enchantait. Il est de ceux qui prennent leurs émotions pour des idées et croient avoir trouvé le chemin sans jamais en connaître le but.

Les émeutes parisiennes des derniers mois l'ont fortement ébranlé. Il s'était fait huer par la foule au Palais de Justice le jour qu'il y avait été envoyé par le roi pour y faire enregistrer son édit du timbre. Sa garde avait mis la main à l'épée. Il y eut des blessés. Il était « pâle comme ce papier », dit le libraire Ruault qui était présent[4]. On ne saura jamais si sa bravoure n'était que d'imagination ou si elle était réelle puisqu'il n'eut pas à se battre. Sa carrière politique commence par des catastrophes et s'achève de même.

Il est certainement, plus que Louis XVI et le comte de Provence, le principal responsable de l'échec des tentatives de résistance à la Révolution en juin et juillet 1789. Il sera naturellement l'un des premiers à quitter le royaume avec les Condés, le prince de Conti et beaucoup d'autres, à la demande du roi, le 16 juillet.

Il va être en émigration l'homme des solutions extrêmes et des expéditions militaires, au risque de décevoir ses partisans. Car, sur le Rhin, à Turin puis à Londres, Artois conspire, finance, encourage, mais se fait désespérément attendre et n'est jamais là quand il devrait l'être. Il voulait rejoindre Charette en Vendée, il n'ira pas plus loin que l'île d'Yeu où il reste deux mois en 1795, avant de rentrer en Angleterre. Toute son irrésolution tient dans la remarque de l'un de ses plus fervents soutiens, le baron Hyde de Neuville, qui, lui, a risqué sa peau pour la cause royaliste : « Cependant, le temps marchait et Monsieur n'arrivait pas[5]. » Il croira toute sa vie, jusque sur le trône où il succède à son frère Louis XVIII en 1824, que la Révolution n'était qu'un méchant complot, une monstrueuse anomalie de l'histoire. « Il n'y a que M. de La Fayette et moi qui n'ayons pas changé depuis 1789 », aimait-il à dire, et Charles de Rémusat résume sa chute d'une phrase, en juillet 1830 : « Il est tombé du côté où il penchait. »

C'est cet homme-là qui depuis avril s'est imposé comme le chef du parti hostile à Necker jusqu'à se rapprocher de la noblesse parlementaire qu'il a pourtant eu à combattre. Il a déjà contribué à la disgrâce de Loménie et ne désespère pas d'en faire autant avec son successeur. Il aime les complots et rêve de coups de main. C'est autour de lui qu'on parle d'assassiner le ministre infâme, ou de l'« étouffer dans un sac de blé ». Il en est convaincu, Necker n'est qu'un « charlatan » qui a volontairement organisé la disette des blés pour soulever le peuple et favoriser le tiers état. Mais Artois ne fait rien et passe sa vie à échafauder des plans dans les appartements de la duchesse de Polignac, l'ancienne favorite de la reine et gouvernante de ses enfants.

Le cercle Polignac est au centre de la « conspiration ». On en a fait très vite le repaire de tous les maléfices. Pour nombre de députés du tiers, tout ce qui touche aux Polignac est suspect. De fausses confessions en forme de libelles circulent en juin à Versailles et à Paris dans lesquelles la duchesse s'accuse de « son goût précoce pour les plaisirs », l'argent, les marquis, les comtes et les valets de chambre, et demande pardon et pénitence[6]. Il suffit qu'une motion ne plaise pas pour qu'on fasse circuler la rumeur : « Cette proposition vient de chez Mme de Polignac ; faites passer l'avis. » Et la motion tombe[7].

14

Le clan Polignac

Yolande de Polignac, communément appelée à la Cour « la comtesse Jules », son mari, sa belle-sœur la comtesse Diane, sa fille Aglaé et son gendre le duc de Guiche ont reçu trop de faveurs, trop de charges, de pensions et de titres pour ne pas être de très utiles boucs émissaires. Jules de Polignac, brigadier des armées du roi, premier écuyer de la reine, obtient successivement un duché, la charge de directeur général des Haras puis, en 1782, celle de directeur général des Postes aux chevaux, Relais et Messageries de France, tandis que son gendre Guiche est capitaine aux gardes du corps du roi et sa belle-sœur Diane, dame d'honneur de Madame Élisabeth, sœur du roi. Leurs pensions cumulées dépassent largement le demi-million de livres, sans parler des 800 000 livres de dot accordées par le roi à la fille de la duchesse lors de son mariage avec Guiche en 1780.

Des pamphlets circulent déjà sur les amours saphiques de la reine et de sa favorite. Comme Artois, la « plus tendre des amies » sera l'une des premières, avec toute sa famille, à quitter Versailles pour l'émigration, le 16 juillet. En attendant, on en est encore, chez les Polignac, à croire que tout s'arrangera par des manœuvres de cour. Contre la Révolution, on imagine d'improbables révolutions de palais. On veut faire entrer les princes dans le Conseil du roi et on rêve d'y rappeler certains anciens ministres connus pour leur fermeté, comme le baron de Breteuil, disgracié par Loménie en 1788 mais toujours proche de la reine.

Breteuil, après avoir été diplomate, avait été un excellent ministre de la Maison du roi et de Paris, contribuant à l'embellissement de la capitale et de ses ponts, mécène, membre de l'Académie des sciences et proche de l'astronome Cassini dont il avait fait la carrière. Il est le type même des grands ministres des Lumières, correspondant régulier de Voltaire, de Bernardin de Saint-Pierre. Son apparence le dessert. On lui reproche d'être « dur et hautain[1] ». La fille de Necker dit méchamment qu'il était incapable de comprendre autre chose que l'absolutisme et qu'il en imposait avec sa grosse voix et sa façon de marcher à grand bruit[2]. Il était en réalité beaucoup plus mesuré et pensait, contrairement au comte d'Artois, pouvoir s'imposer aux députés rebelles du tiers état sans pour autant renvoyer le directeur général des Finances. La réaction, si on peut lui donner ce nom, n'a pas seulement été faible de la force de ses ennemis, elle l'a été également de ses divisions, non pas tant sur le fond que sur les mesures à prendre en faveur du roi. Breteuil répugne à toute solution militaire, même d'apparence, tout comme au coup de force. Sa vision reste politique et traditionnelle. Il est de ceux qui pensent sincèrement qu'un simple rééquilibrage au sein des Conseils du roi suffira à rétablir les droits de ce dernier. C'était sans doute mal évaluer la réalité des forces en présence. C'était aussi vouloir éviter les aventures les moins bien préparées et les plus hasardeuses.

Son heure viendra lorsque ces dernières finiront par prévaloir, dans les pires circonstances. Il ne restera pas cinq jours au ministère et tombera avec la Bastille, le 16 juillet 1789[3]. Comme le maréchal de Broglie, alors gouverneur militaire de Metz, un autre vétéran de la guerre de Sept Ans sur lequel le cercle Polignac fonde, avec l'ancien inspecteur des régiments suisses au service de la France, Besenval, tous ses espoirs militaires.

Mais quels choix étranges ! Broglie a plus de 70 ans ! Le baron de Besenval en a 68. Sa dernière campagne militaire date de la bataille de Clostercamp, en 1760. Depuis, le favori du comte d'Artois – et un temps de la reine – s'est converti à la Cour, à ses collections et au bel esprit. On rêve un peu en pensant qu'à la veille de la Révolution Paris était commandé par un vieux libertin, homme à femmes, adepte des Lumières, peu combatif, blasé, cynique et railleur. On pourrait en dire autant du vieux gouverneur de la Bastille, le marquis de Launay, ancien lieutenant aux gardes-françaises, qui n'est militaire que de nom. Il avait pris le commandement de la prison royale en 1776 parce que son père l'avait exercé et qu'il avait promis sa fille au fils de son prédécesseur, le baron de Jumilhac. Quand on consulte ses papiers conservés à la bibliothèque de l'Arsenal, on s'aperçoit qu'il a passé sa vie à tout autre chose qu'à se battre. Il a fait du commerce de toiles en commandite, géré ses terres de Normandie et loué ses maisons parisiennes[4]. Le marquis de Launay, laissé sans ordres, irrésolu et terrorisé, avait perdu la tête bien avant qu'on ne la lui coupe, comme le dit méchamment Rivarol, lorsqu'il ouvrira toutes grandes les portes de la Bastille à ses assaillants, dans l'après-midi du 14 juillet. Les invalides qui étaient sous ses ordres ne voulaient plus tirer et les officiers des quelque 30 Suisses du régiment de Salis qui lui avaient été envoyés en renfort n'étaient pas beaucoup plus sûrs[5].

15

« Votre fidèle noblesse »

Pour l'heure, avec l'ouverture des états généraux, ce sont les gros bataillons des députés de l'ordre de la noblesse qui se réclament du comte d'Artois. Il est décidément leur chef et leur « drapeau[1] ». Il les voit le matin en particulier, les console, les cajole, les reçoit à dîner à la table des Polignac[2]. Il est temps de parler d'eux. La très grande majorité des quelque 270 députés de la noblesse – à peu près les trois quarts – est provinciale, plutôt âgée et militaire. La haute noblesse parisienne, les ducs et pairs, les grands officiers de la Couronne ne sont qu'une poignée et occupent une place à part sur laquelle je reviendrai. On regarde ces derniers sans complaisance. On leur reproche leur morgue, leur supériorité et leurs airs de cour. On se méfie surtout de leurs enthousiasmes réformistes, de leurs idées avancées, de leur appartenance à des sociétés de pensée trop « patriotes » – de ces sociétés de pensée dont il a déjà été question – et de leur proximité avec certains députés radicaux du tiers état.

Ce ne sont pas les Clermont-Tonnerre, les La Fayette, les Noailles, les Crillon, d'Aiguillon et autres La Rochefoucauld qui donnent le ton, mais tous les autres, moins fortunés, moins cultivés, formés aux valeurs militaires de l'honneur et attachés aux formes traditionnelles de la monarchie. On n'a pas assez dit que la Révolution a été aussi un conflit de générations entre des députés du tiers jeunes en majorité et ceux de la noblesse souvent nés dans les années 1730 ou 1740. Nombre d'entre eux ont autour de la cinquantaine et gardent de leurs anciennes campagnes ou de leur vie de garnison des souvenirs heureux embellis par la distance et le temps. La Galissonière, maréchal de camp des armées du roi, grand sénéchal d'épée de la province d'Anjou, est probablement de ceux qui, pour leur appartenir, les a le mieux compris. « La noblesse de province, encore pure, ayant conservé une partie de l'énergie de ses ancêtres, attachée aux anciens principes, aimait véritablement la monarchie, le roi et le sang des Bourbons. Elle détestait autant qu'elle méprisait ce qu'on appelle les gens de Cour. » Toute cette noblesse est un peu oubliée. Les vaincus de l'histoire n'ont jamais droit qu'au silence, quand ce n'est pas au mépris. Ce ne sont plus que des noms qui surnagent au gré de la connaissance qu'on peut conserver de certaines provinces ou de certaines familles. Les Saint-Simon, Montrevel, Lévis de Mirepoix, Vogüé, d'Ambly, Lautrec, La Queuille et autres Bouthillier. Et même le propre frère de Mirabeau, le vicomte, vétéran de la guerre d'Indépendance américaine, colonel du régiment de Touraine, que sa corpulence et son amour du vin ont fait appeler « Mirabeau-Tonneau », ne serait-ce que pour le distinguer de son aîné, le député du tiers état. Sa devise est un peu celle de tous ses compagnons d'armes : « Persévérance, courage, gaillardise, Dieu, l'honneur, le roi, les dames[3]. »

Nombre d'entre eux ont souvent commencé leur carrière très jeunes. Ils ont le sens du service, se vivent comme les derniers chevaliers français, les Nestors des armées, et proclament d'avance les dangers du roi pour mieux avoir à le défendre. Nous en étions encore, notera plus tard l'un d'entre eux, « au fouet, aux éperons et aux bottes de Louis XIV[4] ». Le maréchal de Broglie fera plus tard leur éloge comme s'il saluait une dernière fois toute cette vieille noblesse qui n'était décidément pas faite pour affronter une révolution et viendra bientôt grossir sur les bords du Rhin les bataillons de l'armée émigrée du prince de Condé. « Devenu un de ses chefs, je l'ai conduite à la guerre où j'ai été témoin plus souvent que tout autre, de son dévouement pour le service, l'avantage et l'honneur du roi, ainsi que de cette valeur à toute épreuve qui l'a toujours caractérisée et lui a mérité l'estime et souvent l'admiration des ennemis qu'elle a combattus[5]. »

Au fond, la force de leurs regrets n'a d'égale que la faiblesse de leurs moyens. Leur raideur offensée ne fait pas d'eux de grands diplomates, ni des politiques. Ils n'ont pas plus d'expérience des débats d'assemblée. Leurs principaux orateurs se sont imposés un peu au hasard au fil des discussions et dans le tumulte de leurs premières séances. Ainsi le comte d'Antraigues ou le jeune Jacques de Cazalès, député de la noblesse du Quercy, et, plus surprenants, quelques-uns des anciens meneurs de la fronde parlementaire devenus à la faveur des événements les plus ardents défenseurs de la cause monarchique : les d'Éprémesnil et autres Fréteau de Saint-Just. Si on voulait saisir leur pensée, il suffirait de relire le grand discours dans lequel l'un de leurs hérauts, le comte d'Antraigues, qui plus tard sera l'un des plus extraordinaires agents royalistes de l'émigration, plaide avec succès, le 28 mai, la défense des « anciens usages » et le maintien des « lois constitutives du royaume » : « Messieurs, il n'est plus permis d'ignorer les atteintes portées à la constitution. Cette chambre [doit en être] le sanctuaire. L'antique loi constitutive du royaume, cette loi conservatrice [est] la sauvegarde de la propriété et de la liberté. Nous devrions l'établir si elle n'existait pas ; nous devrions, à quelque prix que ce puisse être, la maintenir dans toute sa valeur. » Par propriété il faut bien sûr entendre la propriété nobiliaire et par liberté le régime spécifique dont celle-ci bénéficie. Et de parler de la « dette sacrée » des députés de la noblesse « envers [leurs] commettants et envers l'État qui la réclame[6] ».

Aussi et sans surprise, la noblesse vote le même jour, à une écrasante majorité – 202 voix contre 16 –, le maintien des ordres, de leur indépendance et de leurs droits de veto respectifs au sein des états généraux. Si, dans le même esprit, elle avait renoncé dans le principe, quelques jours auparavant, à ses « privilèges pécuniaires », c'était précisément à la condition que toutes les lois relatives à l'ancienne constitution aient été préalablement et librement discutées au sein de chacun des trois ordres, pris séparément[7]. La position de la noblesse est la même que celle du troisième ordre, à cette différence près que les mots n'ont pas le même sens. On ne votera rien en matière de fiscalité et de finances avant que la constitution n'ait été consolidée, mais, entre la « constitution » du tiers état et celle de la noblesse, le fossé est immense. La protestation que cette dernière votera seule, le 19 juin, contre la formation du tiers en Assemblée nationale aura au moins le mérite de la logique[8].

On comprend que dans ces conditions la noblesse ait voulu dès le 14 mai faire du comte d'Artois son président de chambre. Il aurait été, note La Galissonière, le porte-parole du second ordre auprès du roi, « afin d'arrêter la marche des factieux et faire prendre au monarque un parti décisif ». Mais le roi, qui ne veut pas faire de son frère un « chef de parti », refuse, et Artois décline le lendemain avec des paroles flatteuses. On nommera finalement un grand seigneur, Anne-

Charles de Montmorency, duc de Luxembourg, « premier baron chrétien de France », l'un des adversaires les plus acharnés de Necker. Luxembourg est un militaire, lieutenant général des armées du roi en Alsace lors de la guerre de Sept Ans. Lui aussi a largement dépassé la cinquantaine. Il va jouer à partir du 17 juin un rôle de premier plan dans la crise qui s'annonce. Comme nombre de ses pairs, il avait été libéral, maçon, administrateur du Grand Orient et affilié un temps à la Société des trente avant de prendre conscience de la situation. « Il sait, dit le marquis de Bombelles, proche de Breteuil et d'Artois, tout ce qu'un homme de son nom doit sentir sur l'oubli que nous faisons de nos vrais intérêts[9]. » Il sera aussi l'un des premiers à quitter la France pour Londres en juillet et mourra en exil à Lisbonne en 1803.

16

Le Dauphin est mort !

Pour bien mesurer la profondeur tragique de ce qui va suivre, il est un événement majeur qui ne peut être passé sous silence, c'est l'agonie et la mort du petit Dauphin, à Meudon, dans la nuit du 3 au 4 juin. On n'avait même pas eu le courage, le mois précédent, de le faire assister à la procession d'ouverture des états avec son frère cadet et sa sœur. Voilà des mois qu'il s'éteint malgré les soins des médecins et les attentions de son gouverneur, le duc d'Harcourt.

Le roi, « profondément meurtri », s'était rendu à treize reprises à son chevet en mai et la reine, dit Mme de Lage, la dame d'honneur de la princesse de Lamballe, l'avait veillé des journées entières et littéralement « baigné de ses larmes ». À 7 ans, il était devenu, sous le coup de la tuberculose osseuse qui allait l'emporter, rachitique et difforme, au point de ne plus pouvoir se tenir sur ses jambes. Louis XVI, qui avait pris la décision de le faire inoculer, se croyait responsable de sa mort. Dans les jours qui suivent, il décrète deux mois de deuil et demande à l'archevêque de Paris, Mgr de Juigné, de faire dire 1 000 messes pour le repos de son âme.

Ces semaines-là sont bouleversées par l'étiquette des grands deuils de cour. On expose l'enfant à Meudon pendant neuf jours dans une chapelle ardente toute tendue de blanc et d'argent. Le cercueil est entouré de deux rangées de cierges. Des moines en prières veillent l'enfant nuit et jour[1]. À chaque délégation venue jeter de l'eau bénite sur son corps, le grand aumônier de cour fait chanter le *De profundis*. Puis on dépose son cœur, de nuit, au Val-de-Grâce et ses restes dans la crypte royale de Saint-Denis. On les y laissera quatre ans avant que la Révolution ne les profane et les jette dans une fosse commune avec ceux des rois. Le même jour, sa mère montait sur l'échafaud !

Le 7 juin, toute la Cour défile à Versailles, en grand deuil, devant la reine. Cela ressemble étrangement à la scène inaugurale du glas de la monarchie. « Il n'y avait rien de plus lugubre et de plus touchant, note Bombelles qui était présent, que de voir Sa Majesté, contre la balustrade de sa chambre, accompagnée de tout son service en noir, et se contraignant pour ne pas suffoquer en voyant marcher à petits pas toute sa Cour la saluant à la file en quelque sorte processionnellement[2]. » La reine porte ce jour-là une longue mante de dentelle noire qui lui recouvre la tête et tombe jusqu'à ses pieds. On aurait dit une scène d'adieu.

Tout s'enchevêtre au cours de ces terribles jours de juin, la douleur familiale et la violence politique. « Le temps des illusions est passé[3]. » D'autant que le Dauphin meurt dans l'indifférence quasi générale. On a même murmuré à Paris, à la fermeture des théâtres, le 4 juin. Une délégation du tiers a fait, le 9, le voyage de Meudon, mais ce qui se passe à Versailles lui importe bien plus. On se souvient de l'insistance mise par Bailly à voir le roi malgré son deuil au point que celui-ci aurait répondu : « Il n'y a donc pas de pères dans cette chambre du tiers[4]. » Le royaume n'est décidément plus le même.

Louis XVI, accablé de douleur, s'est retiré à Marly. C'est dans cette sorte de brouillard crépusculaire qu'il va devoir prendre les décisions les plus importantes de sa vie. Il ressemble de plus en plus à ces noyés de la Seine qu'on repêchait et dont on faisait des moulages dans les années 1880 : leurs visages à demi hébétés montraient parfois une indéchiffrable mélancolie. Ce qui lui arrive est sans précédent. Il le dira plus tard au comte de Fersen : « Je sais qu'on me taxe de faiblesse et d'irrésolution, mais personne ne s'est jamais trouvé dans ma position[5]. » Il y a de quoi. En quelques jours, il perd tout ce qui fonde son identité de roi : la dignité de sa couronne, sa souveraineté, le commandement, l'amour et le respect de ses sujets et même ses habitudes. Son cousin Orléans le jalouse et le fronde. Toute sa famille lui est hostile et lui reproche ses atermoiements. Certes, le pouvoir est synonyme de solitude, mais jamais Louis XVI n'a été plus seul qu'à ce moment-là. Si l'on a si peu de détails sur ses réactions aux décrets révolutionnaires pris par les députés du tiers le 17 juin, c'est parce que ceux-ci l'ont surpris dans la fragilité de ses incertitudes. Et tout autant dans le dénuement de ses Conseils. Louis XVI déteste les avis contradictoires et ses ministres n'ont jamais été plus divisés.

17

Un coup d'État de papier

La partie va se jouer simultanément sur deux scènes différentes, le château de Marly où le roi séjourne à partir du 15 avec sa femme, son frère le comte de Provence et leurs maisons respectives réduites au strict minimum en raison de leur deuil, et celui de Versailles où est resté le comte d'Artois.

Le château de Marly, édifié par Louis XIV, est l'une des résidences de chasse préférées de Louis XVI. Il est situé en bordure des forêts royales de Cruye et de Saint-Germain, à seulement une dizaine de kilomètres au nord-ouest de Versailles, près de la Seine. Le simple fait que le roi s'y rende et s'éloigne des états généraux a réveillé les méfiances. On va faire de l'ancienne résidence du Roi-Soleil l'antre du machiavélisme, une sorte de huis clos idéal, isolé, propice à toutes les « séductions ». Le lieu enfin des « culbutes ministérielles ». Le roi y aurait été la proie des conseils les plus fous et les plus dangereux.

En réalité, peu de chose a filtré de ces conciliabules. Du côté des adversaires de Necker, on est essentiellement renseigné par l'un des meneurs de la noblesse, le marquis de Bouthillier, militaire dans l'âme, membre du Conseil de guerre du roi, qui a laissé des Mémoires inédits sur ces journées décisives[1].

Compte tenu des circonstances, on est étonné de l'extrême modération des mesures proposées par le comte d'Artois. À aucun moment il n'est question de dissoudre les états généraux. On aurait commencé par renvoyer Necker pour le remplacer aux Finances par un conseiller au Parlement, Lefebvre d'Amécourt, dont on était sûr. Breteuil aurait pris la première place au sein du Conseil, et les Affaires étrangères auraient été données au duc de La Vauguyon, ancien ambassadeur du roi à Madrid, que ce dernier appréciait, ne serait-ce qu'en souvenir de son ancien gouverneur, le père du diplomate. Ensuite, Louis XVI aurait fait connaître ses intentions non pas à Versailles, mais, par ses commissaires, aux différentes assemblées de bailliages de son royaume qui, à nouveau réunies, étaient censées mieux les recevoir que les états généraux eux-mêmes. Enfin, tandis que le roi se serait retiré à Metz auprès du maréchal de Broglie, ces derniers auraient été séparés et envoyés dans des lieux différents, Verdun pour le clergé, Sainte-Menehould pour la noblesse et Châlons-en-Champagne pour le tiers. L'une des variantes du plan initial met le roi à Compiègne et les états généraux à Noyon. Mais peu importe. Tout en protégeant le souverain, on aurait ainsi consolidé le principe de la séparation des ordres et mis fin à leurs frictions permanentes dans le chaudron de Versailles.

Rien n'est dit du contenu des réformes que le roi aurait librement concédées à la nation, mais il ne fait pas de doute que des mesures d'égalité fiscale devaient y figurer. Voilà tout. On n'ose aller plus loin. Il est certain pourtant qu'Artois n'a pas manqué de conseils plus violents. Talleyrand, que Gouverneur Morris, qui avait des vues sur sa maîtresse du jour Adèle de Flahaut, trouve au même moment « fin, rusé et ambitieux », en parle à demi-mot dans ses Mémoires[2]. Il évoque une entrevue nocturne avec le frère du roi, sans doute début juin, au cours de laquelle il lui aurait conseillé de dissoudre les états avant qu'il ne soit trop tard puis de les convoquer à nouveau, et se serait heurté à un refus poli. « C'était un acte de force », commente-t-il. Et d'ajouter : « Il n'y avait autour du roi personne pour la manier. » Beaucoup d'autres ont dû en faire de même[3].

Le futur ministre de Napoléon se sert de l'argument pour justifier son engagement révolutionnaire, jusqu'à proposer la vente des biens du clergé, dont il était pourtant un représentant éminent, pour résoudre la crise financière du royaume. Puisque le roi ne veut rien faire, autant se jeter dans le torrent. Le propos n'est pas dénué de sens. Mirabeau dit à peu près la même chose dans ses lettres à son ami La Marck. Il est probable qu'en l'absence de réaction tranchée de la part du gouvernement, face à la révolte du tiers, certains députés des deux premiers ordres du royaume, parmi les plus politiques, se sont laissé aller à leur pente naturelle et, tout aussi certainement, à leur ambition[4] !

Il y eut néanmoins, entre le 15 et le 19 juin, plusieurs comités secrets à Versailles, chez les Polignac, autour du comte d'Artois. On y retrouve le garde des Sceaux Barentin, hostile depuis le début à la tenue même des états généraux, le maître des requêtes et éphémère contrôleur général des Finances Claude Guillaume Lambert, deux conseillers d'État enfin : l'ancien président au parlement de Grenoble Jean-Jacques Vidaud de La Tour, un collaborateur du baron de Breteuil, et l'intendant de Lorraine puis d'Alsace Antoine Chaumont de La Galaizière, qui avaient le mérite de connaître parfaitement le fonctionnement des états généraux pour en avoir été les commissaires à l'époque de leur préparation[5]. Le duc de Luxembourg, président de la noblesse, devait être là aussi avec quelques-uns des membres de son ordre : Bouthillier, d'Éprémesnil. Le ministre de la Maison du roi, Pierre-Charles Laurent de Villedeuil, et celui de la Guerre, le comte de Puységur, tous deux ennemis du directeur des Finances, étaient tenus informés de ces conciliabules.

Il y eut sans doute d'autres réunions à Paris autour des mêmes projets. On devait être en contact permanent avec le maréchal de Broglie, avec le baron de Breteuil alors retiré dans son château de Dangu près de Gisors et qui n'attendait qu'un signe pour revenir à Versailles. Deux de ses proches, le baron Des Cars, premier maître d'hôtel du roi, et le marquis de Bombelles jouent les intermédiaires et font sans cesse le voyage de Versailles. On s'est rapproché aussi de quelques riches banquiers parisiens – en particulier Romain Hamelin, l'un des plus gros receveurs généraux du royaume, futur fournisseur des armées de Bonaparte – susceptibles de financer l'opération et de prêter au Trésor de quoi survivre. D'après Bombelles, l'homme de confiance chargé de la partie financière du projet n'était autre que le député de la noblesse de Nérac, Jean-Pierre de Batz – le fameux baron de Batz –, un ancien chargé d'affaires de Breteuil enrichi dans les spéculations sur la Compagnie des Indes et les assurances qui sera bientôt mêlé à toutes les conspirations royalistes de la Révolution[6].

Tout le reste, rapporté ici et là sous le manteau par les auteurs de la *Correspondance secrète* ou par quelques nouvellistes à la main n'est que bruissements et rumeurs, sans fondement solide. Les bruits de dissolution des états, d'arrestation de Necker et des principaux factieux du tiers, de leur comparution devant les parlements ne sont probablement jamais arrivés jusqu'aux oreilles du roi.

Le plan du comte d'Artois n'était pourtant pas qu'un rêve. Il évoluera et connaîtra un début d'exécution en juillet, au pire moment de l'agitation et alors que la Révolution était déjà consommée. Les « conspirateurs » de juin finiront par former un improbable ministère – dit des « Cent Heures » – qui ne tiendra pas cinq jours et tombera avec les tours de la Bastille. Necker, renvoyé le 11 juillet, sera rappelé le 16. Les états généraux ne seront jamais dissous. Personne ne sera arrêté. On n'a pas plus pensé à faire monter le roi à cheval sur le front de ses troupes[7]. En a-t-il lui-même eu l'idée ou l'envie ? On l'a déjà évoqué, le roi n'est pas militaire et n'a plus d'armée. On a bien fait camper quelques régiments autour de Paris, mais mal approvisionnés, gagnés par la révolte et minés par la défection, ceux-ci ne sont pas sûrs. Personne ne veut plus tirer sur le peuple. Le 10 août 1792 aussi, à la prise des Tuileries, Louis XVI ne voudra pas faire marcher ses gardes suisses. Ils se feront massacrer quasiment sans se défendre. Le jeune capitaine Bonaparte, qui assistait à la scène, en sera scandalisé. Celui-là saura se servir des canons de Barras contre les royalistes le 13 vendémiaire an IV (5 octobre 1795) et des grenadiers de Murat contre les républicains le 19 brumaire an VIII (10 novembre 1799). « Foutez-moi tout ce monde-là dehors ! » Les coups de force, pour être efficaces, ne supportent pas les hésitations ni les contretemps. Depuis l'ouverture des états généraux, la Révolution a toujours eu deux mois d'avance sur ses adversaires. C'était déjà le cas en juin.

18

Les conciliabules de Marly

Le chemin de Versailles à Marly devait être encombré de voitures et d'émissaires de toutes sortes les 19 et 20 juin. Le 19, le roi reçoit successivement à Marly une délégation du parlement de Paris puis le cardinal de La Rochefoucauld, président de l'ordre du clergé, accompagné de Mgr de Juigné, tous les deux affolés de la tournure prise par les événements. Il voit aussi ses frères Artois et Provence et convoque son Conseil en fin de matinée. Il a certainement lu le long mémoire de son chancelier Barentin, sans doute rédigé en accord avec Artois et qui est une charge violente contre les « audaces séditieuses » du tiers. S'il devait ne pas réagir, plaide Barentin, le roi s'exposerait à ne devenir que « la partie décorée de la nation », à l'égal de celui d'Angleterre[1]. Mais Barentin a beau défendre ce qu'il appelle « la pureté des principes[2] », il a beau être « vertueux », comme le dit son ami Jacob Nicolas Moreau, il est réservé, timide et a peu de poids politique. Lent, gourmé, sentencieux, cet ancien avocat général au parlement de Paris puis président de la Cour des aides sent la vieille robe et le parlementaire blanchi sous le harnais à dix pas. L'ambassadeur de Venise, Capello, lui trouve même un « air de sacristain[3] ». Il n'a rien des audaces de son prédécesseur Chrétien de Lamoignon qu'il a remplacé en septembre 1788 et dont il a abandonné la réforme judiciaire en rappelant les parlements.

On l'a vu, Louis XVI et surtout Necker ont eu leur part dans cette capitulation. Elle n'en constitue pas moins une faute majeure du gouvernement à la veille de la convocation des états généraux. Le signe ultime de l'impuissance du pouvoir royal. Accusé de crime de « lèse-nation » après les événements de juillet, Barentin sera comme beaucoup d'autres obligé d'émigrer en Italie puis en Angleterre. En attendant, il ne pèse pas grand-chose face aux députés du tiers, et même face à Necker. L'intelligence des situations et de la manœuvre politique se mesure aux hommes et à leur capacité à agir dans les remous violents d'une crise. De ce point de vue-là, le roi est nu. Quelles que soient les convictions des uns et des autres, tous ceux qui l'entourent au cours de ces jours tragiques de juin vont se montrer incapables d'être à la hauteur des événements. Ce n'est pas de ce côté-là qu'on trouve les esprits les plus résolus, mais du côté de la Révolution.

On sait peu de chose sur le Conseil, pourtant capital, du 19. On y aurait lu le procès-verbal de la séance du tiers du 17 juin, « universellement improuvé », dit Barentin. Necker aurait alors plaidé la nécessité d'une séance royale à laquelle tout le monde se serait rallié. Il aurait ensuite lu deux déclarations préparées à cet effet. Il proposait que le roi ne revienne pas sur les décrets du 17 juin et ne les condamne pas, que les états délibèrent en commun sur les questions constitutionnelles et qu'ils soient à l'avenir réunis périodiquement, qu'ils votent l'impôt et qu'enfin les emplois civils et militaires soient accessibles à tous[4]. Il se serait alors passé un mystérieux incident. Un huissier aurait « gratté » à la porte du cabinet du roi et celui-ci se serait absenté quelques minutes. Pour beaucoup, seule la reine pouvait ainsi le déranger en plein Conseil. De retour, le roi, plus mutique que jamais, aurait alors reporté sa décision à un nouveau Conseil prévu pour le lendemain. On arrête seulement la date de la future séance royale au 22 juin et on confie le texte des déclarations pour examen au conseiller d'État La Galaizière, l'un des affidés des comités du comte d'Artois, très hostile au ministre des Finances[5].

19

La reine entre en scène

C'est un véritable coup de théâtre. Les partisans de Necker vont dès lors montrer la reine du doigt et lui faire jouer un rôle de premier plan dans les événements qui vont suivre.

Le terrain leur est favorable. Voilà des années que Marie-Antoinette a perdu l'amour des Français depuis son arrivée à Versailles et les fêtes grandioses qui avaient été données en son honneur à Paris en mai 1770. Depuis, la petite archiduchesse de 15 ans, la dernière des filles de Marie-Thérèse d'Autriche, est devenue reine. Elle a 34 ans en 1789. Cette année-là est la pire de toutes celles qu'elle a déjà vécues. Les malheurs, dit-on, n'arrivent jamais seuls. En quelques jours, elle subit la double épreuve de la mort de son fils aîné et des atteintes portées au trône de son mari qu'elle vit certainement comme autant d'humiliations. Et, depuis des années, on la déteste. Les libertés qu'elle a prises avec la Cour, le cercle de ses intimes, ses échappées belles au Petit Trianon que le roi lui a donné en 1774 ont été mal vécus, d'abord dans l'entourage même du roi et ensuite dans le public. Les premiers pamphlets qui la visent directement paraissent sous le manteau dès 1774, et ils ne cesseront plus[1]. Elle avait voulu contempler le lever de l'aurore un beau matin, sur les hauteurs des jardins de Marly, on lui inventera des rendez-vous nocturnes dans les bosquets de Versailles. Elle se rendait presque seule en masque aux bals de l'Opéra, on lui trouvera des amants, elle avait de tendres amies, on en fera ses maîtresses.

Les dépenses et les fêtes de Trianon, l'achat du château de Saint-Cloud en 1784, le bruit effrayant des retombées de la plus ahurissante escroquerie dont elle fut la victime l'année suivante – je veux parler de l'affaire du collier de diamants de Boehmer et Bassenge – ont fait d'elle la sangsue du Trésor royal. Tout est lié dans la construction fantasmatique qui peu à peu la transforme en une sorte de Messaline assoiffée d'or et de sexe. Ses débordements d'argent ne sont que le signe de ses déviances sexuelles, et cet insatiable appétit prouve assez son goût du pouvoir. De plus, elle est autrichienne et donc doublement étrangère. Son mariage français scelle le fameux renversement des alliances de 1756 voulu par Louis XV. La monarchie abandonnait cette année-là son alliée traditionnelle, la Prusse, pour se rapprocher de son ennemie héréditaire, l'Autriche des Habsbourg, au grand dam d'une partie des élites françaises. À son corps défendant, Marie-Antoinette en est un peu le ventre et la caution, et elle le sait.

Son caractère aussi la dessert. On la trouve trop méprisante, moqueuse, inconséquente et légère. Trop impulsive aussi. En réalité, seuls ses proches savent qu'elle doute d'elle-même, qu'elle n'est pas à l'aise en public, qu'elle redoute de se retrouver au milieu d'une foule ou de parler à ceux qu'elle ne connaît pas. Ligne, qui l'a aimée en secret comme beaucoup d'autres, vise juste à ce sujet : « Je ne lui ai jamais vu une journée parfaitement heureuse[2]. » Et même le comte de Mercy, l'ambassadeur d'Autriche chargé de la conseiller sinon de la surveiller, note qu'elle a souvent des « moments de tristesse ».

Le refuge dans le monde merveilleux de Trianon, dans les douceurs de l'amitié et sans doute dans les sentiments tendres et passionnés qu'elle a éprouvés pour le bel Axel de Fersen sont au bout de cette tristesse-là. D'autant plus, et on le sait, qu'elle a été longtemps négligée par le roi. Leurs caractères ne s'accordent pas. Que faire d'un homme qui ne dit pas deux mots dans la journée, est gauche et emprunté, ne vit que pour la chasse et fait chambre à part ? Elle le dira un jour tout net à un ami : « Mes goûts ne sont pas les mêmes que ceux du roi qui n'a que ceux de la chasse et des ouvrages mécaniques. Vous conviendrez que j'aurai bien mauvaise grâce auprès d'une forge[3]. » Il se passe huit ans avant qu'elle ne mette au monde son premier enfant, sa fille unique, Marie-Thérèse, dite « Mousseline », et découvre le bonheur d'être mère. Suivent deux garçons, Louis-Joseph en 1781 et Louis-Charles en 1785. La mort de Louis-Joseph a certainement rapproché les deux époux. Les aléas de la monarchie aussi.

Marie-Antoinette, qui jusqu'alors s'est bien gardée d'intervenir dans les affaires de son mari et s'y est refusée par principe autant que par goût, dit son confesseur l'abbé de Vermond, entre en politique avec les états généraux. Par devoir, diront les uns, pour sauver, diront les autres, les principes anciens d'une monarchie qu'elle veut défendre pour ses enfants. De là à faire d'elle la reine du désordre et de l'inversion, de celles qui gouvernent tandis que leurs maris ne font rien, qui ont des amants quand ceux-ci n'ont pas de maîtresses, il n'y a qu'un pas. Nombre de ses contemporains vont le franchir en oubliant ce qu'était vraiment ce couple. Cela est venu autant du côté de la Cour que de la Révolution.

La critique est double et d'une logique implacable. Plus on fait d'elle une femme impérieuse et dominatrice, plus son mari en est réduit à n'être fatalement qu'un pauvre homme inconsistant, faible et mou. Le caractère de l'une établit celui de l'autre. L'un de ses anciens familiers, le baron de Besenval, prétend dans ses Mémoires qu'il lui suffisait d'un regard pour que le roi s'incline. Son ascendant, ajoute-t-il, tenait de l'asservissement[4]. Je n'en crois pas un mot. Tous ceux qui lui ont prêté un tel pouvoir de nuisance avaient des comptes à régler avec elle. Besenval avait eu l'indélicatesse de lui déclarer un peu trop ouvertement ses sentiments. Ces impertinences-là n'étaient certainement pas de son goût et Besenval avait été définitivement banni de son cercle.

On connaît le mot de Mirabeau : « Le roi n'a qu'un homme, c'est sa femme. » Que Marie-Antoinette ait été admise à certains Conseils avec le consentement de son mari à partir de mai 1788 ne veut pas dire pour autant qu'elle y intervenait. On l'a vu, le roi est jaloux de son pouvoir. Dans ses lettres, elle parle de lui comme de « celui qui est au-dessus de moi ». Si elle a contribué, en août de l'année précédente, à la nomination de Necker, faisant même intervenir le comte de Mercy auprès de ce dernier, il est peu probable qu'elle ait participé à la cabale conduite contre lui en avril et à nouveau en juin par son beau-frère Artois. Elle désapprouve très probablement les mesures que propose le ministre, mais elle le sait populaire et mesure parfaitement les risques de banqueroute que son départ ferait courir au trône. Mercy lui-même le dit très bien dans une lettre à l'empereur Joseph II : « Quoique cette auguste princesse se soit laissé un peu trop émouvoir par la cabale infernale dirigée contre le ministre des Finances, cependant, c'est à la modération et à la sagesse des avis de la reine qu'est dû l'état présent des choses et l'avantage d'avoir évité de plus grands malheurs[5]. » Ce sera toute sa conduite pendant les trois années de révolution qu'elle va vivre. Des certitudes, du caractère, une faible capacité à comprendre les ressorts profonds d'événements qui la dépassent, des impatiences aussi contre les lenteurs de son mari, mais au bout du compte une tête froide, une fidélité à toute épreuve et beaucoup de prudence.

Le comte de La Marck, l'ami de Mirabeau, qui s'émerveille par ailleurs de sa « grande bonté de cœur », donne parfaitement la mesure de ses qualités et de ses limites en politique : « [Elle] n'avait pas une très grande étendue d'esprit, mais elle saisissait et comprenait rapidement les choses dont on lui parlait[6]. »

En attendant, la reine n'a jamais été plus isolée que depuis l'ouverture des états généraux. Elle a passé la moitié de son temps au chevet de son fils et l'autre moitié cloîtrée dans ses appartements pour n'en sortir, dit le comte de Salmour, que deux fois par semaine chez la gouvernante de ses enfants ou chez la surintendante de sa Maison, son « cher cœur », la princesse de Lamballe. Ou pour passer la journée à Trianon.

Elle est encore belle à cette époque, malgré un peu d'embonpoint. La Révolution ne l'a pas encore vieillie. Son port de tête, ses cheveux, sa démarche si gracieuse, son sourire, son éclat sont intacts. Le jeune François-René de Chateaubriand, qui l'aperçoit dans les derniers jours de juin à la sortie de la messe, dans le salon de l'Œil-de-bœuf à Versailles, la décrit comme s'il avait voulu fixer son image pour l'éternité : « La reine passa avec ses deux enfants, leur chevelure blonde semblait attendre des couronnes. [...] Le petit Dauphin marchait sous la protection de sa sœur ; il m'aperçut et me montra obligeamment à la reine. Elle me fit, en me jetant un regard avec un sourire, ce salut gracieux qu'elle m'avait déjà fait le jour de ma présentation [à la Cour]. Je n'oublierai jamais ce regard qui devait s'éteindre si tôt[7]. »

Ce regard-là, c'était aussi le regard de sa jeunesse et, avec elle, tout ce que la Révolution allait emporter pour toujours. Le sourire de la reine va rester dans les mémoires comme le dernier reflet de cette « douceur de vivre », si bien évoquée par Talleyrand, des dernières années de la monarchie. Il n'est pourtant déjà plus qu'un songe et la reine donne le change. Désormais, le mot qui revient le plus souvent dans ses lettres est le mot « peine ».

Mercy la décrit inquiète et tourmentée d'une position d'autant plus délicate que le public lui suppose une influence qu'elle n'a pas. Elle se sait haïe malgré tous ses efforts. Personne n'a crié « Vive la reine ! » le jour de l'ouverture des états généraux. Contre toute réalité, on va bientôt faire d'elle la grande coupable et lui prêter tous les crimes.

C'est en juin que commencent les rumeurs les plus folles : les envois d'or par convois entiers à son frère Joseph II à Vienne, son appel aux armées autrichiennes contre la nation, ses machinations contre les états généraux. L'agronome anglais Arthur Young, qui parcourt la France en juillet, n'en revient pas de ce qu'il entend. À une table d'auberge de Colmar, on accuse la reine de vouloir faire sauter l'Assemblée au moyen de mines souterraines puis d'affamer et de massacrer tout Paris. En Auvergne, un peu plus tard, on soupçonne carrément Young lui-même d'être l'un de ses agents secrets, venu tout exprès mettre le feu aux villages environnants, et on l'arrête[8]. Médée et Hécate tout à la fois n'ont pas fait pire que l'Autrichienne, « Madame Déficit » et bientôt « Madame Veto ». Elle est la reine des maléfices. On l'aurait vue avec le comte d'Artois et son amie la Polignac séduire les soldats allemands du régiment de Nassau cantonnés à l'Orangerie de Versailles, leur distribuer du vin et de l'argent[9].

Non contente d'avoir des partisans, des moyens, des armes secrètes, on lui prête des poisons. On est certain qu'elle les porte toujours sur elle et qu'elle s'en sert contre « les personnes auxquelles elle veut se venger[10] ». Le tout à l'avenant. Mercy parle à ce propos d'une véritable « frénésie » des esprits contre elle, et Young met cette « inconcevable aversion » sur le compte de l'ignorance autant que de l'imagination française[11]. Plus tard on fera d'elle l'instigatrice du mystérieux « comité autrichien » destiné à saper les bases de la liberté et à renverser les nouvelles institutions. C'est sous la double inculpation de complot et de trahison qu'on la guillotine le 16 octobre 1793.

Tout cela n'est tout de même pas tombé d'un nuage. Il y eut des pamphlets, des caricatures et des affidés pour en payer la fabrication. Et cela ne circule pas seulement dans le peuple, mais dans les meilleurs salons de la capitale. En la visant, on touche indirectement le roi lui-même. On se sert aussi d'elle comme d'un très utile bouc émissaire, quand il en faut absolument un. En la plaçant, avec le comte d'Artois et ses partisans, au centre du complot de la Cour, on crée une dynamique qui favorise d'autant la marche de la Révolution. Comment vaincre les hésitations des uns, les incertitudes des autres sans traîtres et sans ennemis ? La reine inaugure, en ces jours de juin, ce qui deviendra une nécessité absolue de la fabrique révolutionnaire. Il n'est pas de Révolution sans Contre-Révolution, que cette dernière ait véritablement existé ou qu'elle ait été déformée, manipulée, amplifiée à l'infini. Il faut se souvenir du discours que prononce Brissot à la tribune des Jacobins en décembre 1791 : « Je l'avouerai, messieurs, je n'ai qu'une crainte, c'est que nous ne soyons pas trahis. Nous avons besoin de grandes trahisons[12]. »

La trahison va bientôt entraîner la Révolution dans une sorte de surenchère indéfinie tout en lui offrant les raisons de sa radicalisation. Elle lui servira tout à la fois de combustible, de caution et de légitimité, jusqu'à habiter durablement nos imaginaires. On la verra réapparaître à chacune des grandes crises de notre histoire contemporaine, en 1814, en 1815 après la défaite de Waterloo, en 1870. Souvenons-nous des affiches de 1940 contre la « cinquième colonne » : « Silence. L'ennemi guette vos confidences[13]. »

20

Des curés révolutionnaires

Si rien n'a été décidé sur le fond le 19 juin à Marly, le simple fait d'avoir arrêté le principe de la tenue d'une séance royale aux Menus-Plaisirs va contribuer à précipiter les événements. Malgré les insistances de Bailly, le roi refuse toujours de communiquer directement avec les députés du tiers état et c'est par une lettre de son chancelier Barentin, portée dans la nuit du 19 au 20 juin, qu'il le fait prévenir de la fermeture de la grande salle des états généraux en prévision de la prochaine séance royale du 22. Le prétexte en est tout trouvé. La venue du roi, des ministres et de la Cour nécessite qu'on y fasse des aménagements et qu'on y réinstalle l'estrade et le dais royal démontés depuis le 5 mai.

Les portes fermées de la rue des Chantiers, le 20 juin au matin, vont être comme l'étincelle qui va mettre le feu au baril de poudre. À ne pas agir franchement, on finit par se faire prendre. Les demi-mesures n'ont jamais convenu aux situations explosives. En réalité, ce que Barentin se garde bien de dire, c'est que du côté de la Cour on redoute de plus en plus le ralliement d'une partie du clergé à la toute nouvelle Assemblée nationale formée par les députés du tiers état. On croit pouvoir l'éviter avant la tenue de la séance royale en faisant tout bonnement fermer et garder les portes de l'hôtel des Menus. Pas de salle, pas de ralliement. L'artifice est misérable.

Il est des moments qui ne supportent ni les subterfuges ni la timidité. C'est que, la veille, tandis que le roi tenait conseil à Marly, il s'est produit un événement de taille au sein de l'ordre du clergé. Les députés du premier ordre du royaume, le plus riche et le plus prestigieux de tous, ont d'abord cherché à jouer les intermédiaires entre le tiers et la noblesse, ils ont ensuite discuté des jours et des jours pour savoir s'ils allaient se vérifier séparément ou en commun, puis, le 19 juin, la sentence est tombée. À une très courte majorité (141 voix contre 134), les députés du clergé adoptent le principe de la vérification en commun, sous la réserve toutefois du maintien de la distinction des ordres en assemblée générale. Par la suite, les deux camps n'en finiront pas de se contredire sur la validité de cette courte majorité. Certains curés auraient été pris par surprise ou convaincus après le départ des députés hostiles à la réunion au tiers état[1]. Il n'empêche que ce vote du 19 juin atteste d'un état d'esprit favorable aux idées « patriotes ».

D'aucuns pourraient s'étonner d'une pareille décision prise par un ordre attaché à ses immunités et privilèges, peu nombreux – moins de 200 000 – mais immense propriétaire foncier, fort de son indépendance et de ses dîmes[2]. Elle s'explique par la très forte proportion des curés – plus des trois cinquièmes – aux dépens des représentants du haut clergé et du clergé régulier. Le règlement leur avait été dès le départ favorable, qui limitait par exemple fortement le nombre des électeurs envoyés par les chapitres et les abbayes. De plus, rien ne va plus depuis longtemps entre le haut et le bas clergé. Les assemblées de bailliages du clergé ont été marquées par un fort mouvement d'opposition des curés et des vicaires de paroisse réduits à la portion congrue – environ 700 livres d'après la déclaration royale de septembre 1786, auxquelles s'ajoute le casuel (les offrandes et honoraires versés par les fidèles) – contre les gros décimateurs : les évêques, les archevêques, les abbés commanditaires et l'aristocratie des chanoines et autres prébendiers rattachés aux églises cathédrales. En comparaison, les revenus de l'archevêché de Reims s'élèvent à la somme vertigineuse de 560 000 livres à la fin des années 1780 tandis que la cinquantaine de chanoines du chapitre cathédral (le conseil de l'évêque) se partagent 110 000 livres de rente.

Tous les témoins présents lors des assemblées du clergé vont dans le même sens. Les curés chassent leurs évêques ou les obligent à abandonner la présidence, les malmènent et les injurient. Le mot d'ordre est général : « N'élisons que des curés ! » En Alsace et en Lorraine, le seul évêque élu est celui de Nancy, Henri de La Fare[3].

Cela ne s'améliore pas aux états généraux. Aux écarts de revenus s'ajoutent des différences de classes. Tandis que certains prélats traitent à mi-voix les curés de « fils de paysans », ces derniers les accusent de leur noblesse. Des curés commencent à dresser des listes d'évêques avec des notes sur leur naissance. On se moque même de leurs invitations et de leurs dîners : « Leurs soupes sont meilleures que leurs avis[4]. » Le 19 mai, un curé dont on n'a pas retenu le nom prononce un discours sanglant contre le luxe des prélats, le scandale de leur vie oisive et dissipée, leur absentéisme. Il finira par s'excuser, mais d'autres, note l'abbé Coster, « riaient sous cape[5] ». Et Jacques Jallet, un curé du Poitou parmi les plus radicaux, de balayer les arguments des uns et des autres, par un « Nous sommes tous des citoyens » qui avait au moins le mérite de placer le débat au bon endroit[6].

Tout cela ne s'est pas fait sans influences. Voilà des semaines que les curés sont courtisés par les députés du tiers. On les accueille aux états généraux comme les apôtres de l'Évangile, des pasteurs utiles, les bienfaiteurs du peuple avec lequel ils entretiennent des liens évidents, ne serait-ce que par leur naissance. Le tiers a très bien compris qu'il y avait là le moyen de gagner la première manche de la partie contre la noblesse. On se moque bien un peu d'eux en sous-main, de leurs soutanes et de leurs rabats sales, de leurs allures rustiques, de leurs chapeaux et de leur absence totale d'urbanité. On l'a vu, le tiers des villes ne porte pas vraiment toute cette tourbe rurale de bas prêtres dans son cœur. Mais ce sont de précieux alliés. Il s'agit de les ménager avant qu'on ne les malmène quand ils ne seront plus utiles.

Dès le 27 mai et pour éviter qu'ils ne se constituent seuls avec le reste de leur ordre comme venait de le faire la noblesse, Target, à la tête d'une délégation d'une centaine de députés du tiers, les invite solennellement à les rejoindre « au nom du Dieu de paix ». Tous les arguments sont bons, même les plus hypocrites. À partir du 10 juin, les curés dissidents – jusqu'à une centaine –, conduits par l'abbé Coster, vicaire général de l'évêque de Verdun, commencent à s'assembler à part, dans l'intervalle de leurs séances officielles. Dès le 12 juin, trois premiers curés (Jallet, Lecesve et Ballard, tous les trois élus du Poitou) descendent discrètement dans la salle du tiers et se font vérifier en commun.

Grégoire, curé lorrain d'Emberménil, pourtant élu grâce au soutien de l'évêque de Nancy, Mgr de La Fare, les rejoint le 14. Il venait de dénoncer la collusion des aristocrates du clergé et de la noblesse dans une brochure incendiaire[7]. Celui-là est connu. On sait son rôle déterminant en faveur des juifs et des Noirs. À l'Assemblée nationale, il sera bientôt s principaux rédacteurs de la Constitution civile du Condamnée par le pape, elle est à l'origine du schisme qui divisera l'Église et précipitera la Révolution. D'autres suivront, par petits groupes, bien avant le vote du 19 juin. Quelques évêques « libéraux » les soutiennent, Lubersac évêque de Chartres, l'ambitieux et intrigant archevêque de Bordeaux Champion de Cicé et celui de Vienne Lefranc de Pompignan qui a présidé à Romans l'assemblée des trois ordres des états du Dauphiné et est resté fidèle au principe de leur réunion. On accusera ce dernier d'être une créature de Necker. Ils étaient en tout cas proches de certains députés « monarchiens » du tiers. Mounier avait été le secrétaire de Lefranc de Pompignan à Romans et on sait les liens de l'évêque de Chartres avec Sieyès, son vicaire général.

Nombre de ces curés dissidents du 19 juin finiront par faire marche arrière et compteront parmi les premières victimes de la Révolution. Mais d'autres vont la servir jusqu'au bout. On en retrouve même un certain nombre à la Convention nationale de 1792, comme l'abbé Grégoire ou le curé de Souppes, Alexandre Thibault, ou Simon-Edme Monnel, un curé des environs de Châlons, et plusieurs autres. On ne le sait pas assez, mais en 1792 un Conventionnel sur dix est d'origine cléricale : des curés, d'anciens moines, des membres de congrégations enseignantes comme les ex-oratoriens Joseph Fouché ou Joseph Lebon. Ceux-là voteront la mort du roi, certains iront même jusqu'à abjurer leur prêtrise et se marieront.

Le 19 juin, les curés ne se prononcent pas seulement par haine de leurs évêques. Nombre d'entre eux sont nostalgiques d'une Église primitive dépouillée de ses ors, indépendante, gallicane et sociale, imprégnés aussi des idées jansénistes qui infusent dans le bas clergé français depuis plus d'un siècle. La plupart sont hostiles à toute hiérarchie cléricale au nom de la communauté universelle des fidèles et prônent une Église recentrée sur sa seule vocation spirituelle. Le message évangélique agit ici, comme il l'a fait si souvent dans l'histoire de l'Église, ainsi qu'un principe rebelle à toute forme de hiérarchie, d'administration et d'organisation. On comprend qu'après guerre, un théologien comme Henri de Lubac – qui ne pensait peut-être pas à ce propos aux curés de 1789 – ait pu s'étonner du caractère parfaitement instable de l'institution ecclésiastique, d'un côté absolument conservatrice, de l'autre absolument révolutionnaire.

C'est en tout cas ce vote du 19 juin qui fait se précipiter le président de l'ordre du clergé, le cardinal de La Rochefoucauld, à Marly, aux pieds du roi, et aggrave les inquiétudes. On fera même faire à Mgr de Juigné, l'archevêque de Paris, des choses qu'il n'a jamais faites. On voudra qu'il ait cherché à persuader le roi « le crucifix à la main » des dangers du tiers état et de l'impiété de son président Bailly[8]. L'édifice des ordres craque de toute part. Les députés du tiers le savent. On ne comprendrait rien, sans cela, à leurs audaces du 20 juin.

21

De par le roi, prenez la porte

Tout a commencé sur un quiproquo. Pour le roi, les états généraux sont toujours divisés en ordres et c'est à ce titre qu'il a fait prévenir le président du tiers état comme ceux des deux autres ordres par une lettre de son grand maître des cérémonies, le marquis de Dreux-Brézé, de la fermeture des Menus-Plaisirs en prévision de sa venue. La lettre parvient à Bailly à son domicile, aux alentours de 6 heures du matin. Au même moment on fait afficher la nouvelle « de par le roi » dans les rues de Versailles et on la fait crier par ses hérauts d'armes. Bailly savait très bien depuis la veille, par ses informateurs, qu'il trouverait porte close. Cela ne l'avait pas empêché le 19 de fixer la prochaine séance de l'Assemblée au lendemain matin 9 heures.

Il fallait un personnage comme Jean-Sylvain Bailly, gonflé de son importance et tout vibrant de sensibilité blessée, pour qu'un incident ait lieu et qu'il prenne bientôt d'incroyables proportions. Bailly ne se vit plus comme le président du troisième ordre, mais comme celui, régulièrement élu, de la toute nouvelle Assemblée nationale. Il représente la nation. On lui doit du respect et de la considération. Il en sera encore tout retourné trois ans plus tard, en écrivant ses souvenirs.

« Était-il décent que les membres de l'Assemblée nationale [...] fussent instruits des intentions du roi, de la suspension de leurs séances et de la fermeture de leur salle par des crieurs publics et par des affiches, comme on instruit les habitants d'une ville de la fermeture d'un spectacle[1] ? »

Dans tout ce qui va suivre, c'est la vanité qui le conduit, beaucoup plus qu'un quelconque sens politique. Bailly n'en démord pas. Il se rend donc aux Menus comme si de rien n'était. Il y retrouve, un peu avant 9 heures, ses secrétaires et quelques dizaines de députés que les portes fermées de l'avenue de Paris et les gardes-françaises qui y ont été postés ont déjà passablement irrités. La foule grossit de minute en minute et le ton monte. Ce qui va l'aider considérablement, c'est que les gardes du roi ne gardent plus grand-chose, sont acquis à sa cause et ne demandent pas mieux que de lui faciliter la tâche. On a fait venir en tout et pour tout une quarantaine de gardes-françaises pour protéger l'hôtel des Menus. On a même oublié jusqu'au dernier moment de leur faire charger leurs fusils. Leurs chefs savent très bien qu'une bonne partie du régiment est déjà à demi insurgée et agissent avec la plus grande précaution.

L'officier de service, Gabriel-Michel de Vassan, dit le chevalier de Vassan, lieutenant aux gardes-françaises d'une ancienne famille noble du Valois, est assez typique de ces militaires favorisés par la Cour, acquis aux idées nouvelles et qui finiront par émigrer sous la Terreur. Son père, colonel de dragons, occupait la charge très honorifique de capitaine des levrettes de la chambre du roi. Vassan ne sait pas très bien quoi faire des ordres du roi et de ceux de son capitaine commandant sa compagnie, le marquis de Chailly. Il veut éviter l'affrontement et trouve une solution en laissant entrer Bailly, ses secrétaires et une douzaine de députés pour y prendre leurs papiers. Les procès-verbaux des séances fondent en quelque sorte la légitimité de l'Assemblée. Dans celui du 20 juin que Camus commence à rédiger dans l'un des bureaux, Bailly proteste pour la forme de la fermeture des états et promet d'en rendre compte aux députés. Il pleut, ce matin-là, et Vassan autorise encore quelques députés à venir se mettre à l'abri dans une salle particulière. Mais les portes de la salle commune des Menus restent fermées pour les autres. D'ailleurs, des ouvriers travaillent déjà à son aménagement.

Vassan a beau se comporter avec tout ce qu'il faut d'« égards et de politesse », au dire de Bailly, dehors, c'est la pagaille. On s'attendait ce jour-là à ce que les représentants du clergé se joignent à ceux du tiers. Deux cents voitures sont venues de Paris et stationnent dans l'avenue. Plusieurs milliers de personnes s'agglutinent autour du bâtiment. Les députés, arrivés progressivement par groupes, crient à la tyrannie et au scandale. « Une vraie cohue », dit La Galissonière présent sur les lieux. On veut même enfoncer les grilles qui ferment la cour des Menus sur l'avenue de Paris et entrer de vive force.

Il n'y a rien de plus pittoresque qu'une foule française. Tout le monde parle en même temps. Les uns proposent de se rendre directement à Marly pour y siéger dans les jardins, d'autres suggèrent de tenir une séance sur la place d'Armes de Versailles devant le palais des rois, une sorte de sit-in informel avant l'heure, en somme. On se dispute et on s'invective. On a entre-temps dépêché un émissaire à l'église Saint-Louis pour savoir si l'on pouvait en disposer, mais le curé s'y est refusé[2]. C'est alors que le docteur Guillotin, toujours plein de ressources, propose à Bailly de réunir les députés dans la salle du Jeu de paume, de l'autre côté de la place d'Armes, rue de Lorge, à l'angle de la rue du Vieux-Versailles. Il suffit de quelques minutes à pied pour s'y rendre. Le bruit s'en répand vite. Les plus déterminés commencent à crier : « Au Jeu de paume ! Au Jeu de paume[3] ! » On y envoie sans attendre une poignée de députés en reconnaissance pour s'assurer de l'endroit.

Chose étonnante, les gardes de la prévôté de l'hôtel, sous-lieutenant en tête, en uniforme bleu à collet et parements rouges, habituellement chargés de la police des Menus-Plaisirs, les accompagnent. Ils ont refusé l'ordre de leur major, M. de Varville, de se retirer à leur hôtel, rue Royale, et se sont mis tout bonnement à la disposition du président de l'Assemblée[4]. Ce sont eux qui vont assurer la garde des portes du Jeu de paume au cours de la journée. De leur côté, le chevalier de Vassan et un autre lieutenant aux gardes-françaises, Armand de Maistre de Vaujours, ne trouvent rien de mieux à faire que d'aller rendre compte de la situation à l'hôtel du gouvernement de Versailles. Le duc du Châtelet, qui commande le régiment des gardes-françaises, ne bronche pas. Non seulement il ne fait rien, mais il oublie d'aller en avertir le roi à Marly[5]. Décidément, Louis XVI est bien mal servi.

Sur place, le paumier et concierge du bâtiment qu'il tient en location, Charles Lataille, ne fait pas de difficultés pour mettre sa salle à la disposition des députés – ou la leur louer, on ne sait pas. Il n'est pas le plus célèbre des maîtres paumiers du roi et le cède en réputation à un certain Antoine Henry Masson qui était si doué qu'on le considérait comme « l'un des plus fameux joueurs de paume d'Europe », mais il appartient à une lignée qui tient le jeu de Versailles depuis le début du siècle[6]. C'est donc chez lui que va se dérouler l'un des événements les plus décisifs de la Révolution. Il se mordra vite les doigts d'avoir oublié que sa salle n'était qu'une ère de jeu et de divertissement. Après le 20 juin, plus personne ne viendra chez lui, surtout après le départ forcé de la Cour et l'abandon du château en octobre. Aussi va-t-il écrire lettre sur lettre pour demander des secours. Ce qu'il a fait, implore-t-il, vaut bien une récompense. Et d'évoquer « l'honneur inappréciable » d'avoir reçu les représentants de la nation qu'il décrit, en solliciteur inspiré, « errant dans les rues et cherchant où se reposer pour enfanter la liberté[7] ». Ce n'est qu'un début.

Dans les années qui vont suivre, les apologistes de la journée du 20 juin ne vont plus cesser d'insister sur ce que celle-ci pouvait avoir d'inattendu et d'improbable. Sa grandeur même tient au vertige de ses contrastes. D'un côté, la modestie presque triviale d'une salle de jeu ; de l'autre, la beauté fondatrice de ce qui s'y est produit. « Une académie de jeu devenait le temple de la patrie[8] », un lieu « auguste[9] » soudain « sanctifié par une déclaration qui a sauvé la France[10] ». Même les poètes s'y sont mis : « Berceau des lois ! Sainte masure[11] ! » On glorifie tout, jusqu'à la sonnette utilisée ce jour-là par Bailly. À la fin de la journée, ce dernier trouve épinglée à l'une des pages du procès-verbal de la journée une petite note qui la fait joliment parler : « Oh ! Vous, bons citoyens, à qui le désir du bien public a inspiré tant d'énergie au moment où l'on a tenté d'enchaîner votre activité ! Je me consacre désormais à votre service. » Et la sonnette de promettre de ne jamais rester « muette » et de toujours rallier les cœurs de l'Assemblée[12]. La légende est en marche. Elle aura de beaux jours. On verra plus loin ce qu'il en a été de la mémoire de cette incroyable journée.

22

Dans un jeu de paume

Le 20 juin au matin, le jeu de paume de la rue de Lorge n'est encore qu'une salle de sport. Le comte d'Artois y jouait régulièrement, parfois contre son cousin Chartres (avant que celui-ci ne prenne le titre de duc d'Orléans à la mort de son père en 1785). On y prend de gros paris, on y vient comme on assisterait à un spectacle. Le jeu de paume, « le roi des jeux et le jeu des rois », est très à la mode à la fin des années 1780. Les grands maîtres paumiers se font peindre par des artistes de renom et reçoivent du roi des pensions qui peuvent aller jusqu'à 4 000 livres. On y joue à deux ou à quatre, avec des raquettes, de part et d'autre d'un filet (la corde) et en plusieurs manches. Les règles y sont complexes avec des lignes dites de « chasses » de part et d'autre du filet qui déterminent le décompte des points selon le rebond de la balle, y compris sur les murs. On est là en fait quelque part entre le tennis et le squash. Il semble que depuis l'ouverture des états généraux la salle de la rue de Lorge, très vite rebaptisée rue du Jeu-de-Paume, ait déjà servi de lieu de réunion politique à quelques députés de la noblesse parmi les plus hostiles au tiers état[1]. Mais ce qui va s'y passer le 20 juin est d'une tout autre importance.

De l'extérieur, le bâtiment n'a pas beaucoup changé depuis sa construction en 1687. On y entre par une porte à fronton frappé des trois fleurs de lys royales. On traverse un premier vestibule, au rez-de-chaussée du logement du concierge, et on pénètre dans une vaste salle d'environ 30 mètres de long sur 11 mètres de large éclairée des deux côtés par de grandes fenêtres hautes à arcades de bois munies de filets. Une galerie basse et couverte y court sur trois côtés à l'usage des spectateurs et des parieurs. Le sol est fait de grandes dalles de pierre, le plafond est d'un bleu sombre constellé de fleurs de lys d'or. L'abbé Fauchet, qui n'est pas en reste de dramaturgie, transforme tout cela dans ses *Tableaux historiques de la Révolution* en une vaste pièce aux « murs nus et noircis » et compare l'endroit à une « prison[2] ».

La salle est vide. On aura du mal à trouver quelques bancs et une table pour les secrétaires. Les députés y entrent progressivement, par groupes, entre 10 et 11 heures du matin, mais d'autres les rejoindront jusque dans la soirée. On a même fait venir, à leur demande, deux députés grabataires transportés à bras dans des fauteuils. On fera dire plus tard toutes sortes de choses pieuses à celui de la Vendée, le notaire Jean-François Goupilleau : « Grâce au ciel, si je meurs, mon dernier serment sera pour ma patrie ! » Cela ne l'empêchera pas de survivre jusqu'en 1823 et de mourir à 70 ans[3]. Toute cette journée est comme embellie par des moments de bravoure magnifiés à l'infini qui en brouillent sans cesse la lecture et placent la scène quelque part entre l'histoire et l'épopée. C'est que les quelque 450 députés présents au Jeu de paume, sans compter 5 curés de l'ordre du clergé[4] et 8 représentants nobles de l'île de Saint-Domingue dont l'élection n'a pas encore été vérifiée, vont marquer les esprits par les décisions qu'ils vont prendre.

Les têtes sont survoltées. Depuis la veille au soir, on ne parle que dissolution et coup de force. D'après le comte de La Galissonière, Target se serait même assuré de fonds auprès de certains banquiers parisiens – 15 millions, prétend-t-il, destinés aux besoins de l'Assemblée au cas où elle aurait à entrer durablement en rébellion[5]. Les députés les plus timorés sont restés chez eux malgré les messages qui leur ont été envoyés. Comme souvent dans ces moments-là, seuls quelques-uns gardent la tête froide. Ce sont eux qui vont conduire les débats. Duquesnoy, qui s'est rendu parmi les premiers au Jeu de paume, entend toutes sortes de conversations exaltées. Il est question de périr avec gloire, de mourir pour la patrie. « Ce n'est qu'en traversant un fleuve de sang qu'on peut devenir libre[6]. »

Personne n'a encore vu l'ombre d'un soldat, mais on se comporte déjà comme si l'on était cerné par la troupe. On est persuadé que la partie est par trop inégale, que le roi est tout-puissant, qu'il a de l'argent et des troupes. Il n'y a rien de plus dangereux qu'un ennemi quand on lui prête des pouvoirs qu'il n'a pas et qu'il n'existe que dans les rêves de ceux qui le craignent. Le « mal imaginaire » conduit tout droit à la subversion[7]. Le jeune Thibaudeau décrit son père, le député du Poitou, et ceux de son bailliage très « secoués » par toute cette journée. « On voyait qu'ils avaient dépensé plus de courage que n'en comprenait la dose dont ils étaient pourvus[8]. » Un autre, François Mayer, élu de Sarreguemines, serait carrément devenu fou, de frayeur d'être arrêté. « La peur l'a pris, et la tête lui a sauté », note plutôt amusé un chroniqueur anonyme[9]. Le fait est qu'après le 20 juin il ne paraîtra plus aux séances et se fera remplacer. À la fin de la journée, quelques-uns des députés les plus en vue, comme Target, iront même prudemment se cacher dans Paris.

Étienne Dumont est l'un de ceux qui ont le mieux senti l'atmosphère de serre chaude qui régnait dans la salle. « Il faut avoir été témoin de cette scène où la peur même se cachait sous l'air du courage, où les plus timides criaient le plus fort pour connaître tout le mal qu'elle a produit[10]. » À l'extérieur, la foule a envahi les rues avoisinantes, escaladé les murs de la salle. Beaucoup ont même réussi à pénétrer dans les tribunes. « Le bruit de la rue nous empêchait de nous entendre », note Creuzé-Latouche. Il devait avoir l'oreille fine, car il se souvient du tintement régulier du marteau d'un maréchal-ferrant qui travaillait dans le voisinage[11].

Si le peintre David – qui ne se rendra sur les lieux que plus tard et dessinera la scène sur de simples témoignages – est exact sur un point, c'est en partie sur cette foule du Jeu de paume. On voit dans son esquisse, aux fenêtres hautes de la salle, des grappes de personnages assister au spectacle, des hommes, des femmes, des enfants, des bourgeois, des domestiques, des ouvriers. Au balcon de droite, un militaire brandit son sabre[12]. Tous semblent communier avec les députés, groupés en contrebas, autour de Bailly. La salle est traversée par une bourrasque de vent, les rideaux volent, la chapelle royale du château qu'on aperçoit par l'une des baies de gauche est même frappée par un éclair. David a inventé un orage qui n'existait pas. Un orage allégorique supposé régner dans les têtes aussi bien que dans le ciel. La réalité est plus banale. Le vent souffle à peine, ce jour-là, le ciel est couvert et il fait passablement froid pour un mois de juin : 17 °C. Il pleut par averses jusque dans la soirée avant que le soleil ne se rétablisse[13]. Mais les députés du Jeu de paume ne devaient que médiocrement s'intéresser au temps.

23

« Là où nous sommes est l'Assemblée nationale »

Bailly commence par lire la seconde lettre que lui a envoyée Dreux-Brézé alors qu'il était encore aux Menus-Plaisirs. Le grand maître des cérémonies lui confirme les ordres du roi et la fermeture provisoire des Menus. « C'est par un ordre positif du roi que j'ai eu l'honneur de vous écrire ce matin, Monsieur. » Les choses ne pouvaient être plus claires.

Après « beaucoup de chaleur et de plaintes », dit encore Duquesnoy, les plus entreprenants préparent la riposte. Dès la veille au soir, on pensait déjà, au Club breton, dans le cas où la salle des états serait fermée, saisir l'occasion pour se déplacer sans délai à Nantes ou à Paris. Là, au milieu du peuple, l'Assemblée aurait défié le roi. Barnave et Sieyès sont dans le coup. Alors que ce dernier s'apprête à rédiger une première motion de translation, Mounier prend le parti, pour éviter le pire, d'en proposer une autre, plus vague et moins fracassante[1]. C'est tout du moins ce qu'il expliquera plus tard. Il veut éviter qu'on ne se sépare du roi et lui conserver un semblant de dignité. Il espérait ainsi faire passer sa motion sous la réserve de la sanction de ce dernier, ce qui était absurde, comme si le roi pouvait aller contre ses propres ordres. Tout cela sent un peu trop l'alibi tardif. Sur le moment, ceux qui étaient près de lui rapportent qu'il avait un peu perdu la tête, qu'il plaidait en désespéré la légitime défense contre l'oppression et qu'il s'exprimait « d'un air pathétique ». Il proteste, crie contre la fermeture des Menus-Plaisirs, parle tour à tour de « mépris », d'« indécence », d'« attentat » contre les droits de la nation[2]. Jurez, supplie-t-il, de poursuivre vos délibérations. L'Assemblée doit exister quoi qu'il arrive et « dans quelque lieu qu'elle soit forcée de s'établir » jusqu'à ce qu'elle donne une constitution « solide et équitable » au pays.

La motion de Mounier trouve instantanément de nombreux partisans parmi les députés dont beaucoup étaient convaincus qu'on s'apprêtait à les arrêter ou à les renvoyer dans leurs provinces sans autre forme de procès. Elle saisit l'Assemblée comme une décharge électrique. On applaudit à tout rompre, certains pleurent, on jure de ne pas rentrer avant d'avoir fait son devoir[3]. Bailly écarte, sous prétexte d'« effervescence », les garanties concédées au roi par Mounier. L'un de ses proches, le très modéré Malouet que l'on a déjà rencontré, appuyé par plusieurs de ses amis, n'a pas plus de succès lorsqu'il demande, « sous les huées », qu'on fasse la constitution « de concert avec le roi[4] ». Cela est « juste », lui répond doctement Bailly, mais inenvisageable dans les circonstances actuelles.

Remaniée par Target – et par Le Chapelier – sur un bout de table dans le tumulte qu'on imagine, la motion initiée par Mounier a au moins, dans sa version finale, le mérite de la cohérence. C'est le texte de Target toujours désireux de se faire valoir, approuvé sans vote et par acclamation, qui est passé à la postérité : « L'Assemblée nationale, considérant qu'appelée à fixer la constitution du royaume, opérer la régénération de l'ordre public et maintenir les vrais principes de la monarchie, rien ne peut empêcher qu'elle continue ses délibérations, dans quelque lieu qu'elle soit forcée de s'établir, et qu'enfin, partout où ses membres sont réunis, là est l'Assemblée nationale. » On ne sait pas encore très bien ce que sera cette constitution promise au pays, mais on peut compter sur les plus déterminés pour la faire la plus radicale possible. Les « vrais principes de la monarchie » sont là pour rassurer, tout comme les « Vive le roi ! » qui suivent la motion. Ils veulent à la fois tout dire et ne rien dire. On en fera ce qu'on voudra.

Le 17 juin, le tiers état s'était mué en Assemblée nationale. Le 20, l'Assemblée se proclame cette fois constituante, permanente, unanime et indivisible. Encore trois jours et elle sera inviolable. Elle s'est investie, note Talleyrand toujours perspicace, « du droit de détruire tout ce qui existe et d'y substituer tout ce qui lui plaira[5] ». Un nouveau pas, immense, est franchi. Bref, on a largué les amarres.

Bailly, qui décidément aime les serments, invite alors les députés à jurer de rester fidèles au décret qu'ils viennent d'adopter. C'est ce serment-là qui restera. Il monte sur une table et prononce le premier la formule sacramentelle de ce qui deviendra « le saint serment », celui avec lequel les députés promettront d'être toujours liés et qui reviendra plus tard, dans leurs correspondances[6] : « Nous jurons de ne jamais nous séparer et de nous rassembler partout où les circonstances l'exigeront jusqu'au jour où la constitution du royaume sera établie et affermie sur des fondements solides. » Il la prononce dit-il « à voix si haute et si intelligible » qu'il aurait été entendu par le peuple – dans un « grand silence » – jusque dans la rue, ce dont je doute un peu[7]. À sa suite, tous les députés jurent, bras levé, comme le

17 juin. D'autres témoins diront la main sur la poitrine : « *Manu ad pectus admota.* »

Ce sont les mains levées des députés du *Serment* de David qui vont l'emporter, en un demi-cercle parfait autour de la figure centrale de Bailly qui n'a sans doute pas grand-chose à voir avec la réalité. De même, la ronde magique des trois députés enlacés du premier plan, le chartreux Dom Gerle, prieur de Port-Sainte-Marie en Auvergne, l'abbé Grégoire et le pasteur nîmois Rabaut Saint-Étienne, réunis par la grâce du peintre en une sorte de trinité sainte prête à s'anéantir dans le culte triomphant des droits de l'homme. Et la robe de bure blanche de Dom Gerle illumine si bien toute la composition. Gerle, député suppléant du clergé de Riom, n'était pas plus là que Marat également présent dans le tableau de David le 20 juin et n'arrivera à Versailles qu'en décembre. C'est peut-être son engagement révolutionnaire, son admiration pour Robespierre, son abjuration et son mariage avec la sœur d'un sans-culotte parisien qui auront décidé le peintre, jacobin comme lui et futur Conventionnel, à le faire figurer dans son tableau. Il n'y a pas d'événement qui ait été plus réinventé que celui-là.

Tout en jurant, on avait aussi promis de signer, comme pour en témoigner à la postérité, comme pour attester aussi de l'unanimité des députés. Donc tout le monde signe. Par conviction pour certains, par peur ou par entraînement ou parce qu'il était difficile de faire autrement au su et au vu de tous pour d'autres. Même les 90 députés qui s'étaient opposés au décret du 17 juin s'exécutent. L'unanimité l'emporte sur les oppositions. C'est un sceau sur un pacte. Par le serment et par leurs signatures, les députés se lient entre eux. Ils se protègent en quelque sorte d'eux-mêmes et prennent en même temps de sérieuses assurances contre les agressions probables du gouvernement du roi. Qu'on ne s'y trompe pas. Le serment du 20 juin n'aurait jamais existé si les députés qui l'ont prêté n'avaient été pris d'un sentiment irraisonné de frousse universelle. La constitution qu'ils invoquent l'est d'abord pour leur propre défense. Ce n'est que plus tard qu'elle deviendra l'acte fondateur de la nation.

24

Le traître Martin-Dauch

Beaucoup n'ont sans doute pas réalisé sur le moment le sens de leur geste. La preuve en est dans leurs correspondances du soir ou du lendemain. Presque tous n'évoquent qu'en passant – quand ils n'en disent rien – leur serment du 20 juin, alors qu'ils témoignent tous de celui du 17[1]. Rares sont ceux, comme Adrien Duquesnoy ou Creuzé-Latouche, le député de Châtellerault, qui s'étendent sur le sujet. Mais sans doute leurs journaux ont-ils été retouchés par la suite. Les autres n'en parleront que plus tard.

Seuls les plus lucides mesurent parfaitement la portée de leur engagement. Mirabeau, qui cherchait encore à empêcher les députés de rompre sans retour avec le roi, le dit pour les autres. « Je signe, parce que je serai roué de coup comme je l'ai été ces jours derniers en effigie à Paris, mais je vous déclare que ceci est une vraie conjuration. » Il évoque encore dans son journal « ce serment que nous avons signé avec quelques précipitations[2] ». Cela n'empêchera pas David de le représenter deux ans plus tard au premier plan de son tableau, bras levé et yeux au ciel dans l'attitude d'un homme qui ne se possède plus. C'est que Mirabeau, alors au faîte de sa popularité, venait de mourir brutalement à la consternation générale. On l'avait conduit au Panthéon comme un héros avant qu'on ne l'en retire aussi vite quand on découvrit ses lettres et ses conseils à la Cour.

Toute l'opération prend plusieurs heures. Un huissier fait l'appel des députés par bailliage et chacun vient apposer son nom simultanément sur deux registres distincts. Le premier, tenu par le député de Paris et futur régicide Armand-Gaston Camus, est destiné aux archives de l'Assemblée, le second au service des secrétaires[3]. J'ai eu entre les mains les 13 pages de signatures du second procès-verbal, où tant de noms et autant de destins contraires et singuliers se bousculent. Toute la Révolution y défile, des Assemblées aux clubs, des clubs à la Terreur et de la Terreur à la guillotine. Certains signent d'une toute petite écriture en patte de mouche, d'autres plus largement. On y trouve parfois des rapprochements de noms aussi incongrus qu'un parapluie et une machine à coudre sur une table de dissection dans un tableau de Max Ernst. Barnave et Barère, Pétion et Dubois-Crancé, La Révellière-Lépeaux et Boissy d'Anglas et, sur la page d'ouverture, Mirabeau et Robespierre. Chose curieuse, le premier signe avec son titre, « le comte de Mirabeau », quand le second met sa particule, « de Robespierre ».

Certains oublient de signer l'un des deux registres, mais paraphent l'autre et *vice versa*. Si l'on fait le décompte, on relève 641 noms. Ils n'étaient pas autant au Jeu de paume, ce 20 juin. En réalité, seuls 442 députés se présentent à l'appel de leur nom par ordre alphabétique de bailliages en commençant par celui d'Agen jusqu'à celui de Vitry-le-François. L'appel a dû se poursuivre jusqu'à 5 ou 6 heures du soir. D'autres députés (124 pour être très précis), retardataires ou absents au cours de la journée, ou occupés à présider comme Bailly, signent individuellement et dans le désordre plus tard, après la séance. Lorsqu'on prendra conscience de l'importance du décret du 20 juin, et qu'on s'apercevra qu'il n'a provoqué aucune réaction de la part de la Cour, d'autres encore, parmi les plus courageux, voudront en être et demanderont à avoir leur nom sur les registres. Quatre-vingts députés suppléants ou représentants du clergé signent ainsi, sans trop de risques, à la suite de ceux du 20 juin, le 22 juin.

L'opération des signatures n'aurait pas pris la tournure symbolique et quasi épique qu'on lui donnera par la suite si un certain Joseph Martin-Dauch, modeste avocat de Castelnaudary, fils d'un conseiller et lieutenant du roi, n'avait été là pour perturber la séance. Au début, personne ne le remarque. Il signe à l'appel de son nom, comme tous les autres. Il faudra un certain temps avant que Camus ne s'aperçoive de l'hérésie, monte sur une chaise et déclare, consterné : « J'annonce à l'assemblée que M. Martin-Dauch a signé : opposant. » Fureur parmi les députés et peut-être parmi ceux qui regrettaient déjà de n'avoir pas eu ce courage-là. Bailly, toujours inspiré et très au fait des pratiques parlementaires, lui signifie que, s'il peut s'abstenir, il n'a pas le droit de s'opposer. Et Martin-Dauch de lui répondre sans se troubler : « Je déclare que je ne crois pas pouvoir jurer d'exécuter des délibérations qui ne sont pas sanctionnées par le roi[4]. »

On voudra rayer son nom, mais on finira par le conserver au nom de la liberté des votes. Il y est toujours, à la troisième page des signatures du procès-verbal. La suite est confuse et appartient tout entière à la légende. Certains auraient voulu le poignarder. Le tumulte était si fort, raconte Bailly, qu'il aurait eu le plus grand mal à le faire sortir du Jeu de paume par une « porte dérobée ». Le lendemain, on l'aurait retrouvé dans les rues de Versailles, fou de remords, errant comme un désespéré et faisant mille « extravagances ». Des médecins dépêchés à son chevet l'auraient même déclaré incurable[5].

En réalité, Martin-Dauch ne dira plus rien et continuera de siéger sagement à l'Assemblée jusqu'à ce que celle-ci achève ses travaux en septembre 1791. On ne l'oubliera pas cependant, et on l'emprisonnera à Toulouse sous la Terreur. Il devra la vie à une faute d'orthographe. On l'avait inscrit à l'écrou sous le nom de Martin d'Auch et non Martin-Dauch et on finira par le libérer, faute de preuves. Qu'il en ait eu conscience ou non, Martin-Dauch est bien le premier « dissident » de la Révolution. Prisonnière de son unanimité, celle-ci en fera bien d'autres !

David en a fait dans son *Serment* un traître d'anthologie. Il le représente assis, alors que presque tous les autres sont debout, comme prostré, les bras croisés sur la poitrine, dans la posture d'un damné. On voudra par la suite faire de lui un royaliste forcené. Il ne l'était pourtant ni plus ni moins que beaucoup d'autres, mais il sentait mieux, dans sa grande innocence, que le roi ne serait pas content et que tout cela pouvait mal se terminer. De ce point de vue, Étienne Dumont a très bien saisi la portée politique de ce qui s'est passé au Jeu de paume. En établissant, par leur serment, une sorte de « lien d'honneur » entre eux, les députés du tiers état se sont transformés en autant de « confédérés contre la puissance royale[6] ». Le serment du Jeu de paume a été « un signal d'insurrection », dira encore Malouet qui l'a pourtant prêté. Il leur a donné l'apparence de la persécution et a fait du roi un autocrate d'autant plus dangereux. C'est de ce jour que date le véritable intérêt du peuple de Paris pour les députés de Versailles.

Au Palais-Royal, on s'émeut de leur danger, on se met à soupçonner tout et tout le monde. Non seulement le serment a largement contribué à fortifier les rumeurs de complots aristocratiques qui couraient déjà dans Paris, mais il leur a donné une consistance telle que, dès lors, ce qui n'était qu'une crainte va devenir une certitude. Le 20 juin, le mythe s'est mué en réalité. Nombre d'historiens, à commencer par Mona Ozouf, considèrent à juste titre qu'en quittant Paris pour Varennes exactement deux ans plus tard, le roi a rompu ce qui pouvait rester de confiance entre lui et la Révolution[7]. Mais la véritable rupture de confiance avec la « nation » remonte au 20 juin 1789. Tout ce que Louis XVI cherchera à faire par la suite pour la rassurer n'aura ni durée ni efficacité. *A contrario*, la moindre apparence de menace prendra des proportions hors de mesure. L'insurrection parisienne des 12 et 13 juillet, la prise de la Bastille le 14, les journées des 5 et 6 octobre s'inscrivent exactement dans cette continuité-là.

Dès lors, la mémoire du 20 juin va se retrouver toute encombrée d'outrages et d'attentats contre les députés du tiers. On leur prêtera d'innombrables ennemis. On leur fera faire beaucoup plus qu'ils n'avaient fait. Ils auront en une seule journée, par leur fermeté et leur courage, « dissipé des bataillons et des escadrons nombreux, renversé les formidables apprêts des ennemis de la patrie, vaincu et désarmé les corrupteurs des rois[8] ». Plus tard, sous le Directoire, on voudra même commémorer l'anniversaire du 20 juin en mimant une « bataille du Jeu de paume ». Le « tyran » aurait fait encercler la salle par ses canons et le peuple serait venu en masse délivrer les députés. Tout cela se serait terminé par des illuminations et par un beau discours sur le « serment régénérateur[9] ». À défaut de véritable bataille, on l'invente. Et cependant, le 20 juin 1789, à Marly, le roi chasse !

25

Un serment contre le roi

C'est bien à l'aune de ces dangers imaginaires que le serment du 20 juin prend toute son importance. La mémoire a sur l'histoire l'avantage de la souplesse. Telle la magicienne Circé, elle transforme tout en fonction des événements et des circonstances qui la produisent.

Le serment du 17 juin a aboli symboliquement les ordres et dépossédé le roi de sa souveraineté. Le 20, les députés du tiers se donnent pour horizon l'établissement d'une nouvelle constitution. C'en est fini de « l'antique constitution du royaume » faite de lois diverses et coutumières. Il s'agit d'organiser durablement la nation sur le principe révolutionnaire de sa toute nouvelle souveraineté, déjà à l'œuvre le 17 juin. À nouvelle souveraineté, nouvelle constitution, jusqu'à oublier l'existence de la précédente. « Nos pouvoirs, dit encore Mirabeau dans un discours d'octobre 1790, ont changé de nature le jour de la fermeture des états généraux, le 20 juin 1789. »

Très logiquement, tout l'enjeu consiste dès lors à établir que les décisions et le serment du 20 ont été pris par la seule volonté des députés du tiers et que le roi n'a rien à y voir. Cette insistance date surtout des premiers mois de

1790. Le 4 février de cette même année, Louis XVI – ramené entre-temps à Paris et consigné aux Tuileries – s'était rendu volontairement à l'Assemblée et avait juré solennellement de maintenir les « libertés constitutionnelles » du royaume. Il s'agissait, dans l'esprit de ses conseillers d'alors, à commencer par Necker encore en place pour quelques mois, de lui faire reprendre la main en l'associant publiquement et durablement à la nation. La fête de la Fédération du 14 juillet suivant, qui allait contribuer pendant quelque temps à la popularité du roi, s'inscrit dans ce même mouvement.

C'est précisément contre ces tentatives de la Cour et du gouvernement que le serment du Jeu de paume, un serment sans le roi, systématiquement opposé au serment royal du 4 février 1790, prend les dimensions d'un acte fondateur de la nation. Dès lors, par leur serment, les députés du tiers, devenus les « pères de la patrie », ont véritablement « sauvé la France » en la faisant entrer dans une ère nouvelle.

« La France régénérée date du 20 juin 1789 », affirme Dubois-Crancé à la tribune des Jacobins en octobre 1790. Les députés ont ouvert ce jour-là « le premier chapitre des destinées de la France[1] ». Le moins que l'on puisse dire, c'est que, d'un bout à l'autre de la Révolution, le serment va montrer son extraordinaire pouvoir d'adaptation. On se sert d'abord de lui pour légitimer la nation contre le roi. Sous la Terreur, on l'agite contre les ennemis de la Révolution, et dans la foulée on fait le tri entre les bons et les mauvais patriotes. On guillotinera sans remords quelques-uns de ceux qui l'avaient prêté après les avoir accusés de ne pas lui être restés fidèles, à commencer par Bailly. D'autres suivront, le député de Grenoble Antoine Barnave accusé d'avoir correspondu avec la reine, les Girondins Jean-Baptiste Salle et François Buzot, Pétion, le second maire de Paris, qui n'évite l'échafaud que par le suicide, ou encore deux anciens présidents de l'Assemblée, le Breton Le Chapelier et l'avocat Jacques-Guillaume Thouret en avril 1794, pour ne citer que les plus connus. Le serment aussi a ses enfants de Saturne.

Après la Terreur, on l'invoque cette fois comme on aurait agité un rameau de paix, en signe de concorde et de ralliement, dans l'espoir de consolider une république de plus en plus chancelante. Quelques mois avant la prise de pouvoir de Bonaparte en novembre 1799, l'un des « pères » du serment, l'ancien ministre de la Justice de la République Dominique-Joseph Garat, s'en réclame encore à la tribune du Conseil des Anciens. Le serment du 20 juin, argumente-t-il, n'a pas seulement donné la liberté à la nation, il a changé la royauté en une « magistrature destituable » et préparé la République[2]. La boucle est bouclée.

26

David, Circé et le paon

Le dessin puis le tableau inachevé de David s'inscrivent au cœur de cette entreprise révolutionnaire de sublimation du serment. Le 28 octobre 1790, au club des Jacobins, le député de Vitry-le-François, futur Conventionnel et régicide, futur général de la Révolution, Alexis Dubois-Crancé, propose de lancer une « souscription civique » de grande ampleur pour le financement et l'exécution d'un tableau de 9 mètres sur 6 et d'une gravure tirée de ce dernier, consacré au « beau moment du serment ». Il devra rappeler à jamais aux jeunes générations l'acte héroïque du 20 juin 1789 et leur enseigner « les droits et les devoirs de l'homme ». Dubois reprend dans son discours aux Jacobins tous les poncifs saint-sulpiciens qui circulaient déjà depuis plusieurs mois. « Et là, le bras tendu vers l'éternel, ils ont fait le serment de mourir plutôt que de se séparer avant que la France fût libre[1]. » Dans le même mouvement, il fait hommage du futur tableau à l'Assemblée nationale et demande que la salle du Jeu de paume soit préservée et conservée en l'état. Il propose enfin de confier l'exécution du tableau à son ami Louis David, qui travaillait déjà sur le sujet depuis le printemps.

La souscription est lancée le 29 décembre. Elle n'aboutira pas et le financement se révélera largement insuffisant : un peu plus de 9 000 livres sur les 72 000 escomptées. Le 28 septembre 1791, sur la proposition de Bertrand Barère, un autre signataire du serment, futur Conventionnel, futur régicide et futur membre du Comité de salut public, l'Assemblée nationale, sur le point de se dissoudre, accepte faute de mieux de prendre en charge les frais du projet. Mais à nouveau personne ne veut payer et David finit par renoncer à son tableau en décembre 1801.

De cette gigantesque entreprise, il ne reste qu'un dessin préparatoire exposé au salon de peinture du Louvre en septembre 1791, les gravures de Denon et de Jazet, l'un des fragments inachevés du tableau conservé au château de Versailles et enfin une esquisse à l'huile réalisée tardivement à partir du dessin originel du peintre, aujourd'hui dans les collections du musée Carnavalet.

Si David a jeté l'éponge, ce n'est pas seulement pour des questions d'argent, mais parce qu'il s'est aperçu de l'impossibilité de fixer une scène historique au cœur d'une révolution qui déclasse et renie à mesure ses principaux acteurs. Décidément, on avait trop prêté à la journée du 20 juin. David lui-même s'est radicalisé. Il est entré à la Convention, il a voté la mort du roi, participé aux interrogatoires du petit Capet à la tour du Temple, organisé les grandes fêtes révolutionnaires. Ses amis d'hier sont devenus ses ennemis du lendemain. Cela ne l'empêchera pas de se mettre plus tard au service de Napoléon, de devenir son « premier peintre » et de contribuer à la gloire de l'autocrate. On peut avoir une âme de valet et être un grand génie.

Curieusement pourtant, le tableau du serment a eu beau n'avoir jamais été achevé, il a beau être bourré d'inexactitudes, c'est lui qui en fixe aujourd'hui la mémoire. C'est lui aussi qui donne à l'événement sa dimension héroïque : l'union sacrée des députés, leur inspiration, leur enthousiasme et leur énergie, la présence et le soutien du peuple agglutiné aux fenêtres, la solennité et la sacralité de toute la scène qui, par ses dispositions mêmes, prend à partie celui qui la regarde. On l'aura remarqué, Bailly, placé au centre de la composition, a le dos tourné aux députés disposés derrière lui. Ce n'est pas eux qu'il prend à témoin, mais nous, pour l'éternité[2].

L'échec de David tient au fond au vertige de son ambition. Ce qu'il cherche à représenter, c'est la première scène purement intemporelle de la Révolution. Sa première incarnation. Les hommes passent et l'histoire reste. Ce qu'il nous donne à voir au bout du compte, c'est bien plus qu'une simple galerie d'individus mais une âme collective. Un mythe dans l'histoire. C'est enfoncer une porte ouverte que de le dire, mais notre conscience historique est habitée de mythes, d'imaginaire et d'esthétique, que nous le voulions ou non. Les mythes sont la tunique de Nessus de l'histoire. À l'historien de la détricoter. Michelet, qui préférait Géricault à David et ne voyait (à tort) dans ce dernier qu'un peintre d'imitation, a pourtant raison sur un point. La vraie peinture d'histoire touche au génie lorsqu'elle s'efforce de ne pas représenter l'histoire[3].

Même s'il n'a pas trouvé de concrétisation immédiate, le *Serment* de David déclenche une avalanche d'autres représentations qui ne traversent pas seulement la Révolution, mais tout le XIXe siècle et contribuent largement à populariser l'événement. Une illustration du serment due à un Jacobin fervent, le dessinateur Jean-Louis Prieur, ouvre, en juin 1791, la première livraison des célèbres *Tableaux historiques de la Révolution française*, une autre de Moreau le Jeune agrémente le *Précis de l'histoire de la Révolution française* publié en 1792 par l'un des protagonistes du 20 juin, le pasteur Rabaut Saint-Étienne[4]. Cela ne s'arrêtera plus, jusqu'au bas-relief en bronze, sculpté en 1883 par Léopold Morice, qui orne encore aujourd'hui à Paris le socle de la statue de la République sur la place du même nom.

À chaque fois, le serment s'adapte aux régimes qui se succèdent en rang serré jusqu'à la fin du siècle. En 1838, le régime de Juillet, abâtardi par les barricades mais consolidé par le serment prêté par Louis-Philippe d'Orléans, le fils du régicide, à la nation, commande une nouvelle grande toile sur le sujet à Louis-Charles-Auguste Couder, pour le musée de Versailles consacré « à toutes les gloires de la France » récemment créé à l'initiative de François Guizot. Comme David dont il s'inspire en partie, Couder peint une foule, mais il décentre la scène, place Bailly du côté droit de sa composition et axe cette dernière sur le face-à-face du premier président de l'Assemblée nationale et de Mirabeau, qui, bras tendu, prête comme lui le serment. La place centrale qu'accorde Couder au grand orateur déjà présent dans le dessin de David, alors qu'il n'avait prononcé aucun discours au Jeu de paume le 20 juin, en dit long sur la postérité du personnage et sur le rôle qu'il finira par jouer dans la mémoire de la Révolution, de la monarchie de Juillet à la Troisième République. « Mirabeau, c'est une massue ! » Victor Hugo, qui lui consacre en 1834 une étude retentissante, ouvre le bal[5]. Tous les autres suivront. Le tableau, qui ne sera finalement exécuté que dix ans plus tard, en 1848, devait figurer à côté d'un autre consacré à la fédération du 14 juillet 1790 et en face d'un troisième illustrant le serment prêté par les députés, le 4 juin 1814, à la Charte constitutionnelle octroyée par Louis XVIII, qui deviendra, après la révolution de juillet 1830, celle de Louis-Philippe[6]. Dans ces deux dernières scènes, le roi (Louis XVI dans la première, Louis XVIII dans la seconde) est présent et comme associé au pacte constitutionnel juré par la nation, comme si on avait voulu ici réintroduire la figure invisible du monarque dans le serment originel du Jeu de paume, pourtant prêté contre lui, et rétablir ainsi une sorte de continuité mémorielle autour du thème de l'union du roi et de la nation, depuis les origines de la Révolution. Mais ce n'est pas, au bout du compte, cette idée qui survivra. Si les députés du 20 juin 1789 passent un pacte, c'est avec le peuple qu'ils le passent, pas avec les rois. Peu importe que ce pacte-là ait été en grande partie imaginé, sinon réinventé.

27

Le temple de la liberté

La salle du Jeu de paume est au centre de toute cette extraordinaire construction mémorielle, son incarnation et sa raison d'être. On s'y rend d'abord comme en pèlerinage. On y éprouve « une émotion douce et religieuse ». L'abbé Grégoire, qui y retourne en pleine Terreur, assure y avoir pleuré[1]. Plus tard, en 1846, Michelet viendra y méditer et y demandera des comptes. Où sont donc passées les libertés promises le 20 juin 1789 ? « Ah ! Le temps n'a pas marché vite […]. L'œuvre n'a guère avancé[2]. » Au moins l'historien ne manquait-il pas de lucidité. La force d'attraction du lieu est telle qu'en décembre 2018 certains meneurs des Gilets jaunes viendront y renouveler leurs rêves de référendum et de pouvoir populaires en oubliant que nombre de députés qui avaient prêté serment le 20 juin craignaient tout autant les colères du peuple parisien que les soldats du roi.

Le culte du Jeu de paume commence tôt. Le 20 juin 1790, une société patriotique présidée par le « sans-culotte » Gilbert Romme, futur Conventionnel et régicide qui mourra en juin 1795 d'avoir voulu imiter Robespierre après la chute de ce dernier, y célèbre le premier anniversaire du serment et fait sceller dans l'un des murs de la salle, à l'aide d'une pierre tirée des démolitions de la Bastille, une plaque de bronze – « une table d'airain » en langage de l'époque – sur laquelle on a gravé le texte prononcé par Bailly. Le banquet patriotique qui suit au Ranelagh du bois de Boulogne annonce déjà les grandes fêtes de 1793. Robespierre et Danton y participent. On a fait une quête pour les pauvres, on a invité des vieillards. La suite est assez réjouissante. On sert un repas de « grosses viandes et de légumes » supposé convenir aux « mœurs simples, frugales et franches de la liberté ». Les convives portent des couronnes de feuilles de chêne gracieusement tressées par les « dames de la Halle ». On agite des branches de laurier, on chante des couplets patriotiques et on porte, à l'anglaise, des « toasts » à l'égalité, à la conversion des aristocrates, à la haine des oppresseurs. Mais le meilleur est pour la fin. D'une grande maquette de la Bastille apportée en procession surgit, telle une danseuse du ventre d'un gâteau d'anniversaire, un enfant de 5 ans tout habillé de blanc censé figurer « le génie de la France régénérée[3] ».

Ce sera l'habitude par la suite d'associer le serment du Jeu de paume à la prise de la Bastille. Pour les hommes de 89, les deux événements sont liés. L'un et l'autre ont également contribué à la conquête de la liberté.

L'année suivante, les membres d'une société versaillaise viennent à nouveau sur les lieux y poser une seconde plaque commémorative et triomphale. « Ils l'avaient juré. Ils ont accompli leur serment. » Elle finira par se perdre dans la tourmente révolutionnaire et l'endroit, petit à petit, retournera à ses songes. La Convention aura beau en faire un « domaine national » en octobre 1793, la salle tombe en ruine. On n'a pas d'argent pour la réparer et les anciens propriétaires attendront dix ans avant d'être indemnisés. Les bonnes habitudes commencent tôt. Ce ne sont pourtant pas les projets qui ont manqué.

En 1798, l'architecte Eustache de Saint-Far propose de transformer l'ancienne salle de jeu en un très néoclassique « temple du Serment » à fronton, péristyle et faisceaux de licteurs, et de mettre en son centre une immense statue de la liberté. D'en faire une chapelle laïque, en somme. On y aurait accédé par une place semi-circulaire, la « place du Précieux Serment » et celle-ci aurait été raccordée à la place d'Armes de l'ancien château des rois (« le palais du tyran ») par une « rue de la Stabilité ». Tout un programme… qui n'empêchera pas Bonaparte de faire son coup d'État quelques mois plus tard[4]…

Faute de décision, pendant plus de quatre-vingts ans la salle sert un peu à tout. Antoine Gros puis Horace Vernet la transforment sous l'Empire et sous la monarchie de Juillet en atelier. Curieusement, ils n'y peignent que des tableaux de batailles, celle d'Aboukir pour Gros, la prise de la smala d'Abd el-Kader pour Vernet. En 1848, on y donne des banquets patriotiques. On y organise aussi des expositions de peinture. Cela change au début de la Troisième République, à l'approche des commémorations du centenaire de la Révolution française. Où allait-on célébrer la Révolution : au Jeu de paume ou à l'hôtel des Menus-Plaisirs où siégeaient les états généraux ? Allait-on par conséquent mettre en avant le 17 ou le 20 juin ? Sous la monarchie de Juillet, on avait bien aménagé une « salle des états généraux » dans les galeries historiques du château de Versailles, mais rien ne rappelait encore le souvenir du 17 juin sur les lieux mêmes de l'événement. Il y eut nombre de débats parlementaires sur le sujet. Par une loi d'avril 1879, les députés et les sénateurs votent le principe de l'érection d'une colonne en marbre de 37 mètres de hauteur « dans le genre de la colonne de la Bastille », surmontée d'une figure allégorique de la liberté, à l'emplacement de l'ancienne grande salle des états généraux, mais les crédits ne suivent pas[5].

On se contente d'y poser, le 5 mai 1889, une simple plaque commémorative[6]. En réalité, il n'y avait plus de salle depuis sa démolition en 1800. Le terrain appartenait à l'armée, qui n'avait aucune envie de le céder, et servait de dépôt de cavalerie. Le souvenir même du lieu « s'était effacé ». Peut-être aussi n'était-il pas assez « pur » dans l'esprit des pères fondateurs de la Troisième République. Le roi y avait trôné le 5 mai 1789 et s'y était ensuite rendu à plusieurs reprises. Le Jeu de paume, fort de son mythe et de sa mémoire vivante, allait finalement emporter la bataille.

Il est encore aujourd'hui dans l'état (restauré) des aménagements qu'on y fit en 1882, sous la direction de l'architecte Edmond Guillaume. On a récupéré des bouts de colonnes des jardins de Versailles pour en faire un édicule dans lequel on a placé la statue de Bailly et scellé la fameuse plaque du serment rescapée de toutes les embardées de l'histoire depuis 1790. On a disposé de part et d'autre les bustes des vingt députés de 1789 que l'on considérait à l'époque comme les plus présentables et on a peint, le long des murs des galeries – non sans faire de nombreuses erreurs –, les noms de tous les signataires du 20 juin[7]. Tout cela vous a un air assez désagréable de bondieuserie républicaine comme il existe aussi des bondieuseries royalistes. « Il y a, écrit quelque part Victor Hugo alors qu'il venait de visiter la chapelle expiatoire de Marie-Antoinette à la Conciergerie, un vandalisme respectueux plus révoltant encore que le vandalisme haineux, parce qu'il est niais[8]. » Seuls les vers d'André Chénier, inscrits sur l'un des murs, et la grande fresque de Luc Olivier

Merson, peinte en vis-à-vis d'après le dessin de David, sauvent l'endroit.

« Que ce voyage souhaité/ Récompense nos fils. Que ce toit leur rappelle/ Ce tiers état à la honte rebelle/ Fondateur de la liberté[9]. » Chénier avait écrit cela en 1791. La République n'aura bientôt plus besoin de poètes. Lui aussi sera guillotiné. Le 25 juillet 1794, deux jours avant la chute de Robespierre.

28

Le serment des regrets

Un siècle après l'événement, on a évidemment oublié depuis longtemps les réserves émises par un certain nombre de signataires du 20 juin sur l'appropriation unilatérale des pouvoirs du roi par les députés du tiers. Certains les formuleront publiquement dans les jours suivants et particulièrement après les journées d'Octobre et le départ forcé de la famille royale pour les Tuileries.

Même à Paris, au sein des élites bourgeoises, rapporte Arthur Young, on pense, au lendemain du 20 juin, que les députés ont été trop loin, qu'ils ont agi avec trop de violence et de précipitation[1]. Jean-Joseph Mounier, pourtant à l'origine de la formule du serment, mais aussi l'un des premiers à se faire prendre de vitesse par la Révolution, ne tarde pas non plus à le regretter : « Je crus ce serment moins dangereux, je le crus excusé par les circonstances [...]. Ce fatal serment était un attentat contre les droits du monarque [...]. Combien je me reproche aujourd'hui de l'avoir proposé[2]. » Mais ceux qui crieront le plus fort sont évidemment les partisans du roi.

Le chancelier Barentin parle de la journée du 20 juin comme d'un « véritable acte de rébellion[3] ». « Une journée horrible. » Plus tard et dans la distance du temps, on lui prêtera les couleurs de l'enfer. Dans ses écrits d'émigration, d'Antraigues compare carrément les signataires du Jeu de paume à des « régicides au premier chef ». Et son ami le baron Des Cars, un fidèle du comte d'Artois, fait des députés du tiers des juges aussi atroces que ceux de « l'infernal tribunal qui, quelques années après, a assassiné le plus juste des rois[4] ». La hantise du régicide et son traumatisme ont été tels, après la Révolution, que l'ombre de l'échafaud dressé le 21 janvier 1793 place de la Révolution s'est mise à planer sur toute la Révolution.

Sur le moment, certains sont allés aux nouvelles jusqu'aux abords du Jeu de paume et sont revenus paniqués. Il faut agir. On veut « faire sauter quelques têtes » pour prévenir « une plus grande effusion de sang[5] », on croit pouvoir dissoudre les états, envoyer le roi à Compiègne et y réunir à l'instant un camp de 40 000 hommes. On compare l'assemblée du tiers au Long Parlement anglais qui, en janvier 1649, avait fini par décapiter le roi Charles Ier. On fait le siège des bureaux du pauvre Barentin et on l'encombre littéralement de mémoires vengeurs[6]. Mais tout cela n'est que de l'agitation.

On en veut surtout à « l'infâme » Necker. Les absents ont parfois tort.

Or Necker n'est ni à Marly ni à Versailles, le 20 juin. Il s'est rendu précipitamment à Paris, la veille au soir, au chevet de sa belle-sœur Sophie-Catherine Cannac, la femme de son frère aîné le banquier Louis Necker de Germiny. Souffrante depuis plusieurs semaines, elle meurt dans la nuit et le ministre passe la journée du lendemain près de son frère et de ses enfants. Il est en même temps aux premières loges pour se rendre compte du changement des esprits et de la montée de l'agitation dans Paris à la nouvelle de la fermeture des Menus-Plaisirs. Il commence par écrire au lieutenant de police Thiroux de Crosne et lui demande de rassurer les Parisiens en leur faisant savoir qu'il n'est nullement « dans l'intention du roi de dissoudre les états généraux » et que les séances des députés reprendront comme à l'accoutumée le surlendemain[7]. Rien de plus exact. Curieusement, il n'évoque pas le projet de séance royale et suggère en même temps au roi, dans une courte lettre expédiée à Marly, d'y renoncer et de se contenter d'envoyer aux députés une « simple lettre invitatoire » afin de leur faire part de ses intentions[8]. Ainsi, le roi n'ordonnerait plus, mais inviterait, ce qui change tout. À l'évidence, Necker voyait mieux les choses à Paris que Louis XVI dans sa forêt de Marly.

Comme souvent, on ne sait pas ce que celui-ci a répondu, s'il l'a jamais fait, mais il y a des chances pour que le ministre ait été prévenu dans l'après-midi du maintien de la séance royale le 22 juin – qui est un lundi.

C'est ce que je suppose d'après la teneur d'un billet peu connu que le Genevois adresse (sans doute) à Bailly dans la soirée, comme s'il cherchait à le rassurer : « Les états généraux ne seront point suspendus lundi, monsieur, et vous pouvez rassurer, si la crainte du contraire se répandait. Le roi y paraîtra avec son esprit ordinaire de paix et de bienfaisance. Les états généraux reprendront leurs séances dans l'après-midi[9]. » C'est plutôt Bailly qui aurait dû rassurer le ministre du roi et ce dernier qui aurait dû prendre la mesure des événements du Jeu de paume dont il n'a manifestement pas saisi toute la portée. Necker ne se doute pas non plus de ce qui se passe au même moment à Marly.

29

Le roi chasse et tient Conseil

On s'en souvient, ce jour-là, le roi chasse ! Il est prévenu de la réunion dissidente des députés au Jeu de paume par son grand maître des cérémonies Dreux-Brézé venu l'en avertir en milieu de journée, à une « halte de chasse ». Le soir, il tient conseil dans ses appartements de Marly comme cela avait été prévu la veille. Necker, rentré à Versailles dans la nuit, est absent, mais Barentin est là, scandalisé et affolé de ce qui vient de se passer. Tous les ministres et les quatre conseillers d'État du Conseil du 19 sont également présents. Selon Barentin, La Galaisière commence par critiquer les deux projets de discours de Necker qu'on lui a confiés la veille et accuse le ministre de « ruse ». Il souligne surtout les dangers du principe d'une délibération en commun et « par tête » sur la question de l'organisation future des états généraux. Puis le ministre de la Guerre comte de Puységur s'élève violemment contre le projet d'ouverture de « tous les emplois civils et militaires » à tous, « sans distinction d'état ». L'armée, proteste-t-il, n'a rien à voir avec les états généraux et doit rester tout entière dans les mains du roi. Si l'on devait, ajoute Barentin, assouplir ou supprimer les édits du comte de Ségur qui réservent les grades d'officiers à la noblesse, ce serait au roi seul d'en décider, pas aux députés.

La discussion tourne ensuite longuement autour de la périodicité et des délibérations communes des futurs états. Barentin y voit « un scandale public ». Les états pas plus que le roi ne peuvent abroger les anciennes lois primitives, tout comme les ordres. Ce serait un « crime d'État » de les subordonner au hasard du sort ou au caprice de l'opinion des hommes. Tout cela, plaide Barentin, et avec lui le comte de Villedeuil, ministre de la Maison, tout comme les autres conseillers d'État, résulte des décrets pris par les députés du tiers le 17 juin. Le roi, poursuit Barentin, doit se servir de la prochaine séance du 22 juin pour les « flétrir publiquement » comme autant d'actes téméraires, illégaux et inconstitutionnels.

On évoque ensuite la séance du Jeu de paume. Personne n'en connaît encore l'issue finale. Les ministres ont quitté Versailles avant qu'elle ne s'achève, vers 7 heures du soir, mais tous la condamnent. On en parle comme d'« un nouvel outrage fait à la majesté royale ». « Les ordres du roi sont violés avec un éclat indécent », le temps n'est plus à la modération. Louis XVI aurait manifesté à plusieurs reprises au cours du Conseil, note encore Barentin, « des mouvements d'impatience et de mécontentement[1] ». Mais, une fois de plus, il ne tranche pas. Le Conseil du 20 s'achève à 2 heures du matin sans qu'aucune décision soit prise. Un nouveau Conseil est prévu pour le lendemain à Versailles. Peut-être le roi hésitait-il encore, peut-être n'a-t-il pas voulu se prononcer en l'absence de son principal ministre ?

Peut-être son besoin de consolation était-il déjà impossible à rassasier ?

TROISIÈME PARTIE

Échec et mat

1

Craquements et divisions

Les révolutions se mesurent à leur vitesse et manifestement, en ces jours de juin, la vitesse n'est pas du côté du roi et de la Cour, mais de celui des députés du tiers. Ce sont eux les maîtres du temps.

Le temps du roi n'est pas celui des révolutions. Il est immuable, lent, rigide et protocolaire. Le 21 juin est un dimanche. Louis XVI arrive de Marly à Versailles dans la matinée, déjeune vers midi en famille et en public, à son grand couvert qui a lieu tous les dimanches dans l'antichambre du même nom, puis se rend à la chapelle pour assister aux « vêpres du roi ». Toujours chantées, elles correspondent aux limites des fêtes liturgiques, en l'occurrence, ce jour-là, à celles de l'octave de la Fête-Dieu, et sont suivies du salut du saint-sacrement célébré chaque dimanche en fin d'après-midi.

La politique ne reprend ses droits que vers 6 heures du soir. Louis XVI a fait retarder son Conseil pour recevoir une députation de la noblesse conduite par son président, le duc de Luxembourg, venue lui présenter une adresse votée l'avant-veille. Le simple fait qu'il l'admette aussi vite, sans doute d'accord avec Luxembourg lui-même, qu'il a reçu à Marly, est un signe. On l'a vu, les députés du second ordre sont en train de s'imposer comme ses principaux soutiens, et pourtant, les choses ne sont pas si simples.

Depuis le 17 juin, la noblesse ne décolère pas. Les décrets du tiers ont été accueillis par des cris de fureur. On a parlé d'« attentat », de « révolte », de « lèse-majesté ». On aurait aimé que le roi se mette à la tête de ses troupes et fasse arrêter les « séditieux[1] ». Les députés du second ordre auraient dû logiquement opposer leur veto à cette « trahison », comme ils en avaient le droit selon le règlement des états généraux. Le duc de Mortemart puis La Galissonière l'avaient pourtant proposé, mais, dans le tumulte et la fièvre des débats, la question n'est jamais passée aux voix.

Le 19 juin, la noblesse ne vote qu'une adresse de protestation somme toute assez modérée compte tenu de la gravité des circonstances. Elle y dénonce, sous la plume du duc de Croÿ, vice-président de l'ordre, les empiétements des députés du tiers. « Ils ont cru pouvoir concentrer en eux seuls les états généraux, sans attendre le concours des deux autres ordres et la sanction de Votre Majesté. [...] Ils ont cru pouvoir convertir leurs décrets en lois, en ordonner l'impression et l'envoi dans les provinces. Ils ont détruit les impôts, ils les ont recréés. » Et de conclure : « C'est entre les mains de Votre Majesté même que nous déposons nos protestations. [...] Ce ne sont pas nos intérêts seuls que nous défendons, Sire, ce sont les vôtres et ce sont ceux de l'État, ce sont enfin ceux du peuple français[2]. »

Si l'adresse du 19 juin est passée à une très large majorité, sa discussion a mis au jour de graves divisions. Dès le lendemain, 25 députés publient une protestation contre la protestation. Les membres de la minorité libérale du second ordre ont beau ne pas être nombreux, par le prestige de leurs noms, de leurs charges et de leur rang, par leur fortune, par l'aisance politique et oratoire qu'ils ont acquise dans les loges et les académies, par les liens qu'ils entretiennent avec Necker, avec le duc d'Orléans ou avec certains des meneurs du tiers état, tout ce qu'ils disent et tout ce qu'ils font compte. Ils ne sont pas non plus si isolés que cela si l'on en juge par les cahiers de doléances de leur ordre. Pour un tiers d'entre eux, ceux-ci donnent des instructions claires en faveur du vote par tête[3].

Parmi eux on trouve ce qu'on appelait alors le « parti des ducs » : Aiguillon, l'un des plus gros propriétaires fonciers du royaume, La Rochefoucauld, Liancourt, le duc du Châtelet, très proche du directeur général des Finances, Luynes, Coigny et bientôt le comte de Choiseul-Praslin élu député suppléant du Mans. Certains comme d'Aiguillon soutiennent le tiers par ambition ou par esprit de fronde, d'autres, comme La Rochefoucauld ou son cousin Liancourt, avec toute la sincérité de leurs convictions. « Il aimait, dit du duc de La Rochefoucauld le député du tiers Pierre-Louis Roederer qu'il apprendra par la suite à connaître au sein du directoire du département de Paris, la liberté en tout ; personne ne la demandait plus entière et ne sut mieux l'établir ; liberté dans l'impôt, dans le commerce, dans la constitution ; liberté de la presse, liberté de religion[4]. » Le duc de Liancourt est tout aussi représentatif de ce type de très grand seigneur éclairé, sans préjugés, curieux de tout, agronome, entrepreneur, philanthrope, qui ont pris, dès l'ouverture des états généraux, « le parti de la liberté ». L'Anglais Arthur Young, accueilli chez lui à bras ouverts à son arrivée à Paris, évoque avec chaleur sa conduite exemplaire, désintéressée, « droite et ferme », et tout autant sa loyauté envers le roi dont il est par survivance le grand maître de la garde-robe – l'une des charges les plus prestigieuses de la Cour[5].

C'est à lui qu'on attribue le mot célèbre et pourtant apocryphe lancé au lendemain de la prise de la Bastille. « C'est une émeute ?, demande Louis XVI. – Non, Sire, c'est une révolution. » Liancourt est avec son cousin La Rochefoucauld l'un des derniers à avoir tenté de sauver la famille royale à la veille de la prise des Tuileries, le 10 août 1792. Il n'est pas le seul des « grandes charges du royaume » à avoir pris le parti du changement. Le prince de Poix, député d'Amiens, gouverneur et capitaine des chasses de Versailles, en fait de même au point d'être provoqué en duel, le 21 juin, par l'un de ses adversaires de la majorité de la noblesse, le marquis de Lambertye. La Révolution les rattrapera tous. La plupart émigrent, d'autres n'y survivent pas. Le duc de La Rochefoucauld est massacré à Gisors en septembre 1792, le duc du Châtelet guillotiné en décembre 1793.

Derrière les ducs, il faut aussi compter avec la petite troupe des jeunes seigneurs de cour épris de liberté, bien décidés à faire passer leurs mérites avant leurs noms, auréolés pour certains de leurs campagnes américaines et séduits par les sirènes de la faveur populaire : Stanislas de Clermont-Tonnerre, futur président de l'Assemblée, qui finira par se faire massacrer le 10 août 1792, le vicomte de Noailles, frère cadet du prince de Poix, dit « Noailles la nuit » à cause de son rôle essentiel au cours de la fameuse nuit du 4 Août, son beau-frère La Fayette, Castellane, le comte de Lévis, le comte de Crillon, Lally, Mathieu de Montmorency, Victor de Broglie, le fils du maréchal. Il faut compter aussi avec les proches du duc d'Orléans, Alexandre et Charles de Lameth, Adrien Duport et le marquis de Sillery, son homme lige. Ceux-là sont peut-être les plus entreprenants et passent pour avoir la main sur Paris et le Palais-Royal. Des conspirateurs-nés. On leur prêtera vite des intentions subversives, de l'argent, des agents et des folliculaires. On voudra qu'ils agissent dans le but de faire d'Orléans un lieutenant général du royaume aux dépens du roi son cousin. Faute de sources, on est réduit à la rumeur.

Mais la plupart ne vont pas aussi loin. Leur engagement révolutionnaire est sincère, leur horizon, celui d'une monarchie tempérée par des lois. À l'image du comte de Lally-Tollendal, le champion des discours larmoyants – « le plus gras des hommes sensibles », dit plaisamment de lui son amie Germaine de Staël –, ils défendent avec Necker le principe d'un régime parlementaire à deux chambres sur le modèle anglais. Lally est le fils du lieutenant général commandant en chef des établissements français aux Indes orientales injustement condamné à mort en 1766 pour avoir perdu la partie contre les Anglais. Lally, « le petit martyr », passe la première moitié de sa vie, jusqu'à la Révolution, à se battre pour la réhabilitation de son père. Voltaire prend sa défense, et c'est un peu ce combat-là qui le fait élire député de la noblesse de Paris. Il appartient, avec Clermont-Tonnerre et d'autres, à ce petit groupe des monarchiens dont on a déjà parlé, qui rêvent avec leurs amis du tiers, Malouet et plus tard Mounier, d'un rééquilibrage des pouvoirs du monarque, mais ne peuvent pour autant imaginer le « spectacle terrible » d'une France sans roi.

Leur défaite viendra vite, dès les premiers débats constitutionnels de septembre, lorsque la majorité des députés optera, contre leur avis, pour un système de chambre unique et pour l'attribution au souverain d'un droit de veto limité. Eux aussi finiront par émigrer. D'autres, comme La Fayette, qui n'est pas encore aussi populaire qu'il le sera en juillet, ou les frères Lameth, sont plus radicaux et partisans d'une sorte de monarchie républicaine sur le modèle américain. Ceux-là tiendront un peu plus longtemps, jusqu'en 1792, avant de déserter à leur tour.

L'engagement libéral du groupe est également tactique. Ils sont de ceux qui pensent, non sans raison, que, par sa résistance au tiers, la noblesse marche tout droit vers l'abîme. À Versailles, ils tiennent table ouverte, comme Liancourt qui a ses appartements au château. À Paris, ils ont leurs loges, leurs clubs, en particulier celui de Valois, et leurs salons. C'est là que les femmes jettent leurs derniers feux avant que la Révolution ne les déclasse. Les salons de la duchesse de Luynes, de la duchesse d'Aiguillon, de la maréchale de Beauvau, de la princesse d'Hénin, des comtesses de Tessé et de Castellane, de la marquise de Coigny, la grande rivale de Marie-Antoinette et le modèle de la Merteuil des *Liaisons dangereuses*, celui des Necker où Germaine de Staël, amoureuse de la gloire de son père, exaspère et séduit tout à la fois par son esprit et le feu de sa conversation, n'ont jamais été si courus qu'à cette époque. « La puissance de ce qu'on appelle en France, la société, a été prodigieuse », note Talleyrand[6]. Les femmes y donnent le ton. Leurs maris ou leurs amants brillent par elles et pour elles. Elles ne règnent pas seulement sur les usages et le goût, elles se sont prises de passion pour la politique, parlent de tout y compris des décisions du gouvernement ou des opérations les plus complexes de l'administration. « Nous sommes au pays de la femme », note, non sans étonnement, Gouverneur Morris, à peine débarqué de ses États-Unis[7]. La Révolution leur en voudra bientôt de leur influence et de leur rôle. Tout comme la reine, elles aussi ont contribué à l'inversion des rapports qui doivent normalement exister entre les hommes et les femmes. Aux premiers, la politique et le pouvoir, aux secondes, la famille et les enfants. On les priera vite de se taire quand on ne les poursuivra pas jusqu'à l'échafaud.

La plupart des représentants de la minorité libérale fréquentent aussi Mirabeau, Sieyès et les « Bretons ». Leur rôle est essentiel, au point que bon nombre de députés du tiers se couvrent de leur prestige. À la Cour, on parle d'eux comme des « têtes folles » de la noblesse – des « écervelés », dit sans indulgence le marquis de Bombelles. Chateaubriand les poursuivra plus tard de sa rancune dans ses Mémoires, en faisant d'eux les « frivoles apostats du trône ». Il leur reprochera non sans amertume d'avoir délaissé leur roi pour une révolution qui elle-même allait les abandonner sans retour[8]. Tous ceux-là n'en sont pas à leur premier coup. Harambure, Lally-Tollendal, Clermont-Tonnerre, Sillery ont déjà plaidé à plusieurs reprises en faveur de la réunion de la noblesse au tiers état.

Le 17 juin, le jour même de la constitution de ce dernier en Assemblée nationale, le duc d'Orléans en personne, qui n'avait jusqu'alors pas pris la parole, s'exprime en leur nom et invite la noblesse à se rendre à la salle commune des Menus. Certains l'accuseront de s'être concerté la veille avec Sieyès. Laclos aurait joué les intermédiaires. Le mépris qu'on lui porte au sein de son ordre n'a d'égal que son immense popularité dans les faubourgs de Paris comme au Palais-Royal où il est fêté et applaudi à chacune de ses apparitions[9]. Personne n'avait voulu voter pour lui lorsqu'on avait désigné le président de la noblesse le 12 juin. Sa tentative du 17 tourne à la mauvaise farce. Orléans, tiraillé « entre ses terreurs et ses désirs », bredouille quelques mots « d'une voix entrecoupée et tremblante » et finit par « se trouver mal de peur » au point de devoir être évacué. Quelques dizaines de députés étaient pourtant près à le suivre. Tous les autres sont scandalisés. « Qui sera le président de l'Assemblée nationale ? » lui aurait-on lancé comme par défi[10]. D'autres voulaient le jeter par la fenêtre[11]. Mais Orléans n'a nul besoin de courage. Il est une menace pour le roi, par son seul nom et par sa position de prince du sang. Il l'avait assuré de son dévouement le jour de l'ouverture des états et Louis XVI lui avait tourné le dos en lui lançant un « C'est ce que votre conduite m'apprendra » prémonitoire[12].

Si les nobles libéraux n'emportent pas la majorité, et de loin, au sein de leur ordre, ils l'affaiblissent d'autant dans son combat contre le tiers état. Ils sont un peu comme le ver dans le fruit. Une bombe à retardement qui explosera le 25 juin, quand 47 d'entre eux décideront unilatéralement de désobéir au roi et de rejoindre l'Assemblée nationale.

2

Primus inter pares

Louis XVI sait ces fragilités-là lorsqu'il reçoit le duc de Luxembourg et la députation de la noblesse à Versailles dans le salon des Ambassadeurs, le 21 juin, à 6 heures du soir. Il n'a plus d'autre choix que celui de soutenir sa « fidèle noblesse », dont il s'est pourtant longtemps méfié. Sa réponse au duc de Luxembourg donne une première indication de ses intentions. « Je connais les droits attachés à ma naissance, et je saurai les défendre. Je saurai maintenir, pour l'intérêt de tous mes sujets, l'autorité qui m'est confiée, et je ne permettrai jamais qu'on l'altère. Je compte sur votre zèle pour la patrie, sur votre attachement à ma personne, et j'attends avec confiance de votre fidélité que vous adopterez les vues de conciliation dont je suis occupé pour le bonheur de mes peuples. »

Louis XVI est là tout entier, entre son instinct qui le pousse à la fermeté et la prudence qui l'oblige à des ménagements avec lesquels il n'a jamais été à l'aise. Il est cependant convaincu d'une chose, c'est que les états généraux sont en train de s'interposer entre son peuple et lui et qu'il est grand temps de paraître à nouveau devant eux, au nom de ce dernier. Mais le roi est sur la défensive tandis que les états, conduits par les députés du tiers, sont depuis plusieurs jours déjà à l'offensive.

Le Conseil, d'abord fixé à 5 heures, s'ouvre à 7 heures. Cette fois, Necker est présent, mais il a dû très vite sentir que le vent avait tourné. Le terrain lui est défavorable. Voilà des jours qu'on prévient le roi contre lui et qu'on l'accuse de double jeu. L'un des familiers du monarque assure même que ce dernier lui aurait fait part « de ses craintes et de ses soupçons ». Sa maison est sans cesse ouverte aux députés du tiers, et comment le supposer étranger à l'initiative de la séance du Jeu de paume[1] ? Un signe ne trompe pas. Le roi, qui s'est entretenu quelques instants avec ses frères Artois et Provence, les fait admettre pour la première fois à son Conseil. L'événement est « considérable ». Young l'attribue, sans doute à tort, à l'influence de la reine. Barentin en avait déjà suggéré l'idée en avril, mais il espérait y faire entrer aussi les princes de Condé et de Conti, et quelques ducs et pairs et ainsi transformer le Conseil en une sorte de Cour des pairs afin de « rehausser l'éclat du trône » face aux états généraux. Condé et Conti en resteront pour leurs frais malgré leurs demandes pressantes au nom de « l'unité de la Maison de Bourbon[2] ».

On connaît la position du comte d'Artois. Il avait eu peu de temps avant une violente altercation avec Saint-Priest – le dernier des soutiens de Necker au sein du Conseil, avec Montmorin et La Luzerne, le ministre de la Marine – sur l'ouverture des emplois militaires aux non-nobles. Artois, à bout d'arguments, avait eu cette apostrophe typique d'un prince d'Ancien Régime : « Le roi est maître de ses grâces. » Et Saint-Priest de lui répondre que les emplois ne sont pas des « grâces », mais qu'on les mérite[3].

Au Conseil, on discute à nouveau du plan du ministre des Finances. Le conseiller d'État La Galaizière y résume ses objections de la veille. En l'état, les deux discours préparés par Necker « ébranlent les lois fondamentales du royaume ». D'après Barentin, ce dernier aurait défendu son plan « avec une ténacité qui nous étonna », au point d'impatienter le roi, qui aurait arraché le mémoire des mains de son rapporteur et rayé de sa main plusieurs articles dont celui qui concernait la discussion en commun de la future constitution des états généraux[4].

Louis XVI ne souhaite pas plus imposer à la noblesse l'abandon de ses privilèges fiscaux. Il préfère l'y inviter plutôt que de le lui ordonner, ce qui en dit long sur sa vision traditionnelle des ordres et des hiérarchies sociales. Même chose pour l'accession de tous aux fonctions publiques. La bataille qui se joue est bien celle de l'égalité juridique des droits. Elle a dû être si vive qu'à 11 heures du soir aucune décision n'est encore prise. Les projets de discours sont cette fois confiés pour révision au conseiller d'État Vidaud de La Tour. On sait son opposition au directeur général des Finances. Cela sonne déjà comme une défaite pour ce dernier. À la demande du roi, Barentin réunit à nouveau les ministres dans la nuit.

Louis XVI sait bien que la politique est l'art de s'adapter aux circonstances, mais en mesure-t-il l'absolue nécessité ? Celle de la réunion des ordres ne lui a sans doute pas paru inéluctable, comme le lui prédisait son ministre. De même n'a-t-il pas perçu qu'en l'interdisant sans pour autant user de la manière forte par la dissolution, son autorité pourrait être définitivement compromise. A-t-il réalisé également qu'en contrevenant aux dispositions de Necker il mettait celui-ci en porte à faux et n'avait d'autres solutions que de le démettre ? Mais l'ancien banquier genevois, plus populaire que jamais, est sa garantie contre une cessation brutale des paiements. Ceux de la troupe, ceux des approvisionnements de Paris, tout pouvait manquer. Et le roi craint par-dessus tout la banqueroute. Son principal ministre, pourtant en partie désavoué, reste donc en place.

Les conséquences en seront dramatiques. Faute de trouver encore une réponse claire à toutes ces questions, on reporte une fois de plus le Conseil au lendemain et, par voie de conséquence, la séance royale au 23 juin. L'indécision sied mal aux périodes de grande crise. C'est donner une deuxième fois aux députés du tiers l'occasion de désobéir au roi et de se renforcer. Bien entendu, les adversaires de Necker y verront la main du ministre, qui, faute d'avoir obtenu l'assentiment du roi à son plan, serait parvenu à gagner du temps et à lui arracher un jour supplémentaire[5]. Un jour essentiel. Ses « amis » sauront s'en servir à leur profit. Foin de machiavélisme. Les raisons de ce nouveau retard sont à chercher du côté le plus bête. Il y a trop d'aveugles et de sourds dans les Conseils du roi.

3

Dans l'ombre de Saint Louis

À l'issue de la séance du Jeu de paume, Bailly avait convoqué les députés, toujours comme si de rien n'était, au lieu habituel de leurs séances, le 22 juin au matin. Les Menus sont encore fermés et la scène du 20 recommence. Cette fois, le comte d'Artois est parvenu à convaincre le paumier Lataille de ne pas ouvrir sa salle, au prétexte qu'il viendrait jouer ce jour-là. Le gouverneur de Versailles aurait pu la faire garder par la maréchaussée ou par l'armée, mais non. La Cour n'a plus pour se défendre que des subterfuges et en est réduite, remarque le marquis de Ferrières, à de misérables « niches d'écolier » qui à chaque fois tournent à son désavantage.

Après avoir cherché à se réunir au couvent des Récollets que son supérieur n'ose leur ouvrir, les députés trouvent cette fois refuge dans l'église Saint-Louis où ils s'assemblent vers 10 ou 11 heures du matin. L'église, construite par Mansart de Sagonne sous le règne de Louis XV, est à deux pas du château dans le quartier du Vieux Versailles. Elle est vaste, blanche et lumineuse avec ses hautes voûtes en pierre, ses vitraux en grisaille et ses huit travées régulières. L'endroit, tout empreint de majesté silencieuse, est propice à la prière. La politique y entre le 22 juin comme par effraction. On aperçoit, dans l'axe du chœur, au fond de l'église, un immense tableau de Collin de Vermont (aujourd'hui disparu) représentant la *Présentation de Marie au Temple*. Les députés s'y connaissent en temples. Ce sera l'occasion d'un beau discours fleuri de Target dont je me demande comment il n'a pas fini par lasser son auditoire sur le « temple de la religion » métamorphosé en « temple de la liberté ». Je doute également que les députés aient vu, en entrant dans l'église, les quatre grands bas-reliefs de Pajou figurant les quatre vertus cardinales : la prudence, la tempérance, la force et la justice. Cela les aurait peut-être inspirés.

Il existe parfois des concordances tragiques entre certains lieux et la vie des hommes. Louis XVI est presque né le jour de la consécration de l'église Saint-Louis, le 25 août 1754. Il s'y rend tous les ans le jour de sa fête, où on le célèbre en même temps que Louis IX, son lointain ancêtre. On se souvient des derniers mots que lui adressera l'abbé Edgeworth sur l'échafaud le 21 janvier 1793 : « Fils de Saint Louis, montez au ciel. » C'est là aussi qu'il avait assisté à la messe d'ouverture des états généraux le 4 mai 1789 et avait entendu sans broncher l'évêque de Nancy, Mgr de La Fare, fustiger dans son homélie les « misérables exacteurs » du fisc royal avant de dénoncer le luxe honteux de la Cour. Ce qui va s'y passer le 22 juin est un nouveau camouflet, à la façon de l'une des meilleures scènes du *Tartuffe* de Molière. « *Orgon* : Ces discours ne sont plus de saison/ Il faut, tout sur-le-champ, sortir de la maison. *Tartuffe* : C'est à vous d'en sortir, vous qui parlez en maître/ La maison m'appartient, je le ferai connaître. »

Il n'y a rien de plus différent d'une salle de jeu qu'une église. Le curé, Jean Jacob dit le Jeune, supérieur des Lazaristes de la mission de Saint-Louis de Versailles, en charge de la paroisse, qui avait refusé l'avant-veille de mettre son église à la disposition des députés du tiers, s'est incliné cette fois. Sans doute à la suite de pressions amicales venues de quelques évêques de la majorité dissidente du clergé. Il était pourtant attaché à la Cour. Les partisans du roi y verront immédiatement une profanation. Il faut dire que plusieurs dizaines de curés, tous députés, venaient y dire quotidiennement leur messe et étaient familiers des lieux. Jacob s'en plaindra d'ailleurs à la municipalité de Versailles et les accusera d'avoir vidé ses caves[1]. Pour quel usage, profane ou religieux ? Le curé ne le dit pas. Il aura plus tard d'autres raisons de se plaindre et finira sa vie en proscrit au fin fond de la Bohême puis à Rome, après avoir refusé de prêter serment à la Constitution civile du clergé[2].

Creuzé-Latouche décrit l'église et ses abords déjà bondés de monde à l'arrivée des députés. On leur prête des manteaux pour les protéger de la pluie qui persiste depuis plusieurs jours. On leur ouvre un passage dans la nef au milieu de la cohue. On se pousse, on s'enjambe. De bonnes âmes leur ont apporté des chaises venues d'on ne sait où. Et Creuzé de relever ce détail savoureux. Dans la foule, les domestiques des grands et des courtisans, vêtus de leurs livrées, sont les plus empressés à les aider[3]. Ces derniers se plaignent d'ailleurs depuis plusieurs jours d'être espionnés par leurs valets. Tout le monde se méfie de tout le monde. Un climat de suspicion généralisée habite littéralement les premiers jours de la Révolution. De la suspicion à la violence, on a vite franchi le pas.

On trouve à Saint-Louis, comme les jours précédents aux Menus et au Jeu de paume, de nombreux Parisiens et une bonne partie de la population de Versailles de plus en plus enthousiaste, ce qui ne manque pas d'étonner l'Anglais Arthur Young. La ville, note-t-il non sans bon sens, vit presque entièrement de la présence du roi et de la Cour.

Elle perdra plus de la moitié de ses habitants après le départ forcé de la famille royale pour Paris en octobre, et avec elle sa prospérité. Certains s'en mordront les doigts. Young est également frappé de la variété des expressions de ceux qui sont là. La joie, l'anxiété, l'incertitude, selon les convictions et les conditions des uns et des autres, donnent à l'ensemble « un caractère comme je n'en ai jamais vu auparavant[4] ».

Bailly commence par lire la lettre par laquelle Louis XVI l'informe du report de la séance royale au lendemain. Cette fois, elle est signée Louis et est entièrement de sa main. Pour la première fois, le monarque ne passe plus par le grand maître des cérémonies, Dreux-Brézé, pour communiquer avec l'Assemblée. Faut-il y voir une marque de déférence aux députés du tiers ou plutôt, en essayant de ne pas les blesser, l'espoir qu'ils renonceront à siéger une seconde fois au mépris de ses ordres ?

4

« La France bénira ce jour mémorable[1] »

Cela ne change rien à l'affaire. Les députés vont tenir séance toute la journée. Jusqu'à 3 heures de l'après-midi, on lit une nouvelle fois, comme pour mieux le savourer, le texte du serment de l'avant-veille et on fait signer les retardataires, mais l'essentiel n'est pas là. Bailly veut profiter de l'occasion qui lui est involontairement offerte par le roi pour renforcer contre lui les rangs de l'Assemblée.

C'est ce jour-là que les députés de la courte majorité dissidente du clergé vont se rallier à ceux du tiers et mettre à exécution leur vote du 19 juin. La manœuvre a sans doute été préparée la veille. Dans la matinée du 22, les curés rebelles se sont réunis chez l'un de leurs chefs, l'archevêque de Bordeaux Champion de Cicé. On a fait avertir, comme pour s'excuser, le président de l'ordre du clergé, le cardinal de La Rochefoucauld, d'un « événement imprévu » du fait de la fermeture des états, et on marche courageusement en rang serré jusqu'à Saint-Louis.

Entre 1 heure et 3 heures de l'après-midi, l'église présente cette curiosité d'abriter sous ses voûtes d'un côté le clergé provisoirement parqué dans le chœur derrière les grilles du maître-autel et de l'autre le tiers état qui délibère dans la nef. Le ralliement va s'opérer en deux temps. L'évêque de Chartres, Lubersac, et cinq curés, dont l'un des plus virulents, Alexandre Thibault, curé de Souppes en Île-de-France, futur Conventionnel et futur apostat, se présentent d'abord devant Bailly pour lui signifier les intentions du clergé. Puis le gros de la troupe traverse le chœur sous la conduite du vieil archevêque de Vienne Le Franc de Pompignan dont la foi sincère sert d'alibi aux plus ambitieux. Il est suivi du très politique archevêque de Bordeaux, Champion de Cicé, qui y gagnera d'être nommé un peu plus tard garde des Sceaux, des évêques de Chartres (Lubersac), de Rodez (l'Écossais Colbert de Castlehill) et de Coutances (Talaru) et d'environ 150 chanoines et curés[2].

« Ils furent reçus, note Young, avec de tels applaudissements, de tels battements de mains et de tels cris d'allégresse par toute l'assistance que l'église en résonnait[3]. » Ceux qui, plus tard, raconteront la scène, tout en connaissant la suite, diront qu'ils furent accueillis par les députés du tiers avec une joie de sacrificateurs à qui on amenait des victimes[4]. En l'occurrence, sur le moment, le soulagement devait le disputer à la joie. Comme toujours, on en profite pour prononcer quelques beaux discours.

L'archevêque de Vienne plaide « l'union constante de tous les ordres » et Bailly lui répond, comme il sait le faire, à coups de « jour béni », de « paix » et d'« amour fraternel ». Il en appelle aussi aux « frères » de la noblesse qui persistent à vouloir faire bande à part. On est au bord de la guerre civile et on n'a jamais autant parlé d'amour et de famille.

Les mots servent souvent en France à cacher la réalité, au point de la nier, pour mieux la dépasser. « Nous sommes tous citoyens, amis et frères », dit encore François de Coulmiers, abbé d'Abbécourt. Cela ne durera pas. Tous les prélats ralliés le 22 juin perdront leur évêché et finiront par émigrer, avant que la moitié des curés qui les avaient suivis ne soient bannis ou déportés, ou massacrés. Il en est un, en tout cas, qui ne survivra pas deux jours à l'événement, c'est le curé d'Argenteuil et député de Paris hors les murs, Jean-Marie Le Guen. Le libraire parisien Hardy signale dans son journal sa mort soudaine, à Versailles, le 24 juin. « Sa maladie avait été très courte, [sa mort] n'avait d'autre cause que [...] l'extrême violence qu'il avait été obligé de se faire pour vaincre sa répugnance[5]. » Autrement dit, Le Guen est mort de chagrin.

Pauvre Le Guen ! Talleyrand dira plus tard la même chose du marquis de Blacons, l'un des deux députés de la noblesse du Dauphiné qui s'étaient également ralliés au tiers à l'église Saint-Louis[6]. Celui-là aussi émigrera avant de se tirer une balle dans la tête en 1805, faute d'avoir su s'adapter. À Benjamin Constant venu le voir à la mort de leur ami commun, l'ex-évêque d'Autun devenu entre-temps ministre de Napoléon aurait répondu en bâillant, le dos appuyé à la cheminée avec l'air de penser à autre chose : « Pauvre Blacons[7] ! » Les héros d'un jour sont parfois les vaincus du lendemain. De tous les protagonistes de ce mois de juin 1789, seuls ceux qui ont de la vitesse, de l'intelligence et de la souplesse survivront.

L'épisode de l'église Saint-Louis est en tout cas considérable. C'est un nouveau coup porté au vieil édifice des ordres, et par ricochet aux pouvoirs du roi. On est pourtant à la veille de sa première réponse à des événements qu'il semblait jusqu'alors avoir subis. Tout va se décider ce jour-là.

5

L'affaire Réveillon

Il n'est pas de pires circonstances pour tenir une séance royale. D'autant plus qu'à Paris comme en France la situation ne cesse de se dégrader. On l'a vu, voilà plus d'une année que la capitale est secouée d'émeutes sporadiques à la faveur de la guerre menée par le Parlement contre le pouvoir royal. À la suite de l'hiver catastrophique de 1788-1789, la préparation et la tenue des élections parisiennes de mars et d'avril vont être comme la mèche allumée dans le baril de poudre, sur fond de chômage, de hausse des prix et d'approvisionnements difficiles.

Non seulement Paris est, à quelques kilomètres de Versailles, la ville la plus riche et la plus magnifique du royaume, mais elle passe aussi pour être la moins morale et la plus perverse, si l'on en croit l'Américain Morris sidéré par la liberté de mœurs de ses habitants, et surtout la plus populeuse et la plus dangereuse – « un gouffre où se fond l'espèce humaine ». « La ville qui donne le signal à toutes les autres villes[1]. » Ceux qui y travaillent sont environ 350 000 à 400 000 – sur une population de 650 000 habitants[2]. Le comité de mendicité compte plus de 100 000 mendiants et vagabonds dans les premiers mois de 1789, et ceux-là ne possèdent rien.

Dès le mois de février, on note de multiples accrochages aux barrières entre la population des faubourgs, les convoyeurs de contrebande venus des campagnes environnantes et les gardes-françaises agressés à coups de pierre. On dénombre plusieurs tués à la Haute Courtille et à la barrière de Clichy. Tout cela annonce déjà l'incendie général des bureaux de recettes de l'octroi qui éclairera les tours de la Bastille dans la nuit du 12 juillet, avant que celles-ci ne soient prises le 14. Les 24 kilomètres de la barrière des fermiers généraux, dont la construction a commencé en 1785, coûtent cher aux Parisiens. Les matériaux, les denrées alimentaires, le vin, le cidre et les alcools se vendent trois fois leur prix dans Paris[3]. On connaît l'alexandrin anonyme repris par Beaumarchais : « Le mur murant Paris rend Paris murmurant. » Et l'alarme n'est pas qu'aux barrières. On ne peut pas ne pas évoquer un peu longuement la situation de la capitale, si proche de la résidence des rois, au moment où, à Versailles, Louis XVI s'apprête à jouer son va-tout. Depuis la fin du mois d'avril, Paris est au bord de la révolte.

L'affaire Réveillon, dont les historiens de la Révolution ne manquent jamais de parler, en forme un peu l'ouverture[4]. Elle est surtout très révélatrice de la volatilité quasi explosive de la ville. Jean-Baptiste Réveillon, 64 ans, est le riche propriétaire et entrepreneur de la Manufacture royale de papiers peints, dans le faubourg Saint-Antoine. Il s'est installé à la « folie Titon », une ancienne résidence de campagne construite dans les années 1670 par le très riche armurier de Louis XIV, Alexandre Titon. Sa manufacture est l'une des plus importantes du faubourg et emploie 350 ouvriers.

L'homme n'a pas mauvaise réputation. Ses salaires sont plus élevés que la moyenne, 25 sous par jour, et certains de ses ouvriers mis au chômage au cours de l'hiver ont été néanmoins payés. Mais, notons-le, il n'est pas soumis aux règles corporatives sur les prix et les salaires. À l'occasion des opérations électorales du district de Sainte-Marguerite, sur la rive droite, on l'aurait entendu se plaindre des salaires de ses ouvriers et souhaiter une diminution des taxes sur le blé. Les salaires en seraient abaissés d'autant, à 15 sous par jour. Au fond, Réveillon est un libéral avant l'heure pour qui la baisse des coûts de production, rendue possible par celle des prix, ne peut que favoriser les ventes. Ce langage-là ne plaît pas aux ouvriers. La nouvelle s'en répand très vite dans les faubourgs Saint-Antoine et Saint-Marcel.

Les bavardages de Réveillon deviennent des certitudes. On est furieux « de ces jean-foutre de patrons qui parlent de réduire notre salaire ». Le faubourg Saint-Antoine – qui est aussi le quartier de la Bastille – est le plus populeux de Paris. Dans l'une de ses lettres au ministre, le lieutenant de police du roi Louis Thiroux de Crosne y recense 40 000 ouvriers. Le pain est cher. Nombre de chômeurs venus de la campagne s'entassent dans le quartier et participent de l'inquiétude générale. Celle-ci ne touche d'ailleurs pas seulement la population ouvrière, mais aussi les petits maîtres artisans des corporations soumis à une réglementation stricte et qui redoutent la concurrence des grandes manufactures parisiennes. Si l'on en croit les rapports des commissaires du Châtelet qui, après le soulèvement des 26, 27 et 28 avril, instruisent 63 cas individuels, on ne compte pas seulement des ouvriers parmi les émeutiers – entre autres ceux de la Manufacture royale des glaces également établie dans le faubourg Saint-Antoine –, mais des apprentis, des maîtres artisans. Et aussi ceux dont on parle le moins, tout en bas de l'échelle, « la lie du peuple de Paris », les portefaix, débardeurs et autres tireurs de bois flotté des bords de la Seine. Ceux-là sont également présents en nombre lors de ces journées d'avril[5].

On a là à peu près la même population que celle des futurs combattants de la Bastille, le 14 juillet. Pour la moitié au moins, ils ne sont pas domiciliés dans le faubourg et aucun ne travaille pour Réveillon. Au contraire, l'émeute serait née de l'autre côté de la Seine, dans le faubourg Saint-Marcel, le quartier des tanneurs, puis du côté de l'île Louviers affectée au déchargement du bois, et enfin aux Halles. Au fond, « l'émeute Réveillon » est comme une répétition générale des journées des 13 et 14 juillet. Mêmes acteurs, mêmes raisons de se révolter. Un cocktail explosif dont il a déjà été question – le pain trop cher, la haine des taxes et des riches, sur fond de défense corporatiste des jurandes et du monopole des métiers. En avril comme en juillet, on se réclame aussi des députés du tiers état dont on fait les sauveurs du peuple, alors même que Réveillon, grand électeur parisien, en est un représentant éminent, ce qui en dit long sur l'ambiguïté de la situation. La réunion des états généraux n'en suscite pas moins tous les espoirs. Leur report – comme on l'a déjà vu – du 27 avril au 4 mai n'a fait qu'augmenter les inquiétudes. Tout comme en juillet, lorsqu'on craindra que le roi ne les renvoie. Et, dans les deux cas, la réaction des autorités est lente et hésitante.

Réveillon venu demander le 26 avril le renfort des gardes-françaises se plaint qu'on ne lui envoie que 50 hommes et se voit répondre par le duc du Châtelet : « Mais Monsieur, nous ne sommes pas des barbares. [...] Vous ne voudriez pas que nous envoyions de l'artillerie ? » Alors que, le lendemain, on le promène en effigie et qu'on le brûle place de Grève, le lieutenant de police sous-estime largement la gravité de la situation et ne parle, dans son rapport du soir au roi, que d'une misérable mascarade. « Aucun désordre », assure-t-il, n'a été commis[6]. Pourtant, le même jour, on pille la maison du marchand de salpêtre Hanriot, voisine de celle de Réveillon, rue de Montreuil. Il faut attendre le jour suivant, 28 avril, pour que l'on se décide à envoyer un détachement des gardes-françaises (350 grenadiers), puis 100 cavaliers du Royal-Cravate cantonné à Charenton et les Suisses de Courbevoie avec des canons. Mais le lieutenant de police oublie de faire garder les ponts et on n'empêche personne de circuler entre les deux rives. Ce jour-là, la situation est devenue quasi incontrôlable.

Depuis la veille, on est descendu en troupe de la montagne Sainte-Geneviève par la rue Saint-Jacques. On a tenté de débaucher les ouvriers de la Manufacture royale des Gobelins dans le faubourg Saint-Marcel. On a passé la Seine par l'île Louviers, par les ponts de l'île Saint-Louis, on s'est armé de bûches, de bâtons, de barres de fer et on a marché sur le faubourg Saint-Antoine. L'écrivain Nicolas Restif de la Bretonne, l'auteur des *Nuits de Paris*, est sur le chemin des émeutiers, rue de la Bûcherie, non loin des quais, où il habite. Il voit leurs visages déformés par la haine des riches, il entend leurs cris de vengeance[7]. Les « voitures à livrées » – c'est-à-dire des aristocrates – sont arrêtées. On en fait descendre les cochers et on se fait donner de l'argent. Le 28 avril, tout le faubourg est comme pris d'assaut par des milliers de personnes, des boulangeries dévalisées, les cordons de troupe enfoncés et la maison de Jean-Baptiste Réveillon pillée de fond en comble : glaces, meubles, boiseries, fenêtres, caves[8]. On emporte l'argenterie. On brûle tout ce qui peut l'être et on allume de grands feux de joie dans les jardins.

L'ironie de l'histoire veut que Jean-Baptiste Réveillon ait trouvé refuge à la Bastille pour échapper au massacre. Le

1er mai, il écrit au roi pour lui demander de l'aide, « du fond [de ma] retraite », « le seul asile que je pusse trouver contre la fureur d'une multitude acharnée contre moi ». Il y restera jusqu'à la mi-mai grâce à une lettre de cachet qu'il a lui-même sollicitée. Tout cela ne manque pas de sel. L'instrument le plus décrié de l'arbitraire royal, la lettre de cachet, l'a sauvé ! Tout comme la Bastille, « l'épouvantable monument », ce vestige honni de la féodalité – « l'enfer des vivants » en langage de l'époque – que le roi et son ministre Necker songeaient déjà à démolir avant même qu'on ne la prenne. Le 14 juillet, Réveillon n'y était plus. Sade non plus, qui venait d'être transféré à Charenton. On n'y trouvera que 7 prisonniers dont un fou et un autre tout aussi dérangé, le faux marquis de Latude, un ancien garçon chirurgien des armées de Louis XV, un peu escroc sur les bords, qui avait passé sa vie à essayer de s'évader[9]. Tout cela n'empêchera pas certains historiens de la Révolution comme Jean Jaurès de faire de l'ancienne prison royale « la geôle de l'humanité tout entière ». Et puis on n'a pas marché sur la Bastille pour en libérer les prisonniers, mais parce qu'il s'y trouvait de la poudre et qu'on en avait besoin pour s'armer. Il faudra attendre quelques jours avant qu'on ne se souvienne de ce qu'elle représente d'horreur et d'arbitraire. Ses tours hantaient les imaginaires parisiens depuis trop longtemps pour qu'il en fût autrement et on était si content d'y être entré facilement. On fera vite de sa prise une nouvelle victoire de la liberté, « un événement total », pour reprendre l'expression de l'historien allemand Rolf Reichardt[10]. C'est l'hôpital et la prison de Bicêtre, ce « lieu maudit », que le peuple aurait dû prendre. Avec ses 3 500 « pensionnaires », c'est là qu'étaient les pauvres, les misérables et, dans les sinistres cachots de sa tour, les détenus par mesure de police. Ce sont eux qu'il aurait fallu délivrer. Mais Bicêtre ne sera désaffecté qu'en 1836 ! Dans l'intervalle, plutôt que de les libérer, on y massacre 200 prisonniers le 2 septembre 1792, et parmi eux de nombreux enfants[11]. Les vrais lieux de la misère et de l'arbitraire ne sont pas toujours ceux qui intéressent le plus les Français. Ils leur préfèrent des symboles.

Ce n'est qu'après 6 heures du soir, le 28 avril, que l'ordre est donné de tirer, rue de Montreuil et alentour. Personne n'est d'accord sur le nombre des morts, quelques dizaines ou quelques centaines. Autant, sinon plus, en tout cas que les morts du 14 juillet. Un témoin rapporte avoir vu des émeutiers en fuite sabrés par la cavalerie, et « force hommes estropiés, ensanglantés, soutenus par leurs camarades, portés sur des civières, des échelles, des perches[12] ». On est seulement sûr d'une chose, il y eut 12 soldats tués et 80 blessés, ce qui donne la mesure de la violence de l'événement lorsque l'on sait que les manifestants réfugiés sur les toits n'étaient pas armés et ne pouvaient que lancer ce qu'ils avaient sous la main, tuiles et briques, sur la troupe.

On est tout aussi étonné de la modération de la répression qui s'en est suivie. Le Châtelet, c'est-à-dire la police correctionnelle de Paris, n'ouvre pas d'enquête générale. On se borne à arrêter un peu au hasard 26 émeutiers, quelques-uns ivres morts qui seront d'ailleurs relâchés par la suite, et on en pend trois autres le 29 avril en place de Grève pour l'exemple[13].

Visiblement le gouvernement est embarrassé. Les gardes-françaises se plaignent d'avoir eu à tirer et protestent contre la mise à pied de l'un de leurs bas-officiers. Quant aux officiers supérieurs, ils ont brillé par leur absence. On ne tirera quasiment plus sur le peuple après l'affaire Réveillon.

Personne surtout ne comprend rien aux raisons profondes de l'émeute. C'est à cette occasion que l'on commence à parler de complot. Complot aristocratique pour les uns, complot orléaniste pour les autres. On a vu en effet le duc d'Orléans traverser le faubourg Saint-Antoine, le 28 avril, pour se rendre à une course de chevaux à Vincennes, descendre de voiture et distribuer de l'argent aux cris de « Vive notre père d'Orléans ! », « Vive le tiers état ! ». Et tout aussi significativement : « Le pain à deux sous[14] ! »

En réalité, les véritables causes de l'émeute tiennent, comme on l'a vu, à la peur du chômage et de la faim, à la cherté du pain et au poids des taxes, à la haine des riches et des aristocrates, à l'ébranlement des vieilles structures artisanales et corporatives, à l'instabilité sociale des faubourgs, à l'afflux des vagabonds venus des campagnes et de tous ceux que l'on désignait alors sous le nom de « brigands ». Le tout dans un climat général de désordre, d'attente et d'extrême permissivité, à la veille de l'ouverture des états généraux.

Le roi lui-même était sans doute peu conscient de cette situation. On l'a vu, les rapports que lui adresse son lieutenant de police sont le plus souvent édulcorés et en dessous de la réalité. Et qui osait vraiment lui parler ? Début avril, il félicitait encore les officiers municipaux de leur conduite et se disait satisfait de sa « bonne ville de Paris[15] ». Sa bonne ville de Paris le lui rendra bien. Le 13 juillet, elle se constituera en commune sans lui en demander la permission. Le réveil sera d'autant plus brutal.

6

Ébullition

Ces problèmes-là, à demi traités, demeurent jusqu'en juillet. Il suffira alors que le pouvoir fasse mine de résister, que se répande plus largement encore le fantasme du complot, que l'on parle au peuple de bonheur et de liberté, que l'on croie tout possible par les premières victoires du tiers état pour que l'émeute devienne franchement politique et qu'elle dégénère. C'est exactement la situation de Paris en juin. La prise de la Bastille n'en sera que la conséquence. Une victoire symbolique sur l'absolutisme. Le signe définitif aussi de l'impuissance du pouvoir royal. De même en ce qui concerne la Grande Peur des campagnes en juillet et en août. Ce qui précède est autrement plus intéressant.

Dans les campagnes, l'agitation des premiers mois de l'année est loin de s'être calmée. Charles d'Esmangart, l'intendant de Flandres et d'Artois, en écrit de Lille le 18 juin à son protecteur le maréchal de Castries : « Tandis qu'on est occupé à Versailles de tant d'objets et d'intérêts divers, on a bien peu de loisirs pour s'occuper de ce qui se passe dans les provinces. Celles-ci sont toujours dans la crise et dans l'embarras par rapport à l'état des subsistances[1]. » Et cela, bien sûr, ne vaut pas que pour le Nord. On l'a vu, tous les environs de Paris sont en ébullition. L'avenir est incertain. Les paysans craignent de plus en plus le brigandage, redoutent qu'on fauche leurs récoltes sur pied. Les soldats désertent en nombre[2]. On s'ameute sur les marchés pour un rien.

À Paris, si les troubles des derniers jours d'avril ont été maîtrisés, la situation reste explosive. En mai, on a fait venir depuis leurs casernements des provinces de l'est du royaume plusieurs régiments de cavalerie cantonnés à Versailles et dans les environs : les hussards hongrois de Bercheny, ceux d'Esterhazy, les chasseurs de Lorraine. Cela fait déjà murmurer. D'autres suivront et ne feront qu'aggraver les tensions au point de provoquer la panique dans Paris. C'est l'arrivée massive de ces régiments « étrangers », principalement recrutés en Allemagne au service du roi – une quinzaine en tout –, inégalement disciplinés, mal nourris et mal équipés, qui, en juillet, soulève la capitale. En attendant, les résidences des princes de Condé et de Conti, particulièrement détestés, sont gardées, les marchés protégés par les gardes-françaises. Des patrouilles à cheval des régiments Bourgogne-Cavalerie et Royal-Cravate parcourent les rues, sabre à la main. Paris, note un observateur, ressemble à « une ville de guerre[3] ».

Tout devient militaire, tout est politique. Jour après jour, les nouvelles de Versailles alimentent la colère, attisent les peurs et remuent les espérances. Dans les salons, il suffit d'être député du tiers pour être entouré, écouté, cru, en un mot pour être parfaitement à la mode. Le jeune Chateaubriand, rentré de Bretagne début juin, n'en revient pas du changement qui en quelques mois s'est opéré dans les esprits. Cela commence déjà sur la grande route de Rennes à Paris. Dans les villages, les paysans arrêtent les voitures, demandent les passeports, interrogent les voyageurs. « Plus on approchait de la capitale, plus l'agitation croissait[4]. » En ville, la foule stationne aux portes des boulangeries, on improvise des discours au coin des bornes, les marchands sont sur le pas de leur porte et s'échangent les nouvelles. Les commis et les garçons de boutique négligent le client et ne s'occupent que des événements du jour. Chateaubriand perçoit, dans les groupes qui se multiplient chaque jour dans les rues et sur les places, une nuance de haine qui n'existait pas à son départ. Décidément, le peuple a changé. Il n'est pas le seul à s'en étonner. Dès les premiers jours de juin, le libraire et éditeur des œuvres de Voltaire Nicolas Ruault entend proférer, rue de la Harpe où il habite, des menaces très claires contre les hôtels et les châteaux des aristocrates. On parle de tout détruire et de tout piller[5]. Les mots de « nation », de « tiers état », lancés comme autant « de cris de guerre », reviennent sans cesse dans les conversations. Les petits rentiers aussi s'agitent. Rue Vivienne, on rembourse les billets de la Caisse d'escompte et du Trésor avec de plus en plus de difficulté et on frôle l'émeute à plusieurs reprises[6].

Comme à l'époque des élections, l'épicentre de l'agitation se situe au Palais-Royal et dans ses environs. On a du mal à imaginer ce tumulte-là lorsqu'on le traverse aujourd'hui, si vide et solitaire. Julien Green avait déjà eu cette impression dans les années 1970, « le sentiment de passer d'un seul coup derrière la coulisse et de surprendre un secret[7] ». Tout y est immobile et silencieux jusqu'aux jets d'eau des bassins, jusqu'aux arcades qui donnent aux jardins des airs de cloître. On y trouve encore quelques rares boutiques mais pas de clients. On n'y voit plus que des fantômes, tout comme les fantômes de ceux qui se bousculaient là au cours de cet été si extraordinaire de 1789. L'intendant des bâtiments du duc de Wurtemberg, Wilhelm de Wolzogen, s'y était précipité à son arrivée à Paris en avril, comme si c'était le but de son voyage. Un peu effaré, il décrit l'endroit, en bon protestant, comme un lieu de débauche et de plaisir, un lieu de confusion sociale aussi où les rangs, les conditions se confondent dans un même tourbillon de lucre et d'argent. « Est-ce là un prince ou un commis, un ministre ou un valet de chambre ? » Mais il y retourne pourtant, fasciné, il aime aussi y entendre parler, s'informe des derniers événements de Versailles.

Tout est différent en juin. Le ton général est devenu plus politique. On y est plus véhément, plus intolérant. Les habitués aussi ne sont plus les mêmes. Le petit peuple a envahi les cafés et les jardins. Notre touriste allemand est l'un des seuls à avoir noté ce changement-là : « Toute la racaille possible s'y précipite, savoyards, journaliers, cordonniers, tailleur[8]. » Un « concours prodigieux » de peuple ! Des orateurs improvisés prêchent la « sédition ». Camille Desmoulins ne fera pas autrement lorsqu'il appellera la foule à prendre les armes contre le gouvernement royal le 12 juillet. Le 20 juin, à la nouvelle de la fermeture des états généraux, l'émotion est à son comble. Comme une répétition générale de la journée du 12 juillet, lorsqu'on apprendra le renvoi de Necker.

« Dans tous les yeux, on lisait l'alarme et la crainte », note Young. Tout le monde se méfie de tout le monde. Chacun a peur de son voisin. Un Anglais de passage venu se restaurer au café de Foix avec quelques amis constate non sans surprise combien sa seule présence suscite de trouble et d'effroi parmi les serveurs[9]. Les ennemis sont partout. On dénonce « les intentions violentes de la Cour[10] ». On injurie les aristocrates, on traite l'archevêque de Paris de « jean-foutre » parce qu'il s'oppose à la réunion du clergé au tiers état et complote avec le roi à Marly. « Toutes les horreurs sont permises », constate encore le ministre de Venise Antonio Capello[11]. Le roi et la reine sont publiquement menacés. Un officier aux gardes,

Antoine-Charles de Maleissye, entend quelqu'un debout sur une table demander à ce qu'on enferme le premier dans un couvent et que l'on mette l'autre à la Salpêtrière[12]. La Salpêtrière était à Paris sous la monarchie le plus grand établissement de détention des « débauchées » et des prostituées. Tout ce qui n'est pas patriote est malmené. Le secrétaire de l'ambassadeur d'Autriche Mercy-Argenteau, qui, au café du Caveau, avait eu l'imprudence de traiter les députés du tiers état de « canaille », est poursuivi jusqu'à la rue Vivienne et ne doit la vie sauve qu'à ses jambes[13]. On brûle les mannequins des députés de la noblesse en effigie[14]. On chasse les mouchards de la police à coups de pierre. On en vient aux mains selon que l'on est pour ou contre Necker. Wolzogen voit de ses yeux, dès le 22 juin, plusieurs grenadiers aux gardes-françaises pourtant consignés dans leurs casernes acclamés, portés en triomphe et « régalés en public[15] ». Encore quelques jours et la désertion sera quasi générale. Les premiers mutins enfermés à la prison de l'Abbaye et aussitôt délivrés par le peuple le 30 juin sont ceux-là mêmes qui tireront sur les troupes royales encore aux ordres, le 12 juillet, et prendront la Bastille le 14.

L'émotion est d'autant plus vive que les Parisiens sont littéralement saturés de nouvelles. Les colporteurs les crient par les rues – « voilà du nouveau ! » –, on les lit dans les cafés, les marchands de nouveautés distribuent pour 6 sols sous forme de brochures journalières et bon marché les procès-verbaux des séances de l'Assemblée nationale imprimés chez Baudouin en 8 ou 18 pages, précise le libraire Hardy. Baudouin n'est certainement pas le seul sur les rangs. Hardy note encore que, dès le 21 juin par exemple, on distribue un peu partout le « vigoureux arrêté » du Jeu de paume spécialement imprimé en « gros caractères[16] ».

Tout le monde s'accorde à dire que l'effervescence augmente un peu plus chaque jour. Et cela infuse dans tout Paris. Il est des moments où l'excitation est telle qu'il n'est plus possible de rien prévoir. Étienne Dumont le dit très bien dans ses *Souvenirs*, à propos de ces journées inaugurales de la Révolution : « Tout était ébranlé à Paris. Les têtes les plus froides participaient à la passion du moment. C'était la masse entière qui s'était échauffée. Un cri dans le Palais-Royal, un mouvement fait par hasard, un rien pouvait causer une commotion générale. Dans cet état des choses, ce sont les tumultes qui produisent les tumultes, c'est la maladie de la veille qui s'aggrave le lendemain[17]. »

7

De l'émeute à l'insurrection

La modération, pense-t-on dans les salons parisiens, n'est pas la vertu du peuple. On tenait pourtant celui de Paris pour le plus civilisé d'Europe, on le savait spirituel, chansonnier, tracassier, volontiers frondeur, et on sera bientôt sidéré de le découvrir « barbare ».

Le peuple des élites est rarement au modèle de celui qui vit et travaille à côté d'elles parce qu'il vit et travaille pour elles. Notre libraire Nicolas Ruault, pourtant éclairé et « philosophe », le décrit comme « une multitude sans propriété, sans existence civile, sans principes moraux », capable de se « mettre en mouvement au moindre propos entendu au coin des rues et des carrefours ». « Une tourbe horrible », dit encore Restif de la Bretonne. C'est là qu'est la distance de la peur et de l'effroi. Personne n'a jamais vraiment compris ce qui fait basculer le peuple de l'extrême effervescence à l'insurrection. Peut-être une dose suffisante de désirs, d'enthousiasme, de rêves et d'intérêts, d'entraînement et de peurs, lorsque la raison s'échappe dans l'inconnu, lorsque l'on voit l'avenir au bout de son fusil. Quand ces sentiments-là se mettent à circuler librement dans une classe entière d'hommes et de femmes, comme le sang dans un seul corps, l'insurrection est tout près de l'emporter. « Tout est physique dans les masses. » C'est exactement la situation qui prévaut à Paris en juin.

Près d'un demi-siècle plus tard, George Sand fait cette même expérience au tout début de l'insurrection républicaine des 5 et 6 juin 1832, celle qui se termine dans le sang sur les barricades de la rue Transnonain si magnifiquement réinventées par Hugo dans *Les Misérables*. L'événement la surprend alors qu'elle se promène avec sa fille Solange dans les jardins du Luxembourg et que la foule commence à courir dans tous les sens à la vue de la troupe en armes. Ce qu'elle dit à ce propos pourrait servir de commentaire en forme d'impuissance à toutes les révolutions prises dans leurs débuts : « Dans presque tous ces événements déplorables ou magnifiques dont une grande ville est le théâtre, la masse des spectateurs, et souvent celle des acteurs, ignore ce qui se passe à deux pas de là, et court risque de s'entr'égorger, chacun cédant à la crainte de l'être. L'idée qui a soulevé l'ouragan est souvent plus insaisissable encore que le fait, et, quelle qu'elle soit, elle ne se présente aux esprits incultes qu'à travers mille fictions délirantes. [...] De part et d'autre, avant qu'on ait brûlé une amorce, des récits horribles, des calomnies atroces ont circulé, et le fantôme du carnage a déjà fait son fatal office dans les imaginations troublées[1]. »

Ces « récits horribles » existent en juin 1789. À partir du 20, Paris s'émeut de l'annonce d'une séance royale que beaucoup interprètent comme un véritable coup de force du gouvernement contre les députés du tiers. Les propos sombres et brûlants des partisans les plus radicaux du roi qui parlent de « tirer l'épée » contre leurs adversaires n'ont rien arrangé. On les a très vite pris pour argent comptant. « On s'attend que les nobles monteront à cheval », note l'un des informateurs anonymes du comte de Montmorin, le 17 juin[2]. À Versailles, les principaux orateurs de la noblesse sont pris à partie et injuriés par le peuple à la sortie de leurs séances. « Mais ne craignez-vous pas que le peuple ne vous lapide ?, demande-t-on à d'Éprémesnil le 22 juin – On ne lapide que ceux qui ont peur[3]. » L'ancien parlementaire n'aura pas plus peur lorsqu'il montera sur l'échafaud avec Malesherbes, le ministre et défenseur de Louis XVI, en avril 1794. Il avait rêvé d'une révolution aristocratique. Une autre révolution, bien différente, a fini par l'emporter. Les députés du clergé qui s'opposent à la réunion de leur ordre ne sont pas mieux traités. L'abbé Maury, l'un des ténors de la défense des droits de l'Église, est molesté le 19 juin et Mgr de Juigné lui-même est attaqué dans sa voiture le 24, poursuivi à coups de pierre dans l'avenue de Paris jusqu'à la maison des prêtres de Saint-Lazare où il parvient à se réfugier, « plus mort que vif ».

La reine complote, on l'a vu. Les aristocrates aussi. Avec le complot commence le règne de la peur. L'une n'existerait pas sans l'autre. L'une et l'autre sont un peu ce que l'araignée est à sa toile. Un piège. Cela s'emboîte parfaitement. L'insécurité et la peur donnent forme au complot et ce dernier nourrit encore un peu plus les inquiétudes. La violence est au bout du processus. Elle devient révolutionnaire lorsqu'elle quitte les vieux parages populaires de la vengeance salutaire, et que de simple exutoire elle se politise et se transforme en un discours contre le pouvoir. La peur et la violence entrent alors pleinement dans le processus de construction d'un nouvel ordre social par l'exclusive et le rejet.

La politique est née avec la Révolution et la politique porte en elle tout à la fois le rêve d'une harmonie des commencements et la fatalité du chaos. René Girard n'est pas loin, et avec lui l'unité sans cesse espérée des sociétés par le sacrifice et la mort de l'autre[4]. En juin comme en juillet 1789, il ne s'agit pas seulement de se défendre et de punir. La violence s'impose au peuple comme le moyen de sa souveraineté et le signe de son pouvoir. Avec le mythe du complot aristocratique, la nation – et avec elle la liberté et l'égalité qui la fondent – a trouvé sa part obscure.

8

Des complots plein la tête

Le mythe se cristallise au cours de ces journées de juin. Il se fortifie encore un peu plus dans les jours qui précèdent et qui suivent la prise de la Bastille. Le complot n'est pas seulement à l'origine de l'insurrection parisienne des 13 et 14 juillet, il sert surtout à l'expliquer, à la justifier et à glorifier d'autant le peuple vainqueur par l'existence d'intentions maléfiques et par la présence secrète d'ennemis formidables cachés un peu partout dans Paris. Une « Lettre de Paris du 22 juillet 1789 » qui devait circuler dans la capitale et dont j'ai retrouvé plusieurs exemplaires dans différents fonds d'archives donne bien la mesure des dangers qui guettaient le peuple et les députés du tiers : « Le croiriez-vous, elle vient d'avorter, cette épouvantable conspiration qui réduisait Paris en cendres et couvrait la France de sang. 50 000 hommes, cent pièces de canon, 600 brigands et 6 princes devaient renverser cet empire de fond en comble. Les états généraux rassemblés allaient être massacrés, les maisons des patriotes brûlées, les bibliothèques publiques livrées aux flammes, le Palais-Royal pillé, dévasté, saccagé. Tout était prêt, les torches, les poignards, les gibets. On devait ouvrir les maisons de force et déchaîner sur nous tous ces tigres[1]. » « Le nez d'une populace, dit Edgar Poe, c'est son imagination. C'est par ce nez qu'on pourra toujours facilement la conduire[2]. »

Dans les jours qui suivront la prise de la Bastille, on cherchera des canons partout, dans les celliers de l'abbaye bénédictine de Montmartre, dans les souterrains de l'Observatoire de Paris où son directeur Cassini sera sommé, le 16 juillet, de conduire, les pieds dans l'eau, une troupe de patriotes persuadés qu'il y cachait des farines, de la poudre et des fusils[3]. On aurait trouvé des maisons d'aristocrates où l'on avait commencé à entreposer des barils de poudre et quantité d'habits bourgeois que devait porter la troupe pour donner le change. On parle d'une nouvelle Saint-Barthélemy. Le massacre des Innocents des Évangiles n'est pas loin non plus. Elle explique sans doute la rumeur persistante qui voudra que nombre de maisons de patriotes aient été marquées à la craie. Cela vaudra dans les deux sens. Le comte de Montlosier, député suppléant de la noblesse d'Auvergne, renverse l'accusation et en fait dans ses Mémoires un instrument de terreur contre les royalistes. Ces mêmes croix désignent cette fois les habitations des riches financiers et des gens de robe destinées au pillage, au meurtre ou à l'incendie selon leur couleur, blanche, noire ou rouge[4]. Après les listes, les croix.

La violence d'une révolution s'explique par le poids de ses imaginaires.

Dès lors, tout devient conspiration et complots : celui de Lyon et du camp royaliste de Jalès dans les derniers mois de 1790, des « chevaliers du poignard » prêts à enlever le roi, du « comité autrichien » présidé par la reine. Qu'une partie des Français ait été peu enthousiaste de la Révolution est une chose, mais que la moindre opposition se transforme en conspiration montre assez qu'il ne pouvait exister en dehors d'elle que des ennemis. Ces derniers ne valent pas mieux d'ailleurs et usent des mêmes arguments. Pour eux aussi, toute la Révolution n'est qu'un vaste complot aux multiples trames : Illuminés, francs-maçons, protestants, agioteurs, philosophes, déistes, athées, etc. En 1798, à Londres, l'abbé Barruel en écrira la théorie dans ses célèbres *Mémoires pour servir à l'histoire du jacobinisme*.

C'est précisément en juin, avec l'invention du « complot des aristocrates », que les brochures se multiplient contre la noblesse. Elles portent des titres savoureux qui sentent bon les temps de la Ligue ou de la Fronde : *La Conjuration découverte* ; *Avis aux bons citoyens touchant la grande conjuration des aristocrates* ; *Les Vérités bonnes à dire*, et beaucoup d'autres encore[5]. À les lire, tout est lié : le pain cher, la disette, le brigandage qui s'aggrave dans les campagnes, l'opposition des privilégiés au tiers état et leurs sourdes combinaisons contre le peuple. On y évoque tour à tour les « noires conspirations » de « l'aristocratie expirante », l'accaparement des blés du royaume, la famine organisée à dessein par « les princes liés d'intérêt avec la noblesse, le clergé et les parlements ». Et, derrière le pacte de famine, des intentions meurtrières. La dissolution des états, les brigands stipendiés pour massacrer les honnêtes gens, l'assassinat ou l'enfermement des principaux députés du tiers à la Bastille, la soumission de Paris et la vengeance du roi. Encore un mois et on brûlera des châteaux, on pillera des abbayes, par centaines, à travers tout le royaume. Il faut une certaine science des dosages pour fabriquer un cocktail Molotov. Il n'est pas question ici d'acide sulfurique ni d'essence. Les matières inflammables de juin sont toutes de fièvre et de frayeurs, d'espoir et de colère, de haine et de vengeances réciproques. Les révolutions ont leur part de guerre civile. Le mot est lâché en juin. Personne n'a attendu la prise de la Bastille pour en parler.

9

Une séance royale

On en est là le 23 juin. C'est dans ce climat, à contretemps et dans les pires conditions, que le roi risque son va-tout. Il va tenter de reprendre la main sur des événements qu'il ne comprend pas et qui lui échappent de plus en plus. La séance qu'il va tenir ce jour-là aux Menus-Plaisirs de Versailles joue un rôle identique à celui des régiments cantonnés autour de Paris en juillet. Louis XVI n'y annonce pas plus la dissolution des états généraux qu'il n'y aura de canons à Montmartre. Peu importe, le réel est passé du côté des ombres et des fantômes. Les conséquences n'en seront que plus graves.

Pour la dernière fois, la monarchie se donne en spectacle avec ses couleurs, son faste et ses symboles. Le monde d'hier sort de ses palais pour y rentrer bientôt à tout jamais. Louis XVI en son cortège annonce déjà Charles X, son frère et lointain successeur, quand celui-ci, renversé en juillet 1830 par une autre révolution, quitte définitivement la France pour s'embarquer à Cherbourg. Chateaubriand a tout dit dans ses Mémoires de cette royauté de Reims marchant à pas mesuré vers sa tombe, au milieu de ses aumôniers et de ses gardes, dans toute l'exactitude de l'étiquette. Le 23 juin 1789, on a voulu renouveler les fastes de la séance royale d'ouverture des états généraux, le 5 mai. Quarante-huit jours seulement séparent les deux événements, mais ces quarante-huit jours ont des allures de siècles. Le roi, après avoir entendu la messe dans la chapelle, quitte son palais vers 10 heures et monte dans sa voiture accompagné de sa femme, de ses frères, des princes du sang, de ses ministres, de sa Maison et des grands officiers de la Couronne. Il est revêtu, comme le 5 mai, du grand manteau royal bleu fleurdelisé à revers d'hermine et porte un chapeau à plumes blanches comme celui de sa noblesse. Ses gardes du corps le suivent et le précèdent. Ses hérauts d'armes l'annoncent. Étienne Dumont, qui assiste à cette « magnifique procession », voit les visages inquiets des ministres et celui « triste et morne » du roi. Seul l'air de fierté de son frère Artois, les regards hostiles et triomphants de quelques courtisans laissent présager de la suite. Comme au 5 mai, la foule est immense au passage du cortège, mais plus personne ne crie « Vive le roi ! ».

Louis XVI s'avance par l'avenue de Paris, dans un profond silence, jusqu'à la cour intérieure de l'hôtel des Menus-Plaisirs. Plus tard, les députés révolutionnaires du tiers état y verront un signe. « Ce n'est pas un trône d'or et un superbe dais, écrit Rabaut Saint-Étienne, un brin vengeur, ni des hérauts d'armes ni des panaches flottants qui intimident des hommes libres. » Et d'ajouter : « La Cour ignorait cette vérité[1]. » La Cour se méfie cependant. Elle est sur la défensive. Versailles est comme en état de siège. Tout le monde s'accorde à dire que les dispositions militaires prises ce jour-là n'avaient plus rien à voir avec celles des jours précédents. De quoi faire monter encore la tension. La grande salle commune des Menus est fermée au public et les tribunes sont vides. On a disposé des barrières dans les avenues de Paris, de Saint-Cloud et de Sceaux pour contenir la foule. Deux compagnies de gardes-françaises protègent l'entrée principale du bâtiment. Une compagnie de Cent-Suisses stationne dans la cour. On a placé en sentinelles des gardes du corps dans tous les passages et à toutes les portes des salles intérieures. Il faut passer au milieu d'une haie de grenadiers, baïonnettes au fusil, pour entrer. Mais tout cela ne tient qu'à un fil.

L'attitude des troupes, note La Galissonière, est « fort incertaine ». Les gardes-françaises ont l'air de soldats prêts à se débander et les gardes du corps, pourtant privilégiés, insatisfaits de leur solde et de leur avancement, ont l'air mécontents. On vient même de mettre à pied l'un de leurs brigadiers pour un « mémoire séditieux » que celui-ci avait eu le tort de présenter à son capitaine de compagnie[2]. Il est des situations qui ne supportent pas les contrariétés, surtout quand elles sont explosives, et celles-ci ne vont pas manquer. Pour éviter que les ordres ne se confondent et parce que tout dans cette journée procède de la méfiance, le grand maître des cérémonies, Henri-Évrard de Dreux-Brézé, a cru bon de faire entrer les députés du clergé et de la noblesse du côté de l'avenue de Paris, par la cour, tandis que ceux du tiers sont invités à se présenter à part, rue des Chantiers. Il pleut le 23 juin comme il pleuvait la veille et l'avant-veille, et on entasse les députés du tiers dans le vestibule de bois qui donne accès à la grande salle et fait en même temps office de buvette. Tout cela augure mal de la suite.

Alors que les députés des deux premiers ordres ont été depuis longtemps introduits dans la salle, le clergé à la droite du trône, la noblesse à gauche, ceux du tiers doivent patienter « deux grandes heures[3] » et commencent à se plaindre. Ils sont persuadés qu'on veut les humilier. Les uns parlent de se retirer, les autres de délibérer sur place et de bouder la séance royale. Bailly, qui s'y connaît en préséances, fait appeler le duc de Guiche, capitaine aux gardes, et informe le marquis de Dreux-Brézé de l'offense faite à la représentation nationale. Celle-ci ne saurait attendre, même le roi. Il y a eu entre-temps un incident dans la grande salle, la mort subite d'un vieux conseiller-secrétaire du roi, Antoine Paporet, qu'on a été obligé de transporter à l'extérieur. Certains prendront cela pour un mauvais prétexte, d'autres pour un triste présage. Il y avait déjà eu un mort le jour de la séance d'ouverture des états. Décidément, avec Louis XVI, tout commence toujours par des morts. On en avait déjà compté des centaines, place Louis-XV, à la suite d'un mouvement de panique de la foule immense qui assistait aux fêtes de célébration de son mariage, le 30 mai 1770.

L'ambiance est à la catastrophe. C'est la première fois depuis le 5 mai que les députés se retrouvent réunis. Personne n'a oublié les injures ni les menaces. « La consternation et l'inquiétude étaient peintes sur les visages. Il semblait qu'on allait à une exécution », note La Galissonière. Nombre de députés de la noblesse sont armés. Lui-même s'est muni par précaution d'une paire de pistolets à deux coups. On craint un guet-apens. On se méfie du duc d'Orléans. On parle de lui brûler la cervelle au moindre signe[4]. Cela ne s'arrange pas lorsque les députés du tiers, précédés de leur président et de Dreux-Brézé, font enfin leur entrée, deux par deux, dans un silence de mort et s'installent au centre de la salle, face à l'estrade royale. Le roi tarde à venir, mais ses ministres sont déjà là, assis en avant du trône à une grande table recouverte d'une nappe violette semée de fleurs de lys d'or comme le dais du roi remonté pour l'occasion sur le modèle de celui du sacre de Reims.

Il ne manque qu'un ministre et son absence fait sensation, c'est Necker. Tout s'est joué la veille, à l'issue du Conseil du soir. Dans la continuité logique des Conseils précédents, le roi a ratifié les modifications apportées à ses déclarations. On a passé la nuit à spéculer sur ce qui s'est passé, mais personne ne sait encore exactement ce que le roi va dire. Le vide laissé par Necker ce matin du 23 juin, alors que Louis XVI pénètre dans la salle des Menus à 11 h 15 du matin, sonne comme un désaveu.

Du côté des députés du tiers, on parle déjà de la démission du directeur des Finances et on s'attend au pire. La fiction du monarque bienveillant prêt à se laisser dessaisir de son pouvoir sans dire un mot tombe avec lui. On ne s'est pas plus posé la question de savoir ce que Louis XVI a pu penser de son absence. D'après Barentin, Necker avait l'intention de se rendre aux Menus. Sa voiture était prête dans sa cour quand, sur les instances de sa femme et de sa fille, il y aurait renoncé au dernier moment[5]. Le roi, qui n'était prévenu de rien, ne l'apprend qu'en arrivant sur les lieux de la séance. On ne sait rien de sa réaction sinon par ce qu'en dira Marie-Antoinette qui y a vu « une lâcheté criminelle » et même « une trahison[6] ». Tout cela en dit long sur l'extrême fragilité du monarque condamné à garder son ministre dans le seul but de couvrir ses décisions de sa popularité.

Tous ceux qui depuis des semaines parlaient pourtant de le renvoyer ont hurlé contre le ministre. Dans la matinée du 23 juin, l'ancien banquier n'a pas encore donné sa démission et le roi ne l'a pas chassé. Il est donc coupable. « Je n'hésiterai pas à donner le nom de crime à cette conduite », précise même le comte d'Angiviller, pourtant proche de la femme du ministre[7]. En d'autres temps, ajoute-t-il, tout cela se serait terminé par une exécution en place de Grève. En jouant sa partie, Necker ménage sa popularité et se fait le chef des « factieux ». Il décrédibilise d'autant tout ce que pourra dire le roi. On en est là, le 23 juin à 11 heures du matin, lorsque Louis XVI paraît.

Avec ses tribunes fermées et ses gardes postés aux entrées, la grande salle des Menus-Plaisirs, recouverte pour l'occasion de riches tapisseries, semble immense et vide. Le roi s'assied sur son trône et se couvre avant de lire son premier discours. Les députés l'écoutent debout et tête nue. On ne se couvre pas en présence du roi, sauf lorsque celui-ci l'ordonne par la voix de son chancelier. Il y eut à ce moment-là un curieux jeu de chapeaux. À la demande de Barentin, la noblesse se couvre une fois le discours du roi achevé, mais les députés du tiers restent tête nue par mauvaise humeur ou pour manifester leur opposition, ce qui aurait obligé le monarque à enlever son chapeau, au grand scandale de la reine[8]. On retrouvera un peu plus loin une pareille scène de chapeau. Tout cela peut paraître dérisoire, mais, ce jour-là, les rapports de force se montrent partout jusque dans les minuties de l'étiquette. Le roi est celui à qui appartient la souveraineté. L'obliger à se découvrir, c'est la lui enlever. On voudra aussi qu'il ait parlé d'une « voix tremblante et altérée[9] », comme s'il n'était pas sûr de lui. Si le roi tremble, ce qu'il s'apprête à dire ne manque cependant pas de fermeté. Mais a-t-il seulement mesuré que son salut dépendait des paroles qu'il va prononcer.

10

Parce que je le veux !

En moins d'une heure, du haut de son estrade et devant les députés, Louis XVI prononce trois discours et fait lire deux déclarations par son ministre Laurent de Villedeuil[1]. Les discours ont été repris des projets de Necker, mais avec de nombreuses corrections, des suppressions, des additions de taille. On en connaît au moins trois versions, toutes de la main du souverain. C'est dire à quel point ce dernier y attachait de l'importance et y tenait. De même pour les deux déclarations de ses volontés, la première en quinze articles, la seconde en trente-cinq. Il fera même d'elles l'alpha et l'oméga de sa politique jusqu'à son procès en décembre 1792. Elles vont devenir sa boussole et son point fixe. La Révolution aura beau s'étendre à tout, il n'ira jamais plus loin. Dans l'une de ses lettres d'octobre à son cousin le roi d'Espagne, il affirme sa résolution d'« accomplir les promesses » du 23 juin. Il y fait encore référence dans le mémoire qu'il laisse aux Tuileries le 21 juin 1791 lors de son départ pour Montmédy et l'armée de Bouillé, devenu, à la suite de son arrestation, la « fuite à Varennes ». La reine elle-même le dit clairement dans l'une de ses lettres à Mercy-Argenteau. Le programme du 23 juin devait servir de base à la constitution qu'il comptait promulguer après sa sortie de Paris[2]. S'il se résigne en septembre à signer celle de l'Assemblée nationale, c'est, ainsi qu'il le signifiera aux souverains européens, contre son gré et sa volonté. Au début de la Révolution, les « amis du roi[3] » vont adopter sans broncher ses discours du 23 juin, et les mettre en concurrence avec ceux de l'Assemblée nationale. « La déclaration [du 23 juin] un peu modifiée pouvait devenir la grande charte du peuple français », regrette le polémiste royaliste Antoine de Rivarol dans ses Mémoires[4]. Un quart de siècle plus tard, la Charte octroyée aux Français par le frère cadet du roi – Louis XVIII – le 4 juin 1814 sera un peu la fille tardive et moderne du programme du 23 juin, à cette immense différence près que cette dernière entérine nombre d'acquis révolutionnaires, à commencer par l'égalité des droits.

De quoi s'agit-il ? Si l'on s'en tient à sa seconde déclaration, ce que Louis XVI accorde à ses peuples ressemble à quelques détails près à la promesse d'un régime à la fois libéral, décentralisé, contrôlé par une représentation élue et limité par des lois. Marmontel appelle cela « une monarchie réglée et tempérée ». On est loin d'un régime de monarchie constitutionnelle, quelles qu'en soient les nuances, et pourtant, du point de vue d'un monarque absolu, le pas est immense.

Louis XVI le dit lui-même dans le court discours qui introduit sa déclaration : « Jamais roi n'en a autant fait pour aucune nation. » Et, en effet, il abandonne aux états généraux une partie de ses prérogatives fiscales. Ceux-ci seront renouvelés sans plus de précisions, ses représentants voteront les nouveaux impôts et les emprunts (sauf en cas de guerre), ils fixeront de façon invariable les dépenses de l'État, département par département, publieront chaque année un tableau du budget. Dans les provinces, des états élus et délibérant en commun se verront attribuer un large spectre de compétences administratives aux dépens des intendants : hôpitaux, prisons, entretien des forêts, contrôle des dépenses des corps de ville. Mais le roi se réserve la sanction et bien sûr tous les autres pouvoirs, en particulier de police, d'ordre public et militaire.

Le roi consent ensuite à ce que les députés s'attellent à un vaste programme de réformes dont il fixe lui-même les objets : réforme des anciens impôts, en particulier la taille destinée à être convertie en une sorte d'impôt territorial et foncier, sur le modèle de celui de Calonne et conformément au souhait déjà ancien de son administration, adoucissement des taxes indirectes (gabelle sur le sel, aides sur les produits de consommation), égalité fiscale de toutes les propriétés y compris seigneuriales, suppression des droits de franc-fief et de mainmorte hérités du vieux système féodal, conversion de l'exemption des charges personnelles dont bénéficient la noblesse et une partie du clergé du royaume en contributions pécuniaires, réforme du tirage de la milice, suppression des douanes intérieures, suppression de la corvée, restriction des capitaineries. La bourgeoisie est servie par les avancées égalitaristes, notamment en matière fiscale, des réformes du roi, mais elle n'est pas la seule. Toutes les dernières mesures touchent directement la paysannerie. L'obligation de servir au sein des milices provinciales, sorte de corps de réserve de temps de paix, la gênait particulièrement tout comme la contrainte qui leur était faite d'entretenir gracieusement les routes royales. La réorganisation des capitaineries qui sont les domaines de chasse du souverain (en dehors des forêts royales) allège d'autant les paysans, qui voyaient leurs cultures dévastées par les équipages de vénerie, particulièrement en Île-de-France. Sans parler de la suppression des octrois et de l'allègement des taxes indirectes. Toutes ces demandes sont omniprésentes dans les cahiers de doléances ruraux. Le roi n'est pas en reste non plus en matière de libertés : liberté de la presse dans les limites du respect dû à la religion, libertés personnelles et abolition des lettres de cachet, perfectionnement des lois civiles et criminelles. On est là très près des projets initialement proposés par Necker. Au fond, Louis XVI rassemble en une seule déclaration tous les projets qui dormaient depuis des décennies dans les cartons de l'administration, les adapte aux doléances formulées dans les cahiers de bailliage dans lesquels il a largement puisé, les valide et les confie à l'examen des états généraux sous la réserve de sa sanction.

Cependant, il va plus loin sur trois points essentiels. Personne ne l'a vu ou n'a voulu le voir sur le moment et c'est pourtant la part la plus radicale de son intervention. Sa part révolutionnaire, si l'on veut. En autorisant les états à voter l'impôt, à établir, répartir et publier les dépenses et les recettes de l'État, il jette les bases et les principes de la politique budgétaire de la France moderne. En déliant les députés de leurs mandats et en prescrivant à ses parlements d'enregistrer leurs décisions purement, simplement et sans délai, il pose deux des fondements de notre droit public : le principe de la représentation parlementaire par délégation d'une part, l'indépendance de cette dernière par rapport au pouvoir judiciaire d'autre part. Ce n'est pas rien. Quand on sait d'où vient le roi, c'est même incroyable[5].

Mais s'il se montre ce jour-là politiquement novateur, il reste socialement conservateur et tourne délibérément le dos au principe de l'égalité civile voulue par les députés du tiers. Il n'est pas question de permettre à tous d'accéder indistinctement aux charges du royaume. Les carrières militaires restent en grande partie fermées à la bourgeoisie. Le roi conserve le droit « inhérent à sa couronne » d'accorder des lettres de noblesse selon les mérites et les services et consent seulement à ce que les états donnent leur avis sur les emplois et les offices susceptibles de conférer la noblesse héréditaire. C'est en cela qu'il diffère de son ministre des Finances. Au fond, il perpétue le 23 juin le paradoxe tragique à l'œuvre depuis des décennies d'une royauté prise en étau entre des aspirations réformistes d'inspiration égalitaire et sa volonté de maintenir et de garantir les vieilles distinctions sociales dont elle est l'héritière et qui pourtant sont autant de freins et d'obstacles à ses velléités modernistes.

C'est tout l'objet de sa première déclaration par laquelle il règle l'organisation des états, tranche le conflit des ordres, les maintient, et annule en conséquence toutes les délibérations « illégales et inconstitutionnelles » prises par le tiers état depuis le 17 juin. Les députés ne vont voir que cela. L'« affront » qui leur est fait enlève toute consistance et même toute légitimité aux réformes. L'amour-propre a tout emporté, les avancées royales, les fondations d'une monarchie représentative comme la possibilité d'une évolution en douceur des pouvoirs du monarque. Un autre chemin que celui de la Révolution, mais bien vite oublié !

11

Réformes, arsenic et vieilles dentelles

Avant même d'en juger sur le fond, la décision prise par Louis XVI de maintenir les ordres au sein des états est manifestement une catastrophe tactique et politique. Elle tombe évidemment au plus mauvais moment. Non seulement le roi intervient à contretemps, mais il semble ne pas avoir eu conscience de ce qui s'est passé depuis des mois. Son temps n'est manifestement plus celui de la nation. Comme s'il était en exil. Il y a quelque chose de presque poignant dans les commencements de son premier discours : « Je veux le croire et j'aime à le penser, les Français ne sont pas changés. » Et Bruys des Gardes, l'un des premiers commis de sa Maison, chargé des états généraux, d'observer froidement : « La plus grande partie [des Français] est changée. Elle a acquis un nouvel être en sortant de l'ignorance et de la servitude. Il faut donc se comporter en conséquence. » Les premiers commis – « très obscurs et très importants[1] » – sont au cœur de la machine administrative du royaume. Que la critique vienne de l'appareil d'État lui-même, comme on l'a déjà vu à plusieurs reprises, donne la mesure de l'extrême fragilité du régime. Évidemment, comme beaucoup d'autres, en parlant des « Français », Bruys des Gardes désigne ceux qui parlent et qui écrivent. L'« opinion » a beau ne pas être le peuple, si successif, divers et royaliste par tradition dans son immense partie, cela ne change rien à l'affaire.

Le premier article de la déclaration du roi relative à « la présente tenue des états généraux » est très clair : « Le roi veut que l'ancienne distinction des trois ordres de l'État soit conservée en son entier, comme essentiellement liée à la constitution de son royaume. » Tout ce qui suit en découle. Les droits particuliers des ordres et les formes à donner aux prochains états généraux seront traités au sein de chaque chambre, tout ce qui concerne la religion le sera avec l'agrément du clergé, de même les deux premiers ordres sont seuls habilités à traiter des propriétés seigneuriales et féodales, des dîmes, cens, rentes, des droits utiles et des prérogatives honorifiques de la noblesse, lesquelles sont par ailleurs formellement maintenues dans la deuxième déclaration. Pour le reste, les trois ordres peuvent se saisir en commun et par tête du programme de réforme proposé par le roi à condition que 100 députés au moins en fassent la demande. Il leur est recommandé de les adopter à la majorité des deux tiers et non à la pluralité des voix. Enfin, que ce soit par ordres séparés ou en commun, les états délibéreront à huis clos.

Comme pour mieux signifier ce qu'il accorde et ce qu'il refuse, le roi réaffirme aussi ses droits. Aucune des décisions prises par les états n'aura force de loi sans son approbation spéciale. Ce qu'il dit dans son discours de conclusion s'inscrit dans la droite ligne de ce qu'il a toujours affirmé des formes et de la nature du pouvoir royal : « Je suis le garant naturel de vos droits respectifs et tous les ordres de l'État peuvent se reposer sur mon équitable impartialité. » Et ce qui vient logiquement à côté n'est certainement pas repris du discours préparatoire de Necker : « Si, par une fatalité loin de ma pensée, vous m'abandonniez dans une si belle entreprise, seul je ferai le bien de mes peuples, seul je me considérerai comme leur véritable représentant [...] et je marcherai vers le but auquel je veux atteindre, avec tout le courage et la fermeté qu'il doit m'inspirer. » D'aucuns y ont vu une menace de dissolution des états. Il y a là tout simplement la reprise du principe même de l'absolutisme monarchique, à l'instar des dizaines d'admonestations publiées sous son règne en réponse à ses parlements. On peut y voir aussi une façon indirecte d'inviter les états à se réconcilier, à faire cesser leurs divisions et à s'emparer sérieusement de son programme de réforme. En d'autres termes, dans son intervention, Louis XVI concède dans un premier temps et ordonne dans un second temps. Certains observateurs y ont vu « un mélange de douceur et de fermeté[2] » sans pour autant relever qu'à trop balancer son discours il avait fini par en annuler les termes.

Il n'y a guère que les étrangers pour s'étonner que ce programme ait été peu goûté. L'Anglais Arthur Young, qui trouve par ailleurs que ce dernier accorde beaucoup au peuple, n'en revient pas de la violence des réactions qu'il recueille dans les salons « libéraux » de Paris, le lendemain. « À ma grande surprise, les propositions du roi ont été accueillies avec un universel mécontentement[3]. » En réalité, c'est un déchaînement de fureurs. Ils sont bien quelques-uns à saluer les efforts consentis. « Les gens sages, écrit dans son journal le libraire parisien Nicolas Ruault, approuvent en grande partie les réformes de la couronne. » Et d'énumérer à sa façon les mesures consenties : la périodicité des états généraux et des impôts, la liberté de la presse, la liberté individuelle et des propriétés, les lettres de cachet soumises à une forme régulière, l'abolition des francs-fiefs payés au roi par les roturiers propriétaires d'un bien noble, la délibération par tête pour les affaires d'impôts, de législation, de réformes, par ordre pour les droits honorifiques[4].

Mais cela ne va pas durer. Pourquoi, pensent certains, n'a-t-on pas agi plus tôt ? « Les opérations des hommes ont leurs saisons comme celles de la nature[5]. » Maintenant, « il est trop tard ». Les décrets des 17 et 20 juin sont passés par là. L'aigreur et l'orgueil aussi. Ce qu'on ne tolère plus, c'est que le roi puisse encore vouloir. « Le roi veut », « le roi permet ». Pour beaucoup, Louis XVI a confondu les états généraux avec ses parlements. La séance royale du 23 juin n'en est pas une. C'est « un lit de justice ». Le roi entouré de ses troupes n'a fait que montrer l'« odieux appareil » de l'absolutisme[6]. La force, quand on ne sait pas l'employer, devient dangereuse. Elle est le signe de la faiblesse de ceux qui la déploient inutilement et finit par se retourner contre eux.

Au fond, les concessions royales importent peu, c'est la manière dont elles ont été faites qui ne passe pas. Les députés du tiers état ne croient pas digne d'eux de tenir quoi que ce soit de Louis XVI. À leurs yeux, le consentement de la nation à l'impôt est un droit. Il n'a pas à le leur accorder. Plus largement, la future constitution du royaume ne peut être que leur ouvrage, elle ne saurait en aucune façon leur être octroyée comme un bienfait. « Le prince ordonne et ne consulte pas », note Rabaut Saint-Étienne, consterné[7]. Il annule les délibérations de l'Assemblée et agit souverainement, en législateur. Et Bailly de s'étouffer. On ne parle pas au XVIIIe siècle comme on parlait à l'époque de Charlemagne[8]. « Je soutiens, écrit à chaud le député de Clermont Gaultier de Biauzat, que les états généraux ne peuvent reconnaître aucun ordre supérieur à leur autorité[9]. » Bref, les états généraux transformés en Assemblée nationale ne peuvent recevoir de lois que de la nation, c'est-à-dire d'eux-mêmes. On mesure le chemin parcouru. Non seulement le souverain n'incarne plus la nation, mais cette dernière lui préexiste. La légitimité a changé de camp. Que faire alors de ce roi maladroit, anachronique et encombrant quand certains ne le croient pas dangereux, et qui a l'inconvénient d'exister ? On trouvera la solution trois ans plus tard, le 21 janvier 1793.

Louis XVI n'est plus rien puisqu'il a perdu la nation. Il prétend tout autant maintenir un monde dont on ne veut plus. Il est hors de question que la future constitution tienne sa légitimité de la vieille société monarchique. Elle ne peut être discutée par les différents ordres du royaume pris séparément sous son arbitrage, mais librement, en commun, par tête et sur un principe de stricte égalité entre les députés issus des anciens ordres. Pour beaucoup, Louis XVI a eu le tort de tendre la main à sa noblesse. Il a donné, le 23 juin, « l'effrayant spectacle du triomphe de l'aristocratie[10] ». On est là à l'origine des fractures françaises des siècles suivants. Les libéraux vont reprendre l'argument dans la première moitié du XIXe siècle, jusqu'à faire de la séance royale l'une des principales causes de la Révolution.

Louis XVI, pensent-ils, a choisi le mauvais camp et en cela il a favorisé la guerre civile. Benjamin Constant tourne autour de la question dans la plupart de ses articles contemporains de la Restauration : « La révolution de 1789 se fit principalement contre les privilèges. La royauté, qui n'était pas menacée, voulut en vain s'identifier à une cause qui n'était pas la sienne. Entraînée momentanément dans la chute commune, ses efforts ne servirent qu'à fournir un exemple triste et mémorable du danger des alliances imprudentes[11]. » Mais comment se pouvait-il que la noblesse, quels que soient ses divisions, sa faiblesse et ses torts, n'ait pas été la cause de la monarchie ? L'une émane de l'autre. Le souvenir du roi siégeant au milieu de ses barons, hérité de l'ancienne éthique politique féodale et magnifié par la légende arthurienne de la Table ronde, est encore vivace. La monarchie a beau avoir profondément changé, le roi reste *primus inter pares*, le premier parmi ses pairs. Et puis, avec ou sans noblesse, la monarchie était de toute façon menacée dans ses principes.

François Guizot, l'un des plus grands théoriciens des monarchies constitutionnelles et futur ministre de Louis-Philippe, reprend les arguments de Constant. « Par une fatale erreur, quand la lutte a commencé, la légitimité n'a pas su se séparer de l'Ancien Régime. Elle s'est laissé engager dans une cause qui n'était pas la sienne. » Et d'inscrire la Révolution dans une perspective quasi dialectique de lutte des classes comme la revanche de l'ancien « peuple vaincu » sur le « peuple vainqueur », de la bourgeoisie sur la noblesse, de l'égalité sur le privilège, en retournant les thèses du comte de Boulainvilliers, le grand théoricien des droits de la noblesse dans les années 1720. « Le résultat de la Révolution n'était pas douteux. L'ancien peuple vaincu était devenu le peuple vainqueur[12]. » Cette perspective-là est appelée à un bel avenir. Elle sera reprise, critiquée et déplacée par Marx, le matérialisme historique en plus. La lutte des classes irrigue toute l'histoire socialiste de la Révolution en passant par Kautsky, Jean Jaurès, jusqu'aux lendemains qui chantent de la révolution bolchevique de 1917[13]. Les vaincus et les vainqueurs ! Tout ce qui suit montre à quel point l'histoire est docile à cette logique d'affrontement et qu'elle a choisi son camp.

12

Merde !

Lorsque au bout d'une demi-heure, à l'issue de son troisième discours, le roi se tait, se lève et s'apprête à quitter la salle, seuls les députés de la noblesse l'applaudissent. Des cris de « Vive le roi ! » sortirent des « bouches épiscopales et aristocratiques » raconte plaisamment Duquesnoy. Les députés du tiers, eux, se taisent. Leur silence n'est pas un silence bienveillant ou poli. C'est un silence hostile. Le silence de la consternation. Ils s'apprêtent à le défier pour la troisième fois. Avant de partir, Louis XVI a cru nécessaire, sans doute au dernier moment, de leur ordonner de quitter les lieux et de se réunir le lendemain, séparément, dans leurs chambres respectives. La noblesse et une partie du clergé obtempèrent et quittent la salle. Les députés du tiers et quelques dizaines de curés ne bougent pas. Ils restent d'abord quelques minutes debout ou assis sur les banquettes disposées dans le fond de la salle, muets, irrésolus, embarrassés et confus. Je gagerais qu'ils devaient avoir peur. « Tout semblait perdu », note le jeune Thibaudeau qui assiste à la scène. Des ouvriers sont entrés et commencent déjà à démonter le dais qui surmonte le trône. Quelques députés de la noblesse sont là aussi, debout sur l'estrade royale, comme au spectacle, impatients de connaître la suite.

On attend un coup de théâtre et on va l'avoir. Que le roi n'ait pas envoyé son capitaine des gardes pour faire sortir les députés, mais son grand maître des cérémonies, le marquis de Dreux-Brézé, montre assez qu'on est loin des baïonnettes dont on va tant se plaindre. Brézé ne devait pas être seul, cependant. Il s'est sans doute présenté devant les députés précédé des hérauts d'armes et accompagné de ses deux assistants[1].

Il n'y a pas plus pacifique qu'Henri-Évrard de Dreux-Brézé. Il appartient à une famille de cour qui tient sa charge de grand maître des cérémonies depuis 1701, grâce à l'un des derniers contrôleurs généraux des Finances de Louis XIV, Michel Chamillart, dont la fille a été mariée à un Dreux-Brézé. Henri-Évrard est jeune encore – 27 ans. Il n'exerce ses fonctions que depuis deux ans, en survivance de son père lieutenant général des armées du roi et l'un des héros de la guerre de Sept Ans contre les Anglo-Prussiens – on s'en souvient, c'est à cette occasion que Redmond Barry commence son ascension sociale dans le beau film de Stanley Kubrick, *Barry Lyndon*. Il connaît bien Bailly avec lequel il a déjà eu maintes fois maille à partir. Il le sait peu commode, susceptible et plein de son importance.

C'est à lui qu'il va s'adresser comme président de l'ordre du tiers état et non à la cantonade des députés, comme le relatent les journaux. Ce qui va suivre n'est pas une question d'étiquette mais de pouvoir. J'imagine le jeune Dreux-Brézé, grand, délié et élégant, la canne d'ébène à poignée d'ivoire de sa fonction à la main, vêtu d'un manteau d'apparat « tout brillant d'or et de pierreries[2] », note un député, un grand chapeau à plumes blanches sur la tête, soudain face à face avec quelque 600 députés rebelles, peu bienveillants, probablement soulagés de ne voir avec lui ni gardes ni troupes, encouragés aussi par l'absence et le silence persistant de Necker devenu plus que jamais leur caution. Les députés portent ce jour-là leur costume de cérémonie : bas de soie, culottes et petits manteaux noirs. Le contraste est trop beau pour ne pas avoir été noté. D'un côté l'aristocratie des vanités, comme dirait Chateaubriand, empanachée et chamarrée, de l'autre l'austérité grave et sévère de la nation. Il est environ une heure de l'après-midi et le temps est toujours couvert. Les députés devaient ressembler, dans le fond de la salle, à une masse sombre, ondulante et bruyante comme un épais nuage d'orage.

On sait ce que Brézé a dit – « Monsieur, vous avez entendu les intentions du roi » –, mais ce que lui répond Bailly est beaucoup moins sûr. Ce dernier en parle à peine dans ses Mémoires. La plupart des journaux non plus[3]. Plusieurs témoins indiquent qu'il s'en serait tenu, comme à son habitude, à son règlement. Il ne peut, répond-il, lever la séance sans en avoir délibéré. « Monsieur, hier, j'ai indiqué l'Assemblée pour aujourd'hui, à la suite de la séance royale, et je dois la tenir pour que l'Assemblée nationale délibère librement[4]. » Et puis il ne trouve pas la sommation du jeune Brézé bien imposante.

C'est une fin de non-recevoir. Bailly désobéit, mais poliment, à coups de prétextes et de bonnes raisons. Ce n'est que beaucoup plus tard qu'on lui fera prononcer la phrase restée célèbre : « Je crois que la nation assemblée ne peut pas recevoir d'ordre ! » En réalité, s'il a dit quelque chose comme cela, c'est en aparté à ceux qui étaient à côté de lui et comme s'il les interrogeait. Bailly, très gourmé et qui a été longtemps proche des milieux de la Cour, n'a certainement pas eu la présence d'esprit, ni l'aplomb de ces mots-là à la face du représentant du roi. Il s'en défend d'ailleurs dans ses

Mémoires[5]. Les historiens de la Révolution s'en moquent. Au XIXe siècle, on s'en donne à cœur joie et on accentue à dessein l'antagonisme des deux hommes. En 1843, Adolphe Thiers par exemple fait dire à Brézé : « Vous avez entendu les ordres du roi », et répondre à Bailly : « Je vais prendre ceux de l'assemblée[6]. » Les « intentions » du roi sont devenues des ordres.

En revanche, ce qui suit n'a été rapporté par personne et n'est pas connu. C'est le fils du grand maître des cérémonies, Scipion de Dreux-Brézé, qui le raconte d'après le récit que lui en a fait son père. Bailly était alors découvert. Brézé est couvert. « C'était son devoir. Il parlait au nom du roi. » Plusieurs voix se lèvent parmi les députés qui entourent le président et lui crient : « Bas le chapeau ! » Encore une histoire de chapeau, encore une histoire de pouvoir et de souveraineté. La confusion devait être totale. En plein brouhaha, alors que les députés le prennent à partie, Brézé garde obstinément son chapeau sur la tête. À bout d'arguments, furieux et ne sachant plus quoi dire, il leur lance un mot. Un mot de cinq lettres, sonore et retentissant, qu'on aura deviné[7]. Cambronne aussi l'enverra à la figure des Anglais, vingt-six ans plus tard, le 18 juin 1815, au milieu du dernier carré de la Vieille Garde, en pleine déroute, au soir de la bataille de Waterloo. Pour Hugo, c'est le vieux grognard qui, *in fine*, prononce le mot de la victoire – un mot « jeté au passé au nom de la Révolution », comme ceux de la *Marseillaise*[8]. Le « merde » de Cambronne – largement imaginé – est resté célèbre, alors que plus personne ne se souvient de celui du marquis de Brézé, grand maître des cérémonies d'un roi à bout de souffle, face à des députés du tiers qui refusent d'obtempérer aux ordres de son maître et lui signifient qu'il ne saurait représenter un pouvoir supérieur au leur. Le merde de l'ancienne France lancé à la nouvelle comme un dernier défi et parce qu'il n'y avait plus rien d'autre à dire est déjà vieux avant même d'avoir été prononcé. Entre-temps, le génie a changé de position et s'est incarné autrement. La mémoire n'est jamais tendre pour les vaincus.

13

Comment se fabriquent les mots de l'histoire

La scène ne s'arrête pas là. Nombre de députés n'ont rien entendu, ni rien vu de ce qui suit. Ceux qui étaient à portée de voix s'accordent pourtant sur le sens de ce qui a été dit, mais pas sur les mots. Le jeune Thibaudeau, qui est tout près, voit tout à coup un député s'approcher, véhément, gesticulant, indigné, la trogne énorme, la crinière au vent, et apostropher Dreux-Brézé d'une voix de stentor. C'est le comte de Mirabeau. Il n'en revient pas. « Je le vois encore repoussant, accablant de son dédain le grand maître des cérémonies, je vois ce pauvre Dreux-Brézé, empêtré et confus. »

Le député d'Aix a dû s'extraire à demi de la masse de ceux qui étaient là, en désordre, assis ou debout entre les banquettes. Il voulait déjà s'adresser directement au roi avant que ce dernier ne quitte la salle, mais on en avait prévenu le monarque et il n'en eut pas le temps. Qu'a-t-il dit exactement pour avoir si fort impressionné le jeune Thibaudeau ? Mirabeau, note le député Jean-Baptiste Salle le soir même, a crié qu'on ne nous arracherait de la salle que par la force. Toujours à chaud, le curé Jallet rapporte à peu près la même chose. « Il n'y a que les baïonnettes qui puissent nous faire sortir d'ici. » Et Creuzé-Latouche, qui tient également son journal, lui fait tenir des propos un peu plus longs : « Que l'Assemblée doit être libre, qu'elle saurait l'être en dépit des gardes et des satellites et qu'elle ne se retirerait que par la dernière violence. » Bref, Mirabeau accuse le marquis de Dreux-Brézé de soldats qu'il n'a pas. Ceux qui sont encore dans la salle se gardent bien d'intervenir, d'ailleurs ils n'en ont pas reçu l'ordre. C'est mettre la violence du côté du roi et faire de l'agressé l'agresseur. Il faut du génie pour avoir cet à-propos-là. Sur le papier, Mirabeau parle au nom de l'Assemblée. Je suis sûr qu'il s'est levé aussi en gentilhomme provençal déclassé qui a des comptes à régler avec toute cette camarilla de cour qui le méprise et le poursuit de sa haine depuis des années. Dreux-Brézé n'y peut rien, il a servi de fusible.

Les premiers comptes rendus qui commencent à circuler à Paris dans la soirée ne parlent pas de tout cela[1]. On n'est jamais mieux servi que par soi-même et c'est Mirabeau lui-même qui dans son journal donne la première version officielle de son apostrophe. Elle a probablement été concoctée par le petit groupe de ses fidèles presque tous chassés de Genève après la révolution de 1782, à commencer par l'avocat Jacques-Antoine Du Roveray, récemment revenu d'Angleterre pour se mettre au service du député d'Aix dont il est un peu le mentor. Le numéro qui rend compte de la séance du 23 juin paraît trois jours plus tard, le 26. Les rédacteurs ont eu largement le temps d'embellir le propos et de peaufiner leurs arguments. L'injonction se transforme en une réponse directe aux ordres donnés par Brézé. Mirabeau n'est pas cité, mais c'est évidemment de lui qu'il s'agit. Il parle, sans en avoir le droit, au nom de tous les députés présents, ce qui n'a manifestement pas dû plaire à Bailly.

« Oui, Monsieur, nous avons entendu les intentions qu'on a suggérées au roi ; et vous qui ne sauriez être son organe auprès des états généraux, vous qui n'avez ni place, ni voix, ni droit de parler, vous n'êtes pas fait pour nous rappeler son discours. Cependant, pour éviter toute équivoque et tout délai, je vous déclare que si l'on vous a chargé de nous faire sortir d'ici, vous devez demander des ordres pour employer la force, car nous ne quitterons nos places que par la puissance des baïonnettes[2]. » Talleyrand aura raison de dire, dix ans plus tard, à propos des mêmes baïonnettes du coup d'État de Brumaire an VIII : « On peut tout faire avec des baïonnettes, sauf s'asseoir dessus. » C'est ce que Bonaparte n'a pas fait en 1799 et ce à quoi le roi s'emploie en 1789, faute d'avoir voulu en user, ou faute de gardes pour s'en servir.

Cela n'empêchera pas la réponse de Mirabeau de prendre trois ans plus tard sa forme définitive et avec elle la concision foudroyante des mots historiques. « Allez dire à votre maître que nous sommes ici par la volonté du peuple et que nous n'en sortirons que par la force des baïonnettes. » Deux mots apparaissent qui ne se trouvaient pas dans la première version : « maître » et « peuple ». Jusqu'alors Mirabeau ménageait Louis XVI et ne parlait pas du peuple. Deux mots éminemment politiques qui ne sont pas là par hasard. Dire « votre maître » c'est stigmatiser le roi et lui donner la puissance aveugle et hostile d'un despote. Quant au « peuple », il était entré entre-temps en force du côté de la Révolution. L'Assemblée nationale ne pouvait plus parler qu'en son nom. On lui prêtera quelques variantes (« Allez dire à votre maître / Allez dire à ceux qui vous envoient », etc.), mais l'injonction lancée au roi au nom du peuple prend désormais des allures d'acte de naissance de la Révolution. « Laissons à l'histoire ses mensonges sublimes[3]. » Dès 1792, Rabaut Saint-Étienne, qui était pourtant là le 23 juin mais n'a pas dû entendre grand-chose, l'évoque dans son *Précis de la Révolution française*, comme « ces fameuses paroles que tout le monde sait par cœur ». Et Victor Hugo, qui vouait une admiration sans bornes à Mirabeau, y voit l'une des apostrophes les plus puissantes de la Révolution : « Votre Maître ! C'est le roi de France déclaré étranger. C'est toute une frontière tracée entre le trône et le peuple. C'est la Révolution qui laisse échapper son cri. Personne ne l'aurait osé avant Mirabeau. » Et comparant le « Maître » absolu de Mirabeau au pauvre « Capet » du procès de 1792, il a encore ce commentaire lumineux : « Votre maître, c'est la royauté frappée au cœur ; Louis Capet, c'est la royauté frappée au visage[4]. »

Thiers puis Hugo puis Lamartine ont rendu Mirabeau suffisamment célèbre pour qu'au début de la monarchie de Juillet le ministre de Louis-Philippe François Guizot choisisse de le faire figurer aux murs de l'Assemblée nationale. La scène du 23 juin est retenue parmi d'autres, censées illustrer les grands moments de l'histoire de l'Assemblée. Le décor mis en concours en 1830 ne sera finalement jamais réalisé, mais de nombreux tableaux préparatoires existent encore. Exposés ici et là, reproduits dans de nombreux manuels d'histoire, ils ont contribué à populariser la scène. Le plus spectaculaire est celui d'Évariste Fragonard qui fait s'affronter Mirabeau et Dreux-Brézé en une diagonale vertigineuse accentuée par un rai de lumière dans un immense décor de colonnes à l'antique. Delacroix, également sur les rangs mais dont le projet n'a pas été retenu, montre de son côté un Mirabeau serré de près, tout de noir vêtu, la tête haute, le bras droit incliné vers le sol, comme s'il lui faisait dire : « Nous sommes ici par la volonté du peuple. » Curieusement, Brézé porte son chapeau à la main et pas sur sa tête. L'absolutisme monarchique est décidément vaincu. En 1830, malgré les barricades de juillet, c'est la représentation nationale et les formes renouvelées d'une monarchie désormais constitutionnelle qui triomphent[5]. Et cela va continuer. Aujourd'hui, Mirabeau devant Dreux-Brézé c'est la démocratie face à tous les arbitraires du monde. François Mitterrand avait certainement cela en tête lorsqu'il souhaitait, dans une déclaration restée célèbre sur l'enseignement de l'histoire, que les enfants se souviennent de la grande scène du 23 juin 1789[6]. Quand la mémoire l'emporte sur l'histoire, ce sont les mythes qui finissent par avoir raison !

Mais revenons au 23 juin. D'après Mirabeau lui-même, il y eut malgré tout suffisamment de députés pour l'entendre puisque certains auraient alors crié : « Tel est le vœu de l'Assemblée. » Ce dont il ne parle pas, et que personne ne mentionne d'ailleurs, c'est de Dreux-Brézé et de ce qu'il a dit. On le fait sortir en silence, à reculons comme soumis, on le fait balbutier, on le fait même saluer humblement l'Assemblée avant de l'envoyer rendre compte, tout penaud, de ce qui s'est passé[7]. En réalité, Brézé tient sa partition royale jusqu'au bout. Il ne s'adresse pas à Mirabeau, qui, aux yeux du roi, n'existe pas, mais à Bailly. Seul le président de l'ordre du tiers état peut légitimement s'adresser à lui, et réciproquement. « Je ne puis reconnaître dans M. de Mirabeau que le député du bailliage d'Aix et non l'organe de l'Assemblée[8]. » Tout est dit. Mirabeau a dû se souvenir de cela dans son journal lorsqu'il enlève au grand maître des cérémonies tout droit à la parole. Personne ne veut plus parler à personne. La séance du 23 juin ressemble à un formidable dialogue de sourds.

14

Mirabeau

Si Sieyès est l'homme du 17 juin, Mirabeau est celui du 23. Gabriel de Riquetti comte de Mirabeau, issu d'une vieille famille de noblesse provençale d'origine florentine, a tout juste 40 ans en 1789. Tout le monde le connaît déjà pour ses démêlés familiaux, ses écrits retentissants et sa vie aventureuse. Lui seul pense que son nom reste à faire. Il a parcouru du chemin depuis son élection par le tiers état d'Aix en mars. Lorsqu'il s'est présenté à l'appel de son bailliage, à l'ouverture des états généraux, il a été accueilli par des murmures et des huées. On se méfie de lui et on le prend pour un ambitieux sans scrupules qui a cherché à être député à tout prix et veut jouer un rôle « sur la grande scène ». Chacun sait qu'il s'est fait passer pour un marchand de drap pour pouvoir être élu. « Il se serait fait savetier s'il avait fallu absolument[1]. » Les députés du tiers n'aiment pas les transfuges. On le croit capable d'avoir déserté la noblesse pour mieux la servir en se faisant l'homme des solutions extrêmes, jusqu'à risquer la dissolution des états. C'est d'abord de mépris qu'il est couvert. « D'un traître à son corps, on ne doit attendre que de la lâcheté, note le député de Beaune Claude Gautheret. L'homme cherche à s'élever et quiconque s'abaisse trop est suspect. » Personne ne comprend grand-chose à ses intentions. Il est desservi par ses apparences. La première fois qu'il l'entend parler le 7 mai, Adrien Duquesnoy le prend pour une bête féroce et un enragé. « Il a la figure d'un tigre, le sifflement de la fureur. Il ne parle que par convulsions. » D'ailleurs, ajoute Duquesnoy, « il parle mal[2] ! ». Mais, comme beaucoup d'autres, il changera vite d'avis.

Mirabeau est surtout précédé d'une réputation détestable et sulfureuse, très éloignée de celle de son père, « l'ami des hommes », l'écrivain et l'économiste réputé, qui pourtant le martyrise et le jalouse. On le traite d'« infâme coquin », de « charlatan ». Un ami d'Amiens en écrit ainsi en juillet 1789 au jeune de Comps qui était alors son secrétaire : « Comment peux-tu vivre avec un misérable cent fois menacé et roué de coups de canne [...] dont la seule ambition est de faire du bruit et dont le cœur est trop corrompu pour être patriote[3] ? » Les bourgeois de robe n'aiment pas les scandales et la vie de Mirabeau en est remplie.

Cela commence en 1774 lorsque le baron de Villeneuve, un lointain parent, le traîne pour meurtre devant le parlement d'Aix après avoir été sérieusement rossé de son impertinence envers la sœur de son agresseur, Louise de Cabris. Son père le fait enfermer au château d'If puis au fort de Joux, près de Pontarlier, d'où il s'enfuit à Amsterdam avec la très jeune et belle Sophie de Ruffey, « l'incomparable Sophie », mariée au vieux marquis de Monnier, premier président de la chambre des comptes de Dole. Il y gagne un nouveau procès. Poursuivi par le mari pour rapt, séduction et adultère, il est condamné à mort par contumace et exécuté en effigie à Pontarlier en mai 1777. Son père veut le faire enfermer à vie. Il finit par se laisser arrêter et incarcérer au donjon de Vincennes où il reste trois ans et sept mois et croise Sade qu'il prend pour un fou. Cela ne s'arrête pas là. Deux ans plus tard, sa femme, Émilie de Marignane, qu'il n'a pas vue depuis cinq ans, intente contre lui un procès en séparation de corps et, dans les démêlés de l'appel devant le grand conseil du parlement de Provence, le contraint à fuir à nouveau pour Maastricht puis pour Londres, cette fois avec Henriette de Nehra, sa nouvelle conquête. En 1787, il se réfugie à Liège et échappe de justesse aux foudres ministérielles pour avoir écrit en pleine crise financière un pamphlet assassin contre l'agiotage[4]. Son père l'a quasiment renié. Il fait commerce de tout et surtout de sa plume. « Si la nature ne m'avait pas donné quelques ténacités et que mon destin bizarre, en semant de chausse-trapes ma carrière, ne m'eût pas ménagé quelques compensations, il y a longtemps que ma très brûlante sensibilité m'eût consumé[5]. »

Elle le consumera pourtant. En attendant, qui d'autres que lui pouvait avoir une conception aussi incarnée de la liberté ? Ses combats politiques sont intimement mêlés aux aléas de sa vie. Son *Essai sur le despotisme* en 1775, son pamphlet sur les lettres de cachet et les prisons d'État, publié anonymement à Hambourg en 1782, sont d'un homme qui sait de quoi il parle. « Quand l'autorité devient arbitraire et oppressive, quand elle rompt le contrat que lui assurent ses droits et ses limites, la résistance est [un] devoir et ne peut s'appeler révolte[6]. » C'est lui qui dès 1775 et pour la première fois parle des « droits de l'homme et du citoyen[7] ». En janvier 1779, du donjon de Vincennes, il écrit ceci au lieutenant de police Lenoir : « Je réclame et je réclamerai jusqu'à mon dernier soupir mes droits, avec la dignité d'un homme libre dans ses fers par l'énergie de sa volonté[8]. » Le Mirabeau des états généraux est pétri de ces expériences-là. Son opposition à la Cour est faite d'amour-propre froissé, de dépit contre ce qu'il a vécu comme autant d'injustices. L'autorité despotique de son père, qui pendant des années l'a poursuivi de sa hargne jusqu'à lancer quinze lettres de cachet contre lui (selon La Marck), se confond avec celle du gouvernement.

Sa croisade pour la liberté est tout autant un combat pour son honneur après lequel il va courir toute sa vie. Ce combat-là est celui de tous les grands déclassés. Il n'a hérité de son père que des dettes et des procès de famille, y compris contre sa propre mère. Il jalouse son frère cadet entré au service et brillant officier de la guerre d'Indépendance américaine. Mirabeau est un aventurier qui aurait gardé la fierté et la nostalgie de ses origines. Il veut désespérément vivre selon son rang. Il en fait trop, trop de dépenses, trop de poudre aux yeux, trop d'ostentation jusqu'à sa façon de s'exprimer, jusqu'à ses vestes aux énormes boutons sertis de pierres de couleur. Dans l'une de ses lettres à Sophie de Monnier, il se décrit « élevé dans le préjugé du service, bouillant d'ambition, avide de gloire, robuste, audacieux, ardent et cependant très flegmatique, comme je l'ai éprouvé dans tous les dangers où je me suis trouvé ».

Chez lui, c'est toujours le cœur qui l'emporte, dit-il encore. Le cœur et l'imagination. Chateaubriand, qui avait eu l'occasion de dîner avec lui au début de la Révolution, était sorti enchanté de sa conversation familière, vive et imagée, de ses récits d'amour exalté, de ses rêves de solitude et de retraite. Et pourtant, en politique, l'imagination n'est pas toujours bonne conseillère. Il s'est porté candidat du tiers état aux états généraux par défi, parce que la noblesse, à son grand tort, ne voulait pas de lui. En réalité, il ne le pouvait pas. S'il a obtenu des lettres de rémission à la suite de sa condamnation pour le rapt de Sophie de Monnier, il est toujours poursuivi pour blâme depuis son affaire avec le baron de Villeneuve.

On s'est étonné que le roi ne l'ait pas empêché. Son ministre Montmorin voulait le faire arrêter et l'expédier aux Indes. Il se fait pourtant élire à deux reprises, à Marseille puis à Aix, en pleine émeute, au point qu'à Marseille le comte de Caraman lui confie la police intérieure de la ville[9]. Là-bas, on l'accueille comme « la divinité du moment[10] ». La foule le porte en triomphe des portes du théâtre de la ville jusque chez lui sous un dais, à la lumière des flambeaux. Il a dû sentir que son élection de Marseille était entachée de violences. C'est finalement comme député d'Aix qu'il se présente aux états généraux.

Comme on l'a vu, une fois arrivé à Versailles, tout est à recommencer. Les députés se méfient de lui quand ils ne le méprisent pas. Il met un mois à se faire admettre. Ses premiers discours sont autant de leçons de tactique politique. Le 7 mai, lorsqu'il parle contre Malouet qui propose une première réunion de conciliation avec la noblesse et conseille aux députés d'attendre, le 27 mai, lorsqu'il plaide la cause de l'indivisibilité des états au nom de celle de la nation, le 4 juin, lorsqu'il réclame un accès direct des députés au roi sans l'intermédiaire de son chancelier. Il est le seul député à disposer d'une sorte de cellule de propagande : son journal, le petit groupe des démocrates genevois qui y collaborent, les réunions de Suresnes chez son ami et conseiller Étienne Clavière, brasseur d'argent et grand partisan de l'amortissement de la dette. Jacques-Pierre Brissot, Isaac Panchaud et l'évêque d'Autun, tous hostiles à Necker, ne sont pas loin. Mais il n'a ni parti ni plan arrêté et navigue à vue. Il aime la liberté par sentiment et la monarchie par raison. Il veut tout à la fois débarrasser le roi de ses ministres et le sauver du désastre. « Vous aurez des massacres[11] ! » Il les prévoit en prophète, avant tout le monde.

Mais ce n'est qu'après les journées d'Octobre et le départ forcé de la famille royale pour Paris qu'il songe sérieusement à se rapprocher de la Cour. Selon son ami le comte de La Marck, c'est à la mi-octobre qu'il commence à échafauder ses premiers plans et veut faire sortir le roi de Paris pour la Normandie. Il se rapproche d'abord du frère de Louis XVI, Monsieur comte de Provence, puis de la reine avec laquelle il aura la correspondance secrète que l'on sait sans que celle-ci, par prévention sinon par haine, ait été capable de l'entendre. Dans l'intervalle il s'est jeté dans le torrent révolutionnaire. Ses goûts et son ambition l'y poussent, ses convictions aussi. Il a dû éprouver très tôt l'orgueil de ceux qui se croient capables de dominer leurs semblables, de les conduire et de les sauver. Peut-être a-t-il eu cette certitude-là, le 23 juin. Il l'aura à nouveau le 8 juillet lorsqu'il sommera le roi de faire retirer ses troupes des environs de Paris.

J'ai évoqué l'échec de ses tentatives de rapprochement avec Necker. Son mépris des ministres du roi, de leur faiblesse, de leur aveuglement dicte en grande partie sa conduite. « Leur molle indécision nous jettera dans la guerre civile[12]. » Il est sans appel sur la séance du 23 juin : « Balbutier des sanctions était une terrible faute. » Il y a quelque chose de la revanche de l'ancien proscrit sur la Cour là-dedans. « Le gouvernement me repousse et je ne puis que me placer dans le parti de l'opposition qui est révolutionnaire sans risquer ma popularité qui est ma force[13]. »

15

« L'orateur du peuple »

Tout ce qu'il est tient dans ce dernier mot, populaire, et il ne le doit qu'à lui-même. Il n'y va pas seulement de sa lucidité, de sa connaissance des hommes et de son sens politique. Ses véritables lettres de noblesse, ce sont ses talents d'orateur. « Il était né pour briller dans une assemblée politique », note son ami Dumont. Calvière, Du Roveray, le pasteur genevois Étienne Salomon Reybaz, l'une de ses principales plumes, ont eu leur part à ses discours, mais c'est lui qui donne l'impulsion des idées, sait improviser quand il le faut ou se jeter dans la mêlée au bon moment. Il est capable de lire ses notes tout en parlant et de les introduire à mesure. Il a toutes les qualités d'un grand orateur : un vrai coup d'œil, l'art de saisir le véritable esprit d'une discussion et celui d'appuyer au point précis qui lui résiste. « Personne, dit encore Dumont, n'a plus fait avec un seul mot, personne n'a frappé le but avec plus de précision et n'a plus souvent entraîné l'opinion générale[1]. » Le jeune Thibaudeau, qui ne manque pas un seul de ses discours, en est tout ému : « Il me saisissait par les points sensibles, m'étreignait à m'ôter la respiration et ne me laissait la faculté que de l'admirer et de l'applaudir. »

Le peintre bruxellois François-Louis Lonsing, qui le représente à la tribune en redingote rouge, le regard inspiré, montrant du doigt l'idée qu'il poursuit, ne donne sans doute qu'une pâle image de ce qu'il était vraiment : l'évidence de sa présence, le mouvement de son âme, les fulgurances de l'ironie. Ce qui frappe d'abord, c'est sa laideur. Puis l'impression toute physique de la puissance qu'il dégage. « On ne connaît pas la puissance de ma laideur. » Il est grand, massif, une forte carrure, le visage couturé de petite vérole, les « yeux plein de feux », dit son ami La Marck. Le volume de sa tête est encore augmenté de l'épaisseur de sa chevelure, sorte de crinière bouclée, poudrée, bouffante, ramassée en catogan. Tous ses contemporains ont été frappés par le timbre de sa voix. Il est rare, à défaut d'enregistrement, qu'on ait autant de détails là-dessus. La plupart du temps, nous « voyons » les personnages sur lesquels nous travaillons, mais nous ne les entendons pas. La voix de Mirabeau, dit Dumont, est « pleine, mâle et sonore », l'une des rares au sein de l'Assemblée qui soit parfaitement audible. Elle est flexible aussi. C'est la voix d'un acteur qui connaît ses périodes et sait l'élever à propos. Sa manière ordinaire est un peu traînante. Il attaque ses discours en ayant l'air d'hésiter à la recherche du mot, de l'expression, du rapprochement qui fera mouche avant de s'animer pour de bon et de trouver sa vitesse de croisière. On le compare alors au « feu de la forge ». Il ne s'arrête plus, parle comme un boxeur, le corps en arrière, le geste « juste et prononcé », dit encore Gaston de Lévis[2].

Ses silences comptent autant que ses mots. Il toise alors son auditoire et son dédain peut aller jusqu'à l'insolence. Il méprise d'ailleurs la plupart des députés, qu'il traite en petit comité d'« ânes sauvages qui ne savent que ruer et mordre[3] ». Rien ne l'atteint. Les insultes même le stimulent. « Je l'ai vu à la tribune, se souvient Chateaubriand, au milieu de l'effroyable désordre d'une séance, sombre, laid et immobile : il rappelait le chaos de Milton, impassible et sans forme au centre de sa confusion[4]. » Mais quand il daigne répondre, ses reparties sont foudroyantes. Il porte toujours une paire de pistolets sur lui. On l'a provoqué si souvent en duel qu'il s'est amusé à rédiger une circulaire assez plaisante à l'intention des offensés : « Monsieur, je vous ai mis sur ma liste ; mais je vous préviens qu'elle est longue, et que je ne saurais faire de passe-droit[5]. »

Ceux qui l'ont admiré à cette époque sont unanimes. Ses idées ont de la grandeur, ses sentiments de la noblesse. Il parle rarement aux hommes de leurs devoirs, il s'adresse à leurs passions. Il n'a pas la subtilité de raisonnement d'un Sieyès ou d'un Barnave, ni leur profondeur de pensée. On lui reproche même de parler sur des sujets qu'il ne connaît pas, de s'attribuer les mots des autres. Il s'exprime surtout par images et c'est d'elles qu'il tire son pouvoir de séduction et d'entraînement. Même ses adversaires lui rendent hommage. Le député de la noblesse d'Anjou La Galissonière, qui pourtant le déteste, voit en lui « l'homme qui a le plus d'idées, le plus de force d'expression, le plus de moyens d'intrigue, peut-être le seul en état de concevoir et d'exécuter un grand plan[6] ». Au fond, il est parti à la conquête de la Révolution comme on le ferait d'une femme.

On lui a beaucoup reproché sa vénalité. À ce propos, le mot de Rivarol, qui le valait bien en esprit, est resté célèbre : « Ce grand homme a senti de bonne heure que la moindre vertu pouvait l'arrêter sur le chemin de la gloire, et jusqu'à ce jour, il ne s'en est permis aucune[7]. » Son ami La Marck prétend qu'il n'aurait jamais reçu d'argent du duc d'Orléans et l'excuse d'en avoir accepté plus tard du roi puisque, dit-il, c'était pour sauver le monarque lui-même. Le fait est que Mirabeau avait toujours besoin d'argent et qu'en même temps il s'en moquait. Il n'a pas agi pour s'enrichir. L'argent lui est venu sans calcul comme à l'enfant prodigue. Il n'en avait pas plus à la fin de sa vie qu'à ses débuts. « Si j'étais à vendre, aucune puissance ne serait assez riche pour m'acheter[8]. » Aurait-il été l'homme d'État qu'il voulait être s'il n'était pas mort d'épuisement, prématurément, en avril 1791 ?

L'homme extraordinaire l'a sans doute emporté sur l'homme de gouvernement et l'empreinte qu'il a laissée sur son véritable poids politique. On l'a vu, il n'est pas suivi et même hué, le 16 juin, lorsqu'il veut faire des députés du tiers des « représentants du peuple français ». Il soutient en septembre le droit du roi d'user de son veto absolu sur les décisions de l'Assemblée et c'est le veto suspensif qui l'emporte. Joseph de Maistre n'a vu en lui, peut-être un peu rapidement, qu'un vulgaire « roi de la Halle ». Il était certainement tribun par calcul autant que par goût. Il n'a pas lu Rousseau et Machiavel pour rien. Il a commis des fautes pourtant. C'est lui qui fait des soldats du roi une armée de mercenaires et les accuse sciemment de toutes les turpitudes. C'est lui qui, l'un des premiers, fait de la délation une vertu patriotique. Sous la Terreur, on l'arrachera du Panthéon où on l'avait mis, mais c'est en son nom qu'on continuera de dénoncer à tout vent et de fabriquer des victimes par milliers.

La légende finira par avoir raison de lui. On s'est souvenu de l'immense cortège qui l'avait accompagné au Panthéon. On n'a voulu retenir que les émotions, la voix et l'énergie. On s'est rappelé les attentions qu'on avait pour lui, la paille qu'on jetait à sa porte pendant son agonie, pour atténuer les bruits de la rue. Et puis la Révolution a besoin de héros. Mirabeau est la figure centrale de ses origines. Tout le monde connaît le jugement de Victor Hugo, assené comme un coup de massue : « Nous pouvons froidement le dire, Mirabeau est grand. » Ce sont les « coups de foudre » de l'orateur qui l'ont fasciné[9]. Et Chateaubriand voit en lui l'homme qui résume et domine toute la Révolution. « Il avait du roué de la Régence et du sauvage de la [plèbe] ; il avait de plus du Mirabeau[10]. »

Personne n'a noté à quel point il était anachronique, aristocrate jusqu'au bout des ongles, la conscience droite, mais en même temps l'art de s'arranger toujours de la morale des autres et surtout de la sienne. On l'a vu, il n'a rien d'un saint. Il a la passion des femmes. Il s'est même amusé à publier sous le manteau, dans les années 1780, des écrits érotiques plutôt crus, en particulier le très sulfureux *Ma conversion ou le libertin de qualité* agrémenté de vignettes très suggestives et dédié, par provocation, à « Monsieur Satan[11] ». Il n'y a pourtant pas de période plus convenue que celle des débuts de la Révolution où l'on parle d'enfermer les prostituées dans des asiles, où l'on dénonce sans cesse le jeu, les déviances et les vices. La Révolution c'est le retour de la morale après les désordres de l'Ancien Régime. Le sexe est contre-révolutionnaire. Mirabeau ressemble en cela à Danton – à l'exception du Danton des massacres de Septembre. Je préfère cette espèce d'hommes peu regardants mais prompts à condamner les crimes et le sang aux pisse-froid capables de tuer n'importe qui au nom de la vertu.

Les meilleurs jugements portés sur les grands acteurs de la Révolution l'ont souvent été par des étrangers. L'Américain Gouverneur Morris dit tout de lui dans son journal, deux jours après sa mort. Mirabeau n'aurait pas été ce qu'il a été sans la Révolution, et surtout sans les Français. Il y a comme un accord de basse continue entre l'imagination de l'un et l'imaginaire des autres. « Dans le court laps de temps de deux années, j'ai vu cet homme sifflé, comblé d'honneurs, haï et pleuré. L'enthousiasme vient de faire de lui un géant ; le temps et la réflexion le diminueront. Les oisifs affairés devront trouver quelque autre objet à exécrer ou à exalter. Tel est l'homme et surtout [tel est] le Français[12]. »

C'est cet homme-là qui s'impose comme un sauveur le 23 juin et dicte ensuite à l'Assemblée des mesures qu'elle n'aurait sans doute pas osé prendre sans lui.

16

« Nous sommes aujourd'hui ce que nous étions hier »

Après le départ de Dreux-Brézé, il y eut d'abord un moment de flottement. Certains proposèrent même de remettre la délibération sur les déclarations du roi au lendemain, mais cela ne dura qu'un instant. L'Assemblée se ressaisit vite. En deux heures, elle va renverser cul par-dessus tête toutes les dispositions prises par Louis XVI comme si celles-ci n'avaient jamais existé. Le député de Paris et secrétaire de l'Assemblée Armand Gaston Camus se lève le premier et commence par défendre la validité de toutes les délibérations du tiers état depuis l'ouverture des états généraux. « Nous devons persister, sans aucune réserve, dans tous nos précédents arrêts. » Et Barnave de surenchérir. Antoine Barnave, « ce grand homme moissonné par la jeunesse », dit Beyle, *alias* Stendhal, qui l'admirait, n'a pas 30 ans. Comme Mirabeau, mais dans une moindre mesure, il est en train de prendre l'ascendant sur l'Assemblée. Jeune avocat au parlement de Grenoble, élu député du Dauphiné comme Mounier qu'il jalouse, il s'est déjà démarqué de ce dernier et se radicalise progressivement. Les princes de la jeunesse ont souvent les défauts de leurs humeurs : beaucoup de présomption, trop de vivacité, mais de véritables talents de débateur, une logique serrée, de l'éloquence et un vrai courage. Ses passes d'armes avec Mirabeau, notamment en mai 1790 sur la question du droit de guerre et de paix qu'il refuse d'accorder au roi, sont restées célèbres. De même ses plaidoiries en faveur de la liberté, contre les « routiniers du despotisme ». C'est lui aussi qui excuse les premiers massacres révolutionnaires et couvre ceux de l'intendant de Paris Bertier de Sauvigny et de son gendre Foulon d'un mot qui lui sera longtemps reproché : « Ce sang était-il donc si pur ? » Barnave est léger, vif, impressionnable. Il se laissera toucher, après Varennes, par les malheurs de la famille royale. Comme Mirabeau, il finira par conseiller la reine en secret et il en mourra.

Le 23 juin, c'est lui qui reprend la motion de Camus et la développe en lui donnant l'onction de la souveraineté. Les arrêtés de l'Assemblée, dit-il, ne dépendent que d'elle. La sanction du roi est inutile. Par voie de conséquence, le roi ne peut anéantir ce qu'il ne peut sanctionner. Il n'y a pas plus logique. On lui enlève sa puissance législative et on fait de lui un exécutant. Plusieurs autres députés interviennent. La peur s'est transformée en colère. On ne veut pas de ce roi qui parle en maître, on se moque des applaudissements de la noblesse. « Que les aristocrates triomphent. Ce ne sera que le triomphe d'un jour[1]. » Et Sieyès de conclure d'une phrase restée célèbre qui envoie le monarque, ses déclarations et sa séance aux oubliettes de l'histoire : « Messieurs, nous sommes aujourd'hui ce que nous étions hier. Délibérons. » On prend les voix par assis et levé et les députés confirment à l'unanimité tous leurs précédents arrêtés[2].

L'Assemblée reste souveraine, indivisible et constituante. Il est temps maintenant de la mettre hors de portée des attaques du gouvernement et de la Cour. C'est à ce moment-là que Mirabeau prend la parole pour la deuxième fois de la journée, et avec lui le spectre des baïonnettes. Il dénonce à nouveau « l'insultante dictature » du ministère, « l'appareil des armes », la violation de l'enceinte nationale et avance la parade. Que les députés se déclarent inviolables. Tous ceux qui voudraient les poursuivre ou les faire arrêter pour leurs opinions ou leurs discours, y compris les autorités constituées, seront coupables de « crime capital » et déclarés « infâmes et traîtres à la nation ». Ces mots-là traînaient déjà depuis des semaines. On regarde déjà comme « traîtres » les députés du tiers qui se sont refusés à voter le décret du 17 juin. Le 20, Mounier transforme la fermeture momentanée des états généraux par le roi en « attentat contre les droits et la liberté nationale ». Target en appelle au « salut public ». À la fin de la séance du Jeu de paume, le 20 juin, Le Chapelier avait déjà proposé, mais sans succès, de dénoncer les mauvais conseillers du roi comme « traîtres à la patrie ». « Où sont les ennemis de la nation ? », demande encore Mirabeau le 23[3]. « Traîtres », « ennemis », « attentat »… Ce sont les mots de la Révolution. Les coupables sont tout désignés, il ne leur manquait plus que des sanctions.

On objecte à Mirabeau que l'Assemblée aurait l'air de se défendre en votant son décret. Mais les peurs l'ont emporté. Manifestement, le serment du 20 juin, qui engage pourtant les députés entre eux, ne les protège pas assez. Devant Bailly d'abord hostile à sa proposition, Mirabeau trouve les bons arguments. Les députés sont plus que jamais terrorisés à l'idée d'être arrêtés. Ils sont plusieurs à ne pas s'être rendus à la séance royale pour cette seule raison. « Vous ne savez pas à quoi vous vous exposez ! Si vous ne portez pas le décret, soixante députés, et vous le premier, serez arrêtés cette nuit[4]. » Les gardes du corps en auraient déjà reçu l'ordre. Versailles regorge de troupes.

Il est temps de se déclarer inviolable.

17

Inviolables et sacrés

Avec Mirabeau et son décret du 23 juin, la nation se constitue encore un peu plus en dehors du roi. La Révolution fait en aveugle un nouveau pas. Un pas vers la tombe pour certains. Jusqu'alors seul le roi était inviolable. Par le sacre, il se sépare du monde. Il est l'oint du seigneur et toute justice émane de sa personne. La main de justice figure d'ailleurs parmi les *Regalia* avec le sceptre et la couronne. Après avoir tenté de frapper Louis XV d'un coup de couteau, Robert François Damiens avait été mis à mort de façon atroce en janvier 1754 pour crime de lèse-majesté.

C'en est fini de la majesté royale héritée de l'ancienne *Majestas* romaine[1]. Ce qu'invente Mirabeau le 23 juin, c'est le crime de lèse-nation dont la formule apparaît quelques jours plus tard, le 23 juillet[2]. Toute justice désormais émane de la nation. En cela Mirabeau fonde un nouvel ordre juridique et crée en matière de droit pénal un délit politique qui n'existait pas : « Infâmes et traîtres envers la nation. » Il rend surtout les députés intouchables sinon par eux-mêmes et pose les bases de l'un des plus vieux droits parlementaires. L'immunité des députés est née avec lui. « L'Assemblée nationale déclare que la personne de chacun des députés est inviolable. »

La notion d'inviolabilité par laquelle s'ouvre le décret du 23 juin est bien plus qu'une simple mesure de précaution. Elle parachève le transfert de souveraineté du roi à la nation, à l'œuvre depuis le 17. Robespierre est très probablement tombé, en juillet 1794, parce que la loi qu'il avait imposée à la Convention le mois précédent (la loi dite de Prairial sur les ennemis du peuple) ne disait rien du caractère inviolable des représentants, ce qui n'avait pas manqué, en pleine Terreur, d'inquiéter ces derniers[3].

Mirabeau va plus loin encore. Même s'il ne transforme pas l'Assemblée en haute cour de justice, il lui donne la compétence et les moyens de rechercher et d'instruire les coupables avant de les déférer aux tribunaux. Là encore, l'idée était dans l'air. Le 19 juin, alors qu'on soupçonnait le directeur des Postes royales d'avoir retenu un ballot de lettres, un député dont on n'a pas retenu le nom propose d'ériger l'Assemblée nationale en tribunal au nom de l'inviolabilité du secret des lettres demandée dans les cahiers de doléances. « Qu'est donc cette assemblée si ce n'est le premier des tribunaux ? N'est-elle pas faite pour corriger les abus, régénérer la nation, arrêter le despotisme et l'inquisition du ministère[4] ? » Le 23, Mirabeau lui en donne les moyens.

Les principes proclamés le 17 et le 20 juin doivent être protégés. Il ne leur manquait qu'une dimension répressive. C'est chose faite. Par sa motion, l'Assemblée est autorisée « à prendre toutes les mesures nécessaires pour faire rechercher, poursuivre et punir » tous ceux qui se rendront coupables envers elle. Cela nous conduit tout droit au procès de Louis XVI. Bien sûr, on ne peut perdre de vue sa dimension politique et ses enjeux de légitimité parfaitement résumés par Robespierre dans son discours du 3 décembre 1792 à la Convention : « Louis ne peut être jugé. Il est condamné ou la république n'est point absoute. [...] Louis doit mourir parce qu'il faut que la patrie vive. » Mais le procès eut lieu. La personne du roi avait été déclarée « inviolable et sacrée » par l'article 2 de la Constitution de septembre 1791, et pourtant Louis XVI devenu Louis Capet monte sur l'échafaud le 21 janvier 1793 pour « conspiration » et « attentat contre la sureté de l'État ». La légitimité juridique de sa condamnation à mort tient tout entière dans la motion du 23 juin 1789. En s'opposant aux vœux de l'Assemblée, le roi s'est mis hors la loi.

Cela commence le jour même lorsqu'il casse ses décisions des 17 et 20 juin et n'en finit plus de se répéter : le 13 juillet, quand il éconduit les députés venus lui demander de retirer ses troupes de Paris ; le 18 septembre, quand il émet des réserves aux décrets du 4 août ; le 20 juin 1791, quand il quitte les Tuileries ; le 19 juin 1792, quand il refuse de ratifier le décret de l'Assemblée législative contre les prêtres réfractaires. Personne n'a songé, le 23 juin, et certainement pas Mirabeau lui-même, aux conséquences lointaines de ce qui s'est dit et de ce qu'on a voté. Les décrets de juin sont comme ces pierres qu'on jette à la surface de l'eau et dont les rides n'en finissent plus de courir. Ils scellent en secret le destin de tout un peuple et la tragédie d'un grand nombre. Il existe comme une sorte de diagonale du fou entre les premiers et les derniers jours de la Révolution. À l'image des poupées russes, les uns sont contenus dans les autres. Ce sont les mêmes.

18

La nation surveillante

Dans l'immédiat, le décret du 23 juin, que seuls 34 députés refusent de voter, change en profondeur la nature des pouvoirs de l'Assemblée[1]. C'est en son nom qu'est créé le 28 juillet un Comité dit des douze, successivement Comité d'instruction, de sûreté et à partir du 15 août Comité des recherches dont les pouvoirs ne vont cesser de s'étoffer. Le député André, un noble libéral, qui en fait la motion, en justifie la nécessité dans un contexte de grande instabilité et de quasi-guerre civile. On veut faire arrêter les ministres et les généraux du roi accusés d'être responsables de l'insurrection parisienne de juillet. On soupçonne les nobles bretons de vouloir livrer le port de Brest à la flotte anglaise et on voit partout l'argent d'outre-Manche. Voilà plusieurs jours enfin que la « Grande Peur » met les villes et les campagnes en feu et qu'une grande partie du royaume s'arme spontanément sur le modèle des milices parisiennes du 13 juillet, bientôt rebaptisées gardes nationales.

Le Comité est chargé de recueillir « tous les avis et renseignements, tant sur le complot de Brest que sur tout autre projet contraire à la sûreté de l'État et des citoyens » et d'en rendre compte à l'Assemblée[2]. Il préfigure le Comité de sûreté générale de la Convention, sous la Terreur, et va s'arroger progressivement des pouvoirs de police, de justice et même d'administration. Il appointe des agents à Paris, en province et à l'étranger. En Suisse, des domestiques d'aristocrates un peu trop naïfs travaillent pour lui. Au nom des droits de la nation, les droits de l'homme et du citoyen, dont la déclaration allait être votée dans l'enthousiasme, article par article, entre le 20 et le 26 août 1789, sont joyeusement piétinés. On y pratique la violation du secret des lettres, on arrête des suspects au mépris de l'autorité judiciaire[3]. On y encourage surtout la délation.

Mirabeau y voyait à l'origine une vertu patriotique et rêvait de faire des citoyens les « sentinelles vigilantes » de la liberté. « [Leur] silence serait un crime[4]. » Le citoyen dénonciateur a toutes les qualités, le désintéressement, le civisme, l'amour des libertés. On sait ce qu'il adviendra de lui. La dénonciation est entrée dans les mœurs françaises. Sous la Révolution elle est indissociable de cette passion de la surveillance mise au service de la nation puis de la république. De la vigilance au soupçon – dont Robespierre, on le sait, avait le génie –, le pas est vite franchi. La Révolution, c'est aussi cette extraordinaire prolifération de comités de recherche et de surveillance de toutes sortes, à commencer par celui de la Commune de Paris créé dès le mois d'octobre 1789. Au club des Jacobins, on devra bientôt prêter serment de dénoncer « tous les traîtres à la patrie » au risque de sa fortune et de sa vie. Certains journaux comme *L'Ami du peuple* de Marat s'en font une spécialité. Fatalement, il arrivera un jour, sous la Terreur, où la dénonciation suffira à fonder l'accusation et à envoyer les suspects à la guillotine. Plus besoin de preuves. On se contente des signes et des préjugés[5]. Rares sont ceux qui, sous la Révolution, ont osé s'attaquer à ce fléau, signaler la surenchère de la peur et faire des délateurs des « imposteurs » habiles à jouer de la crédulité publique et tout disposés à se mettre au service du plus fort. « La délation ferait peu de progrès si elle ne rencontrait dans le peuple des dispositions à la croire[6]. » On n'entendra jamais assez ces propos-là.

19

Une victoire à la Pyrrhus

On est encore loin de ces débats le 23 juin. Mais on en a permis l'amorce. Il est environ trois heures et demie de l'après-midi lorsque s'achève la séance. Ni Dreux-Brézé ni aucun autre représentant du roi n'a reparu. Que fait-on au château ?

Jusque vers 2 heures, on est encore mal renseigné sur ce qui se passe aux Menus-Plaisirs et on chante victoire. Le comte d'Artois s'est retiré dans les appartements de la duchesse de Polignac, au bout de l'aile du Midi dans la partie réservée aux Enfants de France. Il triomphe. Des fenêtres qui donnent sur l'Orangerie, on peut voir distinctement celles de l'hôtel du Contrôle général et des appartements de Necker. Le jeune baron Des Cars est avec lui et raconte qu'en les lui montrant Artois lui aurait dit : « Ce soir, il ne sera plus à ces fenêtres, c'est enfin décidé entre le roi et la reine[1]. » Et Des Cars croit le royaume sauvé.

Toute la Cour se précipite chez les Polignac et se congratule. Le roi, pense-t-on, s'est enfin montré à la hauteur des événements. Le duc de Luxembourg, qui a suivi le cortège royal jusqu'au château, s'est rendu chez la reine à la tête d'une délégation de la noblesse. Artois le reçoit ensuite. L'accueil est plus que gracieux. On remercie, on se félicite.

L'ambiance est un peu différente dans les appartements du roi. Celui-ci doit se rendre à Marly dans la soirée et attend le retour de Dreux-Brézé. Selon certains témoins, il aurait été à la fois surpris et furieux de l'attitude du tiers état et de la réponse de Bailly. « Eh bien, foutre, qu'ils restent ! » La Galissonière, qui n'était pourtant pas là, assure qu'il se serait ensuite ravisé et aurait décidé de retourner aux Menus-Plaisirs. « Je vais y aller. Je les ferai bien sortir. » Les voitures étaient prêtes dans la cour du château, mais on perd plus d'une heure à se rassembler en cortège et, vers 3 heures, au moment de partir, on apprend que les députés viennent de lever leur séance. La démarche devenait inutile. Il faut se méfier cependant du récit du député de la noblesse d'Anjou toujours prêt à en découdre avec ces gueux du tiers état. Le roi, pense-t-il, a fait ce jour-là faute sur faute. Son premier gentilhomme de la chambre, le maréchal de Duras, lui avait pourtant conseillé, mais sans succès, de leur faire préparer une nouvelle salle et de les y envoyer *manu militari* à l'issue de la séance royale. À défaut, on aurait sévi. « Quelques décrets de prise de corps, quelques potences élevées auraient dissipé cette nuée d'avocats et de procureurs insurgés[2]. » Si les choses avaient été si simples ! À chacun ses rêves.

Dans l'intervalle on est de plus en plus inquiet au château au fur et à mesure que le temps passe. La rumeur de la démission de Necker commence à courir dans Versailles. Les esprits s'agitent. À la sortie des députés du tiers, la foule massée dans les avenues qui conduisent à l'hôtel des Menus-Plaisirs commence à envahir la place d'Armes devant le château. Vers 4 heures, les gardes-françaises et les Suisses postés aux grilles des cours intérieures prennent les armes mais n'opposent pas la moindre résistance aux flots de ceux qui cherchent à entrer dans le château et réclament Necker à grands cris. Le bailli de Virieu, qui assiste à la scène, voit peu de bourgeois, mais des pauvres et des mendiants, certains sans souliers. Par milliers. Les ordres des officiers – « Empêchez, arrêtez ! » – ne sont pas suivis. On crie « sous les croisées même du roi », note Duquesnoy : « Vive M. Necker ! Rendez-nous M. Necker ! » et aussi : « Vive le tiers état ! Vive l'Assemblée nationale[3] ! »

Dans le même temps, plusieurs centaines de députés se rendent en cortège au domicile du ministre à l'hôtel du Contrôle général. Le simple fait de cet hommage inusité est un nouveau camouflet pour la Cour. Le roi a de bonnes raisons d'être troublé. Il fait appeler le comte de Montmorin, le secrétaire d'État aux Affaires étrangères, qui tente de le rassurer et d'excuser l'absence de son principal ministre à la séance royale. Si les esprits s'échauffent, plaide-t-il, Necker n'y est pour rien. Il s'agit seulement de donner des gages. Et Montmorin de suggérer au roi de se séparer de son chancelier Barentin et de son ministre de la Maison Laurent de Villedeuil, les plus hostiles au tiers état. On a peine à croire à de tels propos qu'on ne connaît que par le récit qu'en a fait Necker lui-même[4].

Louis XVI était-il décidé, à ce moment-là, à se débarrasser de son ministre des Finances ou à accepter sa démission s'il la lui avait donnée ? On ne le saura jamais. Mais comment garder un homme qui vient de manifester publiquement sa désapprobation par son absence ? Barentin, qui pourtant le déteste, conseille de le garder. On sait le roi lent à se décider. Il ne s'attendait sans doute pas à la bronca du tiers état et n'aime pas être pris de court. La situation est critique et il n'est pas prêt. Il veut prendre préalablement des mesures de précaution. Il ne fera rien tant que la Cour et sa famille ne seront pas protégées. Si depuis le mois d'avril différents détachements de cavalerie ont été dépêchés autour de Paris, à Mantes, Pontoise, Beauvais, Compiègne, Meaux et Étampes, c'est essentiellement pour surveiller les marchés, réprimer les troubles et assurer les approvisionnements. Le 21 juin, le régiment suisse de Reinach quitte Soissons pour Saint-Denis. Mais Versailles n'est toujours pas à l'abri d'un coup de main parisien. Les mouvements de troupes des 26 juin et 1er juillet seront destinés à cet effet. Ce sont cette fois 2 bataillons d'artillerie et 16 régiments qui quittent les frontières pour les environs de Paris, soit environ 15 000 fantassins et 3 600 cavaliers que la rumeur multipliera vite par quatre ou cinq. Au même moment, le maréchal de Broglie, sur lequel le roi compte, reçoit le commandement de Paris et de l'Île-de-France avant de prendre le ministère de la Guerre[5].

Que se serait-il passé si le monarque avait agi le 23 juin et n'avait pas attendu la troupe pour se décider à renvoyer son ministre et imposer ses réformes ? Paris se serait-il soulevé, la Bastille aurait-elle été prise ? Tout le monde s'accorde à dire que la capitale était plus calme qu'à l'ordinaire le lendemain de la séance royale, alors qu'on spéculait encore sur le renvoi de Necker. Ce n'est que quelques jours après, à la nouvelle de l'arrivée des régiments « étrangers », que les esprits s'échauffent à nouveau. Deux ans plus tard, Louis XVI dira ses regrets à l'ambassadeur d'Autriche Mercy-Argenteau de ne pas avoir agi ce jour-là, et pas plus le 15 juillet, en s'éloignant de Paris et en quittant Versailles pour Compiègne ou pour Metz. Plusieurs explications peuvent être avancées. Le poids de l'étiquette et des habitudes, sûrement. Mais les véritables raisons qui lui font garder son ministre des Finances sont à chercher du côté du Trésor, toujours aussi vide, comme on l'a vu, et de la banqueroute que risquait de provoquer son renvoi. Elles sont à voir aussi du côté de Paris et de ses approvisionnements en blés sur lesquels l'ancien banquier, assisté du maître des requêtes et intendant du commerce Jean-Jacques de Montaran, a la main.

Le roi en est encore à croire que sa capitale tiendra tant que les Parisiens seront nourris, et le moins cher possible. Il ne mesure certainement pas la vitesse avec laquelle se propagent les haines, les espoirs et les rancœurs. Chaque demi-mesure de la Cour, chaque victoire du tiers les attise encore un peu plus. Or, en juin, Paris est approvisionné avec la plus grande difficulté et n'a de réserves en blés que pour quelques jours. « Jamais pendant trois mois, note Bailly dans ses Mémoires, la subsistance du lendemain n'a été assurée la veille[6]. » Necker ayant renoncé à s'appuyer sur les marchands – à l'exception du marché bourguignon dont il confie la supervision à l'intendant Amelot –, la ville dépend entièrement de l'achat par le gouvernement de blés étrangers en provenance d'Angleterre et de Hambourg puis de la Sicile, par Marseille. « Le roi, écrit encore le ministre début juillet, a pu suffire à tout jusqu'à présent, mais avec une inquiétude continuelle[7]. » Une rupture d'approvisionnement peut entraîner une véritable explosion. Si l'on en croit le baron de Besenval, c'est précisément pour cette raison que l'on fait avancer la troupe fin juin. Il ne s'agit pas de prendre la capitale de vive force, mais de couvrir Versailles, de protéger les ponts de la Seine et de prévenir la Cour des risques d'une marche de la faim et d'une irruption brutale du peuple et des errants dont Paris regorge depuis des mois[8]. La marche aura bien lieu, mais trois mois plus tard, le 5 octobre, quand le peuple ira chercher « le boulanger, la boulangère et le petit mitron ». Quant à la concentration des troupes, elle aura, dans les premiers jours de juillet, l'effet inverse à celui escompté. Combinée avec le renvoi de Necker manifestement hostile à la présence des troupes, elle alarme Paris et l'Assemblée nationale. Cette fois, le peuple ne marche pas encore sur Versailles, mais il prend la Bastille. Tous les débuts de la Révolution ressemblent à une série de mesures décidées au mauvais moment, comme si le temps des uns n'était plus celui des autres.

20

Abdication

Le 23 juin, le roi ne veut prendre aucun risque. Vers 5 heures du soir, certainement d'accord avec son mari, la reine, de plus en plus effrayée, fait chercher le ministre au Contrôle général et le reçoit une vingtaine de minutes avant de le conduire dans le cabinet du roi. De là, d'après le comte d'Angiviller, l'intendant des Bâtiments, très hostile à Necker, ils se rendent dans l'arrière-cabinet du roi que ce dernier vient de faire aménager dans ses appartements intérieurs. Séparé du cabinet du Conseil par la chambre du roi, au premier étage de l'aile droite de la cour de Marbre, il s'ouvre par deux fenêtres sur la cour des Cerfs où ont lieu généralement les retours de chasses[1].

Le couple royal et le ministre s'y enferment seuls pendant trois quarts d'heure. Que se sont-ils dit ? Là encore, mystère. Aucun des trois protagonistes n'en a soufflé mot. Seul le comte de Septeuil, premier valet de chambre de service, jurera avoir entendu, depuis le cabinet voisin, le roi « parler avec émotion ». Des bribes de conversation lui parviennent. Il n'est pas question de renvoi, mais de reproches. « C'est moi, monsieur, qui fais tous les sacrifices, et vous vous en attribuez tout l'honneur, vous voulez attirer à vous toute la reconnaissance[2]. » Le roi devait être à la fois furieux, décontenancé, inquiet et blessé. Jamais il n'a vécu une pareille situation et pourtant il s'est rendu aux raisons de son ministre. La reine a probablement dû intercéder en sa faveur. Je suis presque certain que Necker l'a assuré de son entier dévouement et persuadé d'être le seul en mesure de résoudre la crise.

Comment ? En cédant aux députés du tiers et en ordonnant à la noblesse et à la minorité du clergé de les rejoindre. Les réformes du roi, a-t-il dû plaider, sont à ce prix. Trois jours plus tard, le 27 juin, ce sera chose faite et on aura oublié en même temps les réformes du roi. À Paris, on illumine, mais les troubles reprennent immédiatement. Le lendemain, 200 à 300 des grands électeurs parisiens qui ont élu leurs députés en avril se réunissent, spontanément et pour la première fois, en assemblée générale à l'Hôtel de Ville. Pour l'ancien corps de ville et ses officiers nommés par le roi, c'est déjà le commencement de la fin. La révolution municipale est en marche, elle s'étendra à tout le royaume.

Louis XVI aura cédé sur toute la ligne. Désormais, tout retour en arrière, tout ce qui sera par la suite tenté dans un sens contraire à la Révolution est voué à l'échec et condamné à la catastrophe. Le 23 juin, les ordres du roi, solennellement donnés le matin et abandonnés le soir même, sonnent le glas de la monarchie. Lorsque, à 7 heures, le principal ministre de Louis XVI sort de son cabinet, il est toujours en place.

On est mieux renseigné sur ce qui s'est passé aux alentours, dans le château. Là, c'est de la folie. Le comte d'Artois, informé à 6 heures de la visite de Necker, s'est précipité dans le cabinet du roi mais n'a pas pu y entrer. Son frère Monsieur comte de Provence, qui s'y trouvait déjà en prévision du départ pour Marly, est prié de se retirer. On se perd en conjectures, et on panique. D'Angiviller, qui a vu les députés du tiers, Target en tête, faire le siège de l'hôtel du Contrôle général, se précipite chez les Polignac pour en prévenir le comte d'Artois. Le marquis de Bombelles entre alors tout à coup, comme égaré : « Le roi est trahi. Notre maître est entre les mains du scélérat. » Non seulement Necker est dans la place, mais la foule massée dans la cour pénètre progressivement dans les galeries intérieures du château, dans les corridors, les antichambres et jusqu'à l'Œil-de-bœuf des appartements du roi. L'alarme est générale. La Galissonière n'en revient pas : « Il faut avoir vu cette canaille pour s'en former une idée. » Tout cela lui paraît « aussi extraordinaire qu'incroyable à quiconque a une idée vraie de la puissance d'un roi et du respect dû à la majesté du trône ». Et d'ajouter, éberlué : « On croit rêver ! » C'est la première fois depuis que les rois résident à Versailles que les appartements du château sont envahis par la foule. Ce n'est pas la dernière. Le 6 octobre au matin, cette même foule enfoncera les portes des appartements de la reine et massacrera deux de ses gardes du corps qui tentaient de les défendre. Aux Tuileries, on défilera devant le roi contraint de porter le bonnet rouge le 20 juin 1792. On sait ce qui s'y est passé le 10 août suivant.

À partir du 23 juin 1789, la résidence des rois n'est plus un sanctuaire. Il y a mille façons de découronner les princes.

À peine sorti de chez son maître, aux alentours de 7 heures, Necker croise le duc du Châtelet dans le cabinet dit de la Pendule. Des fenêtres on voit la foule massée jusque dans la cour de Marbre. Le duc du Châtelet, qui est pourtant de ses amis, lui suggère alors de se retirer discrètement par une porte qui donne sur la galerie des Glaces et de regagner le Contrôle général par les jardins. D'Angiviller possède par les droits de sa charge la clef de cette porte et peut l'y conduire. On le réclame à grands cris dehors et tout le monde pense qu'en se livrant à la foule, le ministre ferait une faute. Plus qu'une faute, ce serait faire injure au roi, pense d'Angiviller qui rapporte toute la scène. Necker reste alors quelques minutes pensif et silencieux, puis, relève la tête, se décide à n'écouter personne et, sans dire un mot, s'engage dans ce qu'on appelait à l'époque le « degré du roi » qui s'ouvre au rez-de-chaussée sur la cour royale et sur la foule.

Ce que dit alors le directeur des Bâtiments à l'adresse du vieux comte de Périgord qui était également présent à cet étrange colloque résume toute l'attitude du parti hostile à la Révolution. Des mots, des menaces et beaucoup d'impuissance : « Mon cher comte, si je n'avais craint pour le roi, c'est par cette fenêtre qu'il aurait rejoint la foule[3]. » Mais Necker a tout bonnement pris l'escalier. Dans la cour c'est du délire. « Restez-vous ? » On pleure, on s'agenouille, on l'implore. Et le ministre se laisse porter en triomphe par le peuple à travers les cours puis par la rue de la Surintendance jusque chez lui. Sa chaise à porteurs qui l'attendait dans la cour royale le suit à quelques mètres[4]. Il n'a jamais été plus populaire.

Ses ennemis sont persuadés que toute la scène qui va suivre était arrangée à l'avance – « Un jeu de théâtre », dit encore d'Angiviller. Les députés du tiers état agglutinés dans la cour et dans l'escalier de l'hôtel du ministre lui font un triomphe. On a mis à sa porte un grand « resplendissant » : « Vive Monsieur Necker, le dernier soutien de la France opprimée ! » La rue de la Surintendance regorge de monde. À l'intérieur, on se bouscule comme on peut dans le grand salon de l'hôtel. On supplie le ministre de se prononcer, on l'assure du soutien des députés. « Monsieur, nous n'avons plus besoin d'ordre [...], montrez-nous le chemin et nous le suivrons. » Necker, très ému, se tourne alors vers l'avocat Target : « Parlez pour moi, monsieur Target, car je ne puis parler moi-même. » Et Target, dans un grand geste dramatique digne de ses meilleures plaidoiries : « Eh bien, messieurs, je reste, c'est la réponse de M. Necker. » Malgré les cris et les « transports de joie », l'ancien banquier ne devait pas être très rassuré. Duquesnoy l'entend dire : « Messieurs, vous êtes bien forts, mais n'abusez pas de vos forces[5]. » Il sera servi.

Sa femme et sa fille l'entourent en larmes et, d'après un autre témoin manifestement hostile, feignent de s'évanouir. Germaine de Staël se souviendra encore de ce moment vingt-cinq ans plus tard. Toute à son admiration pour son père, sa joie ne devait certainement pas être feinte : « De si vifs transports sont encore présents à mon souvenir, et raniment en moi l'émotion qu'ils m'ont causée dans les beaux temps de jeunesse et d'espérance. Toutes ces voix qui répétaient le nom de mon père me semblaient celles d'une foule d'amis qui partageaient ma respectueuse tendresse[6]. » Mais le ministre triomphant ne le sera que quelques mois avant d'être abandonné des dieux et d'aller se réfugier sur les bords du lac de Genève. Sa fille l'y rejoindra deux ans plus tard. Elle aussi devra fuir Paris après avoir sauvé tous ceux de ses amis qui pouvaient l'être, en pleins massacres de Septembre, à commencer par son amant le comte de Narbonne, l'un des derniers ministres de la Guerre de Louis XVI.

Le 4 mai 1789, elle avait assisté enthousiaste à la procession d'ouverture des états généraux depuis les fenêtres de l'appartement de son ami et ministre du roi le comte de Montmorin. Elle était à côté de sa femme qui ne partageait pas ses espérances. Plus tard encore, elle se rappellera cette scène-là, autant que l'autre. Les sinistres prédictions de Mme de Montmorin ont fini par se réaliser. La Révolution allait engloutir toute sa famille. « Cette malheureuse femme a péri sur l'échafaud avec un de ses fils, l'autre s'est noyé, son mari a été massacré le 2 septembre, sa fille aînée a péri dans l'hôpital d'une prison, sa fille cadette [Mme de Beaumont, l'amie de Chateaubriand] a succombé sous le poids de ses regrets à moins de trente ans[7]. »

Le prince de Ligne disait qu'il n'aimait de l'amour que les commencements. En politique aussi, les histoires d'amour finissent mal. Montmorin, proche de Necker, était, le 23 juin, l'un des ministres favoris du peuple. *Vox populi, vox Dei.* On se souvient de la nouvelle éponyme de Villiers de L'Isle-Adam dans ses *Contes cruels*. Dans les années 1870, un mendiant assis aux portes de Notre-Dame répète sans cesse : « Prenez pitié d'un pauvre aveugle, s'il vous plaît ! » tandis que le peuple passe et, tout aussi aveugle, crie tour à tour : « Vive l'empereur ! Vive la République ! Vive la Commune ! Vive le maréchal [Mac-Mahon] ! » La voix populaire est changeante. Le thème deviendra un grand classique de la littérature romantique.

Conclusion

La théorie des dominos

Dans la nuit du 23 au 24 juin, tout Versailles est en liesse. On tire des pétards et des fusées. Le peuple déambule dans les rues jusque tard dans la nuit. On s'arrête aux domiciles des principaux députés du tiers pour les acclamer. Necker n'est qu'un prétexte. Il est la première caution de la Révolution. D'autres suivront : La Fayette, Barnave, Brissot, les Girondins et jusqu'à Danton.

Entre-temps, le roi a quitté Versailles pour Marly avec son frère dans le silence et l'indifférence générale. Pas un cri de « Vive le roi ! » à la sortie du cortège. Il a joué et perdu. C'est la première fois qu'il tente de reprendre la main et qu'il intervient au grand jour face aux députés du tiers. C'est la première fois aussi qu'il cède. Ce ne sera pas la dernière. Désormais on ne se souviendra de lui que pour le faire plier à chaque fois qu'il osera se mettre en travers de la Révolution. Le 27 juin, à son corps défendant, il donne l'ordre aux députés de la noblesse de se soumettre et de rejoindre ceux du tiers état. Début juillet, on le contraint de gracier les gardes-françaises séditieux qui s'étaient retournés contre leurs officiers, le 8, Mirabeau le somme, depuis la tribune de l'Assemblée nationale, de retirer ses troupes des environs de Paris.

S'il finit par se décider à renvoyer Necker le 11 juillet, cela ne durera que l'espace de quelques jours. Ses troupes refusent de se battre dans Paris, et d'ailleurs on ne leur en a jamais donné l'ordre. La fameuse charge du prince de Lambesc dans les jardins des Tuileries, alors que la place Louis-XV était envahie par le peuple et qu'on lapidait les cavaliers du Royal-Allemand à coups de pierre quand on ne leur tirait pas dessus, n'a été que la tentative désespérée de se faire jour et de se mettre à l'abri. On a fait enclouer les canons d'artillerie des gardes-françaises, de peur que leurs servants ne les retournent contre leurs officiers. Dans les casernes, ces derniers sont attaqués à la baïonnette par leurs propres soldats[1]. Place Louis-XV et dans les rues avoisinantes, lorsque la troupe riposte, elle tire le plus souvent à blanc, et non à balles. Dans la matinée du 14 juillet, les Suisses des Invalides n'opposent aucune résistance à la foule venue y chercher des armes. C'est à peine si l'on s'est défendu à la Bastille avant que son gouverneur, terrorisé, n'en ouvre les portes au peuple insurgé.

Besenval lui-même, qui commande militairement Paris, a donné l'ordre de ne pas faire couler le sang. Dans la nuit du 12 au 13 juillet, il fait retirer ses troupes – les hussards du régiment de Bercheny, ceux d'Esterhazy, et les Suisses de Salis-Samade – du centre. Le 14, il fait retraiter sur Sèvres les deux derniers régiments suisses (Reinach et Salis-Samade) qui campaient encore au Champ de Mars. Il n'y a plus un soldat dans Paris dans la soirée du 14 juillet, hormis des déserteurs et les gardes-françaises passés à l'insurrection depuis trois jours. À Versailles, on lui avait recommandé la « circonspection » puis aucun autre ordre ne lui est plus parvenu. Son supérieur, le maréchal de Broglie, resté à son quartier général, n'a même pas eu l'idée de mettre les pieds à Paris. La ville est véritablement livrée à elle-même. Dans la nuit du 14 au 15 juillet, elle se couvre de barricades tandis qu'on commence à démolir la Bastille et que les barrières de l'octroi achèvent de brûler.

Le 15, le roi se soumet à l'Assemblée nationale en s'y rendant seul pour la première fois, sans l'appareil de la Cour. Le 17, il en fait autant à l'Hôtel de Ville et reconnaît la commune insurrectionnelle en portant la cocarde bleu et rouge de la révolte à son chapeau. Cent mille Parisiens en armes forment la haie à son passage. Ce jour-là, Bailly, tout nouveau maire de Paris, se surpasse en hypocrisie. Henri IV « avait reconquis son peuple ; aujourd'hui, dit-il, c'est le peuple qui a reconquis son roi ». Drôle de conquête ! Le tout à l'avenant.

Cela recommence en octobre. Louis XVI, forcé jusque dans son palais par les « poissardes » venues de Paris, ratifie sous la contrainte les décrets d'août sur l'abolition des privilèges et les 17 articles de la Déclaration des droits de l'homme et du citoyen qu'il désapprouve. Puis il abandonne Versailles à jamais. Le billet qu'il signe aux députés dans la soirée du 5 octobre est pathétique : « J'accepte purement et simplement…, etc. » On sait tout du sinistre cortège qui le conduit aux Tuileries le lendemain. Les têtes de ses gardes du corps montées sur des piques ouvrent le chemin. Puis ce sera Varennes, puis le 20 juin, puis le 10 août 1792, et la République le 20 septembre et la guillotine le 21 janvier 1793, place de la Révolution, ci-devant place Louis-XV.

Du côté de la monarchie, la Révolution illustre parfaitement la théorie des dominos chère au président Eisenhower et formulée pour la première fois en pleine guerre froide, à Washington, en avril 1954 : « Vous avez une rangée de dominos dressés et si vous faites tomber le premier, il y a une certitude que le dernier sera renversé aussi. » Eisenhower pensait à la Corée puis au Vietnam. En 1789, le premier domino c'est celui du 23 juin. Tout s'est joué en sept jours. Cela a commencé par un coup de tonnerre et s'est terminé sur un coup de dés.

> « Quand bien même lancé dans des circonstances éternelles
> Du fond d'un naufrage
> Un coup de dés jamais n'abolira le hasard[2]. »

Toute la Révolution est contenue dans cette semaine-là : la révolution « juridique », selon la formule de l'historien de la Grande Peur Georges Lefebvre – celle des décrets du tiers état –, mais aussi la révolution des esprits et celle du peuple. De ce point de vue, la chute de la Bastille n'est qu'un événement périphérique. Si l'on a voulu à toute force que les Parisiens l'aient « prise », c'est qu'il fallait absolument en faire un symbole. La Révolution ne pouvait advenir pleinement sans le « triomphe du peuple ». Il n'empêche qu'en juin, tout est déjà en place.

Je ne connais pas d'autre pays que la France qui, en si peu de temps, ait décidé que la nation existerait par elle-même. Germaine de Staël résume cela d'une phrase magnifique : « Il faut que l'existence parte de soi [...] et [que] l'on soit toujours la force impulsive de sa propre destinée[3]. » L'essentiel est acquis : une nouvelle souveraineté, ce qui la constitue en un tout indivisible et sacré, l'élection, la représentation, la publicité des débats, l'égalité, la liberté, tout du moins dans ses principes. Certes, le peuple n'est encore entré qu'en partie dans la danse, mais il a déjà montré sa puissance, ses exigences et ses dangers. On ne s'entend pas très bien sur ce qu'il est vraiment, mais on sait, le 23 juin, qu'on ne pourra rien faire sans lui.

On touche là du doigt l'équation tragique de toute la Révolution, la coexistence de deux pouvoirs et de deux légitimités, celle de la rue et celle de la tribune, en une folle spirale qui conduit tout droit aux grandes « journées » de la Terreur – la Commune de Paris et les sections sans-culottes d'un côté, la Convention de l'autre.

En sept jours, la souveraineté du roi tombe et avec elle tout l'ancien ordre social de la monarchie. Ce qui suit se mesure à la vitesse et à la violence de cette chute. Les conditions qui l'ont préparée, l'affrontement qui préside à son accomplissement et sépare deux camps, bien au-delà de la figure d'un roi faible ou condescendant, les conséquences mêmes de cet affrontement – les fantasmes, les haines, la méfiance, le complot, la surveillance, les traîtres, les certitudes et l'intolérance –, tout cela marque la Révolution à jamais.

Lorsque la partie ne dure que sept jours et que ces sept jours succèdent à mille ans de monarchie, lorsqu'elle fait des perdants et des gagnants que les humiliations des uns, la peur des autres transforment en soupçons et en ressentiments, alors on peut être sûr que tout le monde voudra la rejouer et miser de plus en plus gros. La thèse « des » révolutions, celle des droits de l'homme, « la plus douce et la plus humaine des révolutions[4] », et celle du jacobinisme, la bonne et la mauvaise, n'a existé que dans l'esprit et les calculs politiques de ceux qui l'ont inventée. Elle a d'abord été défendue par les Thermidoriens qui, après la chute de Robespierre, cherchaient à se dédouaner de la « dictature » du « tyran », puis, au XIXe siècle, par les partisans d'une réconciliation des rois avec les principes de 1789 et par tous ceux, Guizot en tête, qui rêvaient de couronner la Révolution.

Telle qu'elle est advenue en juin 1789, dans sa dynamique, dans ses mécanismes, dans sa logique de guerre civile et de table rase, dans l'escamotage brutal d'une souveraineté par une autre, la Révolution ne pouvait à l'évidence n'être qu'une.

On n'en est même plus aujourd'hui à évoquer les « circonstances » de la guerre pour justifier la Terreur de 1793. Je partage sur ce point les réserves formulées par François Furet contre ceux qui la célèbrent ou qui la maudissent[5]. Il ne suffit pas de commémorer la Révolution, encore faut-il en comprendre les mécanismes jusque dans ses débuts. Mais elle n'est pas pour autant un « objet froid ». Les droits de l'homme et la Terreur, la liberté et le gouvernement de salut public, l'égalité des droits et l'égalité sociale ne sont pas plus dissociables que l'huile et l'eau. Il ne faut pas chercher plus loin les raisons de son extraordinaire longévité, aussi bien par ses principes qui restent autant de promesses à accomplir que dans ses imaginaires et ses héritages « psychologiques ». C'est Clemenceau qui a raison : « La Révolution est un bloc dont on ne peut rien distraire. » On a tout essayé, au XIXe siècle, pour l'arrêter. « Citoyens, la révolution est fixée aux principes qui l'ont commencée. Elle est finie[6] ! » Bonaparte avait tort.

Le retour en force des divisions françaises, sous les Cent-Jours, le prouve assez, et les barricades de 1830, et celles de 1848, et le coup d'État de décembre 1851, et la Commune. Il faut revenir à Clemenceau et relire son discours de janvier 1891, à la Chambre des députés, en plein débat de censure autour de l'interdiction d'une pièce de Victorien Sardou *(Thermidor)* violemment hostile à Robespierre et à la Terreur : « Pourquoi y a-t-il à l'heure présente tant d'émotion dans la Chambre ? Je vais vous le dire. C'est que cette admirable révolution par qui nous sommes n'est pas finie, c'est qu'elle dure encore, c'est que nous en sommes encore les acteurs, c'est que ce sont toujours les mêmes hommes qui se trouvent aux prises avec les mêmes ennemis[7]. »

Non seulement la Révolution s'est enfermée dans le mythe de ses origines – la mémoire du serment en atteste assez –, mais la liberté et l'égalité, telles qu'elle les a produites en 1789, peuvent difficilement se suffire à elles-mêmes. Et je ne parle pas de la fraternité qui viendra plus tard. Les combats pour la démocratie et pour le socialisme ont leurs racines en 1789, au nom de l'égalité et du changement dont les journées de juin avaient été la promesse, bien au-delà du cadre de la république. Les révolutions du XIXe siècle, les mouvements du XXe siècle, jusqu'aux populismes qui reviennent toujours comme l'inexorable mouvement des marées, en témoignent assez. Les ordonnances de Charles X en 1830, la répression versaillaise de 1871, l'antidreyfusisme, Vichy sont autant de traverses tragiques à cette fascination des origines qui nous habite depuis deux siècles.

De ce point de vue, la terrible épreuve des deux grandes guerres du XXe siècle a sans doute plus fait pour nous sortir de nos ornières que toutes les républiques confondues. Le Code civil aussi, qui nous tient lieu de constitution et vaut mieux que toutes les autres !

« Qu'est-ce qu'une nation[8] ? » se demandait Renan en 1882. Il ne parlait pas de réconciliation, mais il devait y penser. Il en avait la conscience douloureuse. Comme je le comprends ! « En fait de souvenirs nationaux, les deuils valent mieux que les triomphes car ils imposent des devoirs, ils commandent l'effort en commun. »

Poligny, mai 2020

Notes

Notes de l'avant-propos

Page 11 1. Jules Michelet, *Histoire de la Révolution française* (1847), Paris, Robert Laffont, coll. « Bouquins », 1978, p. 95.

Page 12 2. La seule salve d'articles ou d'ouvrages consacrés au serment est contemporaine du centenaire de la Révolution française, ce qui au passage en dit long sur la cristallisation de la mémoire du serment au début de la Troisième République : Charles Vatel, *Notice historique sur la salle du Jeu de paume de Versailles*, Versailles, 1883 ; Marius Sepet, « Le serment du Jeu de paume et la déclaration du 23 juin », *Revue des questions historiques*, 1891, vol. 49, p. 491 *sq.* ; Armand Brette, *Le Serment du Jeu de paume*, Paris, Société d'histoire de la Révolution française (SHRF ensuite), 1893.

Page 16 3. Georges Lefebvre, *La Grande Peur de 1789* (1932), rééd. Paris, Armand Colin, 2014.

Page 17 4. Stendhal, *Vie de Henry Brulard*, Paris, Gallimard, coll. « Folio », 2012, p. 156.

Page 18 5. Jacques Godechot, *La Prise de la Bastille, 14 juillet 1789*, Paris, Gallimard, 1965.

6. Heinrich Böll, *L'Honneur perdu de Katharina Blum (1974)*, trad. S. et G. de Lalène, Paris, Seuil, 1996.

Page 20 7. Pierre Michon l'évoque dans son roman *Les Onze*, Paris, Gallimard, coll. « Folio », 2009.

Page 21 8. Esteban Buch, *La 9e symphonie ; une histoire politique*, Paris, Gallimard, 1999.

9. François Furet, *Penser la Révolution française*, Paris, Gallimard, coll. « Folio », 1978, p. 18.

Page 22 10. Parmi les principaux historiens qui ont travaillé spécifiquement sur la période et les députés de l'Assemblée nationale constituante : Edna Hindie Lemay

(*Les Députés aux états généraux 1789*, Paris, Hachette, 1987 et son formidable *Dictionnaire des constituants* en 2 volumes, Oxford, Voltaire Foundation, 1991), Timothy Tackett (*Par la volonté du peuple. Comment les députés de 1789 sont devenus révolutionnaires*, Paris, Albin Michel, 1997).

Page 25 11. Éditions du CNRS. Tome Ier (I), *Les Préliminaires – la séance du 5 mai*, 1953 ; tome premier (II), *La Séance du 23 juin*, 1962.

12. Un répertoire de ces écrits, pour ceux qui ont été publiés, *in* Timothy Tackett, *Par la volonté du peuple…*, *op. cit.*, p. 334-346.

13. Michel Cassan, *La France au XVIe siècle*, Paris, Armand Colin, 2005.

14. Munro Price, *The Fall of the French Monarchy*, Londres, Macmillan, 2002, rééd. Londres, Pan Books, 2003. Du côté français, Pierre Caron, « La tentative de contre-révolution de juin-juillet 1789 », *Revue d'histoire moderne et contemporaine*, année 1906, vol. 8, n° 1, p. 5-34 ; n° 9, p. 649-678. Et plus récemment les chapitres 6 et 7 du remarquable livre de Joël Félix, *Louis XVI et Marie-Antoinette, un couple en politique*, Paris, Payot, 2006.

Page 26 15. Alexis de Tocqueville, *Souvenirs*, préface de Fernand Braudel, Paris, Gallimard, coll. « Folio », 1978, p. 87.

Première partie
Notes du chapitre 1

Page 30 1. *Mémoires du comte de Saint-Priest*, Paris, Mercure de France, 2006, p. 193. BnF, Manuscrits Naf 28326 (boîte 25), fonds Lamartine. « Relation des journées des 5 et 6 octobre 1789 par le comte de Saint-Priest ministre de Louis XVI. »

Page 31 2. *Le Courrier de l'Escaut*, n° 27, avril 1789.

Notes du chapitre 2

Page 33 1. Sur les dispositions de la salle et le rôle de Pâris, voir le chapitre : « L'architecte des Menus-Plaisirs », *in* Pierre Pinon, *Pierre-Adrien Pâris (1745-1819) ou l'archéologie malgré soi*, thèse de doctorat sous la dir. de Bruno Foucart, 1997.

Page 34 2. Francisque Mège, *Gaultier de Biauzat député du tiers état aux États généraux de 1789. Sa vie et sa correspondance*, Clermont Ferrand, Michel Bellet et Fils, 1890, 5 mai 1789.

3. *Courrier de Provence*, édition de 1791. Lettre 2. Séance des états généraux des 8, 9 et 11 mai 1789. Paris, 6 mai, p. 36.

Notes du chapitre 3

Page 36 1. D'après Joël Félix, *Louis XVI et Marie-Antoinette…*, *op. cit.*, p. 360-361. Voir également Peter Claeys, *Les Institutions financières en France au* XVIIIe *siècle*, Paris, SPM, 2011, vol. 1, p. 900.

2. J.-P. Rabaut, *Précis historique de la Révolution française*, seconde édition, Paris, P. Didot l'aîné, 1792, p. 39.

3. J. Flammermont, *Les Correspondances des agents diplomatiques étrangers en France avant la Révolution*, Paris, Imprimerie nationale, 1896, rapport de M. d'Alvensleben au roi de Prusse, Paris, 16 novembre 1787, p. 165. Voir également Frédéric Braesch, *Finances et monnaies révolutionnaires*, Paris, Maison du livre français, 1936. Ce dernier compare la situation à celle « d'un fils de famille aux abois qui possède bien encore quelques rentrées, mais n'a plus une grande surface et doit ménager son crédit ».

Notes du chapitre 4

Page 40 1. L'expression est utilisée, entre autres, par Talleyrand dans ses Mémoires, *Mémoires et correspondances du prince de Talleyrand*, éd. E. de Waresquiel, Paris, Robert Laffont, coll. « Bouquins », 2007.

2. On trouvera les deux textes royaux dans les *Archives parlementaires de la Révolution française*, année 1879, t. I, p. 611 *sq.* Voir également Jean Egret, *La Pré-Révolution française, 1787-1788*, Paris, PUF, 1962.

3. On compte trois degrés d'élection dans les campagnes, quatre dans les villes.

Page 41 4. SHD A 456, (Augustin Félix Barrin comte de La Galissonière), « Journal des séances des états généraux assemblés en 1789 », coll. Don Plista, mai 1906, 7 cahiers manuscrits. Le comte de La Galissonière (1741-1828), maréchal de camp, grand sénéchal d'Anjou, était député de la noblesse d'Anjou aux états généraux. Il rédige son journal à partir de notes, en émigration, après la mort du roi, ce qui lui donne une coloration particulière.

5. *Mémoires et correspondances du prince de Talleyrand*, *op. cit.*, p. 185.

Notes du chapitre 5

Page 42 1. Étienne Dumont, *Souvenirs sur Mirabeau et sur les deux premières assemblées législatives*, Bruxelles, P. J. Meline, 1832, p. 38.

2. Adrien Duquesnoy, *Un révolutionnaire malgré lui. Journal, mai-octobre 1789*, Paris, Mercure de France, 2016, p. 49.

Page 43 3. Wilhelm von Wolzogen, *Journal d'un voyage à Paris (1788-1791)*, Villeneuve-d'Ascq, Presses universitaires du Septentrion, 1998, 21 avril 1789, p. 87.

4. BnF, Manuscrits Naf 13711, « Bulletin dit de Mme de Beaumont », Paris, le 22 mars 1789.

5. BHVP, Ms. Na 108, fol. 45 *sq.*, « Nouvelles à la main ou bulletins d'information à Mgr (?) avril-novembre 1789 » [sans doute par Vallet, commissaire au Châtelet].

Page 44 6. D'après Haïm Burstin, *Une révolution à l'œuvre. Le faubourg Saint-Marcel, 1789-1794*, Seyssel, Champ Vallon, 2015, p. 31, note. Il faut payer 6 livres de capitation pour être électeur du tiers à Paris et pouvoir désigner dans l'une des églises des 60 districts de la capitale les 300 grands électeurs qui se réuniront début mai à l'archevêché pour élire les 20 députés du tiers de Paris.

7. *Mémoires du comte de Montlosier sur la Révolution française, le Consulat, l'Empire, la Restauration, et les principaux événements qui l'ont suivie, 1755-1830*, Paris, Dufey libraire, 1830, t. I, p. 190. Montlosier rapporte à ce sujet une conversation tenue avec l'abbé Sieyès.

8. Arthur Young, *Voyages en France*, Paris, Tallandier, coll. « Texto », 2009, p. 139.

Page 45 9. Voir par exemple le cas des paroisses du Trégor en Bretagne, *in* Christian Kermoal, *Les Notables du Trégor*, Rennes, PUR, 2002, le chapitre VI : « L'affirmation politique. Le temps des doléances (1789-1790). » Le meilleur livre et le plus récent sur les 60 000 cahiers de doléances de 1789 est celui de Philippe Grateau, *Les Cahiers de doléances. Une relecture culturelle*, Rennes, PUR, 2001. Voir également l'article de Roger Chartier, « Culture, Lumières, doléances… Les cahiers de 1789 », *in RHMC*, 1981/1. Une bonne synthèse *in* Pierre Serna, *Que demande le peuple ? Les cahiers de doléances de 1789*, Paris, Institut universitaire de France, 2019.

Notes du chapitre 6

Page 46 1. Augustin Cochin, mort en 1916, publie de son vivant plusieurs articles sur la question. Ses travaux seront repris après guerre dans deux ouvrages majeurs : *Les Sociétés de pensée et la démocratie moderne. Études d'histoire révolutionnaire* (Paris, Plon, 1921) et *Les Sociétés de pensée et la Révolution en Bretagne (1788-1789)* (Paris, Champion puis Plon, 1925). L'ensemble de son œuvre a été réédité récemment sous le titre *La Machine révolutionnaire*, éd. Denis Sureau, Paris, Tallandier, 2018. L'analyse de François Furet in *Penser la Révolution française*, *op. cit.*, 2e partie, chapitre 3 : « Augustin Cochin, la théorie du jacobinisme », p. 257-316. À comparer et nuancer avec les travaux de Daniel Roche (*Le Siècle des Lumières en province. Académies et académiciens provinciaux, 1680-1789*, Paris-La Haye, Mouton, 1978, 2 vol.) et Roger Chartier (*Les Origines culturelles de la Révolution française*, Paris, Seuil, 1990).

2. Annie Jourdan, *Nouvelle Histoire de la Révolution*, Paris, Flammarion, 2018, p. 31 *sq.*

Page 47 3. Cité par Vincent Haegele, *Des hommes d'honneur, trois destins d'Ancien Régime*, Paris, Passés Composés, 2019, p. 328.

4. Arthur Young, *Voyages en France, op. cit.* Young fait cette remarque en arrivant à Nîmes en juillet 1787.

Page 48 5. Cité par Paul Bastid, in *Sieyès et sa pensée*, Paris, Hachette, 1939, p. 394.

6. Rabaut Saint-Étienne, *Considérations sur les intérêts du Tiers État*, 1789, p. 12-13.

Page 49 7. *Mémoires et souvenirs du comte de Lavalette*, Bruxelles, J. P. Méline, 1831, 2 vol., t. I, p. 7.

8. Étienne Dumont, *Souvenirs sur Mirabeau [...]*, Bruxelles, 1832, p. 45.

9. Jean Starobinski, *1789. Les Emblèmes de la raison*, Paris, Flammarion, 1979, p. 41.

Page 50 10. BnF, fol. L C2-2225, gazette manuscrite ou bulletin à la main, 30 décembre 1788.

11. À titre d'exemple, la lettre des communautés rurales du bailliage de Commercy au garde des Sceaux Barentin, du 26 avril 1789, citée par Philippe Sagnac, « Les cahiers de 1789 et leur valeur », in *Revue d'histoire moderne et contemporaine*, 1906, 8-5, p. 344 : « Les pauvres communes de la campagne ont été méprisées. Les officiers et praticiens du siège [le bailliage] se sont emparés de tout. »

12. Augustin Cochin, *La Machine révolutionnaire. Les Sociétés de pensée et la démocratie moderne, op. cit.*, p. 177.

Notes du chapitre 7

Page 51 1. Instructions envoyées par SAS Monseigneur le duc d'Orléans (1789).

Page 52 2. Brissot, *Correspondance et papiers*, Paris, Picard, 1912, p. 154. La lettre est datée du mois d'août 1787. Sur la société des Trente, voir les Mémoires du duc de Montmorency-Luxembourg, *in* Paul Filleul, *Le Duc de Montmorency*, Paris, Labergerie, 1939, p. 91. On y trouve aussi Talleyrand, le vicomte de Noailles, le duc de Biron, Castellane, l'abbé Louis, Mirabeau, Sieyès, Lacretelle.

3. Stanislas de Girardin, *Mémoires, journal et souvenirs*, Paris, Moutardier, 1828, t. I, p. 77-78. Des *Délibérations à prendre dans les Assemblées* sont envoyées dans tous les apanages du duc d'Orléans.

4. Voir Augustin Challamel, *Les Clubs contre-révolutionnaires*, Paris, L. Cerf, 1895, p. 31-66 et le *Guide des amateurs et des étrangers à Paris*, pour l'année 1789.

Page 53 5. Rabaut Saint-Étienne, *Précis de l'histoire de la Révolution française*, Œuvres, Paris, Laisné frères, 2 vol., 1826, t. I, p. 282.

Notes du chapitre 8

Page 54 1. *Mémoires de Mme de Chastenay 1771-1815*, Paris, Plon, 1896, t. I, p. 130.

Page 55 2. Cité par Augustin Cochin, *La Machine révolutionnaire*, *op. cit.*, p. 207.

3. Extrait des délibérations de l'hôtel de ville de Nuits en Bourgogne du 31 décembre 1788 : « Les privilèges de la noblesse sont de véritables propriétés qui seront d'autant plus respectées que nous n'en sommes point exclus et que nous pouvons les acquérir. »

Notes du chapitre 9

Page 56 1. « Observations de Me Launay, 1771-1790 », cité par Jocelyne Dloussky, *Chronique révolutionnaire en pays chouan : 1788-1800*, Laval, éditions Siloë, 2011, p. 62.

2. Emmanuel Le Roy Ladurie, *Histoire du climat depuis l'an mil*, Paris, Flammarion, coll. « Champs Histoire », 2009, t. II, p. 165-167.

Page 57 3. *Ibid.*, t. II, p. 284-290. Voir également Gillen d'Arcy Wood, *L'Année sans été. Tambora, 1816. Le volcan qui a changé le cours de l'histoire*, Paris, La Découverte, 2016.

Page 58 4. À Paris, en janvier 1789, les théâtres donnent des représentations gratuites au profit des pauvres. Le corps de ville leur vote une aide de 25 000 livres. Le clergé distribue du pain. La Société de charité maternelle et la Société philanthropique reçoivent de fortes sommes en leur faveur. Le roi donne 12 000 livres à cette dernière. Voir les lettres du bailli de Virieu, ministre plénipotentiaire du duc de Parme auprès du roi de France, *in* vicomte de Grouchy, *La Révolution française racontée par un diplomate étranger. Lettres du bailli de Virieu, ministre plénipotentiaire de Parme (1788-1793)*, Paris, Flammarion, 1903, lettre du 19 janvier 1789.

5. Edme Plaisant, *Rapport sur l'administration des ateliers de charité, 1789-1790*, Paris, SHRF, 1906.

6. Voir Christine Doucet, « Statistique de la pauvreté sous la Révolution française », *Annales historiques de la Révolution française* (AHRF ensuite), 1990, n° 280, p. 167-186.

Notes du chapitre 10

Page 59 1. Pierre Goubert, *L'Ancien Régime*, t. I, *La Société*, Paris, Armand Colin, 1982.

Page 60 2. Cité par Jean Jaurès dans son *Histoire socialiste de la Révolution française* (1901), t. I., *La Constituante*, Paris, Librairie de *L'Humanité*, 1927.

Notes du chapitre 11

Page 62 1. Pour tous les documents cités plus bas : Arch. nat., H/1274, 1448 et 1452 : « Émeutes à Aix, Marseille, Manosque, Toulon… » et SHD A4/54 : « 1789, Intérieur. » Voir également Monique Cubells, « Les Mouvements populaires du printemps 1789 en Provence », *Provence historique*, vol. 36, n° 145 (1986).

Page 63 2. Voir L. Fougère, J.-P. Machelon et F. Monnier, *Les Communes et le pouvoir de 1789 à nos jours*, Paris, PUF, 2002. Les deux premiers chapitres.

Page 64 3. L'anecdote est rapportée par André Sers dans ses *Souvenirs* (Paris, Fontemoing, 1906, p. 45). Il s'agit du curé bientôt défroqué Jean Dagobert Daigrefeuille.

Page 65 4. Arch. nat., H/1274, « Provence, émeutes à Aix, etc. ». Lettre de La Tour, 30 mars 1789.

5. Arch. nat., H/1452, « Affaires diverses, 1789-1790 ». Lettre de Caraman à Puységur, Aix, le 27 mars 1789.

Notes du chapitre 12

Page 68 1. Arch. nat., H/1452, « Affaires diverses, 1789-1790 ». Lettre du maire et des consuls de Toulon, 25 mars 1789.

2. Trois arrêts du Conseil initiés par le directeur des Finances Jacques Necker reviennent l'un après l'autre sur la politique de liberté intérieure du commerce des grains mise en place par Turgot en septembre 1774. Les arrêts des 7 septembre, 23 novembre 1788 et 23 avril 1789. Voir sur cette question l'article ancien mais éclairant de Léon Biollay (hostile à Necker), *Un épisode de l'approvisionnement de Paris en 1789*, Paris, P. Dupont, 1878.

Page 69 3. Voir la notice « Pinet » dans Geneanet par Olivier Blanc. L'homme d'affaires est retrouvé mort (par suicide ?) chez lui au Vésinet, en juillet 1789. Rosalie Jullien en parle longuement dans ses lettres à son mari (*Les affaires d'État sont mes affaires de cœur*, éd. A. Duprat, Paris, Belin, 2016, p. 45). L'expression « pacte de famine » avait été inventée en 1768 par l'avocat Jean-Charles Le Prévost de Beaumont contre le contrôleur général des Finances de l'époque, L'Averdy, accusé d'avoir créé un monopole sur le commerce des blés et de s'y être enrichi. Cela lui vaudra vingt et une années de prison. Il n'en sortira qu'à la Révolution, en septembre 1789.

4. Il existe des pages très éclairantes à cet égard dans les journaux de voyage d'Arthur Young, *Voyages en France*, éd. H.-J. Lesage, Paris, Guillaumin, 1859, 2 vol., t. II, p. 336 *sq.*

5. BHVP, Ms. Na 108, « Nouvelles à la main ou rapport d'information (par un commissaire du Châtelet – 29 avril-novembre 1789 ». Il existe aux Archives nationales un « Tableau des émeutes de mars à mai 1789 dans la région parisienne » et de nombreux rapports du comte de Sainte-Suzanne à Puységur, ministre de la Guerre. Arch. nat., H/1452, « Affaires diverses, émeutes, 1789-1790 ».

Notes du chapitre 13

Page 70 1. Sur décision du baron de Breteuil, ministre de la Maison du roi, par une lettre circulaire du lieutenant général de police Thiroux de Crosne, du 1er octobre

1787. Voir *Mémoires secrets pour servir à l'histoire de la République des Lettres*, t. 36, Londres, 1789, p. 51.

2. Robert Darnton, *De la censure*, Paris, Gallimard, 2014, p. 71.

Page 71 3. *Mémoires et correspondances du prince de Talleyrand*, *op. cit.*, p. 183.

4. Journal de Mallet du Pan, janvier 1789. *In* A. Sayous, *Mémoires et correspondance de Mallet du Pan pour servir à l'histoire de la Révolution française*, Paris, Amyot, 1851, t. I, p. 163-164.

Page 72 5. Arch. nat., H/1448, « État des anoblis de 1772 à 1786, tant par charges donnant la noblesse, soit au 1er, soit au 2nd degré, dans les différentes cours, tribunaux et juridictions du royaume, que par lettres de noblesse, confirmation, reconnaissance, réhabilitation ou maintenue, et par échevinage ». Sur les 2 310 anoblis, on en compte près de 500 par lettres ou brevets.

6. Louis Nicolas Hyacinthe Chérin, *Abrégé chronologique d'édits, de déclarations, règlements, arrêtés et lettres patentes des rois [...] concernant le fait de noblesse*, Paris, 1788. Voir sur cette question Robert Dauvergne, « Le problème du nombre des nobles en France au XVIIIe siècle », *Annales de démographie historique*, année 1973, p. 181-192. Dans *Qu'est-ce que le tiers état ?*, Sieyès donne 110 000 nobles.

7. Jean Meyer, *La Noblesse bretonne au XVIIIe siècle*, Paris, SEVPEN, 1966.

Page 73 8. Voir sur cette question l'article très éclairant de Guy Lemarchand, « La France au XVIIIe siècle. Élites ou noblesse et bourgeoisie ? », *Annales de Normandie*, année 2000/30, p. 107-123.

9. *Mémoires du chancelier Pasquier*, Paris, Plon, 1913, t. I, p. 43-44.

Page 74 10. L'expression est du philosophe Antoine Augustin Cournot, in *Souvenirs (1760-1860)*, Paris, Hachette, 1913, p. 13.

11. *Ibid.*, p. 12.

12. *Mémoires et correspondances du prince de Talleyrand*, *op. cit.*, p. 186-187.

Page 75 13. La Révellière-Lépeaux, *Mémoires*, Paris, Plon, 1895, t. I, p. 64.

14. A.-C. Thibaudeau, *Biographie. Mémoires avant ma nomination à la Convention, 1765-1792*, Paris, Champion, 1875, p. 55.

Page 76 15. Sieyès, *Essai sur les privilèges* (novembre 1788) et *Qu'est-ce que le tiers état ?* (janvier 1789), Paris, Éditions du Boucher, 2002, p. 8. Sieyès se réfère ici à la querelle qui avait opposé Boulainvilliers, le théoricien des droits de la noblesse, à l'abbé de Mably sur la question des légitimités historiques de la noblesse que Boulainvilliers faisait remonter à la conquête franque. Sur l'escamotage, par Sieyès, des privilèges du tiers état, voir Yves Durand, « Le privilège selon Sieyès ou le triomphe de la désinformation », *Histoire, économie et société*, 1992, 11-2, p. 215-323.

Notes du chapitre 14

Page 77 1. BM Versailles (*BMV* ensuite), G 279. *Œuvres choisies de Brueys d'Aigalliers (1743-1806)*, vol. II, t. VII, « Quelques remarques et quelques réflexions, écrites principalement sur la fin de 1788 et dans le courant de 1789-1793 », p. 152.

2. Marquis de Bombelles, *Journal*, Genève, Droz, 1982, t. II (1784-1789), 15 février 1789, p. 284.

Page 78 3. *Mémoires et correspondances du prince de Talleyrand*, *op. cit.*, p. 158.

4. Alexis de Tocqueville, *L'Ancien Régime et la Révolution* (1856), Paris, Robert Laffont, coll. « Bouquins », 1986 ; « État social et politique de la France avant et depuis 1789 », p. 921 *sq.*

5. Prince de Ligne, *Mes écarts ou ma tête en liberté*, Paris, Les Belles Lettres, 2016, p. 378-379.

Notes du chapitre 15

Page 79 1. SHD, A 456, La Galissonière, « Journal des séances des états généraux assemblés en 1789 », premier cahier.

Page 80 2. Arch. nat., C/221, lettre du vicomte de Talleyrand au roi, fin juin ou 7 juillet 1789.

3. *Correspondance secrète du comte de Mercy-Argenteau*, Paris, imp. nationale, 1891, 2 vol., vol. 2, Mercy à Joseph II, 10 mai 1789.

4. SHD, A 456, La Galissonière, « Journal des séances des états généraux assemblés en 1789 », premier cahier.

Page 81 5. Mémoires inédits de Jean-Baptiste, marquis de Charrier-Moissard, BMV, Lebaudy in 4°-25, p. 32.

Notes du chapitre 16

Page 83 1. Sur le sens véritable des réformes initiées par le comte de Guibert et sur l'ordonnance du 17 mars 1788 consacrée à l'avancement, voir Ralf Blaufarb, « Le conseil de la guerre, aspects sociaux de la réforme militaire après l'édit de Ségur », RHMC, 43-3, p. 446-453.

2. Vicomte de Grouchy, *La Révolution française racontée par un diplomate étranger*, *op. cit.* Le bailli de Virieu à l'infant Ferdinand, duc de Parme, 17 mars 1788.

3. A. de Lameth, *Histoire de l'Assemblée constituante*, Paris, Moutardier, 1829, t. II, p. 334-335.

Page 84 4. Sur toutes ces questions, voir entre autres André Corvisier, « La place de l'armée dans la Révolution française », *Revue du Nord*, 1993, n° 299, p. 7-19.

5. SHD, H/1452 « 1789, intérieur », lettre d'un habitant de Lille au maréchal de Castries, 1er mai 1789.

6. *Ibid.*, lettre de Caraman à Puységur, Aix, le 27 mars 1789.

7. Arch. nat., H/1452, « Affaires diverses, 1789-1790 », lettre de Coincy, lieutenant général et commandant à Toulon, 24 mars 1789.

Page 85 8. Je remercie Vincent Haegele de m'avoir indiqué cette source. Voir son *Napoléon et Joseph. Correspondance intégrale, 1784-1818*, Paris, Tallandier, 2007, lettre du 22 juillet 1789, n° 3, p. 5.

9. Lettre du 29 avril 1789 citée par Georges Lefebvre, in *La Grande Peur de 1789*, *op. cit.*, p. 38.

10. À l'exemple du comte de Périgord, commandant du roi en Languedoc, qui reproche au présidial de Béziers de ne rien faire contre les émeutiers. Lettre au lieutenant civil de Florensac, 16 mai 1789, Arch. nat., H/1452. Par une déclaration royale du 28 avril 1789, Louis XVI avait attribué au prévôt général de France la connaissance des émotions populaires.

11. SHD, A4/54, lettre circulaire du baron de Besenval, Paris, le 12 juin 1789. Le même jour, la solde des hommes de troupe est augmentée de 2 sols par jour.

Notes du chapitre 17

Page 86 1. Antoine Barnave, *Coup d'œil sur la lettre de M. de Calonne*, Dauphiné, 28 mars 1789, p. 2.

2. René Grevet, *École, pouvoirs et société (fin* XVII*e*-*1815), Artois, Boulonnais, Pas-de-Calais*, Lille, IRHIS, 1991, chap. V.

Page 87 3. Mme Duperré de L'Isle à Camus, 3 août 1789, cité par Georges Lefebvre, in *La Grande Peur de 1789*, *op. cit.*, p. 58.

4. Antoine François Delandine, *Des états généraux ou histoire des assemblées nationales en France*, Paris, chez Cuchet, 1788, p. 111.

Page 88 5. Lettre du roi à l'Assemblée nationale, 18 septembre 1789, Paris, Imprimerie royale. Voir là-dessus le chapitre très éclairant de Jean-Pierre Hirsch, in *La Nuit du 4 août*, Paris, Gallimard, coll. « Folio », 2013, p. 338 *sq.*

6. Sur le groupe du tiers état, voir Timothy Tackett, *Par la volonté du peuple…*, *op. cit.*

7. Sur cette question, voir Alfred Cobban, *Le Sens de la Révolution française (1964)*, trad. fr., Paris, Julliard, 1984.

Page 89 8. Voir Hervé Leuwers, « Les factums de Robespierre. Les choix d'une défense par l'imprimé », AHRF, n° 371/janvier-mars 2013, p. 55-71.

Page 90 9. Adrien Duquesnoy, *Un révolutionnaire malgré lui…*, *op. cit.*, p. 66.

10. Rodolphe Reuss (éd.), *L'Alsace pendant la Révolution française*, Paris, Fischbacher, 1880-1894, 2 vol., p. 259.

Page 91 11. D'après les notes de Brueys d'Aigalliers, BMV G 279.

Page 92 12. Charles-François Lebrun, *La Voix du citoyen*, s.l., 1789, p. 16.

Notes du chapitre 18

Page 94 1. Mme de Staël, *Considérations sur la révolution française*, éd. J. Godechot, Paris, Tallandier, 1983, p. 178 et Gaston de Lévis, *Souvenirs et portraits*, Paris, Mercure de France, 1993, p. 224.

Page 95 2. Théodore de Lameth, *Notes et souvenirs*, Paris, Fontemoing, 1914, p. 88.

3. Jules Flammeront, *La Correspondance des agents diplomatiques étrangers*, *op. cit.*, rapport de M. d'Alvensleben au roi de Prusse, 11 novembre 1787, p. 155.

Page 96 4. Lanjuinais, *Le Préservatif contre l'avis de mes compatriotes*, octobre 1788, in *Œuvres de J.-D. Lanjuinais*, t. I : « Pièces historiques et politiques », Paris, Dondey Dupré père, 1832, p. 139.

5. Cette fameuse « rupture conceptuelle » théorisée par certains historiens de la Révolution comme Lynn Hunt ou Keith Baker, qui selon eux se serait déjà produite avant même l'ouverture des états généraux.

6. « Mémoires inédits de Jacques Defermon des Chapellières », éd. A. de Maurepas, in *Études et documents*, t. V, Paris, CHEFF, 1993, p. 376.

7. Étienne Dumont, *Souvenirs sur Mirabeau*..., *op. cit.*, p. 128.

Page 97 8. Le génie ailé de la France gravant la Constitution figure au revers des pièces de monnaie frappées dans les premiers mois de 1792, avant la chute de la monarchie. L'avers représente la tête de Louis XVI, « roi des Français », peu avant qu'on ne la lui coupe.

Notes du chapitre 19

Page 99 1. A.-C. Thibaudeau, *Mémoires*, *op. cit.*, p. 71.

2. *Ibid.*, p. 67.

3. La Révellière-Lépeaux, *Mémoires*, *op. cit.*, t. I, p. 71.

Page 100 4. *Courrier de Provence*, « Lettre première », 7 mai 1789, p. 17.

5. La formule est utilisée par le grand maître des cérémonies dans sa lettre du 22 mai au doyen du tiers, Menu de Chomorceau, député de Sens. Ce n'est que trois jours plus tard, le 25 mai, que le doyen fait dire à Dreux-Brézé qu'il lui doit du respect en « qualité de doyen des communes » d'après le *Récit des séances des députés des communes*, publié par Alphonse Aulard en 1895, Paris, SHRF, p. 32. Dans une *Lettre anonyme sur les séances du tiers aux états généraux* (début juin 1789), l'auteur évoque une autre formule de Dreux-Brézé qui cette fois assure le doyen de sa « parfaite considération », BMV Fonds Fromageot BII2.

6. BMV G 279, Brueys d'Aigalliers, « Quelques remarques et quelques réflexions [...] ».

Page 101 7. Jean-Baptiste Salle, « Lettres inédites de J.-B. Salle député de Nancy sous la Révolution », *Notre Histoire*, hors-série n° 24, juin 1989, Versailles, le 31 mai 1789, p. 40.

8. Le propos est rapporté par Bombelles, *Journal*, *op. cit.*, t. II, 3 juin 1789, p. 326.

9. Ouvrage posthume de Jean-Sylvain Bailly, *Mémoires d'un témoin de la révolution*, Paris, Levrault, Schoell et Cie, an XII-1804, 3 vol., t. I, p. 104-105. D'après une discussion que Bailly eut avec Barentin sur cette question d'étiquette et de génuflexion, le 5 juin, en prévision de l'audience de la délégation du tiers, le lendemain. « Et si 25 millions d'hommes ne le veulent pas, où seront les moyens de les contraindre ? »

Notes du chapitre 20

Page 103 1. Étienne Dumont, *Souvenirs sur Mirabeau…*, *op. cit.*, p. 46.

Page 104 2. Arthur Young, *Voyages en France*, *op. cit.*, 24 juin 1789, p. 304.

3. Dans ses *Lettres […] à ses commettants*, Mirabeau dénonce à ce propos « une juridiction ministérielle », lettre VII, séances des 28 et 29 mai 1789. Voir également Bailly, *Mémoires*, *op. cit.*, p. 138, et p. 185.

4. Le refus du rachat des droits seigneuriaux n'est exprimé que dans 24 des 134 cahiers de la noblesse analysés par Guy Chaussinand-Nogaret, in *La Noblesse au XVIIIe siècle*, Paris, Hachette, 1976, p. 209. En moyenne, les droits seigneuriaux ne représentent que 10 % des revenus de la noblesse, même s'il existe de très grands écarts selon les cas de figure : 75 % des revenus du duché d'Aiguillon par exemple, sur les rives du Lot et de la Garonne.

Page 105 5. Adrien Duquesnoy, *Un révolutionnaire malgré lui…*, *op. cit.*, p. 43.

Notes du chapitre 21

Page 106 1. Étienne Dumont, *Souvenirs sur Mirabeau…*, *op. cit.*, p. 48.

Page 107 2. Pour les plus connus, la *Correspondance nationale* qui paraît dès le 4 mai, rédigée par le député Bertrand Barère. Ce dernier crée ensuite, le 19 juin, le *Point du jour* qui compte parmi les plus lus. Le *Patriote français* de Brissot paraît ponctuellement une première fois le 7 mai, *Le Journal de Versailles* d'Herman de Neuforges, le 6 juin. *Le Tribun du peuple* de Bonneville début juin. *Le Journal de Paris* existait depuis 1777 mais se consacre désormais presque exclusivement aux séances des états généraux, sous la plume du député Garat. Tout comme le *Journal général de France*, la *Gazette de France* et le *Mercure de France*, aux mains du plus puissant des imprimeurs de l'époque, Panckoucke. La liberté de la presse existe *de facto* dès la mi-juin – les décrets du 17 constituent à cet égard un tournant. Le très peu sévère directeur de la Librairie Maissemy, en place depuis l'année précédente, donne sa démission le 6 août.

3. *Les États généraux*, publié par le libraire Le Jay. Le journal reprend sous le titre de *Lettres du comte de Mirabeau à ses commettans* [*sic*] puis à partir de

la lettre XX : *Courrier de Provence pour servir de suite aux lettres du comte de Mirabeau à ses commettans* [*sic*].

4. Sur Maissemy, voir G. Bouchet, *Cinquante figures du Pas-de-Calais*, AD Pas-de-Calais, 1989.

5. Pour un panorama de la presse en 1789, voir Pierre Rétat, *Les Journaux en 1789, bibliographie critique*, Paris, CNRS, 1988, et le chapitre premier de *Naissance de la presse révolutionnaire, 1789* (Lyon, Presses universitaires de Lyon, 1989), écrit en collaboration avec Claude Labrosse. Une synthèse bibliographique *in* Jean-Paul Bertaud, « Histoire de la presse et Révolution », AHRF, 1991/n° 285, p. 281-298.

Page 108 6. Pierre Nora, *Le Retour de l'événement*, *in* J. Le Goff et P. Nora, *Faire de l'histoire*, vol. 1, Paris, Gallimard, 1974.

7. Jean-Pierre Brissot, *Mémoires aux états généraux sur la nécessité de rendre dans ce moment la presse libre, et surtout pour les journaux politiques*, juin 1789.

8. *Le Courrier de Versailles à Paris et de Paris à Versailles*, par M. Gorsas, citoyen de Paris, chez l'auteur, rue Ticquetonne, 1789.

Page 109 9. Adrien Duquesnoy, *Un révolutionnaire malgré lui*..., *op. cit.*, p. 68.

10. Charles de Lacretelle, *Dix années d'épreuves pendant la Révolution. Mémoires*, Paris, Tallandier, 2011, p. 40.

11. *Mémoires du marquis de Ferrières*, Paris, Baudouin frères, 1822, 2 vol., t. I, p. 50.

12. L.-P. Lofficial, « Lettres... », *Nouvelle Revue rétrospective*, 1897 (7), p. 76.

Page 110 13. Adrien Duquesnoy, *Un révolutionnaire malgré lui*..., *op. cit.*, p. 70. Voir également Étienne Dumont, *Souvenirs sur Mirabeau*..., *op. cit.*, p. 183.

14. *Archives parlementaires*, t. VIII, séance du 28 mai 1789.

15. Voir là-dessus le témoignage de Malouet (*Lettre de M. Malouet député d'Auvergne à ses commettants*, 1790, p. 14-15) et les observations d'Arthur Young.

Page 111 16. Marquis de Bombelles, *Journal*, *op. cit.*, II, 28 mai 1789, p. 321.

17. BMV Fonds Fromageot BII2, lettre inédite anonyme, Versailles (31 mai 1789).

18. Armand Brette, « Relation des événements depuis le 6 mai jusqu'au 15 juillet 1789 », *Révolution française. Revue d'histoire moderne et contemporaine*, t. 23, oct.-déc. 1892, bulletin n° 23, Versailles, 29 mai 1789. L'observateur travaille sans doute pour le gouvernement, probablement pour le ministre de la Guerre Puységur ou le conseiller d'État Rayneval.

19. *Lettres du comte de Mirabeau à ses commettants*, lettre II, séances des états généraux des 8, 9 et 11 mai 1789, p. 31.

Notes du chapitre 22

Page 112 1. Voir G. Lefebvre, « Les bureaux de l'Assemblée nationale en 1789 », AHRF, XXII (1950), p. 134-140.

2. Bailly, *Mémoires*, *op. cit.*, t. I, p. 111 et 127.

Page 114 3. Vincent Milliot, *Un policier des Lumières. Mémoires de J.C.P. Lenoir*, Seyssel, Champ Vallon, 2011, « Rapport secret d'un membre de l'académie », p. 1025.

4. Georges Mauguin, *Préséances révolutionnaires. Le fauteuil de Bailly*, Versailles, J.-M. Mercier, 1934.

Notes du chapitre 23

Page 116 1. Jean-Denis Lanjuinais, *Le Préservatif contre l'avis de mes compatriotes*, *op. cit.*, p. 15-22.

2. Antoine Durand, député de Cahors, *Lettres de Versailles sur les états généraux*, Blois, 1933, 30 mai 1789.

Page 117 3. Cité par Timothy Tackett, *Par la volonté du peuple…*, *op. cit.*, p. 102. Pour la première citation, voir Eugène Leflaive, « Le premier représentant de Beaune au parlement. Claude Gautheret, député de l'assemblée constituante », *Société d'archéologie de Beaune*, t. 42, 1925, p. 57-128.

4. Charles de Lacretelle, *Dix années d'épreuves pendant la révolution*, *op. cit.*, p. 44.

5. SHD, A 456, La Galissonière, « Journal des séances des états généraux assemblés en 1789 », *op. cit.*

6. Armand Brette, art. cité, bulletin n° 25, Paris, 31 mai et 1er juin 1789.

Page 118 7. BnF, Fr Na B711, « Bulletin de Madame de Beaumont », Paris, 3 mai 1789.

8. Le duel du bois de Boulogne eut lieu le 11 août 1790. Dans le Bulletin du nouvelliste qui se cache sous le nom de Mme de Beaumont, on trouve mention de plusieurs duels en mai, par exemple le 24 entre « un officier des gardes du corps du roi et un député du tiers ». Les noms ne sont pas toujours mentionnés. BnF Fr Na 13711.

9. Étienne Dumont, *Souvenirs sur Mirabeau…*, *op. cit.*, p. 63. La scène a lieu le 6 juin 1789.

Page 119 10. *Mémoires du comte de Montlosier…*, *op. cit.*, t. I, p. 187-188.

11. Charles de Lacretelle, *Dix années d'épreuves pendant la révolution*, *op. cit.*, p. 40.

12. Le propos est rapporté par le marquis de Ferrières dans ses *Mémoires* à la date du 11 mai 1789, *op. cit.*, t. I, p. 28.

Note du chapitre 24

Page 121 1. C'est par exemple déjà l'argumentation du député de Clermont Gaultier de Biauzat, *in* Francisque Mège, *Gaultier de Biauzat…*, *op. cit.*, « Propositions sur les moyens de procéder avec ordre dans l'assemblée des états généraux » (janvier 1789), p. 47. C'est le député de Paris Target qui, à la séance du 19 mai, prononce pour la première fois le nom de « communes ».

Notes du chapitre 25

Page 122 1. Sur le Club breton, voir la thèse de A. Bouchard, *Le Club breton, origine, composition, organisation, rôle à la Constituante*, Paris, Jouve, 1920. Le meilleur dictionnaire biographique de ces Bretons, *in* René Kerviler, *Cent ans de représentation bretonne, I*[re] *série, les États généraux et l'Assemblée nationale, 1789-1791*, Paris, Didier, sd. Et bien sûr le *Dictionnaire des constituants* d'Edna Hindie Lemay, *op. cit.*

Page 123 2. *Résultat des délibérations tenues à l'hôtel de ville de Rennes les 22, 24, 25, 26 et 27 décembre 1788 […] et formant le cahier des réclamations de l'ordre du tiers aux états prochains de la province de Bretagne* (1789).

3. *La Sentinelle du peuple*, publié à Rennes en 1788 et qui paraît tous les dix jours.

Page 124 4. Voir, là-dessus, les lettres de Jacques Violard à la communauté de Pontivy, *in* « Les derniers états de Bretagne. Lettres des députés de Pontivy aux états de 1788-1789 », *Annales de Bretagne et des pays de l'Ouest*, 1912, 28-1, p. 1-46.

Page 125 5. SHD, A415 (2e liasse) « intérieur, 1789 », lettre du comte de Thiard au comte de Puységur, Rennes, 29 janvier 1789.

6. Armand Brette, « Documents inédits. Relations des événements depuis le 6 mai jusqu'au 15 juillet 1789 », art. cité, p. 451.

Page 126 7. Voir les *Mémoires du chancelier Pasquier*, *op. cit.*, t. I, p. 265-266.

Page 127 8. *Archives parlementaires*, t. VIII, séance du 14 mai 1789 et le journal d'Adrien Duquesnoy, *Un révolutionnaire malgré lui…*, *op. cit.*, p. 45.

9. Le 27 mai, une députation du tiers conduite par Target, où figure Le Chapelier, se rend dans la chambre du clergé et invite ce dernier à les rejoindre dans la « salle nationale », à la grande fureur du président du clergé le cardinal de La Rochefoucauld. Voir abbé Coster, « Récit des séances du clergé », in *Les Séances des députés du clergé aux états généraux de 1789. Journaux du curé Thibault et du chanoine Coster*, éd. Albert Houtin, Paris, SHRF, 1916, 27 mai 1789.

Page 128 10. Selon Stanislas de Girardin, rapporté par Étienne Dumont dans *Souvenirs sur Mirabeau…*, *op. cit.*, p. 65-66.

11. Michel-René Maupetit, cité par Timothy Tackett, *Par la volonté du peuple…*, *op. cit.*, p. 122.

12. Arthur Young, *Voyages en France*, *op. cit.*, 10 juin 1789, p. 275.

Notes du chapitre 26

Page 129 1. « Correspondance de J.-P. Boullé », in *Revue de la Révolution*, 1888 (12), 10 juin 1789, p. 49-50.

2. Dubois-Crancé, *Analyse de la révolution française depuis l'ouverture des états généraux jusqu'au 6 brumaire an IV de la République*, Paris, Charpentier, 1885, p. 51.

Page 130 3. *Archives parlementaires*, 1re série, t. VIII, mercredi 10 juin 1789.

4. Voir les *Mémoires* du marquis de Ferrières, *op. cit.*, t. I, p. 51 et marquis de Bombelles, *Journal*, *op. cit.*, t. II, p. 332.

Page 131 5. *Archives parlementaires*, 15 juin 1789, t. VIII, p. 118-120. Discours de Malouet.

Page 132 6. Stendhal, *Vie de Henry Brulard*, *op. cit.*, p. 73. La journée des Tuiles a eu lieu le 7 juin 1788.

7. C'est tout l'objet de sa *Lettre écrite au roi par les trois ordres de la province du Dauphiné sur les états généraux. À Romans, le 8 novembre 1788.*

8. L'expression est de Jean Egret, in *La Pré-Révolution française*, *op. cit.*

9. Jean-Joseph Mounier, *Nouvelles Observations sur les états généraux de France*, Grenoble, février 1789, et *Délibération sur le mandat des députés du Dauphiné aux états de Romans*, 9 janvier 1789.

Notes du chapitre 27

Page 133 1. *Archives parlementaires*, 1re série, t. VIII, 18 mai 1789. Discours de Mirabeau, p. 42-43.

2. *Ibid.*, 15 juin 1789. Barnave est le premier, ce jour-là, à soutenir dans son discours que « la puissance souveraine » réside dans la seule assemblée délibérante des députés du tiers.

Page 134 3. BMV, Ms. F 823, « Journal de la tenue des états généraux [...] rédigé jour par jour par moi, Joseph Michel Pellerin, avocat à Nantes en Bretagne, député du comté de Nantes aux états généraux », 16 juin 1789.

4. *Archives parlementaires*, t. VIII, mardi 16 juin 1789, séance du matin.

5. *Ibid.*, 16 juin 1789, séance du matin, p. 122.

Page 135 6. Bailly, *Mémoires*, *op. cit.*, t. I, p. 188.

7. Simon Leys, *Orwell ou l'horreur de la politique*, Paris, Hermann, 1984.

8. Voir à ce sujet le journal d'Arthur Young, *Voyages en France*, *op. cit.*, p. 276.

Page 136 9. Alexis de Tocqueville, *L'Ancien Régime et la Révolution*, *op. cit.*, p. 1040.

10. *Lettres de Mirabeau à ses commettants*, onzième lettre, p. 43-44.

Page 137 11. Adrien Duquesnoy, *Un révolutionnaire malgré lui...*, *op. cit.*, p. 84.

12. Étienne Dumont, *Souvenirs sur Mirabeau...*, *op. cit.*, p. 78.

13. *Archives parlementaires*, t. VIII, 16 juin 1789, séance du soir. Il s'agit de l'intervention de Gaultier de Biauzat, député de Clermont-Ferrand. Voir Francisque Mège, *Gaultier de Biauzat…*, *op. cit.*, p. 19. Certains députés, comme Creuzé-Latouche, prêtent cette proposition à Sieyès lui-même. Jacques-Antoine Creuzé-Latouche, *Journal des états généraux et des débuts de l'Assemblée nationale*, éd. Jean Marchand, Paris, Didier, 1946, p. 122.

Page 138 14. Voir E. de Waresquiel, « La caricature anti-nobiliaire sous la Restauration, de l'émigration à l'ultracisme (1814-1820) », colloque *Histoire, Images, Imaginaire (fin* XVIe*-début* XXe *siècle)*, université du Maine, 21-23 mars 1996. Actes publiés sous le même titre par l'université du Maine (dir. Michèle Ménard), 1998, p. 427-441. Sur cette opposition de l'ombre et de la lumière dans l'image et l'écrit depuis l'Ancien Régime, voir Hubertus Fischer, *Wer löscht das Licht ?*, 1995.

15. *Lettre de M. Malouet, député d'Auvergne à ses commettants*, s.l.n.d., p. 14-15. Deux députés de Strasbourg, Jean de Turckheim et François Étienne Schwendt, accusent également les « Bretons » d'intimidation, *in* Rodolphe Reuss, *L'Alsace pendant la Révolution française*, *op. cit.*, t. I, p. 108, lettre du 17 juin 1789.

Notes du chapitre 28

Page 140 1. Benjamin Constant, *Portraits, mémoires, souvenirs*, Paris, Librairie Honoré Champion, 1992, p. 31.

2. Sur les influences et les modèles de Sieyès, voir Christine Fauré, « Sieyès, Rousseau et la théorie du Contrat », in *Figures de Sieyès*, Paris, Publications de la Sorbonne, 2004, p. 213-225.

3. Mme de Staël, *Considérations sur la Révolution française*, *op. cit.*, p. 147.

Page 141 4. Adam Smith, *Recherches sur la nature et les causes de la richesse des nations*, 1776.

5. Sieyès, *Vues sur les moyens d'exécution dont les représentants de la France pourront disposer en 1789*, 1789.

6. Étienne Dumont, *Souvenirs sur Mirabeau…*, *op. cit.*, p. 65-66.

Page 142 7. Adrien Duquesnoy, *Un révolutionnaire malgré lui…*, *op. cit.*, p. 77.

8. *Lettre de M. Faydel député du tiers état de la sénéchaussée du Quercy à ses commettans [sic]*, s.l.n.d. (1791). Il évoque le 17 juin comme « un jour à jamais funeste », « un jour de deuil » qui a fait des députés du tiers autant de « despotes » d'une « puissance usurpée ».

9. *Archives parlementaires*, t. VIII, p. 121 et 123. 16 juin 1789, discours de Jacques-Antoine Creuzé-Latouche.

10. Dans une lettre du 24 mai 1789 citée par Georges Lefebvre, in *Recueil de documents relatifs aux séances des états généraux mai-juin 1789*, t. II, « La séance du 23 juin », Paris, Éditions du CNRS, 1962, note 3, p. 140.

Page 143 11. *Exposé de la conduite de M. Mounier dans l'Assemblée nationale et des motifs de son retour en Dauphiné*, 1789, p. 5.

Notes du chapitre 29

Page 144 1. Jacques-Antoine Creuzé-Latouche, *Journal...*, *op. cit.*, p. 124.

2. D'après les *Archives parlementaires de la Révolution française*, t. VIII. Creuzé-Latouche parle dans son *Journal* (*ibid.*) de 10 voix « perdues », d'autres de 3 à 5, ce qui s'explique par la présence d'une vingtaine de curés à la séance du 17 juin. On donne parfois aussi 89 voix et non 90 aux adversaires de la motion de Sieyès.

Page 145 3. Arch. nat., Microfilm KK 641. Papiers Bruslart de Sillery, *Journal de l'assemblée des états généraux*, 17 juin 1789.

4. Mme de Staël, *Considérations sur la Révolution française*, *op. cit.*, p. 147.

5. Jean-Baptiste Salle, « Lettres inédites... », le 18 juin 1789, p. 47.

6. Marquis de Bombelles, *Journal*, *op. cit.*, t. II, p. 336, le 17 juin, à Versailles.

7. Tocqueville, *Souvenirs*, *op. cit.*, p. 119.

8. Dans une lettre du comte de Virieu datée du 22 juin 1789. Citée in *Recueil de documents relatifs aux états généraux*, t. II, *op. cit.*, « la séance du 23 juin », p. 58. Virieu sera pourtant l'un des premiers députés de la noblesse à se rallier aux décrets du 17 juin. Dans son journal, le bourgeois de Paris et libraire Nicolas Ruault, lui, se félicite du décret du 17 juin et de l'appellation « Assemblée nationale ». « En changeant les mots, on change les idées et en changeant les idées, on change les choses », *Gazette d'un Parisien sous la Révolution*, Paris, Perrin, 1976, 21 juin 1789, p. 137.

Page 147 9. Voir Jacques Godechot, *Les Constitutions de la France depuis 1789*, Paris, Garnier-Flammarion, 1979, « La Constitution du 3 septembre 1791 », p. 21 *sq.*

Page 148 10. BMV, in 4° Ms. 17, « Chansons de la cour et de la ville ».

11. Tocqueville, *L'Ancien régime et la Révolution*, livre II, *op. cit.*, p. 986 *sq.* Voir le commentaire qu'en fait François Furet dans *Penser la Révolution française*, *op. cit.*, p. 209 *sq.*

Page 149 12. *Correspondance entre le comte de Mirabeau et le comte de La Marck pendant les années 1789, 1790 et 1791*, éd. A. de Bacourt, Paris, Le Normant, 1851, t. II : « quarante-septième note du comte de Mirabeau pour la cour », p. 420.

Notes du chapitre 30

Page 150 1. BMV Ms. F 823. « Journal de la tenue des états généraux [...] rédigé jour pour jour par moi Joseph-Michel Pellerin avocat à Nantes en Bretagne, député du comté de Nantes aux états généraux », 13 juin 1789.

2. Adrien Duquesnoy, *Un révolutionnaire malgré lui...*, *op. cit.*, p. 75.

Page 151 3. Marquis de Bombelles, *Journal*, *op. cit.*, t. II, p. 336. Le 17 juin, à Versailles.

Page 152 4. Cette discussion-là n'est pas mentionnée dans les *Archives parlementaires de la Révolution française*. Elle ne figure que dans la relation de certains observateurs présents ce jour-là dans la salle. Voir BHVP, Ms. NA 108, *Rapport d'information à Monseigneur (?)*, 18 juin 1789. L'informateur est sans doute un commissaire au Châtelet.

5. *Archives parlementaires*, t. VIII, 17 juin 1789, séance du matin. La formule est la suivante : « Nous jurons et promettons de remplir avec zèle et fidélité les fonctions dont nous sommes chargés. » Dans la confusion, certains députés n'ont retenu que l'une des premières versions du serment. Ainsi le fermier Jean-François Lepoutre, député de Lille, assure, dans une lettre à sa femme du 18 juin, avoir prononcé ces mots : « Je jure à Dieu, au roi, à la patrie de soutenir avec fidélité les droits et liberté de la nation. » (Jean-Pierre Jessenne et Edma Hindie Lemay, *Député-paysan et fermière de Flandres en 1789. La correspondance des Lepoutre*, Villeneuve-d'Ascq, Presses du Septentrion, 1998.)

Page 153 6. Jean Gorsas, *Talleyrand. Mémoires, lettres inédites et papiers secrets*, Paris, A. Savine, 1891, p. 74.

7. Jean-Yves Pipoubès, *Le Serment politique en France, 1789-1870*, thèse d'histoire sous la dir. d'Alain Corbin, Paris-I-Panthéon-Sorbonne, 2003, vol. I, p. 37-39.

Notes du chapitre 31

Page 154 1. Jean-François Marmontel, *Mémoires*, Paris, Mercure de France, 1999, p. 405.

2. Adrien Duquesnoy, *Un révolutionnaire malgré lui…*, *op. cit.*, p. 47.

Page 155 3. BMV, G 279, Brueys d'Aigalliers, *op. cit.*

Page 156 4. *Archives parlementaires*, 1re série, t. VIII, p. 5-27. Frédéric Braesch reste le meilleur analyste de ce qu'il appelle « le dernier budget de l'Ancien Régime », celui de 1788, in *Finances et monnaies révolutionnaires*, Paris, Maison du livre français, 1936.

Page 157 5. Voir sur cette question Guy Chaussinand-Nogaret, « Le fisc et les privilégiés sous l'Ancien Régime », *Publications de l'École française de Rome*, 1980/46, p. 191-206.

6. Nicolas Ruault, *Gazette d'un Parisien sous la Révolution*, *op. cit.*, Paris, 17 novembre 1788, p. 119.

Page 158 7. Mme Campan, *Mémoires sur la vie privée de Marie-Antoinette […]*, Paris, Baudouin frères, vol. 2, 1823, p. 40.

Page 159 8. Marquis de Bombelles, *Journal*, *op. cit.*, t. II, p. 319. Versailles, 24 mai 1789.

Notes du chapitre 32

Page 160 1. *Mémoires et correspondances du prince de Talleyrand*, *op. cit.*, p. 176.

Page 161 2. Jean Jaurès, *Histoire socialiste de la Révolution française*, t. I, *La constituante*, 1927, p. 60.

3. Je me base sur l'appréciation des contemporains. Marcel Marion propose des chiffres beaucoup plus élevés, autour de 500 000 rentiers, mais sans donner ses sources, *Histoire financière de la France depuis 1715*, t. II, 1789-1792, Paris, A. Rousseau, 1919.

4. Mirabeau, *Histoire secrète de la cour de Berlin*, s.l., 1789 : il y est question de la situation financière du royaume en 1786 et de « l'abîme du déficit qu'au reste les bons citoyens doivent regarder comme le trésor de l'État », t. I, introduction, p. XIII. Je remercie Pascal Laucoin de m'avoir indiqué cette source.

Page 162 5. Nicolas Ruault, *Gazette d'un Parisien sous la Révolution*, *op. cit.*, 26 novembre 1786, p. 79. Sur la situation financière du royaume en 1787-1789, voir Thierry Claeys, *Les Institutions financières en France au XVIII*[e] *siècle*, Paris, SMP, t. I, 2011, p. 878 *sq.*

6. *Mémoires de Rivarol*, Paris, Baudouin, 1824, p. 3.

Page 163 7. Voir entre autres sur cette question Thomas S. Luckett, « Crises financières dans la France du XVIIIe siècle », RHMC, 1996, 43-2, p. 266-292.

Page 164 8. BMV, G 279, Gabriel-François d'Aigalliers, *op. cit.*

9. SHD, A 456, comte de La Galissonière, « Journal des séances des états généraux assemblés en 1789 », 4e cahier, mercredi 17 juin 1789. La Galissonière évalue le nombre des créanciers de l'État à environ 150 000 rentiers. Dans ses *Souvenirs sur Mirabeau*, Étienne Dumont développe une thèse équivalente (*op. cit.*, p. 92).

10. Les 7 et 27 août 1789. Le premier emprunt de 30 millions à 4,5 % n'avait produit que 2,6 millions le 27 août. Il fut fermé pour un second emprunt de 80 millions à 5 % qui se révélera tout aussi désastreux.

11. *Lettres du comte de Mirabeau à un de ses amis en Allemagne écrites durant les années 1786, 1787, 1788, 1789 et 1790*, s.l., 1792, p. 469, 16 juin 1789.

Notes du chapitre 33

Page 165 1. Auguste Bernard, *Notice historique sur l'Imprimerie nationale*, Paris, Dumoulin, 1848, p. 63.

2. *Archives parlementaires*, t. VIII, séance du 17 juin 1789. Baudouin sera convoqué le 25 juin par le directeur de la Librairie, M. de Maissemy, ne s'y rendra pas et ira directement à Versailles demander à l'Assemblée nationale la confirmation de ses fonctions d'imprimeur, ce qui lui sera accordé par « délibération régulière », BnF, Fr 6687, Journal de Hardy, 8e volume, 25 juin 1789.

Page 166 3. Voir la notice « Emmery » in *Dictionnaire des Constituants*, *op. cit.*, t. I, p. 333, et les papiers Emmery à la BnF, Fr Na 2633.

Deuxième partie
Notes du chapitre 1

Page 169 1. *Journal de Louis XVI*, éd. de Louis Nicolardot, Paris, Dentu, 1873, p. 134 *sq.*

Page 170 2. Arthur Young, *Voyages en France*, *op. cit.*, p. 309.

3. Cette idée est très bien développée dans le récent livre d'Alexandre Maral, *Les Derniers Jours de Versailles*, Paris, Perrin, 2018.

Page 171 4. Jacques-Antoine Creuzé-Latouche, *Journal*, *op. cit.*, vendredi 19 juin 1789, p. 129.

5. *Mémoire autographe de M. de Barentin, chancelier et garde des Sceaux, sur les derniers conseils du roi Louis XVI, par Maurice Champion*, Paris, 1844, p. 169.

6. Paul Filleul, *Le Duc de Montmorency-Luxembourg*, *op. cit.*, 1939, p. 111.

Notes du chapitre 2

Page 174 1. Cité par Jean Egret, *La Pré-Révolution française*..., *op. cit.*, p. 205. L'ouvrage est essentiel sur la crise parlementaire de 1787-1788.

2. Lettre de Mme de Boufflers à Gustave III, juin 1772. Citée par A. Geoffroy, « Gustave III et la cour de France », *Revue des Deux Mondes*, t. 52/1864, p. 387.

Page 175 3. L'ancien directeur de la Librairie et ministre de Louis XVI, Malesherbes, est le seul à avoir vu dès le mois de juillet 1787 cette différence de nature du combat parlementaire. Leur résistance, écrit-il, « est d'un genre absolument différent de toutes les affaires qu'on a eu à traiter depuis la mort de Louis XIV. Dans toutes les autres, c'était le Parlement qui échauffait le public. Dans celle-ci, c'est le public qui échauffe le parlement ». Cité par Pierre Grosclaude, *Malesherbes, témoin et interprète de son temps*, Paris, Fischbacher, 1961, t. II, p. 652.

Page 176 4. Cette idée est au cœur de l'argumentation de Tocqueville appliquée aux réformes de 1787-1788, dans *L'Ancien Régime et la Révolution*, *op. cit.*, p. 1068 *sq.*

Page 178 5. Guy-Marie Sallier, *Annales françaises, mai 1789-mai 1790*, Paris, Leriche et Thomine, 1832, p. 128-129. Sallier, conseiller des requêtes au parlement de Paris, était présent lors de cette séance.

Notes du chapitre 3

Page 179 1. Guy Antonetti développe très bien cet argument dans son excellent *Louis-Philippe*, Paris, Fayard, 1994.

Page 180 2. Chateaubriand, *Mémoires d'outre-tombe*, Paris, Garnier, vol. 1, 1925, p. 301.

3. *Mémoires du marquis de Ferrières*, *op. cit.*, t. I, p. 14.

4. J. de Norvins, *Mémorial*, Paris, Plon, 1896, t. I, p. 208.

Page 181 5. J.-P. Brissot, *Mémoires 1754-1793*, éd. Cl. Perroud, Paris, Picard, t. II, sd., p. 63.

Notes du chapitre 5

Page 187 1. Voir sur ce point particulier du programme d'éducation du duc de La Vauguyon Pascale Mormiche, *Devenir prince. L'école du pouvoir en France, XVIIe-XVIIIe siècles*, Paris, CNRS éditions, 2009.

Page 188 2. Sur les 28 volumes du *Recueil* d'Isambert, l'activité législative de Louis XVI concerne les volumes 24 à 28.

3. À son ministre qui dans une chaloupe du port de Cherbourg lui fait remarquer l'enthousiasme du peuple, il a cette réponse : « Ha ! Pour cela, oui ! Je me sens heureux. » Le journal inédit du marquis de Castries est cité par Joël Félix, in *Louis XVI et Marie-Antoinette…, op. cit.*, p. 348.

Page 189 4. BnF, Manuscrits Naf 28326 (boîte 25), Fonds Lamartine, « Relation des journées des 5 et 6 octobre 1789 par le comte de Saint-Priest, ministre de Louis XVI », conclusion, p. 64.

5. Cité par Julien Lacaze, *in* « Louis XVI et la chasse du cerf ou le miroir d'un prince », *Versalia*, année 2016/19, p. 181.

Page 190 6. Marie-Antoinette, *Correspondance*, éd. Evelyne Lever, Paris, Tallandier, 2005, Marie-Antoinette à Mercy, 19 août 1788, p. 462.

7. *Mémoire autographe de M. de Barentin, chancelier et garde des sceaux, sur les derniers conseils du roi*, *op. cit.*, p. 73.

Page 191 8. Arch. nat., C/220, vol. 2, fol. 24, « Trois observations du roi sur l'étendue, la cartographie et les coupes de la forêt de Rambouillet (1786-1789) ».

9. Cité par Julien Lacaze, art. cité, p. 183. Je note que dès les débuts de son règne, Louis XVI s'attelle, par une ordonnance du 31 décembre 1776, à la réorganisation du corps des ingénieurs-géographes, rattaché aux officiers du génie.

Notes du chapitre 6

Page 192 1. Arch. nat., C/220, vol. 3, fol. 6 : « projet de lettre du roi aux ministres sur la nomination de son principal ministre », « projet envoyé le 27 août 1787 » (de la main du roi).

Page 193 2. Pascale Mormiche, *Devenir prince…*, *op. cit.*, p. 334-335.

3. Prince de Ligne, *Fragments de l'histoire de ma vie*, Paris, Plon, 1928, t. 1, p. 115.

4. Alexis de Tocqueville, *Souvenirs, op. cit.*, p. 115.

5. C'est le comte de Saint-Priest, l'un de ses ministres de 1789, qui rapporte le mot. *Mémoires*, *op. cit.*, 2006, p. 248.

Page 194 6. Nicolas Ruault, *Gazette d'un Parisien sous la Révolution*, *op. cit.*, 19 avril 1787, p. 84.

7. *Journal de Gouverneur Morris*, Paris, Plon-Nourrit, 1901, p. 132 et 232.

8. D'après le manuscrit d'un brouillon de discours du comte de Jarnac à l'assemblée des ordres de la province d'Angoumois, en mars 1789. Archives Olivier de Rohan, Paris.

9. *Ibid.*, p. 247.

Notes du chapitre 7

Page 196 1. Jacob Nicolas Moreau, *Leçons de morale, de politique et de droit public puisées dans l'histoire de notre monarchie [...]. Rédigé par les ordres et d'après les vues de Mgr le Dauphin pour l'instruction des Princes, ses enfants*, 1773. De ce point de vue, Moreau fait de Charlemagne le « restaurateur » des antiques lois du royaume et fonde évidemment directement ces dernières sur la loi divine. Sur Moreau, voir Bernard Hours, « Moreau et Proyart, pédagogues en attente des princes et éducateurs de la nation », *Histoire de l'éducation*, 132/2011, p. 153-176.

2. Arch. nat., C/220, vol. 3, fol. 4 : « Réponse autographe du roi au parlement de Besançon, janvier 1783. »

Page 197 3. *Mémoires de Mme Roland*, éd. Paul de Roux (1966), Paris, Mercure de France, 2004, p. 96-97.

4. Georges Lefebvre et Anne Terroine, *Recueil de documents relatifs aux séances des états généraux*, t. Ier, I « Les préliminaires. La séance du 5 mai », Paris, éditions du CNRS, 1953, p. 97, note.

5. *Mémoire autographe de M. de Barentin*, *op. cit.*, p. 62.

Page 198 6. Cité par Joël Félix, *Louis XVI et Marie-Antoinette...*, *op. cit.*, p. 446.

7. Cité par Jean Egret, *La Pré-Révolution française*, *op. cit.*, p. 179.

Notes du chapitre 8

Page 200 1. Pierre Dauga, *Un prélat politique à la fin de l'Ancien Régime. Loménie de Brienne*, thèse de doctorat de droit, 2002, p. 167.

Page 201 2. Voir Olivier Blanc, « Cercles politiques et salons du début de la Révolution (1789-1793) », AHRF, n° 334, avril-juin 2006, p. 63-92.

Page 203 3. Bailli de Virieu, *La Révolution française racontée par un diplomate étranger*, *op. cit.*, lettre du 30 août 1788.

4. Nicolas Ruault, *Gazette d'un Parisien sous la Révolution*, *op. cit.*, p. 83.

5. BMV, Fonds Fromageot BII2. Lettre de Jean-François Goupilleau à son cousin Goupilleau de Villeneuve, Versailles, 27 avril 1789.

Notes du chapitre 9

Page 205 1. BnF, Manuscrits, fichier Charavay 28061 138, lettre de Necker à Louis XVI, 26 juin (1789).

2. BnF, Manuscrits Naf 28326 (boîte 25), « Relation des journées des 5 et 6 octobre 1789 par le comte de Saint-Priest, ministre de Louis XVI ».

3. Les portraits en noir de Necker sont innombrables. Voir ceux du duc de Luxembourg, du duc de Lévis, de La Galissonière, etc.

4. *Journal de Gouverneur Morris*, p. 7.

5. Antoine-Claire Thibaudeau, *Mes souvenirs*, *op. cit.*, p. 67.

Page 206 6. *Mémoires et correspondances du prince de Talleyrand*, *op. cit.*, p. 186.

7. Gaston de Lévis, *Souvenirs et portraits*, *op. cit.*, p. 122.

Notes du chapitre 10

Page 207 1. SHD, A 456, La Galissonière, « Journal des séances des états généraux », *op. cit.*

Page 208 2. Chrétien Guillaume de Lamoignon de Malesherbes, « Mémoire sur la situation présente des affaires en juillet 1788 », in *Malesherbes à Louis XVI ou les avertissements de Cassandre*, éd. Evelyne Lever, Paris, Tallandier, 2010. Voir également Jean Egret, *La Pré-Révolution française*, *op. cit.*, p. 322.

Page 209 3. *Mémoire autographe de M. de Barentin*, *op. cit.*, p. 62.

4. Necker, *De l'administration des finances de la France*, s.l., 3 vol., 1784, t. III, p. 149.

Page 210 5. Mme de Staël, *Considérations sur la Révolution française*, *op. cit.*, p. 151. Sur l'interprétation par Necker de la constitution anglaise, voir Henri Grange, *Les Idées de Necker*, Paris, Klincksieck, 1974, IIe partie, chapitre 3, « La constitution anglaise ». Sur la postérité du mémoire de Necker, voir l'introduction de Georges Lefebvre in *Recueil de documents relatifs aux séances des états généraux*, *op. cit.*, t. Ier, II, p. 8.

Page 211 6. *Sur la forme d'opiner aux états généraux*, 1789.

Page 212 7. *Mémoires du comte de Saint-Priest*, *op. cit.*, p. 193.

Notes du chapitre 11

Page 213 1. Eugène Laflaive, « Le premier représentant de Beaune au parlement, Claude Gautheret », *Société d'archéologie de Beaune*, t. 42, 1925, p. 57-128, 1er juin 1789.

2. Sur Joseph-François Coster, voir la thèse d'André Gain, *L'École centrale de la Meurthe à Nancy, 1796-1804*, Annales de l'Est, 1922, dont Coster a été le directeur sous le Directoire, chapitre premier, p. 3 *sq.*

3. Marquis de Bombelles, *Journal*, *op. cit.*, t. II, p. 200, 28 avril 1789.

Page 214 4. Mirabeau aurait ainsi été favorable à une représentation bicamérale. C'est en tout cas l'opinion d'Étienne Dumont dans ses Mémoires, *op. cit.*, p. 70-72. Certains députés du tiers comme Duquesnoy penseront même qu'à cette époque Mirabeau marchait d'accord avec Necker et qu'il était « vendu au ministère ». Voir sur cette question le *Recueil des documents relatifs aux états généraux*, *op. cit.*, t. Ier, II, p. 57, note 79.

5. *Mémoires de Malouet*, Paris, Plon, 1874, vol. 1, p. 280. Ce dernier regrette dans ses souvenirs de n'avoir pas assisté au rendez-vous.

6. Lettre de Mirabeau à ? (s.d.) in *Correspondance entre le comte de Mirabeau et le comte de la Marck*, *op. cit.*, vol. 1, p. 350. Voir également Étienne Dumont, *Souvenirs sur Mirabeau…*, *op. cit.*, p. 224.

Page 215 7. *Mémoires de Malouet*, *op. cit.*, t. I, p. 284.

8. Lettre du président de Nicolaï, 17 septembre 1790, *in* Béatrice Jasinski, *Correspondance générale de Mme de Staël*, I (2), Paris, J.-J. Pauvert, 1962, p. 364.

9. Chateaubriand, *Mémoires d'outre-tombe*, *op. cit.*, t. I, p. 278.

Notes du chapitre 12

Page 217 1. J. Flammermont, *Les Correspondances des agents étrangers en France…*, *op. cit.*, dépêche du 23 avril 1789, p. 228.

2. *Mémoires du duc Des Cars*, Paris, Plon, 1890, t. II, p. 64.

Page 218 3. Charles-Alexandre de Calonne, *Lettre adressée au Roi par M. de Calonne, le 9 février 1789*, Londres, T. Spilsbury, 1789, p. 13.

4. Il s'agit probablement de Jean-Yriex de Beaupoil de Saint-Aulaire. Voir la brochure : *Dénonciation forcée des apôtres du despotisme*, s.l.n.d. (1789). Parmi ces libelles : *Le véritable ami du peuple* ; *La chasse aux bêtes puantes et féroces*, etc. Voir le *Recueil de documents relatifs aux états généraux*, *op. cit.*, tome premier, II, note 127, p. 66-67. Léonard Burnand (*Les Pamphlets contre Necker*, Classiques Garnier, 2009) rend magnifiquement compte de cette campagne de dénigrement dans son chapitre 3, « Le héros assiégé », p. 213-223.

Notes du chapitre 13

Page 219 1. Archives Baudus, *Correspondance 1799*, lettre de l'abbé Marie à Amable de Baudus, Mitau, 12 janvier 1799.

2. Cité par Jacques Dupâquier dans son introduction aux « Lettres intimes de Monsieur comte de Provence au duc de Lévis » qui forment la seconde partie des *Souvenirs et portraits*, *op. cit.*

Page 220 3. *Mémoires du baron de Besenval sur la cour de France*, Paris, Mercure de France, 1987, p. 427-428.

4. Nicolas Ruault, *Gazette d'un Parisien sous la Révolution*, *op. cit.*, 18 août 1787, p. 94-95.

Page 221 5. Voir les *Mémoires du baron Hyde de Neuville* sur les multiples projets de débarquement de Monsieur en Bretagne ou en Vendée en 1799 et sur le double jeu du gouvernement anglais, Paris, Plon, t. I, 1892, p. 234 et 240-241.

Page 222 6. La brochure est signalée par le curé Jallet, in *Journal inédit de Jallet, curé de Chérigné, député du Poitou*, éd. J.-J. Brethé, Fontenay-le-Comte, P. Robuchon, 1871, p. 127.

7. *Mémoires de Malouet*, *op. cit.*, t. I, p. 299.

Notes du chapitre 14

Page 224 1. Selon le duc de Luxembourg.

2. Mme de Staël, *Considérations sur la Révolution française*, *op. cit.*, p. 151.

Page 225 3. Le meilleur portrait du baron de Breteuil, *in* Munro Price, *The Fall of the French Monarchy. Louis XVI, Marie-Antoinette and the Baron de Breteuil*, Londres, Pan Books, 2002, p. 40 *sq.* Ce dernier est le seul à avoir travaillé dans les archives familiales du baron que j'ai pu moi-même consulter avec l'aimable autorisation de ses descendants, tout comme dans celles du marquis de Bombelles à Vienne.

4. Bibliothèque de l'Arsenal, Ms. 12667 : « Papiers particuliers du marquis Bernard-René Jourdan marquis de Launay – Correspondance (1758-1788). »

5. Voir la relation du lieutenant de Flue qui commandait les Suisses et survivra à la prise de la Bastille. « Précis de ce qui est arrivé au régiment de Salis-Samade pendant la campagne de 1789 », *in* Eugène Fieffé, *Histoire des troupes étrangères au service de la France*, Paris, Librairie militaire Dumaine, vol. 1, 1754, p. 346 *sq.*

Notes du chapitre 15

Page 226 1. L'expression est de Mme de Lage de Volude dans ses Mémoires, *Souvenirs d'émigration de Madame la marquise de Lage de Volude, dame de S.A.S. Madame la princesse de Lamballe, 1792-1794*, Évreux, impr. de A. Héribey, 1869.

2. Selon Mme de Chastenay, la duchesse de Polignac les traitait en grand seigneur et aurait même fait dessiner deux livrées à l'intention d'un député de la noblesse de Saintonge, M. de Richier, ancien capitaine de vaisseau au régiment de Beaujolais-Infanterie. Mme de Chastenay, *Mémoires*, *op. cit.*, t. I, p. 110.

Page 227 3. Dans une lettre du vicomte de Mirabeau, Pfedelbach, 18 juin 1792. Il était alors colonel propriétaire d'une « légion destinée, dit-il, à balayer les écuries d'Augias, c'est-à-dire l'infâme ville de Paris et le malheureux royaume de France », dite la « légion de Mirabeau » ou encore « les hussards de la mort » qui se battra pendant deux ans sur le Rhin aux côtés des émigrés contre les armées de la république. BnF, Ms. Charavay Fr Na 28061 130/183.

Page 228 4. Marquis de la Maisonfort, *Mémoires d'un agent royaliste*, Paris, Mercure de France, 1998, p. 96.

5. Protestation du maréchal de Broglie sur le décret du 19 juin 1790 qui prononce l'abolition de la noblesse héréditaire. BnF, Ms, Fichier Charavay Fr 28061 30/183.

Page 229 6. *Archives parlementaires*, 1re série, t. VIII, n° 16. Jeudi 28 mai 1789, chambre de la noblesse, p. 52 *sq.* Discours d'Antraigues sur la motion Bouthillier adoptée par 202 voix contre 16.

7. *Ibid.*, 23 mai 1789, proposition faite par M. le comte d'Antraigues le 22 mai et motion de M. le duc de Mortemart adoptée par 143 voix.

8. *Ibid.*, le 19 juin 1789. Voir *supra* et Paul Filleul, *Le Duc de Luxembourg*, *op. cit.*, p. 113.

Page 230 9. Marquis de Bombelles, *Journal*, *op. cit.*, t. II, 5 mars 1789, p. 287.

Notes du chapitre 16

Page 232 1. D'après les souvenirs de la marquise de Lage de Volude, *op. cit.*, p. LXXXIX-XC.

2. Marquis de Bombelles, *Journal*, *op. cit.*, t. II, 7 juin 1789, p. 331.

3. Cité par Chantal Thomas, *La Reine scélérate. Marie-Antoinette dans les pamphlets*, Paris, Seuil, 1989. D'après une lettre de Marie-Antoinette à la duchesse de Polignac mal datée du 31 août 1789.

4. *Mémoires de Weber*, Paris, Firmin-Didot, 1847, p. 210.

Page 233 5. *Le Comte de Fersen et la cour de France*, Paris, Firmin-Didot, 1877, t. I, introduction, p. LXVI. Lettre de Fersen à Gustave III, 29 février 1792, à propos de sa conversation avec le roi, le 13 février, aux Tuileries.

Notes du chapitre 17

Page 234 1. Les Mémoires de Charles-Léon de Bouthillier sont largement cités par Georges Lefebvre, in *Recueil de documents relatifs aux séances des états généraux*, tome premier, II, *op. cit.*, p. 11-12.

Page 235 2. *Journal de Gouverneur Morris*, *op. cit.*, 6 juin 1789, p. 45.

Page 236 3. L'ambassadeur d'Autriche, Mercy-Argenteau, en parle dans ses lettres de juin à Joseph II. Il aurait évoqué la question en présence même du roi. *Correspondance secrète du comte de Mercy-Argenteau avec l'empereur Joseph II et le prince de Kaunitz*, éd. A. d'Arneth et J. Flammermont, Paris, Imprimerie nationale, 1891, 2 vol.

4. *Mémoires et correspondances du prince de Talleyrand*, *op. cit.*, p. 191. Talleyrand se servira de l'épisode pour se justifier de toute sa conduite politique depuis 1789, auprès du comte d'Artois, en mars 1814, à la veille de la restauration des Bourbons. Voir l'appendice « Note de M. de Bacourt sur les entrevues du comte

d'Artois et du prince de Talleyrand », p. 1315-1318. Talleyrand aurait vu Artois avec deux députés de la noblesse libérale, le vicomte de Noailles et le comte d'Agoult.

5. Les autres conseillers, également hostiles à Necker, étaient Jean-Baptiste de La Michodière, le directeur de la Loterie nationale, Henri François d'Ormesson, un ancien et éphémère contrôleur général des Finances du roi en 1783, et le maître des requêtes Antoine Valdec de Lessart, qui sera massacré à Versailles en septembre 1792. Vidaud de La Tour est guillotiné à Orange en juin 1794.

Page 237 6. Marquis de Bombelles, *Journal*, *op. cit.*, t. II, p. 342-343. Aux côtés du baron de Batz, on trouve aussi un premier commis aux finances, le sulfureux Alexandre Dufresne de Saint-Léon, qui évoluera plus tard dans l'entourage de Talleyrand.

Page 238 7. D'après l'expression d'Antoine de Rivarol. « On convient unanimement que si le roi était monté à cheval et qu'il se fût montré à l'armée, elle eût été fidèle et Paris tranquille, mais on n'avait songé à rien », *Mémoires de Rivarol*, *op. cit.*, p. 78.

Notes du chapitre 18

Page 239 1. Le mémoire de Barentin au roi est daté du 16 juin. Voir *Recueil de documents relatifs aux séances des états généraux*, t. I, II, p. 157 *sq.*

2. BnF, Manuscrits Fichier Charavay, Fr Na 28061 11/183, lettre de Barentin à Louis XVI, Versailles, 16 juin 1789.

3. *Venise et la Révolution française*, dépêche du 11 mai 1789, p. 287.

Page 240 4. Les deux principaux protagonistes qui ont laissé des notes sur ce Conseil du 19 sont Barentin et Necker lui-même qui bien sûr se contredisent. Voir *Mémoire autographe de M. de Barentin*, p. 177 *sq.* Et Necker, *De la Révolution française*, Paris, J. Drisonnier, 1797, 4 vol., t. 1, p. 210 *sq.*

Page 241 5. Au moins deux des participants du Conseil du 19 juin attestent de l'épisode et supposent l'intervention de la reine, Necker (*De la révolution française*, *op. cit.*, t. I, p. 208) et le comte de Saint-Priest, alors ministre sans portefeuille (*Mémoires*, *op. cit.*, p. 196).

Notes du chapitre 19

Page 242 1. Le premier connu s'intitule *Le Lever de l'aurore*, publié sous le manteau en 1774. Certains l'attribuent au comte de Provence lui-même. Le duc d'Aiguillon, l'ancien ministre des Affaires étrangères de Louis XV, disgracié en 1774 à l'avènement de son petit-fils, est peut-être à l'origine des premières campagnes de calomnies contre la reine. Mercy-Argenteau l'en accuse dans ses lettres à Marie-Thérèse. Exilé sur les instances de Marie-Antoinette dans son château d'Aiguillon, il lui en garde une rancune tenace. Son fils, élu député de la noblesse en 1789, comptera au sein de la minorité libérale de son ordre parmi les plus francs partisans de la Révolution.

Page 243 2. Prince de Ligne, *Fragments de l'histoire de ma vie*, *op. cit.*, t. I, p. 115.

Page 244 3. Marie-Antoinette, *Correspondance*, *op. cit.*, lettre au comte de Rosenberg, 17 avril 1775, p. 208.

Page 245 4. *Mémoires du baron de Besenval sur la cour de France*, *op. cit.*, p. 459.

5. Marie-Antoinette, *Correspondance*, *op. cit.*, Mercy à Joseph II, Paris, le 4 juillet 1789, p. 484.

Page 246 6. *Correspondance entre le comte de Mirabeau et le comte de La Marche*, *op. cit.*, t. I, p. 29-30.

7. Chateaubriand, *Mémoires d'outre-tombe*, Paris, Flammarion, 1982, 4 vol., t. 1, p. 214-215.

Page 247 8. Arthur Young, *Voyages en France*, *op. cit.*, p. 347 et 386, 24 juillet et 13 août 1789.

9. *Journal de Gouverneur Morris*, *op. cit.*, 15 juillet 1789, p. 62.

Page 248 10. Archives privées. Correspondance de François de Mailly-Couronnel. Lettre de Mlle D. au chevalier de Couronnel à Nancy, Paris, ce 15 août 1789.

11. Arthur Young, *Voyages en France, op. cit.*, Voir également les lettres de Mercy à Joseph II des 14 septembre 1788 et 23 juillet 1789, in *Correspondance de Marie-Antoinette*, *op. cit.*, p. 473 et 487.

12. Discours de Brissot aux Jacobins, 30 décembre 1791, cité par Patrice Gueniffey, in *La Politique de la terreur. Essai sur la violence révolutionnaire (1789-1794)*, Paris, Fayard, 2000, p. 159.

Page 249 13. Affiche du gouvernement français de 1940 contre la « cinquième colonne ».

Notes du chapitre 20

Page 251 1. Selon Thibault, *Journal des séances du clergé pour les états généraux [...] rédigé par M. Thibault, curé de la paroisse de Souppes, bailliage de Nemours*, in Albert Houtin, *Les Séances des députés du clergé aux états généraux. Journaux du curé Thibault et du chanoine Coster*, Paris, SHRF, 1916, p. 45 *sq.* Le décompte des voix varie d'une relation à l'autre : 148 contre 136 pour le curé Jallet, 144 contre 137 selon le curé Barbotin, 137 contre 136 pour l'abbé Coster, etc. C'est dire assez la confusion dans laquelle ce vote décisif a dû avoir lieu.

2. D'après Moheau (*Recherches et considérations sur la population*, publié en 1778), le clergé régulier et séculier comptait alors 190 000 membres : 129 000 hommes et 64 000 femmes.

Page 252 3. Bernard de Brye, *Un évêque d'Ancien Régime à l'épreuve de la révolution. A. L. H. de La Fare (1752-1829)*, Paris, Publications de la Sorbonne, 1985, p. 215.

4. « Relation des événements depuis le 6 mai jusqu'au 15 juillet », publié par Armand Brette in *Révolution française. RHMC*, t. 23, oct.-déc. 1892, n° 22, Versailles, 28 mai 1789.

5. *Récit des séances du clergé*, par l'abbé Coster, *in* Albert Houtin, *op. cit.*, séance du 19 mai 1789.

6. Thibault, *Journal des séances...*, *op. cit.*, 16 juin 1789.

Page 253 7. *Nouvelle lettre d'un curé à ses confrères, député aux états généraux*, s.l.n.d. (juin 1789).

Page 255 8. BnF, Manuscrits. Hardy, « Mes loisirs ou journal des événements [...] », *op. cit.*, « du mercredi 24 juin », fol. 363.

Notes du chapitre 21

Page 257 1. Jean-Sylvain Bailly, *Mémoires*, *op. cit.*, t. I, p. 232.

Page 258 2. Nombre de détails de ce récit sont tirés du journal manuscrit de La Galissonière conservé au SHD et peu utilisé jusqu'alors.

Page 259 3. Antoine-Claire Thibaudeau, *Mes souvenirs sur les principaux événements de la révolution, op. cit.*, p. 76.

4. Des détails intéressants sur les gardes de la prévôté dans l'*Almanach royal* de 1789. La compagnie comptait alors 68 gardes. Toutes ces places étaient des charges à brevet. Voir aussi les *Mémoires* de Bailly, *op. cit.*, I, p. 238.

5. Tous ces détails sont donnés par le lieutenant de Maistre dans une lettre tardive à son ancien capitaine marquis de Chailly, citée par Georges Lefebvre, in *Recueils de documents*, *op. cit.*, tome premier, II, p. 71, note 160.

6. Thierry Bernard-Tambour, « Les maîtres paumiers du roi au XVIIIe siècle », *Versalia*, année 2000/3, p. 64-75.

Page 260 7. Archives municipales de Versailles, « Historique du Jeu de paume (1688-1809) par François Portier ». Lettre de Lataille, maître du jeu de paume à Versailles aux administrateurs du district de Versailles, 20 janvier 1791.

8. (Prudhomme), *Introduction aux révolutions de Paris dédiés à la nation*, Paris, Imprimerie des révolutions, 1790, p. 66.

9. *Tableaux historiques de la révolution française. Premier Tableau. Le serment de l'Assemblée nationale dans le jeu de paume*, collection complète, tome premier, Imprimerie Didot, an VI de la République (1798), p. 2. La première livraison des *Tableaux* paraît le 15 juin 1791. Le commentaire qui accompagne l'image dessinée par Jean-Louis Prieur et gravée par Pierre-Gabriel Berthault est sans doute de l'abbé Fauchet. Il sera repris par la suite par Chamfort.

10. BMV, Pièces sur Versailles, carton 16, brochure n° 11, *Détail des circonstances relatives à l'inauguration du monument placé le 20 juin 1790 dans le Jeu de paume par une société de patriotes*, à Paris, de l'Imprimerie des révolutions de Paris, 1790. Discours de M. Anaclet, président de la Société du serment du Jeu de paume, p. 19.

11. André Chénier, *Le Jeu de paume, poème dédié à Louis David, peintre*, Paris, Didot aîné, 1791.

12. La note est signée d'un « habitant de Versailles » et datée de la « séance du samedy [*sic*] 20 Juin 1789 », Arch. nat., Procès-verbaux des séances de l'Assemblée nationale. Je remercie Yann Potin de m'avoir trouvé cette perle.

Notes du chapitre 22

Page 261 1. Le marquis de Sillery, un noble libéral proche du duc d'Orléans, en parle dans son journal inédit comme du « club du Jeu de paume ». On y prépare à l'avance les résolutions et « l'on se permet de juger en dernier ressort de toutes les questions de la chambre [de la noblesse] ». On y trouve le comte Armand de Serent, La Rouzière, Digoine, Grosbois. Charles Alexis Brûlart de Genlis, marquis de Sillery, *Journal*, 6 juin 1789. Arch. nat., Microfilm KK 641.

Page 262 2. *Tableaux historiques de la Révolution française (1791)*, n° 1, « Serment du jeu de paume à Versailles. 20 juin 1789 ».

3. *Ibid.*, p. 176. L'autre grabataire est Michel René Maupetit, député du Mans. D'après le journal du curé Jallet, « deux députés des communes, étant malades ce jour-là, quittèrent leur lit et se firent porter à l'assemblée ».

4. Les curés Jallet, Lecesve, Grégoire, Besse et Simon.

Page 263 5. SHD, A456, La Galissonière, « Journal des séances des états généraux », *op. cit.*, dimanche 21 juin 1789.

6. Adrien Duquesnoy, *Un révolutionnaire malgré lui…*, *op. cit.*, 21 juin 1789, p. 98.

7. L'expression est de Malouet dans ses *Mémoires*, *op. cit.*, I, p. 298.

8. Thibaudeau, *Mes souvenirs sur les principaux événements de la révolution*, *op. cit.*, p. 76.

9. Arch. nat., C/26.

Page 264 10. Étienne Dumont, *Souvenirs sur Mirabeau…*, *op. cit.*, p. 82.

11. Jacques-Antoine Creuzé-Latouche, *Journal*, *op. cit.*, p. 132.

12. Le peintre représente également, dans la tribune de gauche, le futur conventionnel Marat, l'homme à la baignoire, en train de rédiger son *Ami du peuple* comme si ce dernier se devait de témoigner de la scène au nom des déshérités. Sa présence comme celle de quelques autres protagonistes de son tableau est purement symbolique, si ce n'est politique. Marat n'est jamais venu à Versailles ce jour-là et l'*Ami du peuple* ne commencera à paraître qu'en septembre 1789 !

13. Bibliothèque de l'observatoire de Paris AF1 9-15 : « Journal des observations météorologiques et magnétiques, 1785-1798 ». 20 juin 1789. On trouve 3 relevés principaux par jour : vent, pluviosité, température.

Notes du chapitre 23

Page 265 1. Jean-Joseph Mounier, *Exposé de la conduite de M. Mounier dans l'Assemblée nationale et de son retour en Dauphiné*, 1789, p. 10.

Page 266 2. Jacques-Antoine Creuzé-Latouche, *Journal*, *op. cit.*, samedi 20 juin, p. 131.

3. *Ibid.*

4. *Mémoires de Malouet*, *op. cit.*, t. I, p. 285-286.

Page 267 5. *Mémoires et correspondances du prince de Talleyrand*, *op. cit.*, p. 195.

6. Par exemple, Gaultier de Biauzat, député de Clermont, dans une lettre du 14 juin 1791 à ses commettants : « [Je] ne retournerai auprès de vous qu'après la parfaite exécution du serment fait au jeu de paume », *in* François Mège, *Gaultier de Biauzat…*, *op. cit.*

7. Jean-Sylvain Bailly, *Mémoires*, t. I, p. 242. Selon Creuzé-Latouche, Bailly aurait envoyé quelques spectateurs « des filets » demander au peuple de se calmer. D'où le « grand silence » (Creuzé-Latouche, *Journal*, *op. cit.*, p. 132).

Notes du chapitre 24

Page 270 1. C'est le cas par exemple du député Lepoutre dans sa lettre du 25 juin 1789 et de beaucoup d'autres comme Gaultier de Biauzat ou Claude Gautheret par ailleurs absent ce jour-là, etc. J.-P. Jessenne et E. H. Lemay, *Député-paysan et fermière de Flandre*, *op. cit.*

2. Lettres du comte de Mirabeau à ses commettants, douzième lettre.

Page 271 3. Le premier registre est conservé aux Archives nationales, le second aux archives de l'Assemblée nationale (SARHP PV2). Voir Armand Brette, *Le Serment du Jeu de paume*, *op. cit.*

Page 272 4. *Archives parlementaires*, t. VIII, séance du 20 juin 1789, p. 138.

Page 273 5. BnF, Manuscrits. Siméon-Prosper Hardy, « Mes loisirs ou journal des événements tels qu'ils parviennent à ma connaissance, commencé le 20 juin 1788 », *op. cit.*, « du lundi 22 juin », fol. 360.

6. Étienne Dumont, *Souvenirs sur Mirabeau…*, *op. cit.*, p. 82.

Page 274 7. Mona Ozouf, *Varennes. La mort de la royauté*, Paris, Gallimard, 2005.

8. *Détail des circonstances relatives à l'inauguration du monument placé le 20 juin 1790 dans le Jeu de paume de Versailles, par une société de patriotes*. Discours d'Anaclet (Louis-Pierre Le Douy, dit frère Anaclet, secrétaire et archiviste du couvent des capucins de la rue Saint-Honoré à Paris), *op. cit.*, p. 20.

9. Archives municipales de Versailles, M1 1450, « Dossier concernant les projets commémoratifs du serment du Jeu de paume, 1790-1799 ». *Lettre de l'administration municipale de Versailles à l'administration centrale de Seine-et-Oise*, 2 fructidor an VI (19 août 1798).

Notes du chapitre 25

Page 276 1. Archives municipales de Versailles, M1 1450, *Lettre de l'administration municipale à l'administration centrale du département de la Seine-et-Oise*, 11 pluviôse an VI (30 janvier 1798). Sur le projet de construction d'un Temple du serment.

Page 277 2. BMV, Pièces sur Versailles, carton 61, brochure 12. Rapport fait par Garat sur […] le Jeu de paume. Conseil des Anciens, séance du 23 fructidor an VII (9 septembre 1799), p. 6. Il s'agissait alors de donner suite à l'indemnité promise par la nation aux anciens propriétaires du Jeu de paume qui avait été consacré « monument national » par un décret de la Convention du 29 octobre 1793.

Notes du chapitre 26

Page 278 1. « Prospectus d'une souscription civique pour l'exécution d'un tableau représentant le serment du Jeu de paume à Versailles », À Paris, de l'Imprimerie nationale, 1790. Discours de Dubois-Crancé à la tribune des Jacobins, le 28 octobre 1790. In *Collection de diverses pièces imprimées par ordre de la Société des amis de la constitution séante aux Jacobins*, BMV, Thiers 8° 1846, factice, pièce n° 4, p. 4.

Page 280 2. Sur le dessin du Louvre, voir l'excellent article de Louis-Antoine Prat, « Le serment du Jeu de paume », *in* Pierre Rosenberg et Louis-Antoine Prat, « Jacques Louis David. Catalogue raisonné des dessins », *Lenoardo Arte*, 2002, n° 118. Également Laurent Loty, « L'inachèvement emblématique du serment du Jeu de paume », *18e Siècle*, n° 41, 2009, p. 27-41. Sur les autres dessins et gravures consacrés au serment du Jeu de paume, voir mon article : « Le Jeu de paume et les mémoires du serment du 20 juin 1789. Images et monuments (1789-1889) » in *Mélanges Leniaud. Un bretteur au service du patrimoine*, Paris, Mare et Martin, 2020, 3e partie : « Pouvoirs et société ». Je note que la toute première représentation du serment du jeu de paume dessinée et gravée sous la direction de Le Vachez figure en frontispice de la *Collection générale des portraits de MM. les députés à l'Assemblée nationale*, à Paris, chez Le Vachez, sous les colonnes du Palais Royal, 1789 – c'est dire l'importance accordée à l'événement dès la fin de l'année 1789.

3. Jules Michelet, « David et Géricault. Souvenirs du Collège de France (1846) », *Revue des Deux Mondes*, t. 138, 1896, p. 241-262. Pierre Michon, dans son roman *Les Onze* (Paris, Gallimard, coll. « Folio », 2011), où il invente l'existence d'un tableau consacré aux membres du Comité de salut public de la Convention, tourne lui aussi autour de cette question de l'impossible représentation de l'histoire par la peinture.

Page 281 4. *Tableaux historiques de la Révolution française*, planche 1 (1791), à Paris, chez Didot, 1798. Le commentaire, sans doute de l'abbé Fauchet, qui accompagne le dessin de Prieur gravé par Pierre Gabriel Berthault est à l'image de ce dernier : « Le tableau qui ouvre cette galerie vraiment nationale est un de ceux qui sont les plus marqués d'un caractère auguste et imposant. » Et en effet, Prieur s'est plu à amplifier l'effet de profondeur de toute la scène qu'il saisit cette fois de façon latérale, comme si ses personnages devenus anonymes étaient littéralement happés par l'immensité et l'austérité du lieu de leur réunion.

5. Victor Hugo, « Étude sur Mirabeau » (janvier 1834), in *Littérature et philosophie mêlées*, Paris, Eugène Renduel, 1834.

Page 282 6. Voir sur cette « salle de serment » des galeries historiques du château de Versailles, projetée mais jamais réalisée : Michael Marrinan, *Painting Politics for Louis-Philippe. Art and Ideology in Orleanist France, 1830-1843*, Yale University Press, 1988, p. 121-125.

Notes du chapitre 27

Page 283 1. Abbé Grégoire, *Les Ruines de Port-Royal des Champs (1801-1809)*, Paris, Honoré Champion, 2018.

2. Jules Michelet, *Histoire de la révolution française, op. cit.*, p. 119.

Page 284 3. *Détail des circonstances [...], op. cit.*, p. 20-24.

Page 285 4. Les plans du projet sont conservés aux Arch. nat., CP/F/13/531, « Trois pièces concernant le projet de transformation du Jeu de paume de Versailles en Temple du serment, par l'architecte Saint-Far ». Le projet est soutenu par la municipalité de Versailles pour des raisons économiques. La ville sans le roi et la Cour est passée de 80 000 à 20 000 habitants en moins de dix ans. Le temple dans lequel on voulait exposer le tableau (toujours inachevé) de David devait servir d'écrin à la commémoration annuelle du serment, le 20 juin. Tous les membres de la représentation nationale et les autorités s'y seraient réunis. On devait déplacer aussi ce jour-là la date de la foire dite de « Saint-Louis » pour stimuler l'activité économique (archives municipales de Versailles, M1 1450, lettre du 11 pluviôse an VI [30 janvier 1798], *op. cit.*). La mue de la salle du jeu de paume en temple n'est pas nouvelle. L'expression « temple de la patrie » apparaît pour la première fois sous la plume de Loustallot dans son *Introduction à la Révolution pour servir de préliminaire aux Révolutions de Paris dédiées à la nation*, publiée le 30 janvier 1790 (p. 66). Le plus souvent, lorsqu'il n'est pas le « temple de la patrie », le Jeu de paume est le « berceau de la liberté ».

Page 286 5. On en avait confié le projet à l'architecte Formigé et au sculpteur Coutan. Sur les débats parlementaires, voir aux archives du Sénat les rapports d'Henri Martin et d'Édouard Chartron des 17 mai et 13 décembre 1878.

6. Le texte en a été rédigé par le sénateur Édouard Chartron, ancien rapporteur de la loi de 1879. Il s'y est glissé curieusement deux erreurs de date : « Ici, en 1789, l'Assemblée nationale constituante a tenu ses séances du 5 mai 1789 jusqu'au 15 août. » En réalité, l'Assemblée ne devient nationale que le 17 juin et elle quitte Versailles pour Paris le 15 octobre. Une nouvelle plaque plus précise a été posée en 1989. Le projet de colonne ressurgit dans les discussions parlementaires jusqu'à la veille de la Seconde Guerre mondiale. Voir Georges Girard qui récapitule toute l'histoire de ce projet avorté : « Ce qu'était l'hôtel des Menus plaisirs ou les états généraux tinrent leur première séance » (vers 1940), archives municipales de Versailles, M1 1450.

7. Charles Vatel, *Notice historique sur la salle du Jeu de paume de Versailles*, Paris, J. Bernard, 1883, p. 72-73. C'est dans le jeu de paume « restauré » qu'est inauguré le 20 juin 1883 le premier musée de la Révolution française. C'est là aussi qu'auront lieu les fêtes commémoratives du centenaire du serment. Cf. Ville de Versailles, *Fêtes du centenaire de 1789. Simples récits*, Versailles, imprimerie Cerf, 1889. Il n'est pas inintéressant de citer les noms des députés jugés dignes d'avoir leur buste au Jeu de paume. Dom Gerle y figure, comme si David avait définitivement décidé de sa présence. Les autres témoignent d'un beau consensus très Troisième République.

On a surtout choisi des monarchiens, des Feuillants et des Girondins. Les Jacobins (Robespierre, etc.) sont « oubliés » : Grégoire, Boissy d'Anglas, La Révellière-Lépeaux, Rabaut Saint-Étienne, Mirabeau, Sieyès, Dom Gerle, Pétion de Villeneuve, Camus, Merlin de Douai, Thouret, Lanjuinais, Barnave, Buzot, Le Chapelier, Volney, Target, Tronchet, Mounier et le curé Jallet. Seuls La Révellière, Merlin et Camus ont voté la mort du roi. L'abbé Grégoire n'est pas présent à la Convention en janvier 1793, mais écrit en faveur de la mort de Louis XVI.

8. Victor Hugo, *Choses vues*, Paris, édition Hetzel, s.d. : « 1846. Visite à la conciergerie », p. 109.

Page 287 9. André Chénier, *Le Serment du Jeu de paume*, *op. cit.*, 1791.

Notes du chapitre 28

Page 288 1. Arthur Young, *Voyages en France*, *op. cit.*, 20 juin 1789, p. 297.

2. *Exposé de la conduite de M. Mounier dans l'Assemblée nationale*, *op. cit.*

3. *Observations sur la conduite des puissances coalisées, par le comte d'Antraigues (1er octobre 1794)* (1795).

Page 289 4. *Mémoires du duc Des Cars*, *op. cit.*, t. II, p. 65.

5. D'après La Galissonière dans son « Journal des séances des états généraux », *op. cit.* Il est de ceux qui soumettent un plan de réaction à Barentin.

6. Il en subsiste quelques-uns aux archives du SHD. « Réflexions générales sur les affaires présentes » (fin juin 1789), A2-82/82S. Voir également, dans ses Mémoires (*op. cit.*), le plan que Jean-François de Pérusse baron (plus tard, duc) Des Cars soumet au comte d'Artois le 21 juin. Également cité dans *Recueil de documents* (tome premier, II), p. 65, note 124.

Page 290 7. *Recueil de documents...*, tome premier, II, Annexe n° 21, p. 185.

8. *Ibidem*, Annexe n° 18, p. 180.

9. Arch. nat., Fr N acq. 2633. « Papiers Emmery ». Épaves des papiers Camus. Le billet recopié par Emmery n'est pas adressé mais daté de « samedy soir ».

Note du chapitre 29

Page 292 1. *Mémoire autographe de M. de Barentin*, *op. cit.*, p. 178-188.

Troisième partie
Notes du chapitre 1

Page 296 1. Étienne Dumont, *Souvenirs sur Mirabeau...*, *op. cit.*, p. 77.

2. Le texte de l'adresse du 19 juin in *Recueil de documents...*, tome premier, II, p. 72, note 162 et dans les *Archives parlementaires* au 19 juin.

Page 297 3. Une bonne analyse des cahiers de doléances de la noblesse *in* Guy Chaussinand-Nogaret, *La Noblesse au XVIIIe siècle. De la féodalité aux Lumières*, Paris, Hachette, 1976, chapitre VII.

4. Pierre-Louis Roederer, *Mémoires sur la Révolution, le Consulat et l'Empire*, textes choisis par Octave Aubry, Plon, 1942, p. 88. « Solide ami de la liberté et même de l'égalité », ajoute-t-il. Et cette lettre de La Rochefoucauld à Roederer du 1er janvier 1792 : « Je pense que la liberté appartient à tous ; que l'inquisition, la violence et l'injustice n'appartiennent à personne, et sont incompatibles avec la liberté » (*Œuvres du comte Roederer*, Paris, Firmin-Didot, 1856, t. IV, p. 145).

5. Arthur Young, *Voyages en France*, *op. cit.*, p. 373.

Page 300 6. *Mémoires et correspondances du prince de Talleyrand*, *op. cit.*, p. 156.

7. *Journal de Gouverneur Morris*, *op. cit.*, 7 octobre 1789, p. 92.

Page 301 8. Chateaubriand, *Mémoires d'outre-tombe*, *op. cit.*, I, p. 303.

9. Voir ce que dit là-dessus le bailli de Virieu qui assiste le 18 juin à la promenade du duc dans les jardins du Palais-Royal jeudi (18) après dîner. 22 juin 1789, *La Révolution française racontée par un diplomate étranger*, *op. cit.*, p. 98.

Page 302 10. Il sera en effet élu président de l'Assemblée nationale par une majorité de députés du tiers état le 3 juillet 1789 mais déclinera le fauteuil.

11. Tous ces détails sont donnés par La Galissonière dans son Journal, au 17 juin. Voir aussi *Mémoires du marquis de Ferrières*, *op. cit.*, t. I, p. 61 et Bombelles, II, p. 336.

12. Marquis de Bombelles, *Journal*, *op. cit.*, t. I, p. 309, 6 mai 1789.

Notes du chapitre 2

Page 304 1. *Mémoires de Charles Claude Flahaut, comte de La Billarderie d'Angiviller. Notes sur les mémoires de Marmontel*, éd. Louis Bobé, Copenhague, Levin & Munksgaard et Paris, Klincksieck, 1933, p. 160.

2. Condé plaide encore son entrée au Conseil dans un mémoire du 22 juin, in *Recueil de documents…*, *op. cit.*, première partie, II, annexe n° 31, p. 202-204.

3. *Mémoires du comte de Saint-Priest*, *op. cit.*, p. 198.

Page 305 4. *Mémoire autographe de M. de Barentin*, *op. cit.*, p. 178.

Page 306 5. *Mémoires du marquis de Ferrières*, *op. cit.*, t. I, p. 56.

Notes du chapitre 3

Page 309 1. BMV, 555F II 1°, « affaires religieuses ».

2. Sur les frères Jacob (l'aîné, André, était curé de Notre-Dame de Versailles), voir marquis de Bombelles, *Journal*, *op. cit.*, II, p. 73, note 19.

3. Jacques-Antoine Creuzé-Latouche, *Journal…*, *op. cit.*, p. 135.

Page 310 4. Arthur Young, *Voyages en France*, *op. cit.*, 22 juin 1789, p. 298.

Notes du chapitre 4

Page 311 1. Discours de réception de Bailly à l'arrivée de la majorité de l'ordre du clergé à l'église Saint-Louis le 22 juin 1789, in Jean-Sylvain Bailly, *Mémoires*, t. I, p. 255.

Page 312 2. L'abbé Coster parle de 151 députés dans son journal. Le chiffre généralement admis est 148 sur les quelque 280 députés du clergé.

3. Arthur Young, *Voyages en France*, *op. cit.*, p. 298.

4. Jean-François Marmontel, *Mémoires*, *op. cit.*, p. 421.

Page 313 5. Siméon Prosper Hardy, « Mes loisirs ou journal des événements [...] », *op. cit.*, samedi 27 juin 1789, fol. 368.

6. L'autre est le comte d'Agoult.

7. Benjamin Constant, *Portraits, mémoires, souvenirs*, *op. cit.*, p. 38.

Notes du chapitre 5

Page 314 1. Louis Sébastien Mercier, *Parallèle de Paris et de Londres*, Paris, Aubier, 1982, p. 21.

2. Selon Daniel Roche, in *Le Peuple de Paris*, Paris, Aubier, 1981, p. 123.

Page 315 3. Voir M. Markovic, « La révolution aux barrières. L'incendie des barrières de l'octroi de Paris en juillet 1789 », AHRF, n° 372, avril-juin 2013, p. 27-48. En avril 1789, dans les cahiers de doléances du faubourg Saint-Marcel, on se plaint de l'octroi des fermiers généraux et on demande un impôt unique. Voir Haïm Burstin, *Une révolution à l'œuvre. Le faubourg Saint-Marcel*, *op. cit.*, p. 40.

4. La meilleure synthèse sur l'affaire Réveillon des 26-28 avril 1789 *in* Jacques Godechot, *La Prise de la Bastille*, Paris, Gallimard, 1965, p. 175-191. Pour l'article le plus complet sur l'affaire : Jean Collot, « L'affaire Réveillon », *Revue des questions historiques*, 1934, t. CXXI et 1935, t. CXXII.

Page 317 5. D'après les témoignages des émeutiers blessés déposés à l'Hôtel-Dieu. Voir Georges Rudé, *La Foule dans la révolution*, Paris, Maspero, 1982.

Page 318 6. Lettre de Thiroux de Crosne au roi, du 27 avril, 11 heures du soir, *in* « Documents inédits. Lettres de Thiroux de Crosne, lieutenant général de police de Louis XVI (20-30 avril 1789) », *La Révolution française*, XXVIII (février 1855), p. 177.

7. Nicolas Restif de la Bretonne, *La Semaine nocturne : sept nuits de Paris [...]*, Paris, Guillot, 1790, p. 50. « C'est aujourd'hui le dernier jour des riches et des aisés : demain sera notre tour. » Restif évoque ici les « bandits du faubourg Saint-Marcel » lors de la journée du 13 juillet 1789. Nul doute qu'en bon écrivain il ne dramatise la situation. Mais il n'en reste pas moins que les émeutiers du 28 avril et ceux du 13 juillet se ressemblent singulièrement. Notre libraire Hardy évoque également dans son journal la foule des émeutiers passant devant chez lui, rue Saint-Jacques. Voir également Haïm Burstin, *Une révolution à l'œuvre. Le faubourg Saint-Marcel*, *op. cit.*, p. 52.

8. Le rédacteur anonyme du *Journal de Madame de Beaumont* évalue les pertes de Réveillon à 300 000 livres. Sa femme, obligée de fuir, aurait trouvé refuge à Saint-Germain-de-Charonne. BnF, Fr Na 13711, 14 mai 1789.

Page 319 9. Ses Mémoires, largement inventés, vont connaître un grand succès sous la Révolution : *Le Despotisme dévoilé, ou Mémoires de Henri Masers de La Tude, détenu pendant trente-cinq ans dans les diverses prisons d'État* (Amsterdam, 1787).

10. L'imaginaire de la Bastille doit beaucoup au récit de l'avocat au Parlement Simon Nicolas Linguet qui y séjourna deux ans de 1780 à 1782, publié à Londres en 1783 : *Mémoires sur la Bastille et sur la détention de M. Linguet, écrits par lui-même*. Après la prise de la Bastille, ils sont nombreux à en alimenter la légende. Parmi les principaux, un ancien électeur de la section des Tuileries, secrétaire du duc d'Orléans et membre de la première commune insurrectionnelle de Paris, Jean Dusaulx. Il en publie le récit *(De l'insurrection parisienne et de la prise de la Bastille)* en 1790 d'après le mémoire qu'il a présenté à l'Assemblée nationale le 6 février de la même année comme commissaire du Comité de la Bastille. Mais l'homme clef de la légende est l'entrepreneur parisien Pierre-François Palloy, qui, dès le 15 juillet, s'attribue le chantier de la démolition de l'ancienne prison. Voir E de Waresquiel, « La Bastille ou les métamorphoses de la liberté (1789-1830) », in *Art et pouvoir. Le pouvoir de l'art (III)*, INHA, décembre 2018. Sur l'expression « événement total », voir R. Reichardt et H. J. Lüsebrink, *Die « bastille ». Zur Symbolik von Herrschaft und Freiheit*, Francfort-sur-le-Main, Fischer, 1990.

Page 320 11. Peu après l'affaire Réveillon, dans les premiers jours de mai 1789, les dernières « bandes » du faubourg Saint-Antoine ont tenté de prendre la prison maudite et d'en faire évader les détenus, mais sans succès. BHVP, Ms. Na 108, Rapport d'un informateur anonyme (sans doute un commissaire au Châtelet) à Monseigneur (?), « rapport du 7 mai 1789 ».

12. Lettre de Jean-Henri Hassenfratz, futur Montagnard et membre de la Commune de Paris à M. Delacroix, s.d., BHVP, Ms. 737, fol. 1.

13. *Ibid.*, « rapport du 29 avril 1789 », fol. 49. Les deux premiers pendus sont « un cadreur de matelas et un commissionnaire de la rue Saint Sauveur ». Le troisième le sera quelques jours plus tard.

Page 321 14. De nombreux royalistes sont persuadés de l'existence du complot d'Orléans, le voient se renouveler en juillet et à nouveau les 5 et 6 octobre 1789. Le marquis de Maleyssie donne à ce sujet des détails troublants sur le débauchage des gardes-françaises grâce à l'argent du duc d'Orléans. « Du vin, de l'argent et des filles », trois puissants moyens de corruption (*Mémoires d'un officier aux gardes-françaises*, Paris, Plon, 1894, p. 18-19). De même le comte de Besenval, qui commande à Paris à partir de la fin juin, dans ses Mémoires.

15. Lettre de Louis Hercule, duc de Brissac, gouverneur de Paris, Versailles, 2 avril 1789. À propos d'une délibération du corps de ville de Paris. BnF, Ms. Fichier Charavay Fr 28061 30/183.

Notes du chapitre 6

Page 322 1. SHD, A/415, « 2e liasse, intérieur, 1789 ».

Page 323 2. Dès le 28 mai, un correspondant anonyme en écrit au maréchal de Castries et parle des « désordres journaliers » au sein du régiment des chasseurs du Hainaut et de celui des dragons de Ségur à Pont-à-Mousson en Lorraine, *ibid.*

3. Rapport d'un informateur anonyme, *ibid.*

4. Chateaubriand, *Mémoires d'outre-tombe*, *op. cit.*, t. I, p. 266. Voir également ce que dit le bailli de Virieu du peuple de Paris en juin, in *La Révolution française racontée par un diplomate étranger*, *op. cit.*, lettre du 29 juin 1789, p. 100.

Page 324 5. Nicolas Ruault, *Gazette d'un Parisien sous la Révolution*, *op. cit.*, « Paris, le 4 juin 1789 », p. 134.

6. Armand Brette, « Relation des événements depuis le 6 mai jusqu'au 15 juillet 1789. Bulletin d'un agent secret », envoyée à M. de Montmorin, sans doute par un certain Josse, homme de lettres, *La Révolution Française*, t. 23, oct.-déc. 1892, p. 348-368, n° 27, Versailles, le 3 juin 1789. De nombreux autres détails sur Paris en juin dans cette « Relation ».

7. Julien Green, *Paris*, Champ Vallon, 1983.

Page 325 8. Wilhelm von Wolzogen, *Journal d'un voyage à Paris*, *op. cit.*, p. 96-97.

9. Thomas Blaikie, *Sur les terres d'un jardinier. Journal de voyages, 1775-1792*, Besançon, Les éditions de l'Imprimeur, 1997, p. 282.

10. Arthur Young, *Voyages en France*, *op. cit.*, 20 juin 1789, p. 296.

11. *Venise et la Révolution française*, *op. cit.*, p. 301.

Page 326 12. Général marquis de Maleissye, *Mémoires d'un officier aux gardes-françaises*, *op. cit.*, p. 29.

13. *Voyage à Paris en 1789 de Martin, faiseurs de bas à Avignon*, Avignon, 1890. « Dimanche 21 juin 1789 ».

14. Duquesnoy le note le 22 juin, pour le comte d'Antraigues (*Un révolutionnaire malgré lui…*, *op. cit.*, p. 100).

15. *Ibid.*, p. 97.

16. BnF, Français 6687. Siméon-Prosper Hardy, « Mes loisirs […] », du dimanche 21 juin, fol. 359.

Page 327 17. Étienne Dumont, *Souvenirs sur Mirabeau…*, *op. cit.*, p. 89.

Notes du chapitre 7

Page 329 1. George Sand, *Histoire de ma vie*, Paris, Calmann-Lévy, s.d., t. IV, p. 113.

Page 330 2. Armand Brette, *op. cit.*, bulletin n° 40, Paris, le 17 juin 1789.

3. Adrien Duquesnoy, *Un révolutionnaire malgré lui…*, *op. cit.*, 22 juin 1789, p. 100.

Page 331 4. René Girard, *La Violence et le Sacré*, Paris, Grasset, 1972. Voir également Philippe Munch, « La foule révolutionnaire, l'imaginaire du complot et la violence fondatrice : aux origines de la nation française (1789) », in *Conserverie mémorielle* (en ligne), n° 8, 2010.

Notes du chapitre 8

Page 332 1. Lettre de Paris du 23 juillet 1789. BHVP, Ms. 737, fol. 11 et Catalogue Teissedre, décembre 2018, n° 43.

Page 333 2. Edgar Allan Poe, *Nouvelles Histoires extraordinaires*, introduction, chap. II, trad. Charles Baudelaire, Paris, A. Quantin, 1884.

3. C. Wolf, *Histoire de l'Observatoire de Paris de sa fondation à 1793*, Paris, Gauthier-Villars, 1902. Récit de Cassini, p. 321-323.

4. *Mémoires du comte de Montlosier…*, *op. cit.*, t. I, p. 314.

Page 334 5. Voir Maurice Tourneux, *Bibliographie de l'histoire de Paris pendant la Révolution française, 1890-1915*, Paris, Imprimerie nouvelle, 1890-1913, 5 vol. Quelques-unes de ces brochures sont évoquées par Jacques Godechot, in *La Prise de la Bastille*, *op. cit.*, p. 214-215.

Notes du chapitre 9

Page 336 1. Rabaut Saint-Étienne, *Précis de l'histoire de la Révolution française*, *op. cit.*, t. I, p. 87.

Page 337 2. Comte d'Hezecques, *Mémoires d'un page à la cour de Louis XVI*, Paris, Tallandier, 1987, p. 25.

3. Selon le député Jean-Baptiste Salle, « Lettres inédites… », art. cité, p. 50.

Page 338 4. La Galissonière, « Journal des séances des états généraux », *op. cit.*, 23 juin 1789.

Page 339 5. *Mémoire autographe de M. de Barentin*, *op. cit.*, p. 229-230. Allonville confirme dans ses *Mémoires secrets de 1770 à 1830*, Bruxelles, Wahlen, 1841, p. 141-142. Coster, le premier commis du ministre, l'aurait même supplié en vain de se rendre aux Menus et aurait dès lors considéré la partie perdue pour le roi.

6. *Mémoires de Mme Campan*, *op. cit.*, p. 266.

7. *Mémoires de Claude Charles Flahaut*, *op. cit.*, p. 160. D'Angiviller était directeur général des Bâtiments du roi. Il émigrera en 1791. C'est lui qui met la femme de Necker en relation avec sa sœur, Mme de Marchais, égérie des milieux encyclopédistes.

Page 340 8. D'après un témoin anglais, in *Recueil de documents…*, *op. cit.*, tome premier, I, p. 51.

9. Adrien Duquesnoy, *Un révolutionnaire malgré lui…*, *op. cit.*, p. 104. Creuzé-Latouche dit la même chose.

Notes du chapitre 10

Page 341 1. Voir la publication de la « grosse des déclarations » modifiée dans la soirée du 23 juin par rapport aux textes originaux, conservée aux Arch. nat. in *Recueil de documents…*, *op. cit.*, tome premier, II « la séance du 23 juin », p. 273-284.

Page 342 2. Marie-Antoinette à Mercy-Argenteau, 3 février 1791, in *Lettres de Marie-Antoinette*, Paris, A. Picard, 2 vol., 1895-1896, vol. II, p. 215-224.

3. Le mot est emprunté au titre du livre de Jean-Paul Bertaud sur la presse royaliste de 1789 à 1792 (Paris, Perrin, 1984).

4. *Mémoires de Rivarol*, *op. cit.*, 1824, p. 25.

Page 344 5. Je me réfère ici à l'article 5 de sa première déclaration, et aux articles 1er, 5, 6 et 29 de la seconde.

Notes du chapitre 11

Page 346 1. Selon le duc de Broglie, l'homme du « secret du roi », cité par Marcel Marion, *Dictionnaire des institutions de la France aux XVIIe et XVIIIe siècles*, Paris, A. Picard, 1923, p. 120. Les annotations de Des Gardes concernent l'exemplaire des Archives nationales publié par Georges Lefebvre dans son *Recueil.*

Page 348 2. L'expression est du bailli de Virieu dans son rapport du 29 juin au sénat de Venise, in *La Révolution française racontée par un diplomate étranger*, *op. cit.*

3. Arthur Young, *Voyages en France*, *op. cit.*, p. 302.

Page 349 4. Nicolas Ruault, *Gazette d'un Parisien sous la Révolution*, *op. cit.*, le 24 au matin, p. 140.

5. La formule est de Rivarol.

6. *Archives parlementaires*, t. VIII, séance du 23 juin 1789. L'expression est du député breton Glezen. Elle est reprise de nombreuses fois, y compris par certains députés de la noblesse. Voir les *Mémoires du marquis de Ferrières*, *op. cit.*, t. 1, p. 57.

7. Rabaut Saint-Étienne, *Précis de l'histoire de la Révolution française*, *op. cit.*, tome premier, p. 88.

8. Jean-Sylvain Bailly, *Mémoires…*, *op. cit.*, t. I, p. 278.

9. François Mège, *Journal de Gaultier de Biauzat*, *op. cit.*, 23 juin 1789.

Page 350 10. Selon le député de Clermont Gaultier de Biauzat.

11. Benjamin Constant, « Considérations sur les principaux événements de la Révolution française, ouvrage posthume de Madame la baronne de Staël, troisième article », *Mercure de France* (1er juillet 1818).

Page 351 12. François Guizot, *Du gouvernement de la France depuis la Restauration et du ministère actuel*, Paris, Ladvocat, 1820, p. 209. Guizot reprend sa thèse en l'adaptant dans *Des moyens de gouvernement et d'opposition dans l'état actuel de la France*, publié un an plus tard, en 1821 (Paris, Ladvocat). Guizot développe à nouveau sa théorie « libérale » de la lutte des classes dans son cours de la Sorbonne de 1828 : *Histoire générale de la civilisation en Europe depuis la chute de l'Empire* *romain jusqu'à la révolution française*. Benjamin Constant en parle également dans ses *Mémoires sur les Cent-Jours*, à propos de la lutte pour l'égalité, des « descendants des opprimés contre les descendants des oppresseurs », deuxième note de la seconde partie (1822), éd. Olicier Pozzo, Paris, J.-J. Pauvert, p. 185-186. Les thèses de Boulainvilliers qui magnifie la conquête franque sur les Gaulois, et y voit l'origine des droits de la noblesse, in *Mémoires historiques sur les anciens gouvernements de la France*..., La Haye, 5 vol., 1727 et *Essai sur la noblesse de France contenant une dissertation sur ses origines [...]*, Amsterdam, 1732.

13. Pour Karl Kautsky, l'héritier de Marx : *La Lutte des classes dans la France de 1789*, publié en 1901 en trad. française (Paris, G. Jacques).

Notes du chapitre 12

Page 353 1. Nantouillet et Urbain de Watronville d'après l'*Almanach royal* de 1789.

2. La Révellière-Lépeaux, *Mémoires*, *op. cit.*, t. 1, p. 67. Celui-ci décrit Dreux-Brézé à la cérémonie d'ouverture des états le 5 mai en « superbe courtisan » tenant son bâton avec grâce, les doigts couverts de diamants.

Page 354 3. *Archives parlementaires*, t. VIII, p. 446. On ne trouve dans les archives parlementaires aucune mention de la réponse de Bailly, à la date de la séance du 23 juin 1789.

4. Jean-Baptiste Salle, « Lettres inédites... », art. cité, p. 50, et Jacques-Antoine Creuzé-Latouche, *Journal*..., *op. cit.*, p. 140. Nombre de nouvellistes à la main rapportent à peu près la même réponse.

Page 355 5. Jean-Sylvain Bailly, *Mémoires*..., *op. cit.*, t. I, p. 272. On ne trouve cette citation dans aucune des relations contemporaines de la séance royale. En revanche, tous les écrivains – comme Alexandre Dumas dans son *Histoire de Louis XVI et de Marie-Antoinette* – la reprennent au XIXe siècle et en font une réponse directe de Bailly à Brézé.

6. Adolphe Thiers, *Histoire de la Révolution française*, Paris, Lecointe, 1834, t. I, p. 74.

7. Voir le discours de Scipion de Dreux-Brézé en réponse à celui d'Abel-François de Villemain sur l'attitude de son père, le 23 juin 1789, à la Chambre des pairs de la monarchie de Juillet, le 9 mars 1833. La dissension portait sur le renouvellement de la liste des pensions accordées aux « vainqueurs de la Bastille » par l'Assemblée nationale en juin 1790. Villemain défendait le projet de loi et Dreux-Brézé s'y opposait. On avait évoqué à cette occasion le mot de Mirabeau : « Mon père, en se servant d'une expression que je ne veux pas rappeler, répondit qu'il resterait couvert puisqu'il parlait au nom du roi » (Chambre des pairs, séance du 9 mars 1833), voir le *Moniteur universel* du 10 mars 1833. Il existe une copie du récit fait par Henri-Évrard de Brézé à son fils dans les archives du château de Brézé, près de Saumur, où le mot est explicitement prononcé. Henri-Évrard de Dreux-Brézé émigre en 1793 après avoir défendu Louis XVI le 10 août 1792. Il rentre

en France en 1800 et reprend ses fonctions de grand maître des cérémonies au retour de Louis XVIII en 1814, jusqu'à sa mort en 1829.

8. Victor Hugo, *Les Misérables*, éd. Yves Gohin, Paris, Gallimard, coll. « Folio classique », 1995, p. 453 et 459.

Notes du chapitre 13

Page 358 1. Le *Journal de Versailles* et le *Journal de Paris* n'en disent rien.

Page 359 2. *Lettres du comte de Mirabeau à ses commettants pendant la tenue de la première législature*, à Paris, chez Lavillette libraire, 1791. Lettre XIII, 23, 24, 25 juin, p. 302-303. Le procès-verbal de l'Assemblée nationale publié dans les *Archives parlementaires* donne mot pour mot la version des lettres de Mirabeau en la faisant précéder d'un premier discours contre l'« appareil du despotisme » et l'« insultante dictature » du gouvernement du roi. *Archives parlementaires*, t. VIII, séance du 23 juin 1789, p. 446. La version définitive et la plus célèbre de l'apostrophe de Mirabeau n'est donnée que plus tard, dans le recueil de ses discours et opinions publiés par Félix Barthe, Paris, Kleffer, 1820, 3 vol.

3. Victor Hugo, *Choses vues* (II) *1847-1848*, éd. Hubert Juin, Paris, Gallimard, coll. « Folio », 1972, p. 367.

Page 360 4. Victor Hugo, *Littérature et philosophie mêlées*, in *Œuvres* de Victor Hugo, t. I, Bruxelles, 1843. « 1834. Sur Mirabeau », p. 605. Les rares journaux des députés, supposés écrits sur le moment, qui donnent en partie ou en totalité le mot de Mirabeau tel que nous le connaissons aujourd'hui, ont été probablement réécrits ou arrangés tardivement. C'est le cas pour Adrien Duquesnoy qui en reprend l'*incipit* : « Monsieur, allez dire à votre maître que l'Assemblée nationale a décidé qu'elle ne quitterait pas la salle. Qu'on nous en fasse sortir par force, si on l'ose ! » (*Un révolutionnaire malgré lui*..., *op. cit.*, p. 102.) Finalement, c'est Scipion de Dreux-Brézé qui donne, d'après le récit que lui en a fait son père, une version assez proche du mot définitif : « Nous sommes ici par la volonté nationale ; nous n'en sortirons que par la force. » Mais il n'y a toujours pas de « maître » ni de « peuple ». Plus tard, les historiens valideront l'un ou l'autre mot ou les deux, selon leurs orientations politiques. Michelet par exemple accepte le mot « peuple » mais refuse d'attribuer à l'orateur celui de « maître ». Mirabeau, argumente-t-il, est trop royaliste pour avoir pu le prononcer (*Histoire de la révolution française*, *op. cit.*, p. 124). L'édition ne reproduit pas la note des *Œuvres complètes* dans laquelle Michelet se justifie des choix qu'il a faits de la citation de Mirabeau (Michelet, *O.C.*, éd. Flammarion, tome premier, p. 196).

Page 361 5. Le tableau de Fragonard et l'esquisse de Delacroix sont conservés au Louvre. C'est finalement le peintre Nicolas-Auguste Hesse, plus classique, qui emporte le concours. Mais son tableau ne sera jamais placé dans la salle des séances de l'Assemblée nationale. Il est aujourd'hui exposé au premier étage de l'hôtel de ville d'Amiens. De toutes les esquisses de 1830, la mieux connue est encore celle de Joseph-Désiré Court conservée au musée de Rouen, mais c'est aussi la plus fantaisiste. La noblesse et le clergé sont présents comme s'il s'agissait de la séance d'ouverture des états le 5 mai 1789. Mirabeau est représenté à droite debout sur une estrade devant la table du président Bailly, face à Brézé, chapeau à la main, qu'il domine de toute sa hauteur. Sur le concours de 1830, voir Michael Marrinan (*Painting Politics for Louis-Philippe. Art and Ideology in Orleanist France, 1830-1848*, Yale University Press, 1988) et Marie-Claude Chaudonneret, « Le concours de 1830 pour l'Assemblée nationale : deux esquisses A. É. Fragonard au Louvre », *Revue du Louvre*, 1987, n° 2, p. 128-135. L'Assemblée nationale conserve cependant dans ses murs un témoignage de la scène du 23 juin 1789. En 1879, le sénateur Édouard Chartron lance un concours pour l'édification d'un monument à la gloire de l'Assemblée nationale. Le projet dont il a été question plus haut devait être édifié sur les lieux mêmes de la salle des Menus-Plaisirs à Versailles. Un bas-relief représentant « Mirabeau répondant à Dreux-Brézé » commandé au sculpteur Jules Dalou devait figurer sur le piédestal du monument. Celui-ci n'ayant jamais été construit, le bronze du bas-relief de Dalou, fondu en 1890, a été finalement installé dans la salle Casimir-Perier du Palais-Bourbon. Là encore, la scène est totalement réinventée. Bailly est assis à la table de la présidence de l'Assemblée, mais Dreux-Brézé, à gauche, canne à la main, porte son chapeau.

6. Dans une déclaration en Conseil des ministres le 31 août 1983 sur les « carences » de l'enseignement de l'histoire, publiée le lendemain par le journal *Le Monde*. Maurice Agulhon évoque cette déclaration dans « La Révolution au banc des accusés », *Vingtième Siècle*, 1985/5, p. 7-18.

7. C'est Michelet qui le fait sortir à reculons et Lamartine qui le fait saluer humblement, dans son *Histoire des constituants* (Paris, Pagnerre, t. 1, 1855, p. 290).

8. Scipion de Dreux-Brézé, Chambre des pairs, 9 mars 1833.

Notes du chapitre 14

Page 362 1. Nicolas Ruault, *Gazette d'un Parisien sous la Révolution*, *op. cit.*, 24 mai 1789, p. 82.

Page 363 2. Adrien Duquesnoy, *Un révolutionnaire malgré lui…*, *op. cit.*, 7 mai 1789, p. 37.

3. Charles-Louis Sevelinges à M. de Comps, Amiens, 13 juillet 1789. BnF, Manuscrits, Fichier Charavay Fr 28061, 130/183.

Page 364 4. Mirabeau, *Dénonciation de l'agiotage au roi et à l'assemblée des notables*, 1787.

5. Mirabeau à l'abbé Auger, 16 juin 1790, BnF, fichier Charavay, Fr 2806, 130/183.

6. « Réponse au conseil de la raison contre l'avis aux Hessois », in *Essai sur le despotisme*, 3e édition (1777), p. 325.

7. Dans son *Mémoire à consulter, pour Jean-Baptiste Jeanret*, Neufchâtel, 16 décembre 1775, p. 1. « Si ces vérités sont incontestables, le pauvre Jeanret

réclame aujourd'hui, à juste titre, les droits d'homme et de citoyen. » Le contrebandier Jeanret avait été arrêté arbitrairement par des employés des Fermes et condamné à Pontarlier.

8. Mirabeau au lieutenant de police Lenoir, Vincennes, 6 janvier 1779. BnF, Fichier Charavay.

Page 366 9. Lettre du comte de Caraman au comte de Puységur, Aix, 28 mars 1789, texte cité.

10. *Bulletin de Madame de Beaumont*, Paris, 5 avril 1789, BnF, Manuscrit, texte cité.

11. Étienne Dumont, *Souvenirs sur Mirabeau…*, *op. cit.*, p. 222.

Page 367 12. *Correspondance entre le comte de Mirabeau et le comte de La Marck*, *op. cit.*, t. I, p. 350 (mai 1789).

13. C'est ce qu'il dit au comte de La Marck début juillet 1789, *ibid.*, p. 98.

Notes du chapitre 15

Page 368 1. Étienne Dumont, *Souvenirs sur Mirabeau…*, *op. cit.*, p. 205.

Page 369 2. Gaston de Lévis, *Souvenirs et portraits*, *op. cit.*, p. 215.

3. *Journal de Gouverneur Morris*, *op. cit.*, p. 137. Voir également Étienne Dumont, *Souvenirs sur Mirabeau…*, *op. cit.*, p. 75.

Page 370 4. Chateaubriand, *Mémoires d'outre-tombe*, I, p. 284.

5. Cela est rapporté par Gaston de Lévis, *Souvenirs et portraits*, *op. cit.*, p. 216.

6. La Galissonière, « Journal des séances des états généraux », *op. cit.*, 13 mai 1789.

7. Rivarol, *Petit dictionnaire des grands hommes de la Révolution*, 1790.

Page 371 8. BnF, Manuscrits, Fichier Charavay, 28 novembre 1787. Mirabeau ne touchera jamais le million qui devait lui être versé en quatre traites de 250 000 livres, à la fin de la législature, puisqu'il mourut avant. En revanche, il touche, à partir de mars 1790, 6 000 francs d'appointements mensuels et 300 francs à Comps, son secrétaire et confident. Voir Alphonse Aulard, *Les Grands Orateurs de la Révolution, Mirabeau, Vergniaud, Danton, Robespierre*, Paris, F. Rieder et Cie, 1914, p. 39.

Page 372 9. Victor Hugo, *Choses vues* (II) *1847-1848*, *op. cit.*, p. 441.

10. *Ibid.*, p. 283.

11. Guillaume Apollinaire, le premier, a rassemblé les écrits érotiques de Mirabeau sous le titre *Les Œuvres du comte de Mirabeau.* Son édition publiée en 1910 a été rééditée en 1921 par la Bibliothèque des curieux. *Ma conversion* sort clandestinement en 1783 sous les initiales MDRCMF (« Monsieur de Riqueti comte de Mirabeau fils »).

Page 373 12. *Journal de Gouverneur Morris*, *op. cit.*, 4 avril 1791, p. 221.

Notes du chapitre 16

Page 375 1. *Archives parlementaires*, t. VIII, séance du 23 juin 1789. Discours du député breton Glezen : « C'est un lit de justice tenu dans une Assemblée nationale. »

2. *Ibid.* et, entre autres, les *Mémoires* de Bailly, *op. cit.*, t. I, p. 273-274.

Page 376 3. *Ibid.*, séance du 23 juin 1789, p. 146.

4. Jean-Sylvain Bailly, *Mémoires*, *op. cit.*, t. I, p. 75.

Notes du chapitre 17

Page 377 1. Voir là-dessus l'article de Yan Thomas, « L'institution de la Majesté », *Revue de synthèse*, 112 (3-4), juillet-décembre 1991.

2. Jean-Christophe Gaven, *Le Crime de lèse-nation. Histoire d'une invention juridique et politique (1789-1791)*, Paris, Presses de Sciences Po, 2016, p. 117 *sq.* Le crime de lèse-nation désigne les ennemis de la Révolution et les soustrait en même temps, par le projet de créer *via* la nouvelle constitution un tribunal compétent, à la vengeance populaire. Pour une réflexion plus large sur la question, Anne Simonin, *Le Déshonneur dans la République. Une histoire de l'indignité, 1791-1958*, Paris, Grasset, 2008.

Page 378 3. Voir, entre autres, l'article de Michel Eude, « La loi de Prairial », AHRF, 1983/254, p. 544-559. L'immunité parlementaire est prévue par l'article 26 de la Constitution de la Ve République.

4. *Journal des états généraux convoqués par Louis XVI*, t. 1er, À Paris, chez Devaux, 1789, 19 juin 1789, p. 158. Le rédacteur prête ce discours par ailleurs combattu par Target à un député dont il ne dit pas le nom.

Notes du chapitre 18

Page 380 1. 493 députés votent en sa faveur.

2. Voir la remarquable introduction de Pierre Caillet à l'inventaire détaillé des archives du Comité des recherches de l'Assemblée nationale constituante (1789-1791), Paris, Archives nationales, 1993. Les premiers membres élus (le 30 juillet) du comité initialement présidé par le duc de La Rochefoucauld appartiennent aux trois ordres : Lubersac évêque de Chartres, Fréteau de Saint-Just, Duport, André et le comte de Virieu. Pour le tiers, Tronchet, Glézen, Bouche, Reubell, Camus, Pétion. Les trois derniers feront partie de la Convention. Les membres du Comité sont élus pour un mois et rééligibles. Ceux qui y joueront par la suite le plus grand rôle sont les deux futurs Conventionnels Voidel, député de Sarreguemines, proche du duc d'Orléans, et Cochon de Lapparent, futur ministre de la Police du Directoire.

Page 381 3. Par un arrêté du 7 novembre 1789, l'Assemblée nationale autorise son Comité des recherches et le comité de police de la ville de Paris à faire ouvrir certaines lettres et paquets suspects en présence du baron d'Ogny, intendant général des postes aux lettres pour le roi. C'est le premier accroc au sacro-saint principe révolutionnaire du secret des correspondances.

4. Lettre de Mirabeau au Comité des recherches, 3 novembre 1789.

5. Par le décret de la Convention du 5 avril 1793 et surtout par la loi du 22 prairial an II (juin 1794). Voir sur cette question Virginie Martin, « La Révolution française ou "l'ère du soupçon" », *Hypothèses*, 2009/1 (12), p. 131-140.

Page 382 6. François de Pange, *Réflexion sur la délation et le comité des recherches*, 1790 (rééd. Paris, Allia, 2011).

Notes du chapitre 19

Page 383 1. *Mémoires du duc Des Cars*, *op. cit.*, p. 66.

Page 384 2. SHD, La Galissonière, « Journal des séances des états généraux », *op. cit.*, 24 juin 1789.

Page 385 3. Adrien Duquesnoy, *Un révolutionnaire malgré lui*..., *op. cit.*, p. 104.

4. Voir le *Mémoire autographe de Barentin*, p. 232.

Page 386 5. Sur les ordres de marche et les dispositions militaires prises avant le 14 juillet 1789, voir Pierre Caron, « La tentative de contre-révolution de juin-juillet 1789 », *Revue d'histoire moderne et contemporaine*, 1906/vol. 8, n° 1, p. 5-34 et n° 9, p. 649-678 ; et Jean Chagnot, « Si le roi était monté à cheval », *Bulletin de la Société d'histoire de France*, année 1988, Paris, Klincksieck, 1991, p. 23-32. Les ordres de marche de juin et juillet sont conservés au SHD, A4/54, « minutes de la correspondance ministérielle, Puységur, Broglie » et A4/55, « 1789. Intérieur. Itinéraire des troupes, janvier-mars et avril-juillet » (première chemise).

Page 387 6. Jean-Sylvain Bailly, *Mémoires*..., *op. cit.*, t. III, p. 322, « discours de Bailly à l'assemblée des représentants de la commune de Paris, 1er février 1790 ». Voir Léon Biollay, *Un épisode de l'approvisionnement de Paris*, *op. cit.*, p. 61.

7. Mémoire instructif, remis par Necker au comité des subsistances de l'Assemblée nationale le 4 juillet 1789.

8. *Mémoires du baron de Besenval*..., *op. cit.*, p. 495-496.

Notes du chapitre 20

Page 388 1. Voir William R. Newton, *L'Espace du roi. La cour de France au château de Versailles 1682-1789*, Paris, Fayard, 2000.

Page 389 2. C'est le comte d'Angiviller qui rapporte les dires de Septeuil dans ses Mémoires. Aussi sont-ils à prendre avec certaines précautions.

Page 391 3. *Mémoires de Charles Claude Flahaut*..., *op. cit.*, p. 159.

4. *Récit de ce qui s'est passé à Versailles le 23 juin 1789, depuis six heures du soir jusqu'à neuf heures, au sujet de M. Necker*, [sl.], 1789, p. 4-6.

Page 392 5. Adrien Duquesnoy, *Un révolutionnaire malgré lui*..., *op. cit.*, p. 105. La plupart des témoins de cette scène donnent à peu près la même version de l'échange entre Necker et Target. Les royalistes hostiles brodent un peu. « Soyez tranquille, mes enfants, je vous reste ! » (La Galissonière, « Journal des séances des états généraux », 24 juin 1789).

6. Mme de Staël, *Considérations sur la Révolution française*, *op. cit.*, p. 157.

Page 393 7. *Ibid.*, p. 140.

Notes de la conclusion

Page 395 1. BHVP, Ms. Na 108, lettre de M. d'Oms, officier aux gardes-françaises, à son père, Paris, le 14 juillet 1789.

Page 397 2. Stéphane Mallarmé, *Un coup de dés jamais n'abolira le hasard*, Paris, NRF, 1914.

3. Madame de Staël, *Œuvres complètes*, Paris, Firmin-Didot, vol. 1, 1844, *Des passions*, p. 171.

Page 398 4. L'expression est de Charles de Lacretelle.

Page 399 5. L'idée est développée par François Furet dans le premier chapitre de son *Penser la Révolution française* (*op. cit.*, p. 36) et reprise dans un article du *Nouvel Observateur* de février 1986 : « Il y a deux moyens sûrs de ne rien comprendre à la Révolution, c'est de la maudire ou de la célébrer. »

6. Proclamation des consuls (Bonaparte, Sieyès et Roger Ducos) en tête de la Constitution du 22 frimaire an VIII (13 décembre 1799), peu après le coup d'État de Brumaire.

7. Georges Clemenceau, discours du 29 janvier 1891 à la Chambre des députés en réponse à un député « modéré » opposé à la censure de la pièce de Victorien Sardou *(Thermidor)*, violemment hostile à Robespierre et à la Terreur.

Page 400 8. Ernest Renan, « Qu'est-ce qu'une nation ? », conférence prononcée le 11 mars 1882 à la Sorbonne.

1. Louis XVI et les membres de la famille royale de France réunis autour du Dauphin né en 1781, vers 1782-1783, Anonyme français.
(Voir les légendes complètes à la suite du cahier.)

2 et 3. Procession des états généraux à Versailles le 4 mai 1789. À gauche, le tiers état ; à droite, la famille royale et le clergé. Gravures préparatoires d'après Louis Boulanger pour la frise de la salle des états généraux des galeries historiques du château de Versailles, 1838.

4. Ouverture des états généraux à Versailles, le 5 mai 1789.
Gravure d'Isidore Stanislas Helman, d'après un dessin de Charles Monnet, 1790.

5. Émeutes d'Aix-en-Provence, le 25 mars 1789. « Les bonheurs et les dangers du comte de Caraman. » Manuscrit inédit.

6. Fusillade au faubourg Saint-Antoine, le 28 avril 1789.
Gravure à l'eau-forte de J. Pélicier d'après le dessin de Claude Niquet et Abraham Girardet, 1789.

7. « Convoi de très haut et très puissant seigneur des abus. »
À Paris, chez (François) Sergent, rue Mauconseil, n° 62.

8. Le ministre d'État et directeur des Finances Jacques Necker. Louis XVI le rappelle à contrecœur en août 1788. Portrait par Joseph Duplessis (salon de 1783).

9. Joseph-Emmanuel Sieyès est le premier à penser la souveraineté de la nation. Le décret du 17 juin 1789 qui constitue les députés du tiers en Assemblée nationale lui doit beaucoup. Portrait par Louis David, 1817.

10. Les députés du tiers arrivent au jeu de paume le 20 juin 1789 à 10 heures du matin. Dessin et gravure par J.-F. Janinet.

11. L'astronome et académicien Jean-Sylvain Bailly, premier président de l'Assemblée nationale, vers 1790, par Jean-Laurent Mosnier.

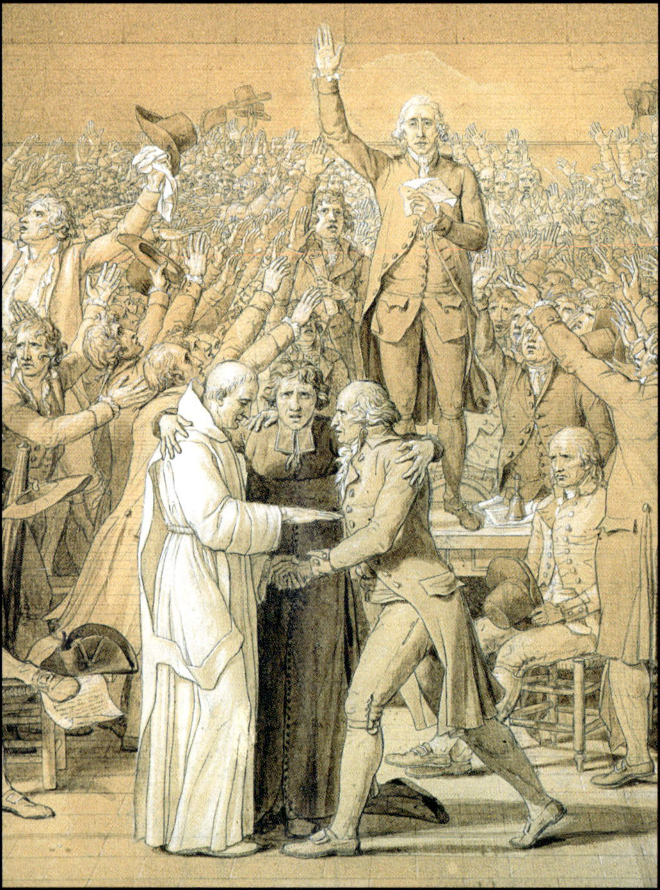

12 et 12 bis. *Le Serment du Jeu de paume*, détail du dessin de David, 1791 (ci-dessus) et sa copie tardive (ci-contre).

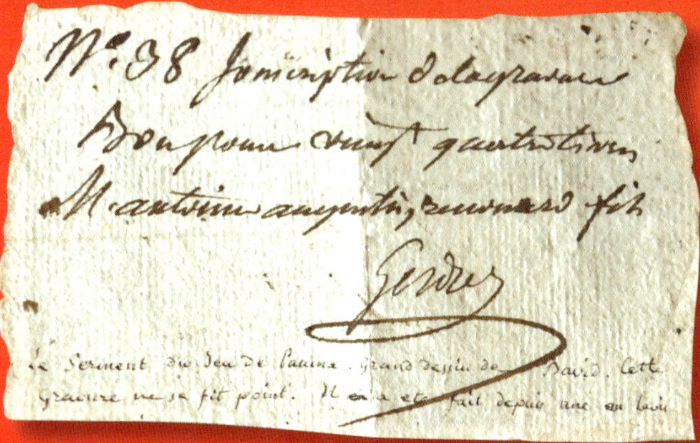
N° 38 Souscription de la gravure
Bon pour vingt quatre livres
M. antoine augustin, renouard fils
[illegible]
Le Serment du Jeu de Paume. grand dessin de David. Cette
Gravure ne se fit point. Il en a été fait depuis une au lavis

13. Bon de souscription lancé en 1790 par le club des Jacobins au financement du tableau de David sur le serment du Jeu de paume (inédit).

14. Le serment du 20 juin. Dessin préparatoire de Moreau pour une planche gravée du *Précis de la Révolution française* de Rabaut Saint-Étienne, 1791 (inédit).

15. Projet de temple du Serment par Saint-Far, 1799. Élévation de la façade (inédit).

16. *Le Serment du Jeu de paume, le 20 juin 1789*, par Auguste Couder, 1848.

17. Le comte d'Artois
à la tête de la croisade
contre les états généraux,
par Henri-Pierre Danloux,
vers 1796.

18. L'une des
nombreuses caricatures
contre le couple royal.
« Occupation sérieuse
du R... ».
Anonyme,
Londres (1789).

19 et 20. Deux députés de la noblesse aux états généraux : le baron Brueys d'Aigalliers et le comte de La Galissonière.

21. *Sus aux aristocrates !*
Caricature à transformation,
entre 1789 et 1792.

22. *Mirabeau devant Dreux-Brézé, le 23 juin 1789*, par Eugène Delacroix.

23. Deux profils inédits de Mirabeau pour le *Précis de la Révolution française* de Rabaut Saint-Étienne (1792).

Légendes des illustrations

En couverture

Évariste Fragonard (1780-1850), *Mirabeau et Dreux-Brézé le 23 juin 1789* (1831), musée du Louvre. © Art Heritage/Alamy

En septembre 1830, peu après l'avènement sur le trône de Louis-Philippe d'Orléans, le fils de Philippe Égalité, à la suite de la révolution de Juillet, François Guizot, tout nouveau ministre de l'Intérieur du roi, met en concours trois sujets pour le décor de la salle des séances de la Chambre des députés. Les thèmes proposés sont censés illustrer l'union intime du roi et de la nation tout comme les grandes heures de l'histoire de la représentation nationale depuis 1789. Le tableau central devait représenter Louis-Philippe prêtant serment de fidélité à la Charte constitutionnelle devant les députés, le 9 août 1830. À gauche devait figurer la scène de l'algarade entre Mirabeau et le marquis de Dreux-Brézé, grand maître des cérémonies de Louis XVI venu signifier aux représentants du tiers état de se retirer de la grande salle des Menus-Plaisirs des états généraux, à l'issue de la séance royale du 23 juin 1789 ; et à droite, le président de la Convention nationale Boissy d'Anglas saluant la tête du député Féraud qui venait d'être massacré par les sans-culottes des sections jacobines parisiennes lors de l'insurrection du 20 mai 1795 (1er prairial an III). D'un côté la représentation nationale en lutte contre l'absolutisme royal, de l'autre contre les fureurs et les excès du peuple. Fragonard, le fils de Jean-Honoré, le célèbre peintre du XVIIIe siècle, concourt pour les deux derniers sujets. Aucun de ses projets ne sera retenu. Son Mirabeau et Dreux-Brézé est largement imaginé. Le peintre y fait figurer l'ensemble des députés des trois ordres (clergé, noblesse et tiers état), comme s'il voulait représenter tout en même temps la séance d'ouverture des états, le 5 mai, alors que seuls les députés du tiers et quelques dizaines de curés étaient restés dans la grande salle des Menus après le départ du roi, le 23 juin. On distingue ainsi à gauche, dans le fond du tableau, les députés du clergé, dont des cardinaux, chapeaux sur la tête, et à droite ceux de la noblesse. De même Fragonard crée une distance vertigineuse entre Mirabeau debout à gauche, le bras dirigé vers le sol (« Nous sommes ici par la volonté du peuple ») et Dreux-Brézé (voir le rabat) qui apparaît à droite dans le fond de la salle, vêtu d'un grand manteau blanc, tel le spectre de la monarchie terrassée. De même, au fond, des soldats en armes, placés entre les colonnes des tribunes, figurent les fameuses « baïonnettes » dont on menace la représentation nationale. Ni le texte de Mirabeau, ni les costumes, ni l'ensemble de la scène ne sont conformes à ce qui s'est véritablement passé ce 23 juin 1789. Fragonard dramatise à souhait le face-à-face de la nation (alors incarnée par Mirabeau au plus haut de sa popularité) et du roi, des privilèges et de l'égalité, de la Cour et du peuple. La légende est en marche.

Se reporter également au développement p. 360-361.

1. Anonyme français, *Louis XVI et les membres de la famille royale de France réunis autour du Dauphin né en 1781*, vers 1782-1783, château de Versailles. © RMN-Grand Palais (château de Versailles)/Gérard Blot

La naissance du fils aîné de Louis XVI et de Marie-Antoinette en octobre 1781 – celui-là même qui mourra tragiquement le 4 juin 1789 à l'âge de 7 ans – est l'occasion de l'une des rares représentations de la famille royale au grand complet. Au premier plan, la fille aînée de la reine, Madame Royale, présente un portrait de Louis XIV au nouveau-né. Les deux frères de Louis XVI entourent le couple royal : le comte de Provence, à gauche, le comte d'Artois à droite, à côté de sa sœur, Madame Élisabeth. Le roi est encore dans toute la gloire de son règne, loin, très loin de la Révolution.

2 et 3. Procession des états généraux à Versailles le 4 mai 1789. Dessin préparatoire de Louis Boulanger pour la frise de la salle des états généraux des galeries historiques du château de Versailles, 1838. © BMV

C'est par les états généraux qu'éclate la Révolution. Ceux-ci s'ouvrent le 4 mai 1789 par une procession religieuse dans les rues de Versailles, de l'église Notre-Dame à celle de Saint-Louis. Les quelque 600 députés de l'ordre du tiers état marchent en tête. Le roi, la reine et la Cour suivent le saint sacrement porté sous un dais par l'archevêque de Rouen, Mgr de La Rochefoucauld. Le jour même on s'est querellé sur la couleur des habits. Le « pompeux équipage » de la noblesse irrite le tiers, tenu de défiler en noir.

4. Ouverture des états généraux à Versailles, le 5 mai 1789. Gravure d'Isidore Stanislas Helman, d'après un dessin de Charles Monnet, 1790. © BnF

Le roi ouvre les états généraux le 5 mai en y déclarant ses volontés devant les députés des trois ordres – le clergé à gauche, la noblesse à droite et le tiers état de dos au premier plan. Cette représentation presque contemporaine de l'événement donne une bonne idée de la solennité de la scène dans la grande salle de l'hôtel des Menus-Plaisirs de Versailles aménagée pour la circonstance par l'architecte Pâris.

5. Émeutes d'Aix-en-Provence, le 25 mars 1789. « Les bonheurs et les dangers du comte de Caraman. » Manuscrit inédit, collection particulière.

Le royaume est loin d'être calme dans les premiers mois de 1789. Des émeutes éclatent un peu partout à l'occasion de l'élection des députés aux états généraux. Le comte de Caraman, commandant pour le roi en Provence, est pris à partie et bousculé par la foule à Aix, le 25 mars, devant l'Hôtel de Ville. Il a lui-même dessiné la scène. Ce qu'il y met de naïveté n'enlève rien à la violence et à la gravité de l'événement.

6. *Fusillade au faubourg Saint-Antoine, le 28 avril 1789*. Gravure à l'eau-forte de J. Pélicier d'après le dessin de Claude Niquet et Abraham Girardet, 1789. © CCO Paris Musées/musée Carnavalet

Le saccage de la manufacture de Jean-Baptiste Réveillon dans le faubourg Saint-Antoine le 28 avril 1789 sonne les trois coups de la révolution parisienne. Les émeutiers – tout comme les raisons de l'émeute – sont déjà ceux du 14 juillet. Ici les gardes-françaises et les gardes suisses tirent sur les insurgés réfugiés sur les toits, à l'intersection des rues de Montreuil et du Faubourg-Saint-Antoine. On ne voit pas d'officiers. Il ne faudra pas deux mois pour que les mêmes gardes-françaises, essentiels à la sécurité de Paris, pactisent avec le peuple.

7. « Convoi de très haut et très puissant seigneur des abus. » À Paris, chez (François) Sergent, rue Mauconseil, n° 62. © CCO Paris Musées/musée Carnavalet

La Révolution s'est faite contre le privilège, au nom de l'égalité. Le « convoi des abus » précédé de l'avarice, de la folie et de l'orgueil, porté en terre par les députés du tiers état, est l'une des premières caricatures à paraître sur le sujet, malgré la censure, dès la mi-avril 1789, avant l'ouverture des états. À cette époque, on compte encore sur le roi, ce « prince aimé par qui renaît la France ». Son ministre Necker, qui suit le cercueil, indique d'ailleurs le chemin à suivre. Lorsqu'elle tombera, la fiction du roi régénérateur précipitera d'autant la Révolution.

8. Le ministre d'État et directeur des Finances Jacques Necker par Joseph Duplessis (salon de 1783). © Photo Josse/Bridgeman Images

Le roi le rappelle aux affaires, en désespoir de cause, en août 1788. L'ancien banquier suisse n'a été populaire que par la peur qu'avaient les plus radicaux de ses ennemis. Plein d'espoir dans les états généraux et trop sûr de lui, il n'a pas su en mesurer les risques.

9. David, Emmanuel Joseph Sieyès, 1817. © Bequest of Grenville L. Winthrop/ Bridgeman Images

Emmanuel Joseph Sieyès, vicaire général de l'évêque de Chartres, est l'une des figures dominantes de la Révolution. Son *Qu'est-ce que le tiers état ?* l'a rendu célèbre. C'est par lui que le tiers se constitue en Assemblée nationale souveraine le 17 juin 1789. Le peintre David le représente ici en exil à Bruxelles, trente ans plus tard. Voilà longtemps qu'il ne porte plus le rabat et la frisure ecclésiastiques.

10. Les députés du tiers arrivent au Jeu de paume le 20 juin 1789. Dessin et gravure par J.-F. Janinet, dans le recueil des « Gravures des principaux événements de la Révolution française [...] » © BMV

Le 20 juin 1789, le roi a fait fermer la grande salle des Menus-Plaisirs, avenue de Paris, où se tiennent les états généraux. On y fait des travaux en prévision de la séance qu'il doit y tenir le surlendemain. C'est alors que les députés du tiers décident de siéger non loin de là au Jeu de paume, en dépit des ordres. On les voit ici y entrer vers 10 heures du matin. La scène ne dit rien de la foule considérable qui entourait la salle.

11. Jean-Laurent Mosnier, portrait de Jean-Sylvain Bailly, vers 1790. © CCO Paris Musées/musée Carnavalet

L'astronome de salon, académicien et homme de cour Jean-Sylvain Bailly aime les serments. C'est lui qui entraîne les députés au Jeu de paume et leur fait jurer de ne jamais se séparer avant d'avoir donné une constitution au royaume. Premier président de l'Assemblée nationale, il est nommé le 15 juillet premier maire de Paris.

12 et 12 bis. *Le Serment du Jeu de paume*, détail du dessin de David, 1791, et sa copie tardive. Château de Versailles et musée Carnavalet. © Bridgeman Images

David n'est pas le premier à représenter le « saint serment » prêté par les députés du tiers état au Jeu de paume, mais il est le seul à en avoir fait un geste légendaire et héroïque. La très grande peinture d'histoire est bien souvent infidèle à l'histoire.

13. Bon de souscription au financement du tableau de David. © BMV

En octobre 1790, le club des Jacobins lance un projet de souscription pour la réalisation du tableau de David. Ici un bon (inédit) n° 38 de 24 livres souscrit par un certain Augustin Alexandre Bouvard fils. On ne parviendra jamais à lever l'argent nécessaire. Entre-temps, nombre des acteurs du 20 juin sont passés du côté des « traîtres ». David n'achèvera jamais son tableau.

14. Dessin préparatoire de Moreau pour une planche gravée du *Précis de la Révolution française* de Rabaut Saint-Étienne. © BMV

On compte au moins une dizaine de représentations gravées du Jeu de paume dans les trois premières années de la Révolution. Ici un dessin préparatoire inédit de Moreau le Jeune pour l'une des planches gravées du *Précis de la Révolution française* de Rabaut Saint-Étienne. Du dessin de David, Moreau conserve, au premier plan, la figure assise du « traître » d'anthologie Martin-Dauch, le seul à s'être opposé au décret du 20 juin 1792 et le premier « dissident » de la Révolution.

15. Projet de temple du serment par Eustache Saint-Far, 1799. Élévation de la façade. © Archives nationales

La salle du Jeu de paume prend ici des allures de temple laïc. Ce projet néoclassique et inédit de l'architecte Saint-Far date de 1799. Comme beaucoup d'autres il ne verra jamais le jour. L'édicule devait abriter une immense statue de la liberté. On y aurait accédé par une « rue de la stabilité » jusqu'à une place semi-circulaire dite du « précieux serment ». La promesse du 20 juin est mise au cœur des légitimités républicaines.

16. Auguste Couder, *Le Serment du Jeu de paume*, 1848, musée du château de Versailles. © RMN-Grand Palais (château de Versailles)/Jean Popovitch

L'histoire du serment traverse tout le XIXe siècle. Sous la monarchie de Juillet, le roi Louis-Philippe, fils du régicide Philippe Égalité, voudra en faire un pacte passé entre la nation et le roi, alors qu'il avait été essentiellement prêté, en manière de défense, contre le roi. Cette peinture de Couder (Salon de 1848) était destinée à la salle du Serment – jamais achevée – des galeries historiques du château de Versailles.

17. Le comte d'Artois par Henri-Pierre Danloux, vers 1796. © CCO Paris Musées/musée Carnavalet

Le cadet des frères de Louis XVI, adoré de la noblesse, mais brouillon et velléitaire, mène la croisade contre les députés du tiers et contre la Révolution avant de la poursuivre en émigration jusqu'en 1814. Bien qu'exilé en Angleterre, il porte encore l'uniforme rouge de sa charge de colonel général des Suisses et des Grisons que lui avait donnée son grand-père Louis XV en 1772.

18. Caricature anonyme, Londres (1789). © BnF

Les caricatures injurieuses contre la famille royale se multiplient en juin 1789 à l'exemple de cette « Occupation sérieuse du R… ». En attaquant la reine, en la faisant coucher avec toute la Cour, c'est le roi, réduit ici à n'être que la nounou de son fils, qu'on attaque. Le thème de l'inversion des rôles au sein du couple royal – la reine perverse et toute-puissante, le roi inutile et cocu – est omniprésent à l'époque.

19 et 20. Le baron Brueys d'Aigalliers et le comte de La Galissonière. © CCO Paris Musées/musée Carnavalet

Deux députés de l'ordre de la noblesse aux états généraux, à gauche le baron Brueys d'Aigalliers, député d'Uzès, à droite le comte de La Galissonière, député de l'Anjou. Tous les deux appartiennent à la majorité conservatrice de leur ordre. Tous les deux ont laissé des souvenirs inédits et riches en détails sur les premiers jours de la Révolution.

21. Caricature à transformation, entre 1789 et 1792. © BnF

La hantise du complot naît avec la Révolution. On lui donne en 1789 un premier visage, celui de l'« aristocrate ». « La puissance de ce mot devint magique », note un contemporain. L'aristocrate est d'autant plus suspect qu'à l'image du dieu Janus, il est double, pleurant d'un côté la perte de ses privilèges, riant de l'autre à ses rêves de revanche.

22. Eugène Delacroix, *Mirabeau devant Dreux-Brézé*. © RMN-Grand Palais (musée du Louvre)/Gérard Blot

Le 23 juin 1789, le roi tente de reprendre la main sur la Révolution par une séance royale. À l'issue de cette dernière, les députés du tiers sont sommés de se retirer. La réponse de Mirabeau à Dreux-Brézé : le « maître », le « peuple » et les « baïonnettes », pourtant largement inventée, fonde la souveraineté de la nation et la défaite de la monarchie. Le concours lancé sur le sujet en 1830 pour le décor de la salle des séances de la Chambre des députés popularise d'autant la scène au XIXe siècle. Le projet de Delacroix tout comme celui d'Évariste Fragonard (en couverture), trop passionnés, sont écartés au profit de celui de Nicolas-Auguste Hesse (1838). On voulait voir Mirabeau de face et Dreux-Brézé de dos.

23. Planche inédite du *Précis de la Révolution française* de Rabaut Saint-Étienne. © BMV

Le culte de Mirabeau culmine l'année de sa mort, en 1791. On le représente sous toutes les formes possibles. En bas, son portrait inédit de profil, à la manière d'un camée à l'antique, par Moreau le Jeune. Celui du haut, dessiné d'après le buste du grand homme « moulé sur nature », sort des ateliers de physionotrace de Jean-Baptiste Fouquet et Gilles-Louis Chrétien. On y trouve déjà, en légende, la version quasi définitive de la fameuse apostrophe du 23 juin 1789.

Sources

Je donne ici pour les sources imprimées une liste succincte des principaux répertoires disponibles ; les sources manuscrites des différents fonds sur lesquels j'ai travaillé. La bibliographie est consultable dans les notes.

Répertoires

A. Martin et G. Walter, *Catalogue de l'histoire de la Révolution française*, Paris, Bibliothèque nationale, 1936-1969, 6 vol.

Maurice Tourneux, *Bibliographie de l'histoire de Paris pendant la Révolution française*, Paris, Imprimerie nouvelle, 1890-1913, 5 vol.

Georges Lefebvre et Anne Terroine, *Recueil de documents relatifs aux états généraux mai-juin 1789*. Tome premier I « Les préliminaires – la séance du 5 mai », Paris, CNRS, 1953. G. Lefebvre, t. Ier II « La séance du 23 juin », Paris, CNRS, 1962. On y trouve l'établissement critique de l'essentiel des textes relatifs aux états généraux jusqu'à la séance royale du 23 juin 1789.

Sources manuscrites. Fonds publics

Archives nationales

C/14-33 épaves des papiers du secrétariat de l'Assemblée nationale.

C/221 vol. 1 (« papiers des Tuileries »).

H/1274 « émeutes, Provence : Aix, Marseille, Toulon, Manosque, 1789 ».

H/1448 « affaires diverses, finances, bureau des dépêches ».

H/1452 « affaires diverses, émeutes, perception des impôts 1789-1790 », dossier 1.

H/1453 « affaires diverses, émeutes, perception des impôts », dossier 2.

Micro KK/641 Charles-Alexis Brulart de Genlis de Sillery (1737-1793) « journal de l'assemblée des états généraux depuis le 2 avril, époque de la nomination des députés du bailliage de Reims jusqu'au 11 novembre 1789 ».

Micro KK/647-648, *ibid.*, « correspondance du marquis de Sillery au docteur de Savigny ».

446AP/2-12 Fonds Brissot, correspondance générale (1783-1790).

F13/531 « projet pour un monument national ». Plans, dessins et élévation d'un temple de la liberté à l'emplacement du jeu de paume (1799).

Service historique de la Défense (SHD)

A 456 (La Galissonière) « Journal des séances des états généraux assemblés en 1789 », 7 cahiers manuscrits. Collection Don Plista, mai 1906. Le journal se prolonge jusqu'au 27 juin 1789. Il a sans doute été écrit en émigration après la mort du roi, à partir de notes prises sur le moment. « J'ai tenu des notes sur chaque séance écrites dans la chambre même et je puis répondre de leur exactitude » (3e cahier, 13-6-1789, p. 10). Augustin Barrin de La Galissonière, député de la noblesse d'Anjou, est le neveu de l'amiral du même nom, gouverneur général de la Nouvelle-France à Québec dans les années 1740. Grand bailli d'Anjou, maréchal de camp en 1788, il est l'un des leaders de la majorité de la noblesse hostile au tiers état.

A2/82 82S « Réflexions générales sur les affaires présentes » communiqué au maréchal de Broglie et approuvé par lui le 4 juillet 1789. En note, on lit p. 1 : « Ce mémoire a été inspiré par le comte d'Artois, par des vues fausses et imprudentes. »

A4/54 « 1789 – minutes de la correspondance ministérielle – Puységur, Broglie – ordres de marche de l'armée ».

A4/55 « 1789 – Intérieur – janvier-mars, avril-juillet – ordre de marche des troupes » (première chemise).

A4 54 « 1789 – Intérieur et frontières » (deuxième chemise).

A4 54 « 1789 – Intérieur » (troisième liasse).

Archives de la Ville de Paris

DE1 8 doss. 89 « papiers Foulon de Doué en Anjou ».

DE1 167 « papiers du marquis de Laqueuille ».

Archives communales de Versailles

M1 « édifices publics, projets divers, généralités » : 1 450 dossier concernant les projets commémoratifs du Jeu de paume 1790-1799 ; 2 332 « projets de monument commémoratif de la réunion des états généraux 1878-1839 » ; Georges Girard, « Ce qu'était l'hôtel des Menus plaisirs où les états généraux tinrent leur première séance ».

M5 « édifices divers. Menus plaisirs » : 1 284 magasins des subsistances militaires ; 1 653 pièces relatives à l'aliénation du bâtiment et dépendances ; 2 284 décrets de la Convention nationale relatifs au jeu de paume (an II).

10Z 20 « Recherches de Jacques Portier sur l'histoire du Jeu de paume 1686-1806 » (5 décembre 1981).

Bibliothèque nationale de France Manuscrits

Français 6687 (8e volume) Siméon Prosper Hardy, « Mes loisirs ou journal des événements tels qu'ils parviennent à ma connaissance, commencé le 20 juin 1788 ».

Hardy (1729-1806), fils d'un receveur des tailles de Cahors, tenait rue Saint-Jacques la librairie La Colonne d'or, en plein quartier janséniste. Son journal (en 8 volumes manuscrits), commencé en 1764, s'achève en 1790. Les années 1764-1782 ont été publiées en 7 volumes sous la direction de Pascal Bastien, Daniel Roche et Sabine Juralie (7e volume 1781-1782, Paris, éd. Hermann, 2019). Onze volumes sont prévus et un douzième d'index. Certaines pages manuscrites sont accessibles sur Gallica (les années 1764-1771, l'année 1787). Les pages relatives à 1789 doivent être consultées sur place.

Français Na 13711 « Bulletin de Mme de Beaumont ». Les 101 premiers numéros, 7 octobre 1788-9 novembre 1789.

Français Na 4121 « comte de Castellane, journal des états généraux, 4 mai 1789-17 avril 1790 ».

Français Na 13711 « Bulletin de Madame de Beaumont, 27 octobre 1788-9 novembre 1789 ». Bulletin collectif imprimé en forme manuscrite. Il est fabriqué à Paris, alimenté par de multiples correspondants en province, et vendu sous le manteau à des abonnés. Souvent très bien renseigné.

Français Na 2633 « Papiers Emmery. Journal et notes diverses ». Jean-Louis Emmery était avocat et député du tiers état de Metz.

Naf 13278 « Documents concernant le règne de Louis XVI du 25 décembre 1788 au 22 décembre 1792 ». Bulletin d'information quotidien rédigé à Versailles et à Paris par des familiers de la Cour, plutôt hostile aux opérations du tiers état. Il comporte des écritures différentes. Ses rédacteurs évoquent dès le 25 juin une situation de « guerre civile », (3 volumes).

Naf 28326 boîte 25 fonds Lamartine, documentation pour son *Histoire des Girondins*. « Introduction à la Relation des journées des 5 et 6 octobre 1789 par le comte de Saint-Priest, ministre de Louis XVI. » Cette introduction a sans doute été rédigée sur des notes du ministre par son fils ou par Prosper de Barante.

Fichier Charavay Français Na 28061, par ordre alphabétique : Breteuil, Barentin, Barère, Barnave, Brissac, Brissot, Broglie, Alexandre de Lameth, Louis XVIII, Mirabeau (vte de), Mirabeau (cte de), Noailles de Mouchy, Mounier, Necker, Sieyès.

Bibliothèque historique de la Ville de Paris (BHVP)

Ms. 737, fol. 1. Lettres de M. d'Hassenfratz (avril 1789) ; fol. 6 et 11, diverses lettres de Paris.

Ms. 1212, fol. 90, 93, 99, 101, diverses lettres de Paris et fragments de journaux.

Ms. Na 108, lettres d'un officier aux gardes-françaises à son père (d'Oms) juin-juillet 1789.

Ms. Na 108, fol. 45 *sq.*, « Nouvelles à la main ou rapports d'information à Monseigneur (?), 29 avril-novembre 1789 ». Sans doute, entre autres, d'un certain Vallet, commissaire au Châtelet.

Bibliothèque de l'Arsenal

Ms. 12667, « papiers particuliers de Bernard-René Jourdan marquis de Launay – correspondance, 1758-1788 ». Ces liasses sont émouvantes à consulter. Les papiers de Launay, jetés par les fenêtres de l'hôtel du gouverneur de la Bastille dans la soirée du 14 juillet, avaient été ramassés le lendemain et rapportés à l'Hôtel de Ville. Ils sont conservés en l'état à l'Arsenal, froissés, souillés et en partie déchirés.

Bibliothèque de l'Observatoire de Paris

AF1 9-15 (1785-1798), « Journal des observations météorologiques et magnétiques ».

Bibliothèque municipale de Versailles

Ms. F 823, « journal de la tenue des états généraux convoqués à Versailles pour le 27 avril 1789 par le roi Louis XVI le bienfaisant rédigé jour pour jour par moi Joseph Michel Pellerin avocat à Nantes en Bretagne, député du comté de Nantes aux états généraux ». Pellerin est intéressant car il est l'un de ceux qui entretiennent la fiction d'un roi favorable aux décisions du tiers état et qui l'exonère sans cesse des décisions de son gouvernement. À propos de la séance royale du 23 juin, il parle par exemple d'« un acte d'autorité plutôt ministériel que royal » (fol. 38).

Ms. G 278-279, « Œuvres choisies de Gabriel François Brueys d'Aigalliers 1743-1806 », 2 volumes manuscrits in-folio. Vol. 2, t. 7 : « Quelques remarques et quelques réflexions, écrites principalement sur la fin de 1788 et dans le cours de 1789-1793 ». Le baron d'Aigalliers, député de la noblesse de Nîmes, est un ancien militaire à la retraite, gouverneur de Monaco en 1785, plutôt modéré. Ce qu'il écrit n'est pas un journal à proprement parler mais des réflexions et des anecdotes tirées de ses notes « écrites au crayon dans la salle même où l'assemblée tenait ses séances ». Il est l'un des seuls à avouer y avoir « quelque fois fait des changements en les recopiant à raison des nouvelles idées (et des) progrès des opérations de l'assemblée ».

Fonds Lebaudy-25, « Mémoires inédits de Jean-Baptiste, marquis de Charrier-Moissard ».

Fonds Fromageot BII-1 et BII-2 (jusqu'à 1792). Ce fonds comprend des notes et copies de nombreuses lettres contemporaines des états généraux, du siège de la Bastille et des journées d'Octobre. Ce sont les papiers d'un érudit et d'un collectionneur.

Versailles Ms. 554F, « Recueil de documents relatifs à l'histoire de Versailles pendant la Révolution ».
Fonds Vatel (Notes éparses de Charles Vatel relatives à l'histoire du Jeu de paume sur lequel ce dernier écrit une notice en 1883).
Versailles Ms. 17 in 4°, « Chansons de la cour et de la ville ».
Dossier Thierry de Ville-d'Avray, commissaire général de la Maison du roi au département des meubles de la Couronne.

Sources manuscrites. Fonds privés

Archives du château de Breteuil. Papiers de Louis-Auguste baron de Breteuil.
Première série LAB 1783-1807 : Correspondance de Breteuil, lettres de Louis XVI à Breteuil ; note de son fils, le sénateur sur la notice de Milbert (1859) pour la *Biographie universelle* ; divers pamphlets contre Breteuil : « Trahison du baron de Breteuil » (1789), etc.
Archives du château de Brézé. Papiers Henri-Évrard de Dreux-Brézé, grand maître des cérémonies de Louis XVI.
Archives du château de Saint-Jean-de-Beauregard, papier Caraman, « Les bonheurs et les dangers du comte de Caraman ».
Archives Baudus. Correspondance d'Amable de Baudus, année 1799.
Archives Jérôme Cortade. Correspondance du comte François de Couronnel (juin-juillet 1789).
Archives Olivier de Rohan, Propositions et discours de M. le comte de Jarnac à l'assemblée des trois ordres de la province d'Angoumois (1789).
Archives Teissedre (au catalogue de la librairie n° 43 : livres et manuscrits anciens). Journal anonyme sur les événements parisiens de juin-juillet 1789.

Remerciements

Je voudrais pour commencer remercier Vincent Haegele, conservateur en chef des bibliothèques de Versailles, qui non seulement m'a grand ouvert ses portes, mais a pris le temps de me lire. Charles-Éloi Vial à la Bibliothèque nationale de France et Thierry Sarmant au Service historique de la Défense ont été également, dans leurs fonds respectifs, des guides attentifs, bienveillants et précieux. Comme pour mes livres précédents, Annie Jourdan m'a gratifié de ses conseils au fil des nombreuses conversations que nous avons eues ensemble autour de la Révolution. Pascal Laucoin, qui achève une thèse consacrée à la jeunesse de Mirabeau, m'a été d'une aide précieuse sur le personnage. Mon amie Sophie de Sivry a donné son titre à ce livre. Je voudrais remercier aussi tous ceux qui ont bien voulu me laisser consulter leurs archives familiales ou personnelles, ou m'ont suggéré des pistes nouvelles : Florence de Baudus, François de Curel, Jérôme Cortade, Georges-André Morin, Yann Potin, Louis-Antoine Prat, la librairie Teissedre, le comte Olivier de Rohan, le marquis Henri-François de Breteuil, feu le comte Bernard de Colbert. Pierre Péan, disparu trop tôt, m'a été d'une grande aide en me confiant les archives de sa maison qui a été celle de Defermon. Mon ami et éditeur Denis Maraval s'est montré, comme depuis presque vingt ans, toujours disponible, courtois, souriant, formidablement professionnel. Une main de fer dans un gant de velours qui ramasse les erreurs et ne laisse rien passer. Maëva Duclos a suivi mon manuscrit avec autant d'intelligence, de patience (!) et de précision que les précédents. Un remerciement tout spécial aussi à Xavier de Bartillat, qui, à la tête des éditions Tallandier, m'accueille sans se lasser pour la cinquième fois. Et un autre, immense, à ma femme Alexandra dont la « présence apaisante », comme on dit dans les *Tontons flingueurs*, les conseils de lecture et la tendresse ont le chic de me délivrer de mes doutes.

Et pour finir, je ne peux m'empêcher de noter que si j'ai pu achever ce livre dans la paix et la tranquillité, c'est tout de même un peu grâce à la Covid-19 !

Index des noms de personnes

A

Agoult, Jean-Antoine, comte d' : 428, 437
Agulhon, Maurice : 444
Aigalliers, Gabriel-François de Brueys, baron d' : 24, 77, 147-148, 164, 409-411, 419-420, 458
Aiguillon, Armand-Désiré Vignerot-Duplessis, duc d', fils du suivant : 226, 297, 412, 428
Aiguillon, Emmanuel-Armand Vignerot Duplessis, duc d' : 428
Aiguillon, duchesse d' : 300
Allonville, Armand, comte d' : 440
Alvensleben, M. d' : 403, 411
Amaury, père : 122
Ambly, Claude-Jean-Antoine, marquis d' : 227
André, Antoine-Balthazar d' : 380, 446
Angran d'Alleray, Denis-François : 43
Anne d'Autriche : 203
Antonetti, Guy : 421
Antraigues, Emmanuel-Alexandre, comte d' : 228, 289, 427, 435, 439
Apollinaire, Guillaume : 445
Aragon, Louis : 19
Arcy Wood, Gillen d' : 406
Artois, comte d'. *Voir* Charles X
Aubry, Octave : 436
Auger, abbé : 444
Aulard, Alphonse : 411, 445

B

Bacourt, Adolphe Fourier de : 418, 427
Bailly, Jean-Sylvain : 90, 101, 112-114, 135, 139, 142, 150, 170-171, 232, 250, 255-258, 260, 264-268, 271-272, 276, 280-281, 284, 286, 290, 307, 310-312, 337, 349, 353-355, 358, 361, 376, 384, 387, 396, 412, 414, 416, 430, 432, 437, 441-442, 444, 446-447
Baker, Keith : 411
Balzac, Honoré de : 20, 24
Barbotin, abbé : 429
Barentin, Charles-Louis-François de Paule de, chancelier de France : 103, 150, 171-172, 190, 197, 200, 209, 236, 239-240, 250, 288-289, 291-292, 304-305, 339-340, 385, 405, 412, 421-424, 428, 435-436, 440, 447
Barère de Vieuzac, Bertrand : 20, 89, 271, 279, 412
Barnave, Antoine : 18, 86, 89, 118, 133, 265, 271, 276, 370, 374-375, 394, 410, 416, 435
Barras, Paul de : 238
Barruel, Augustin, abbé : 334
Barry, Redmond (personnage de fiction) : 353
Barthe, Félix : 443
Bassenge, Paul : 243
Bastid, Paul : 405

Batz, Jean-Pierre, baron de : 237, 428
Baudard de Saint-James, Claude : 161
Baudouin, François-Jean : 165, 326, 420
Baudus, Amable de : 425
Beaufort, duc de : 203
Beaumont, Mme de (pseudonyme) : 393, 404, 414, 438, 445
Beauvau, maréchale de : 300
Bedeau, général : 26
Beethoven, Ludwig van : 21
Bergasse, Nicolas : 133
Bernadotte, Jean-Baptiste, maréchal : 81
Bernard, Auguste : 420
Bernard-Tambour, Thierry : 430
Bertaud, Jean-Paul : 413, 441
Berthault, Pierre-Gabriel : 430, 433
Bertier de Sauvigny, Louis Bénigne François : 375
Besenval, baron de : 220, 225, 245, 387, 395, 410, 425, 429, 438, 447
Besse, abbé : 431
Béthune-Charost : 177
Beyle, Henri, *alias* Stendhal : 17, 19, 74, 131, 374, 401, 416
Billaud-Varenne, Jacques-Nicolas : 20
Biollay, Léon : 407, 447
Blacons, Henri-François d'Armand de Forest, marquis de : 313
Blaikie, Thomas : 25, 439
Blanc, Olivier : 407, 423
Blaufarb, Ralf : 409
Blum, Katharina (personnage de fiction) : 18, 401
Boehmer, Charles : 158, 243
Boisgelin, Raymond de, archevêque d'Aix : 118
Boishue, comte de : 124
Boissy d'Anglas, François-Antoine, comte de : 271, 435
Böll, Heinrich : 18, 401
Bombelles, Marc-Marie, marquis de : 77, 111, 151, 230, 232, 237, 301, 390, 409, 412-413, 416, 418-419, 424, 426-428, 436
Bonaparte. *Voir* Napoléon
Bonneville, Nicolas de : 412
Bouchard, A. : 415
Bouche, Charles-François : 446
Bouchet, Ghislaine : 413
Boufflers, comtesse de : 174, 421
Bouillé, François-Claude, marquis de : 341
Boulainvilliers, comte de : 351, 408, 442
Boullé, Jean-Pierre : 127, 129, 416
Bourbon, duc de : 216
Bouthillier, Charles-Léon, marquis de : 227, 234, 237, 427
Bouvard de Fourqueux, Michel : 173
Braesch, Frédéric : 403, 419
Brague, Rémy : 46
Braudel, Fernand : 402
Breteuil, Louis-Auguste Le Tonnelier, baron de : 24, 94, 113, 172, 224, 230, 235-237, 407, 426
Brette, Armand : 401, 413-415, 429, 432, 439
Brissac, Hercule, Louis, comte de : 438
Brissot de Warville, Jacques-Pierre : 51-53, 108, 180-181, 248, 366, 394, 405, 412-413, 422
Broglie, Victor, duc de, fils du maréchal : 298
Broglie, Victor, maréchal de : 225, 228, 235, 237, 386, 396, 427, 441, 447
Bruys des Gardes : 346
Brye, Bernard de : 429
Buch, Esteban : 21, 401
Buffon, comtesse de : 181
Buñuel, Luis : 111
Burnand, Léonard : 425
Burstin, Haïm : 404, 437
Buzot, François : 90, 276, 435

C

Cabris, Louise de : 363
Caillet, Pierre : 446
Calonne, Charles Alexandre, comte de : 35, 41, 57, 172, 175, 192, 198, 200-202, 204, 208, 218, 343, 410
Calvin, Jean : 46
Campan, Jeanne-Louise-Henriette Genet, Mme : 419, 440

Camus, Armand-Gaston : 86, 89, 133, 165, 258, 271-272, 374-375, 410, 435, 446
Capello, Antonio : 25, 239, 325
Caraman, Victor-Maurice de Riquet, comte de : 62-63, 65, 84, 366, 407, 410, 445
Carnot, Hippolyte : 20
Caron de Beaumarchais, Pierre Auguste : 19, 315
Caron, Pierre : 402, 447
Cassan, Michel : 402
Cassini, Jean-Dominique : 191, 224, 333, 440
Castellane, comte de : 298, 405
Castellane, comtesse de : 300
Castries : 188, 200, 322, 409, 422, 439
Cazalès, Jacques de : 118, 228
Chagnot, Jean : 447
Chailly, marquis de : 257, 430
Challamel, Augustin : 405
Chamfort, Sébastien Roch Nicolas de : 430
Chamillart, Michel : 353
Champion de Cicé, Jérôme Marie, archevêque de Bordeaux : 254, 311-312
Charlemagne : 349, 423
Charles Ier : 193, 289
Charles X : 138, 216, 219-226, 229-230, 234-236, 238-239, 241, 245, 247-248, 261, 289, 304, 307, 322, 336, 383, 389-390, 427-428, 435
Charrier-Moissard, marquis de : 81, 409
Chartier, Roger : 404
Chartron, Édouard : 434, 444
Chastenay, Victorine, comtesse de : 405, 426
Chateaubriand, François-René vicomte de : 9, 19, 124, 180, 215, 246, 301, 323-324, 335, 354, 365, 370, 372, 393, 421, 425, 429, 436, 439, 445
Châtelet, Louis Marie Florent, duc du : 84, 259, 297-298, 316-317, 320, 390, 458
Chaudonneret, Marie-Claude : 444
Chaumont de La Galaizière, Antoine : 236
Chaussinand-Nogaret, Guy : 412, 419, 436
Chénier, André : 286-287, 430, 435
Chérin, Louis Nicolas Hyacinthe : 72, 408
Choderlos de Laclos, Pierre : 19, 51, 180, 301
Choiseul, Antoine-César de, comte puis duc de Prasli : 297
Choiseul, Étienne François, duc de : 201
Claeys, Peter : 403
Claeys, Thierry : 420
Clavière, Étienne : 53, 366
Clemenceau, Georges : 22, 399, 448
Clermont-Tonnerre, Stanislas, comte de : 226, 298-299, 301
Cobban, Alfred : 410
Cochin, Augustin : 46, 49-50, 54, 404-405
Cochon de Lapparent, Charles : 446
Coigny, duc de : 297
Coigny, marquise de : 300
Coincy, Jean-Baptiste de : 84, 410
Colbert de Castlehill, évêque de Rodez : 312
Collin de Vermont, Hyacinthe : 308
Collot d'Herbois, Jean-Marie : 20
Collot, Jean : 437
Comps, M. de : 363, 444-445
Condé, Louis V de Bourbon-Condé, prince de : 216, 221, 228, 304, 323, 436
Constant, Benjamin : 140, 313, 350-351, 417, 437, 441-442
Conti, prince de : 174, 216, 221, 304, 323
Copernic, Nicolas : 147
Corbin, Alain : 419
Corvisier, André : 409
Coster, abbé : 155, 252-253, 415, 429, 437
Coster, Joseph-François : 202, 213, 424, 440

Couder, Louis-Charles-Auguste : 281, 453
Coulmiers, François Simonnet de, abbé d'Abbécourt : 312
Cournot, Antoine Augustin : 74, 408
Court, Joseph-Désiré : 444
Coutan, Jules : 434
Crest, marquis du : 51, 180
Creuzé-Latouche, Jacques-Antoine : 142, 144, 264, 270, 309, 357, 417-418, 431-432, 440, 442
Crillon, comte de : 226, 298
Croÿ, duc de : 296
Cubells, Monique : 406

D

Daigrefeuille, Jean-Dagobert : 407
Dalou, Jules : 444
Damiens, Robert François : 377
Danton, Georges Jacques : 284, 372, 394, 445
Darnton, Robert : 70, 408
Dauga, Pierre : 423
Dauvergne, Robert : 408
David, Louis : 21, 140, 152, 264, 268, 270, 273, 278-281, 287, 430, 433-434
Defermon des Chapellières, Jacques-Joseph : 96, 125-126, 411
Defonteray, Pierre-Nicolas : 90
Delacroix, Eugène : 21, 360, 438, 443
Delandine, Antoine François : 410
Delaville-Leroulx, Jose : 122
Denon, Dominique Vivant : 279
Des Cars, Jean François de Pérusse, baron puis duc : 217, 237, 289, 383, 425, 435, 447
Desaix, Louis Charles Antoine, général : 81
Desenne, Victor : 52
Desmoulins, Camille : 181, 325
Destutt de Tracy, Antoine : 20
Digoine du Palais, Ferdinand, marquis de : 431
Dloussky, Jocelyne : 406
Dorset, duc de : 137
Doucet, Christine : 406
Dreux-Brézé, Henri-Évrard, marquis de : 21, 24, 100, 256, 265, 291, 310, 337-338, 353, 357-358, 360-361, 374, 383-384, 411, 442, 444
Dreux-Brézé, Scipion, marquis de, fils du précédent : 355, 442-444
Du Roveray, Jacques-Antoine : 358, 368
Dubois-Crancé, Alexis, général : 129, 271, 276, 278, 416, 433
Ducos, Roger : 448
Dufresne de Saint-Léon, Alexandre : 428
Dumas, Alexandre : 19-20, 442
Dumont, Étienne : 25, 42, 49, 53, 96, 106, 109, 117-118, 137, 141, 264, 273, 327, 336, 368-369, 403, 405, 411-417, 420, 425, 431-432, 435, 439, 445
Duperré de l'Isle, Mme : 410
Duport, Adrien : 51, 177, 298, 446
Duquesnoy, Adrien : 42, 79, 89, 92, 109, 113, 137, 142, 150, 154, 263, 265, 270, 352, 363, 385, 392, 403, 410, 412-413, 415-419, 425, 431, 439-440, 443-444, 447
Durand, Antoine : 414
Durand de Maillane, Pierre-Toussaint : 89
Durand, Yves : 408
Dusaulx, Jean : 438
Dussardier (personnage de fiction) : 19
Duval d'Éprémesnil, Jean-Jacques : 177, 182, 184, 228, 237, 330

E

Edgeworth, abbé d' : 308
Egret, Jean : 403, 416, 421, 423-424
Eisenhower, Dwight D. général : 396-397
Élisabeth de France, sœur de Louis XVI : 223
Emmery, Claude : 166, 420, 435
Enghien, duc d' : 216
Enjolras (personnage de fiction) : 19
Ernst, Max : 271
Esmangart, Charles d' : 322

Espagnac, abbé d' : 162
Esterhazy, comte d' : 323
Eude, Michel : 446
Eymar, Ange Marie : 65

F

Fauchet, abbé : 262, 430, 433
Fauré, Christine : 417
Faydel, Jean-Félix : 142, 417
Félix, Joël : 402-403, 422-423
Ferdinand Ier, duc de Parme : 406, 409
Ferrières, marquis de : 180, 307, 413-414, 416, 421, 436, 441
Fersen, Axel, comte de : 233, 244, 427
Fieffé, Eugène : 426
Filleul, Paul : 405, 421, 427
Fischer, Hubertus : 417
Flahaut, Adèle de : 235
Flahaut, Claude Charles, comte de la Billarderie d'Angiviller : 113, 339, 388-391, 436, 440, 447
Flammermont, Jules : 403, 411, 425, 427
Flaubert, Gustave : 19
Florensac : 410
Formigé, Jules : 434
Foucart, Bruno : 402
Fouché, Joseph, duc d'Otrante : 254
Fougère, Louis : 407
Foulon de Doué, Jean-François : 164, 375
Fragonard, Évariste : 360, 443-444, 449-450
France, Anatole : 20
Fréteau de Saint-Just, Emmanuel Marie : 119, 177, 228, 446
Fromageot : 24, 411, 413, 423
Furet, François : 21, 25, 46, 48, 399, 401, 404, 418, 448

G

Gain, André : 424
Gallois de La Tour, Jean-Baptiste de : 62, 66-67, 407
Garat, Dominique-Joseph : 89, 277, 412, 432
Gaultier de Biauzat, Jean-François : 34, 89, 349, 402, 415, 417, 432, 441
Gautheret, Claude : 362, 414, 424, 432
Gaven, Jean-Christophe : 446
Genlis, Félicité, comtesse de. *Voir* Sillery
George III : 212
Gérard, Michel : 91
Géricault, Théodore : 433
Gerle, Christophe Antoine, dit Dom Gerle : 268, 434-435
Girard, Georges : 434, 456
Girard, René : 330, 439
Girardin, Stanislas, marquis de : 52, 405, 415
Glezen, Jacques : 125-127
Godechot, Jacques : 17, 401, 411, 418, 437, 440
Goltz, August von der : 25
Gontaut-Biron, Charles de : 51, 181, 405
Gorsas, Antoine : 108, 413
Gorsas, Jean : 419
Goubert, Pierre : 59, 406
Goupilleau, Jean-François : 203, 262, 423
Goupilleau de Villeneuve : 423
Grange, Henri : 424
Grateau, Philippe : 404
Gravier de Vergennes, Charles, comte : 172, 192, 198
Green, Julien : 324, 439
Grégoire, abbé : 253-254, 268, 283, 431, 434-435
Grevet, René : 410
Gros, Antoine : 285
Grosbois, Claude-Irénée de Perreney : 431
Grosclaude, Pierre : 421
Grouchy, vicomte de : 406, 409
Gueniffey, Patrice : 429
Guibert, comte de : 82, 197
Guiche, Aglaé de Polignac, duchesse de : 223
Guiche, Antoine Louis de Gramont, duc de : 223, 338
Guillaume, Edmond : 286

Guillotin, Joseph : 90, 166, 258
Guizot, François : 281, 351, 360, 398, 441
Gustave III de Suède : 174, 204, 421, 427

H

Habermas, Jürgen : 18
Haegele, Vincent : 23, 404, 410
Hanriot : 318
Harambure, Jürgen d' : 301
Harcourt, duc d' : 48, 231
Hardy, Siméon-Prosper : 313, 326, 420, 430, 432, 437, 439, 457
Hassenfratz, Jean-Henri : 438
Hénin, princesse d' : 300
Henri IV : 49, 197, 220, 396
Hesse, Nicolas-Auguste : 443, 454
Hezecques, comte d' : 440
Hirsch, Jean-Pierre : 410
Hours, Bernard : 423
Houtin, Albert : 415, 429
Hugo, Victor : 13, 15, 19-20, 281, 286, 329, 355, 360, 372, 433, 435, 443, 445
Hume, David : 140
Hunt, Lynn : 411
Hyde de Neuville, Jean-Guillaume, baron : 221, 426

I

Isambert, François-André : 188, 422

J

Jacob, André : 436
Jacob, frères : 436
Jallet, Jacques : 252-253, 357, 426, 429, 431, 435
Jansenius : 46
Jasinski, Béatrice : 425
Jaurès, Jean : 319, 351, 406, 420
Jazet, Jean-Pierre-Marie : 279
Jeanret, Jean-Baptiste : 444-445
Jessenne, Jean-Pierre : 419, 432
Joseph II : 245, 247, 409, 427, 429
Jourdan, Annie : 46, 404
Jouy, Étienne de : 47
Juigné, Antoine Leclerc de, archevêque de Paris : 170, 231, 239, 255, 330
Jullien, Rosalie : 407
Jumilhac, marquis de : 225

K

Kaunitz, prince de : 427
Kautsky, Karl : 351, 442
Kermoal, Christian : 404
Kerviler, René : 415
Kubrick, Stanley : 353

L

La Beste, François Victor : 100
La Fare, Henri de, évêque de Nancy : 63, 252-253, 308
La Fayette, Gilbert Motier, marquis de : 51, 95, 217, 221, 226, 298-299, 394
La Galissonière, Félix Augustin Barrin, comte de : 41, 71, 80, 163-164, 227, 229, 258, 263, 296, 337-338, 370, 384, 390, 403, 409, 414, 420, 424, 430-431, 435-436, 440, 445, 447-448
La Luzerne, César-Henri de : 211, 304
La Maisonfort, marquis de : 427
La Marck, Auguste comte de, prince d'Arenberg : 236, 246, 365, 367, 369-370, 418, 425, 445
La Michodière, Jean-Baptiste de, comte d'Hauteville : 428
La Pérouse, Jean-François de : 190
La Révellière-Lépeaux, Louis-Marie de : 75, 271, 408, 411, 435, 442
La Rochefoucauld, Dominique de, archevêque de Rouen, cardinal : 148, 239, 255, 311, 415
La Rochefoucauld, François Alexandre, duc de Liancourt. *Voir* Liancourt
La Rochefoucauld, Louis-Alexandre, duc de : 51, 177, 226, 297-298, 436
La Rouzière, François-Louis, marquis de : 431

La Vauguyon, duc de : 187, 190, 196, 235, 422
Labrosse, Claude : 413
Lacaze, Julien : 422
Lacretelle, Charles de : 109, 117, 405, 413-414, 448
Laflaive, Eugène : 424
Lage de Volude, marquise de : 426-427
Lally-Tollendal, Trophime-Gérard, comte de : 211, 298-299, 301
Lamartine, Alphonse de : 360, 402, 422, 444
Lamballe, princesse de : 231, 246, 426
Lambert, Claude Guillaume : 173
Lambertye, marquis de : 298
Lambesc, prince de : 395
Lameth, Alexandre-Théodore, comte de : 51, 83, 95, 298-299, 409, 411
Lameth, Charles-Malo, comte de : 51, 298-299
Lang, Jack : 138
Lanjuinais, Jean-Denis, comte : 89, 96, 116, 125-126, 129, 411, 414, 435
Lanusse, Jean : 100
Lapoule, Jean-Denis : 100
Laqueuille, Jean de : 456
Lataille, Charles : 259, 307, 430
Laucoin, Pascal : 420
Launay, Bernard-René Jourdan, marquis de : 225, 406, 426
Laurent de Villedeuil, Pierre-Charles : 62, 172-173, 237, 292, 341, 385
Lautrec, Pierre-Joseph de Toulouse- : 227
L'Averdy, François de : 407
Le Chapelier, René-Guy : 125-126, 134, 148, 154-155, 266, 277, 376, 415, 435
Le Couteulx de Canteleu, Jean-Barthélemy : 90
Le Douy, Louis-Pierre, dit frère Anaclet : 430, 432
Le Fournier d'Yauville, Jacques : 190
Le Franc de Pompignan, Jean-Georges, archevêque de Vienne : 312
Le Goff, Jacques : 413
Le Grand, Jérôme : 134
Le Guen, Jean-Marie : 313
Le Jay : 412
Le Prévost de Beaumont, Jean-Charles : 407
Le Roy Ladurie, Emmanuel : 406
Le Vachez : 433
Lebon, Joseph : 254
Lebrun, Charles-François : 92, 410
Lecesve, abbé : 253, 431
Lefebvre, Georges : 16, 25, 81, 235, 397, 401, 410, 414, 417, 423-424, 427, 430, 441
Leflaive, Eugène : 414
Leibniz, Gottfried Wilhelm : 140
Lemarchand, Guy : 408
Lemay, Edna Hindie : 401, 415, 419, 432
Lenoir, Jean-Charles : 114, 364, 414, 445
Lepoutre, Jean-François : 419, 432
Leuwers, Hervé : 410
Lever, Evelyne : 422, 424
Lévis de Mirepoix, Charles-Philibert, comte de : 227, 298
Lévis, Gaston duc de : 206, 369, 411, 424-425, 445
Leys, Simon : 135, 416
Liancourt, duc de : 297-298, 300
Ligne, Charles Joseph, prince de : 11, 19, 78, 189, 220, 243, 393, 409, 422, 428
Limon, Geoffroy de : 180
Linguet, Simon Nicolas : 438
Locke, John : 48, 140
Lofficial, Louis-Prosper : 413
Loménie de Brienne, Étienne-Charles de, archevêque de Sens, cardinal : 172, 175, 185, 192, 198-200
Lonsing, François-Louis : 369
Loty, Laurent : 433
Louis, abbé : 405
Louis IX (Saint Louis) : 308
Louis XIV : 93, 156, 173, 178-179, 188, 197, 203, 220, 228, 234, 315, 353, 421

Louis XV : 16, 47, 57, 92, 109, 156, 170, 173, 201, 243, 307, 319, 377
Louis XVI : 14, 31, 36, 59, 68, 83, 101, 114, 147, 149, 151, 169-171, 173, 179, 187-188, 194-197, 200-201, 208, 210, 220-221, 231, 233-235, 238, 240, 259, 274, 276, 290, 292, 295, 298, 302-303, 305, 308, 310, 315, 330, 335-336, 338-342, 344, 346, 348-350, 352, 359, 367, 374, 378-379, 385-386, 389, 392, 396, 402-403, 410-411, 421-424, 426, 428, 435, 437, 440, 442, 446, 457
Louis XVII : 101, 172, 196, 220, 231-232, 246, 423
Louis XVIII (comte de Provence) : 14, 31, 149, 199, 206, 208, 210, 212, 219-221, 234, 281-282, 304, 342, 367, 389, 425, 428, 443
Louis-Charles de France, Dauphin. *Voir* Louis XVII
Louis-Joseph de France, 1er Dauphin : 199
Lubac, Henri de : 255
Lubersac, Jean-Baptiste de, évêque de Chartres : 140, 254, 312, 446
Luckett, Thomas S. : 420
Luther, Martin : 46
Luxembourg, Anne-Charles de Montmorency, duc de : 171, 230, 236, 295, 303, 329, 383, 405, 421, 424, 426-427
Luynes, duc de : 297
Luynes, duchesse de : 300

M

Mably, abbé de : 408
Machelon, Jean-Pierre : 407
Mac-Mahon, maréchal de : 393
Madame Adelaïde : 170
Madame Victoire : 170
Mailly-Couronnel, François de : 429
Maissemy, Charles de : 107, 412-413, 420
Maistre de Vaujours, Armand de : 259, 430
Maistre, Joseph de : 110, 371
Malaparte, Curzio : 146
Maleissye, Antoine Charles de : 326, 439
Malesherbes, Chrétien Guillaume de Lamoignon de : 207-208, 330, 421, 424
Mallarmé, Stéphane : 448
Mallet du Pan, Jacques : 71, 110, 408
Malouet, Pierre Victor : 95, 109, 131, 133, 137-138, 142, 211, 214-215, 266, 273, 299, 366, 413, 416-417, 425-426, 431
Mansart de Sagonne, Jacques : 307
Maral, Alexandre : 421
Marat, Jean-Paul : 268, 381, 431
Marchais, Mme de : 440
Marchand, Jean : 417
Marie-Antoinette, reine de France : 78, 158, 179, 217, 242-245, 286, 300, 339, 402-403, 419, 422-423, 426-427, 429, 441-442
Marie-Thérèse d'Autriche, impératrice : 242, 428
Marie-Thérèse de France, duchesse d'Angoulême : 244
Marignane, Émilie de : 364
Marion, Marcel : 420, 441
Markovic, Moncilo : 437
Marmontel, Jean-François : 43, 154, 342, 419, 437
Marrinan, Michael : 444
Martin, Henri : 434
Martin, Virginie : 447
Martin-Dauch, Joseph : 272-273
Marx, Karl : 351, 442
Masers de La Tude, Henri : 438
Masson, Antoine Henry : 259
Maugin, Georges : 414
Maupetit, Michel-René : 415, 431
Maurepas, Jean-Frédéric Phélypeaux, comte de : 172, 188, 411
Maury, abbé : 330
Mayer, François : 263
Mège, François : 402, 415, 417, 432, 441

Ménard, Michèle : 417
Menu de Chomorceau, Jean-Étienne : 411
Mercier, Louis Sébastien : 19, 437
Mercy-Argenteau, Florimond, comte de : 190, 219, 243, 245, 247-248, 326, 341, 386, 409, 422, 425, 427, 429, 441
Merlin (de Douai), Philippe Antoine : 89, 435
Merson, Luc Olivier : 287
Meyer, Jean : 72, 408
Michelet, Jules : 11, 280, 283, 401, 433-434, 443-444
Michon, Pierre : 401, 433
Millet de Chevers : 174
Milliot, Vincent : 414
Milton, John : 370
Mirabeau, Honoré Gabriel Riqueti, comte de : 21, 26, 34, 42, 51, 53, 99-100, 106-107, 111, 119, 134-136, 141, 148-149, 161, 164, 181, 206, 214, 219, 227, 236, 245-246, 270-271, 275, 281, 301, 357-365, 369, 371-372, 374-379, 381, 394, 403, 405, 411-414, 416-418, 420, 425-426, 429, 431-433, 435, 439, 442-445, 447
Mitterrand, François : 138, 361
Moheau, Jean-Baptiste : 429
Molière, Jean-Baptiste Poquelin, dit : 99, 308
Moncey, Bon-Adrien Jeannot de, maréchal : 81
Monnel, Simon-Edme : 254
Monnier, François : 407
Monnier, Sophie de Ruffey, marquise de : 363, 365
Montaran, Jean-Jacques : 386
Montesquieu, Charles Louis de Secondat, baron de : 48
Montferrat, seigneur de : 64
Montlosier, François Dominique de Reynaud, comte de : 118, 333, 404
Montmorency, Mathieu de : 298
Montmorin Saint-Hérem, Armand Marc, comte de : 209, 215, 304, 330, 366, 385, 392-393
Montmorin Saint-Hérem, comtesse de : 392
Montrevel, Florent-Melchior de La Baume, comte de : 227
Montsabert, Anne de Goislard, comte de : 182
Moreau, Frédéric (personnage de fiction) : 19
Moreau, Jacob Nicolas : 99, 195-196, 239, 280, 423
Moreau, Jean-Victor, maréchal : 124
Morice, Léopold : 281
Mormiche, Pascale : 422
Morris, Gouverneur : 25, 194, 205, 235, 300, 314, 372, 423-424, 427, 429, 436, 445
Mortemart, duc de : 296, 427
Mounier, Jean-Joseph : 131-133, 136-138, 142, 254, 265-266, 288, 299, 374, 376, 416-417, 431, 435
Munch, Philippe : 439
Murat, Joachim, maréchal : 238

N

Nantouillet, Alexandre-Marie Lallemant, comte de : 442
Napoléon Ier : 19, 48, 52, 85, 124, 138, 141, 215, 236-238, 277, 285, 313, 359, 399, 448
Narbonne, Louis-Marie de Narbonne-Lara, comte de : 392
Necker de Germiny, Louis : 289
Necker de Germiny, Sophie-Catherine Cannac, femme du précédent : 289
Necker, Jacques : 14, 16, 30, 33, 41, 65, 94, 102, 109, 118, 127, 156, 158, 205-218, 221, 224, 230, 234-235, 237-238, 240, 242, 245, 254, 276, 289-291, 297, 299-300, 304-306, 319, 325-326, 338-339, 341, 344, 347, 354, 366-367, 383-395, 407, 424-425, 428, 440, 447-448

Necker, Mme, Suzanne Curchod, femme du précédent : 204
Nehra, Henriette de : 364
Neuforges, Herman : 412
Newton, William R. : 447
Ney, Michel, maréchal : 81
Nicolaï, Aimar-Charles-Marie de : 425
Noailles, Louis-Philippe de, prince de Poix : 298
Noailles, Louis-Marc-Antoine, vicomte de, frère du précédent : 298, 405, 428
Nora, Pierre : 108, 413
Norvins, Jacques Marquet de Montbreton, baron de : 421

O

Ogny, baron d' : 446
Oms, d' : 448
Orléans (Philippe Égalité), Louis-Philippe, duc de Chartes puis duc d' : 25, 51-52, 145, 177, 179-181, 199, 233, 261, 297-299, 301-302, 321, 338, 370, 405, 431, 438, 446
Orléans, Marie-Adelaïde de Bourbon, duchesse d', femme du précédent : 181
Ormesson, Henri-François d' : 428
Orwell, George : 135
Ozouf, Mona : 274, 432

P

Pajou, Augustin : 308
Palloy, Pierre-François : 438
Panchaud, Isaac : 366
Panckoucke, Charles-Joseph : 412
Pange, François de : 447
Papillon de La Ferté, Denis-Pierre : 29, 32
Pâris, Pierre-Adrien : 29, 32, 402
Pasquier, Étienne-Denis, baron : 73, 408, 415
Pellerin, Joseph Michel : 24, 134, 150, 416, 418, 458
Pétion de Villeneuve, Jérôme : 89-90, 129, 271, 276, 435, 446
Pierres, Philippe-Denis : 165
Pinet, François-Louis : 68, 407
Pinon, Pierre : 402
Pipoubès, Jean-Yves : 419
Pison du Galland, Alexis-François : 134
Pitou, Ange : 20
Plaisant, Edme : 406
Plutarque : 20
Poe, Edgar Allan : 333, 440
Polignac, comtesse Diane de : 223
Polignac, Gabrielle de Polastron, comtesse puis duchesse de, dite la « Comtesse Jules » : 222-223, 247, 383, 426-427
Polignac, Jules comte puis duc de : 223
Portier, François : 430
Potin, Yann : 430
Prat, Louis-Antoine : 433
Price, Munro : 25, 402, 426
Prieur (de la Marne), Pierre-Louis : 90, 129
Prieur, Jean-Louis : 280, 430, 433
Proyart, abbé : 423
Prugnon, Pierre-Joseph : 213
Puységur, Louis-Pierre de Chastenet, comte de : 62, 125, 237, 291, 407, 410, 413, 415, 445, 447

R

Rabaut Saint-Étienne, Jean-Paul : 36, 48, 53, 122, 268, 281, 336, 349, 359, 403, 405, 435, 440-441
Rémusat, Charles de : 221
Renan, Ernest : 400, 448
Restif de la Bretonne, Nicolas : 19, 318, 328, 437
Rétat, Pierre : 413
Reubell, Jean-François : 89, 446
Reuss, Rodolphe : 410, 417
Réveillon, Jean-Baptiste : 83, 314-320, 437-438
Reybaz, Étienne Salomon : 368
Richier, M. de : 426
Rivarol, Antoine de : 20, 73, 110, 162, 225, 342, 370, 420, 428, 441, 445

Robespierre, Maximilien de : 89-90, 118-119, 126, 142, 268, 271, 283-284, 287, 378, 381, 398-399, 410, 435, 445, 448
Roche, Daniel : 404, 437
Roederer, Pierre-Louis : 297, 436
Rohan, chevalier de : 71, 154, 423
Rohan-Chabot, Charles-Rosalie de, comte de Jarnac : 423
Roland, Mme : 197, 423
Romme, Gilbert : 283
Rosenberg, Pierre : 429, 433
Rousseau, Jean-Jacques : 20, 48, 88, 110, 135-136, 371, 417, 420
Ruault, Nicolas : 157, 162, 194, 203, 220, 324, 328, 348, 418-420, 422-423, 425, 439, 441, 444
Rudé, Georges : 437

S

Sabatier de Cabre, abbé : 177, 181
Sade, Donatien Alphonse François, marquis de : 19, 319, 363
Sagnac, Philippe : 405
Saint-Germain, comte de : 84
Saint-Just, Louis Antoine Léon : 20
Saint-Aulaire, Jean-Yriex de Beaupoil de : 218, 425
Sainte-Suzanne, comte de : 407
Saint-Exupéry, Antoine de : 26
Saint-Far, Eustache de : 285, 434
Saint-Priest, François-Emmanuel Guignard, comte de : 30, 189, 205, 209, 212, 304, 402, 422, 424, 428, 436, 457
Saint-Riveul : 124
Saint-Simon, Claude-Anne de Rouvroy de : 227
Salle, Jean-Baptiste : 101, 145, 276, 357, 411, 418, 440, 442
Sallier, Guy-Marie : 421
Salmour, comte de, ministre de Saxe : 25, 217, 246
Sand, George : 329, 439
Sand, Solange : 329
Sardou, Victorien : 399, 448
Schwendt, François-Étienne : 417
Séguier, Antoine-Louis : 95
Séguret, M. de : 189, 191
Sémonville, Charles-Louis Huguet, comte puis marquis de : 177
Sepet, Marius : 401
Septeuil, comte de : 388, 447
Serent, Armand, comte de : 431
Serna, Pierre : 404
Sers, André : 407
Sevelinges, Charles-Louis : 444
Shelley, Mary : 57
Sieyès, Emmanuel Joseph, abbé : 26, 44, 48, 51-52, 72, 75, 96, 116, 122, 127, 129-130, 132, 134-142, 144-146, 149, 181, 213, 254, 265, 301, 362, 370, 375, 404-405, 408, 417-418, 435, 448, 457
Sillery, Charles-Alexis de Brûlart : 145, 180, 298, 301, 418, 431
Sillery, Félicité du Crest, comtesse de Genlis, marquise de : 180
Simon, abbé : 431
Simonin, Anne : 446
Smith, Adam : 141, 417
Sophie de France : 199
Spinoza, Baruch : 140
Staël, Erik Magnus de : 204
Staël, Germaine Necker, baronne de : 14, 94, 140, 145, 204, 210, 224, 299-300, 392, 397, 411, 417-418, 424, 426, 441, 448
Starobinski, Jean : 49, 405
Suard, Jean-Baptiste : 201
Suleau, François-Louis : 110
Sureau, Denis : 404

T

Tackett, Timothy : 402, 410, 414-415
Talaru, Ange-François, évêque de Coutances : 312
Talleyrand, Charles-Maurice, évêque d'Autun puis prince de : 41, 51, 71, 74, 77, 153, 160, 180-181, 206, 235, 247, 267, 300, 313, 359, 366,

403, 405, 408-409, 420, 424, 427-428, 431, 436
Talleyrand, Louis de : 79, 409
Target, Jean-Baptiste : 43, 89, 154-155, 213, 253, 263, 266, 308, 376, 390-392, 415, 435, 446, 448
Terroine, Anne : 25, 423, 455
Tessé, comtesse de : 300
Thellusson, Isaac : 201, 204
Thiard, comte de : 124, 415
Thibaudeau, Antoine-René-Hyacinthe : 424, 430-431
Thibaudeau, Antoine-Claire, fils du précédent : 75, 99, 141, 145, 263, 352, 357, 368, 408, 411
Thibault, Anne-Alexandre : 312, 429
Thiers, Adolphe : 19, 355, 360, 433, 442
Thiroux de Crosne, Louis : 290, 316, 407, 437
Thomas, Chantal : 427
Thomas, Yan : 446
Thouret, Jacques-Guillaume : 89, 137, 277, 435
Tite-Live : 152
Titon, Alexandre : 315
Tocqueville, Alexis de : 26, 78, 135, 145, 148, 193, 402, 409, 416, 418, 421-422
Tourneux, Maurice : 440
Tronchet, François-Denis : 435, 446
Turckheim, Jean de : 417
Turgot, Anne-Robert-Jacques : 57, 68, 95, 175, 198, 202, 407

V

Valdec de Lessart, Antoine de : 428
Valentin, Raphaël de (personnage de fiction) : 24
Vallet : 404
Varville, M. de : 259
Vassan, Gabriel Michel de : 257-259
Vatel, Charles : 24, 401, 434
Vaux, maréchal de : 80
Vergniaud, Pierre-Victurnien : 445
Vermond, abbé de : 244
Vernet, Horace : 285
Vertot, abbé de : 16
Vidaud de La Tour, Jean-Jacques : 236, 305, 428
Villemain, Abel-François : 442
Villeneuve, baron de : 363, 365
Villiers de L'Isle-Adam, Auguste de : 393
Violard, Jacques : 415
Virieu, François-Henri, comte de : 25, 145, 203, 384, 406, 409, 418, 423, 436, 439, 441, 446
Visme, Jacques-François de : 137
Vogüé, François-Melchior, comte de : 227
Voidel, Jean-Georges-Charles : 446
Volfius, Alexandre-Eugène : 54
Volney, Constantin-François : 435
Voltaire, François-Marie Arouet, dit : 48, 51, 71, 224, 299, 324

W

Watronville, Urbain de : 442
Weber, frère de lait de Marie-Antoinette : 427
Werth, Léon : 26
Wolf, Charles : 440
Wolzogen, Wilhelm von : 25, 324, 326, 403, 439

Y

Young, Arthur : 25, 44, 47, 103-104, 170, 247-248, 288, 297, 304, 309-310, 312, 325, 348, 404-405, 407, 412-413, 415-416, 421, 429, 435-437, 439, 441

Table

Avant-propos 11

Première partie
Le roi ou la nation ?

1. Une salle de bal 29
2. On n'y voit rien, on n'entend rien 32
3. Suivez le déficit, vous avez les états généraux 35
4. Élections, piège à cons 39
5. Fais ce qu'il te plaît ! 42
6. Des sociétés de pensée 46
7. Paris n'est pas le royaume 51
8. Qui t'a fait député ? 54
9. Des émeutes de la faim 56
10. Vive le roi sans la gabelle ! 59
11. Le cas provençal 62
12. Violences électorales 67
13. Le tournant égalitaire 70
14. Nous ne sommes pas contents ! 77
15. Un roi aux pieds d'argile 79

16. Sire, combien de divisions ? 82
17. Un groupe d'hommes considérables 86
18. Tout est pour le mieux dans le meilleur des mondes 94
19. Des froissements de susceptibilités 98
20. « Ordres », désordre, contrordres 102
21. L'appel de l'opinion 106
22. Apprentissages politiques 112
23. Haro sur les privilèges 116
24. On ne naît pas révolutionnaire, on le devient 120
25. Le Club breton 122
26. Ils ont franchi le Rubicon 129
27. En France, les mots précèdent les choses 133
28. Le jour de l'abbé Sieyès 139
29. Une assemblée nationale 144
30. Le serment oublié du 17 juin 150
31. L'impôt, le pouvoir et la souveraineté 154
32. La banqueroute, talon d'Achille du roi 160
33. Interlude 165

DEUXIÈME PARTIE
Nous le jurons !

1. Le roi de l'octave 169
2. Rien ne va plus ! La crise parlementaire 172
3. Un cousin bien encombrant 179
4. Point de salut sans les états ! 184
5. Qui est Louis XVI ? 187
6. Un roi de légende noire 192
7. Louis XVI et la Révolution 195
8. Le fou du roi 200

9. Un banquier en politique 204
10. M. Necker a un plan 207
11. Mes amis du tiers état 213
12. Une cabale 216
13. Les croisades du comte d'Artois 219
14. Le clan Polignac 223
15. « Votre fidèle noblesse » 226
16. Le Dauphin est mort ! 231
17. Un coup d'État de papier 234
18. Les conciliabules de Marly 239
19. La reine entre en scène 242
20. Des curés révolutionnaires 250
21. De par le roi, prenez la porte 256
22. Dans un jeu de paume 261
23. « Là où nous sommes est l'Assemblée nationale » 265
24. Le traître Martin-Dauch 270
25. Un serment contre le roi 275
26. David, Circé et le paon 278
27. Le temple de la liberté 283
28. Le serment des regrets 288
29. Le roi chasse et tient Conseil 291

TROISIÈME PARTIE
Échec et mat

1. Craquements et divisions 295
2. *Primus inter pares* 303
3. Dans l'ombre de Saint Louis 307
4. « La France bénira ce jour mémorable » 311
5. L'affaire Réveillon 314

6. Ébullition 322
7. De l'émeute à l'insurrection 328
8. Des complots plein la tête 332
9. Une séance royale 335
10. Parce que je le veux ! 341
11. Réformes, arsenic et vieilles dentelles 346
12. Merde ! 352
13. Comment se fabriquent les mots de l'histoire 357
14. Mirabeau 362
15. « L'orateur du peuple » 368
16. « Nous sommes aujourd'hui ce que nous étions hier » 374
17. Inviolables et sacrés 377
18. La nation surveillante 380
19. Une victoire à la Pyrrhus 383
20. Abdication 388

Conclusion. La théorie des dominos 394

Notes 401
Légendes des illustrations 449
Sources 455
Remerciements 461
Index des noms de personnes 463

Du même auteur *(suite)*

C'est la Révolution qui continue, Paris, Tallandier, 2015 ; rééd. *Penser la Restauration, 1814-1830*, coll. « Texto », 2020.

Juger la reine, Paris, Tallandier, 2016. Prix Combourg-Chateaubriand 2017 ; prix Brantôme.

Fouché. Dossiers secrets, Paris, Tallandier, 2017.

Le Temps de s'en apercevoir, Paris, L'Iconoclaste, 2018. Prix des Deux Magots ; prix Marianne.

J'ai tant vu le soleil, Paris, Gallimard, « Blanche », 2020.

En collaboration avec Benoît Yvert

Histoire de la Restauration, 1814-1830. Naissance de la France moderne, Paris, Perrin, 1996 (rééd. coll. « Tempus », 2002).

Direction

Le Siècle rebelle. Dictionnaire de la contestation au XXe *siècle*, Paris, Larousse, 1999.

Dictionnaire des politiques culturelles en France depuis 1959 : une exception française, Paris, Larousse/CNRS éditions, 2001.

Les Lys et la République. Henri, comte de Chambord, 1820-1883, Paris, Tallandier, 2015.

Direction, avec Sophie de Sivry

Mémoires du monde. Cinq siècles d'histoires inédites et secrètes au Quai d'Orsay, Paris, L'Iconoclaste, 2002 ; rééd. *Dans les archives secrètes du Quai d'Orsay*.

Mémoires de la France. Deux siècles de trésors inédits et secrets de l'Assemblée nationale, Paris, L'Iconoclaste, 2006.

Cinq siècles d'histoire et de diplomatie, Paris, L'Iconoclaste, 2015.

Réalisation : Nord Compo à Villeneuve-d'Ascq
Imprimé par Corlet Imprimeur
14110 Condé-en-Normandie
Dépôt légal : septembre 2020
ISBN : 979-10-210-2949-1
Numéro d'impression : 20110313
Numéro d'édition : 4503-1
Imprimé en France